毛泽东
真情实录

于俊道○主编

天地出版社 | TIANDI PRESS

图书在版编目（CIP）数据

毛泽东真情实录 / 于俊道主编. —成都：天地出版社，2020.2（2022年4月重印）
ISBN 978-7-5455-4544-9

Ⅰ.①毛… Ⅱ.①于… Ⅲ.①毛泽东（1893-1976）–生平事迹 Ⅳ.①A752

中国版本图书馆CIP数据核字（2019）第043351号

MAO ZEDONG ZHENQING SHILU

毛泽东真情实录

出品人	杨　政
编　者	于俊道
责任编辑	杨永龙　聂俊珍
封面图片	吕厚民
封面设计	蒋宏工作室
内文排版	盛世博悦
责任印制	王学峰
出版发行	天地出版社 （成都市槐树街2号　邮政编码：610014） （北京市方庄芳群园3区3号　邮政编码：100078）
网　址	http://www.tiandiph.com
电子邮箱	tianditg@163.com
经　销	新华文轩出版传媒股份有限公司
印　刷	北京文昌阁彩色印刷有限责任公司
版　次	2020年2月第1版
印　次	2022年4月第10次印刷
开　本	710mm×1000mm　1/16
印　张	28
字　数	399千
定　价	58.00元
书　号	ISBN 978-7-5455-4544-9

版权所有◆违者必究

咨询电话：（028）87734639（总编室）
购书热线：（010）67693207（营销中心）

如有印装错误，请与本社联系调换

"共和国领袖真情实录"系列编委会

主　编：于俊道
编　委：（以姓氏笔画为序）
　　　　一　斌　于　力　于俊道　文　川　文　武
　　　　邹　洋　张文和　聂月岩　裴　华　魏晓东

| 目 录 |

第一章　初露锋芒——恰同学少年

◎在东山学堂的入学考试中,毛泽东写的以"言志"为题的作文语出惊人,博得一向以严厉著称的校长李元甫的高度评价。李元甫看完毛泽东的作文后高兴地说:"今天我们学堂里取了一名建国才!"毛泽东后来真的成了一位"建国才",证实了这位校长的预言。

◎在"一师"求学期间,毛泽东非凡的志向及出众的体魄闻名全校,赢得了老师的称赞和同学们的推崇,成为全校师生公认的品学兼优的佼佼者。同学们称他为"异才""伟器""智囊""怪杰"。

农家"叛逆者"...2
湖湘学堂的"激进分子"..14

第二章　婚姻家庭——伟人的情感世界

◎毛泽东的几次婚姻,组成了他人生发展的曲折轨迹,其间的恩爱情意、离愁别恨、分合变故、酸甜苦辣,既给予了他幸福,也给他留下了难言之痛……

杨开慧——一生至爱...38
贺子珍——第二段婚姻...56
"第一夫人"——江青...82
"第一家庭"的子女们..95

第三章　惜时如金——毛泽东的读书生活

◎每次离京外出，毛泽东都是"兵马未动，书籍先行"，一定要开列一份长长的要携带的书目，装箱带走。他在飞机上、火车上、轮船上始终是手不释卷。

◎毛泽东常说："读书是我一生的爱好。"他一生勤奋好学，孜孜不倦；他一生博览群书，活到老，学到老。他是一位思想家，但他感情丰富，举止言行之中体现出一种艺术家的气质；他是一位军事家，但他很少拿枪，他情系翰墨，笔走龙蛇；他是一位领导着亿万民众建立新中国的政治家，又是一位手不释卷、博览群书的大学者。

读"禁书"与"胜利罢课"..................152
读书方式..................165
令毛泽东爱不释手的书单子..................172
毛泽东读书逸事..................184

第四章　伟人本色——生活中的毛泽东

◎毛泽东一生艰苦朴素，在物质生活方面从不提出过分的要求。他总是严于律己，把自己的生活标准降到最低。在衣着上，毛泽东极为简朴，从不讲究。他常说："我的标准，不露肉，不透风就行。"他还说过："我节约一件衣服，前方战士就能多得一发子弹。"

◎毛泽东在谈饮食问题时，说自己是"农民的生活习惯"。毛泽东的饮食十分简单，只求饱肚。他对身边的卫士说过："我们活在这个世界上，不是为了吃世界，而是为了改造世界。这才是人，人跟其他动物就有这个区别。"

没有几件像样的衣服..................202
"农民的生活习惯"..................212
丢不掉的红辣椒..................218

爱吃红烧肉..................................222
菜谱的"秘密"..............................227
"抽百家烟"..................................232
喝酒趣闻......................................237
按月亮的规律办事......................241
双清别墅·菊香书屋..................247

第五章 另一面——不一样的红色政治家

◎毛泽东是一位伟大的政治家、军事家，同时还是一位卓有成就的诗人、文学家。军事家与诗人的双重角色，使得毛泽东的诗词别具一格。

◎游到武汉关前的江心时，毛泽东问他们：离汉口有多远，现在游到哪里了？正谈话时，一个浪头扑来，越过头顶，毛泽东从容地吐了口水，风趣地说："长江的水好甜呀！"

诗人毛泽东..................................256
恋旧体诗，倡新体诗..................272
书法爱好者..................................281
名副其实的"书癖家"..................285
倡导体育运动..............................312
好戏百看不厌..............................343

第六章 握手风云——伟人人际交往之道

◎毛泽东一向很注意团结党外人士，乐于倾听他们的意见。而民主人士被毛泽东的诚意所感动，经常提供建议。

◎当基辛格提到毛泽东的著作时，尼克松说："主席的著作推动了一个民族，改变了整个世界。"毛泽东说："我没有能够改变世界，只是改变了北京郊区的几个地方。"

碧海丹心——毛泽东与党外人士 362
尊重与爱护——毛泽东与专家学者 386
敞开红色中国大门——毛泽东与外国政要 417

/第一章/

初露锋芒——恰同学少年

◎在东山学堂的入学考试中,毛泽东写的以"言志"为题的作文语出惊人,博得一向以严厉著称的校长李元甫的高度评价。李元甫看完毛泽东的作文后高兴地说:"今天我们学堂里取了一名建国才!"毛泽东后来真的成了一位"建国才",证实了这位校长的预言。

◎在"一师"求学期间,毛泽东非凡的志向及出众的体魄闻名全校,赢得了老师的称赞和同学们的推崇,成为全校师生公认的品学兼优的佼佼者。同学们称他为"异才""伟器""智囊""怪杰"。

农家"叛逆者"

故乡韶山

"山不在高,有仙则名。"

韶山算不上高,却远近闻名。是因为有"仙"的缘故吗?是,又不是。

说是,因为韶山的得名,的确源于一个美好而神奇的仙人传说——上古华夏"仙"祖舜曾光临、垂青此地。说不是,因为韶山的声名远播、著称于世,不是自远古始,而仅仅是在近代——当此地诞生了一个影响中国乃至世界历史进程的伟人毛泽东之后!

韶山,这块灵秀聚钟的锦绣土地诞生和滋养了毛泽东;毛泽东,则为韶山添上了耀眼的光彩,并使之声名远播。如今,只要提起韶山,人们自然会联想到毛泽东;反之,如果提起毛泽东,人们又会自然而然地想起他成长的摇篮——韶山。

韶山自古以来便有着神奇的传说。拆开"韶"字,乃"音""召"二字,从中我们不难联想和领略到音乐招来凤凰的意境。相传,在远古时代,舜帝涉黄河,渡长江,过洞庭湖,深入荆楚山川进行巡视。南巡途中,舜帝在经过湘中山野时,看到处处苍松翠竹、山清水秀,不由心旷神怡,乐而忘返。于是他就与臣僚宿营在湘潭韶山,并在韶山冲边一座不高的山上奏起《韶》。听着那"尽善尽美"之乐,臣僚、侍从们皆沉醉其中了。人间的盛会声震山林,惊动群鸟,也引得凤凰前来。随着韶乐婉转动人的旋律,群鸟嘤嘤和鸣,凤凰翩翩起舞,山野胜景,恍若仙境。

因为上述动人的传说，韶山的山水便有了与之相关的美名：舜的音乐叫"韶乐"，因此他停留奏乐的山就叫"韶山"；山间淙淙流淌的小溪叫"韶水"；山上陡峭的山尖叫"韶峰"；山峦绵亘下的山冲叫"韶山冲"。

在韶山的山麓之中，有很多风景名胜，最著名的是"八景奇观"，即"仙顶灵峰（也称'韶峰耸翠'）""仙女茅庵""胭脂古井""石屋清风""顿石成门""塔岭晴霞""石壁流泉""凤仪亭址"。据传这八景都是舜帝南巡时游览过的地方。韶山八景的由来，与三位仙女有关。相传在韶峰旁边住着三位美丽的姑娘，她们日耕夜织，辛勤劳动。一天从彩云间飞来一只金色的凤凰，三位勤劳善良的姑娘就乘着凤凰之翅飞上了高高的蓝天，成为仙女。韶山八景便是她们当初居住、生活时的遗迹。

韶峰为八景之一，又名"仙女峰"，是南岳衡山七十二峰之第七十一峰。山峰陡峭，气势雄伟，险峻壮观。它海拔500多米，在群山中"拔起一峰，高出云霄，为诸山之祖"，"绝顶才宽三五尺，此身如在九重天"。古人曾赞曰：

绕岫风光疑欲滴，长风轻鸟云烟侧。
山涵五月六月寒，地拥千山万山碧。
从来仙境称韶峰，笔削三山插天空。
天下名山三百六，此是湖南第一龙。

故韶山又有"龙山"之称。

著名的华裔女作家韩素音根据上述传说，在她的《早晨的洪流》一书中这样写道："舜来到韶山，他喜欢那富饶多产的绿色平原和那闪闪发光的曲折流水。他登上山，坐在悦人的山顶上唱起歌来。他设计了一种伴唱的乐器，'韶乐'这个名称是这个地区特有的。而韶山也就是音乐之山。空中的飞鸟给舜的乐曲迷住了，都聚集到这里，其中也有凤凰；凤凰留了下来，成双地造起了窠巢。因此，韶山统称为'凤凰的诞生地'，伟大的人干出伟大的事业的地方。"

历史往往会有惊人的巧合，谁曾料想，传说中数千年前舜帝青睐驻足奏乐的韶山、传说中出现仙女的韶山、古人赋诗称为"龙山"的韶山，在19世纪末竟真的诞生了20世纪中国政治领域声名、成就最为显赫的伟大人物——毛泽东！

毛泽东出生于韶山冲韶山嘴南岸的一个普通农家。韶山好像一座锦屏，起伏绵亘约20里。韶山冲起于韶峰脚下，是一条南北长10里、东西宽6里的狭长山谷。这里生长着松、柏、杉、枫，夹杂着丛生的楠竹，景色秀美。从山谷中流出的溪水汇成一条小河，河水清澈明净，潺潺流淌，默默滋润着乡间田野。

在韶山的落脉处是一座小山，草木茂密，人称"韶山嘴"。在韶山嘴的对面，就是山环水抱的南岸。南岸有一栋湖南农村常见的"凹"字形住宅，

毛泽东故乡——湖南省湘潭韶山冲上屋场。1893年12月26日，毛泽东诞生在这里（历史图片）

名叫"上屋场",当地人称这种式样的房子为"一担柴"。它半草半瓦,一进两横,堂屋坐南朝北,房前是毗邻的两口水塘——荷花塘和南岸塘,屋后有长满苍松翠竹的小山。依着青山,傍着绿水,整齐朴素的农舍充满了生机。

上屋场这栋房子

1959年6月25日,毛泽东回到阔别32年的故乡。这是他在韶山故居和家乡的干部、群众的合影(侯波 摄)

以堂屋正中为界,居住着毛姓、邓姓两户人家。东屋毛家便是后来驰名中外的毛泽东故居。

韶山景色虽然优美,传说虽然动人,但传说终究只是传说,在中华人民共和国成立以前,韶山冲同旧中国多数农村一样,偏僻闭塞,长期和贫穷、落后相伴。它位于湖南省湘潭县西北,与湘乡、宁乡两县交界,东北距省城长沙90公里,东南离县城湘潭45公里。冲里的人若去长沙,走陆路要走一天半,或走一段陆路再坐船走水路;若去湘潭,就要从天亮走到天黑。韶山冲里稀稀拉拉地散居着600多户人家,其中十之七八姓毛。他们大多以务农为生,忠厚、朴实、勤劳、善良,但生活穷困。那时,在这一带的平民百姓中流传着这样一些描绘自己生活的顺口溜:

韶山冲来冲连冲,十户人家九户穷;
有女莫嫁韶山冲,红薯柴棍度一生。

韶山冲,长又长,砍柴做工度时光;

> 鸡鸣未晓车声叫,隔夜难存半合粮。

> 农民头上三把刀,税多、租重、利息高;
> 农民眼前三条路,逃荒、讨米、坐监牢。

1893年12月26日,一代伟人毛泽东就降生在这样一个美丽而又贫穷的山村。他的幼年、童年和少年时代(17岁以前)主要在韶山冲这片山清水秀、民风淳朴然而贫瘠落后的土地上度过。

一方水土养一方人。毛泽东生长在韶山,深受故乡山水的滋养和陶冶,深受故乡父老乡亲的恩泽和关爱;同时,韶山韶峰韶水、韶山的风土民情以及韶山冲里饱受苦难生活煎熬的故乡人,也无一不在毛泽东幼小、年轻的心灵烙上深深的印记。

毛氏家族

追溯毛泽东的家世渊源,还得从韶山毛姓说起。

毛姓,是华夏的一个古老的姓氏,起源于姬姓。相传,具有雄才大略的周武王灭商纣王之后,封其弟叔郑为毛伯。毛伯的子孙在整个周朝时世袭他在古毛国(今陕西省岐山、扶风一带)的领地,遂被称为"毛氏"。毛氏后代自周以来,历经汉、晋、唐、宋迄明,历代有伟人,光炳千秋。

韶山毛氏与源远流长的陕西毛氏是否有其渊源,尚待查考;但韶山毛姓从其开山鼻祖毛太华始,有据可考。1941年修订的《韶山毛氏族谱》对此有明确的记载:

> 始祖太华,元至正年间避乱,由江西吉州龙城迁云南之澜沧

卫。娶王氏，生子八。明洪武十三年庚申（1380年）以军功拨入楚省，唯长子清一、四子清四与之偕。解组，侨居湘乡北门外绯紫桥……开种韶山、铁陂、乌塘、东塘等处，共四百余亩。编为一甲民籍。

……我毛氏世居韶山，子姓繁衍，近达数千，大开韶山一族。

原来，韶山始祖毛太华，原籍江西省吉州府龙城县（今江西吉水县），元末迁至云南。因立有军功，明初又获准带妻儿从云南迁回内地。于是，毛太华偕妻子及长子、四子内迁，在湖南湘乡县城北门外的绯紫桥安家落户。在毛太华去世之后，长子毛清一和四子毛清四又迁移到湘潭七都七甲，也就是今天举世闻名的毛泽东故乡所在地——韶山。自此，毛氏家族便在韶山繁衍生息，世代相传。

从1737年至1941年间，毛氏家族曾四修族谱。始修族谱者为毛太华第七代孙，其中首次确定了固定谱系，共二十字，组成二十代子孙名字的族牒，合起来为一首五言绝句："立显荣朝士，文方运际祥；祖恩贻泽远，世代永承昌。"毛泽东的名字中的"泽"字便取自族牒中的第十四字。

按第四次修订的毛氏族谱，毛泽东属毛氏家族中长房的竹溪支下。谱中记载：毛清一生有二子，有恭、有信。其中有恭生子毛震、毛瓒等；有信生子毛常、毛鉴等。毛清四生有三子，有伦、有智、有诚。其中有伦生子毛翔，有智生子毛深。以上震、常、鉴、深，再加上石羊一支的毛全山，就构成了毛氏家族的五大房祖。其中震房为长房，下属竹溪、彬溪、介溪三支。毛泽东的曾祖父毛祖人乃竹溪支下第十七代传人。

毛祖人（1823—1893年），又名毛四端，一生勤劳忠厚，主要靠种田、打柴维持一家人的生计。他没能见到自己的曾孙毛泽东降临人世，而是先几个月离去。他留有两子，次子毛恩普便是毛泽东的祖父。

毛恩普（1846—1904年），字翼臣，号寅宾。他也是一个老实厚道的农民,一生清贫,最后不得不将祖传的部分田产典当出去,以济家用。值得一提的是,同治四年(1878年),在和兄长分家之后,他便从祖居的韶山东茅塘搬到现在的"毛泽东故居"——韶山冲上屋场居住。在长孙毛泽东11岁时,毛恩普去世,年仅58岁。毛恩普去世后,安葬在著名的韶山滴水洞。关于毛恩普墓地在滴水洞的具体位置,过去多年来无人知晓,一直为国内外有关人士和学者所关注。1986年9月,在修建到滴水洞的游山便道时,当便道修至虎歇坪大石鼓时,意外地发掘到毛恩普的墓碑。自此,谜底终于被揭开了。

毛泽东的父亲毛贻昌(1870—1920年),又名毛顺生,号良弼,是毛恩普膝下独子,乃毛氏家族的第十九代子孙。毛贻昌少年时代上过几年私塾,不再像祖辈一样目不识丁;年轻时又外出当兵两年,因此头脑活泛,思想相对也较开化。除了务农,也兼做些生意。自此,毛家的家境才日渐有了起色,但仍然是勤劳节俭度日。

总之,自明朝太华公开始,到毛泽东父亲这一代,毛氏家族祖祖辈辈基本上都以务农为生,他们孝父母、悌兄弟、睦乡邻,勤劳朴实,善良正直。

据族谱记载,毛氏家规颇严。家训有十则:培植心田、品行端正、孝养父母、友爱兄弟、和睦乡邻、教训子孙、矜怜孤寡、婚姻随宜、奋志芸窗、勤劳本业;家诫也有十则,戒游荡、赌博、争讼、攘窃、符法、酗酒等。

毛泽东是毛氏家族的第二十代子孙。在他出生之前,韶山毛氏已有五个多世纪的历史。在过去的五百余年里,就是在韶山冲这个湘北丘陵的山村里,毛氏祖辈们白手起家,默默地垦荒、播种、耕作,用自己辛勤的劳动和汗水,共同创造了这里的经济文化。他们世代大多为农樵,间或族中也有投军从戎者,从军者中虽也不乏立功之人,但明清两朝数百年间均未出过什么显贵人物。

由此可见,毛泽东的祖先并没有给他留下显赫的门第、高贵的血统,也没有给他留下丰厚的家资;他们留下的只是善良、勤劳、勇敢的质朴品质,敢于开拓、乐观向上、坚忍不拔的优良传统,以及代代相传的家训家诫和长期积淀的农家本色。而所有这一切又势必会对成长过程中的毛泽东产生多方面的影响。

名字的故事

姓名，虽然只是一个人的代号，却往往有着丰富而有趣的含义。尤其在我国古代，一个人的姓名，并不是随随便便取出来的，而是按一定的取名法则、经过仔细推敲确定下来的。"毛泽东"这个响亮的名字，它的形成同样也遵循了一定的取名法则，并且有着特定的含义。

像旧时各族各乡的人给儿孙辈取名一样，毛家给子孙取名，严格按照族谱既定谱系（又称"族牒"），即按其辈分长幼在谱系中取相应的一个字。这样取出来的名字，叫"正名"或"谱名"，也叫"派名"或"祖名"。如果要判定某人在家族中的辈分，只需看其"谱名"中间的字在谱系中的位置便能一目了然。按毛家族谱，毛泽东前后的几个辈分的辈序为："祖恩贻泽远"，毛泽东是家族中的"泽"字辈子孙，因此取"泽"于名中。至于取"东"字，是因为古人以东西南北对伯仲叔季，东即老大，而毛泽东是家中长子，故理当为"东"了。这便是"毛泽东"姓名的来由。

除了"毛泽东"这个名字，毛泽东一生中还用过许多名、号，并且大都有特定含意。这些名、号与他的经历和思想发展密切相连。

毛泽东小时候有个乳名，叫"石三伢子"。这个看似平常的名字是毛泽东母亲精心为儿子选择的。选择这个乳名，毛母有她特殊的考虑。在毛泽东出生之前，母亲文氏曾生有两子，但先后均在襁褓中夭折，毛泽东是第三胎。文氏敬重神灵，笃信佛教。毛泽东出生之后，她生怕三儿子又不能长大成人，所以在取名上颇费心思。因为旧时韶山有这么一种风俗，父母盼望孩子平安成长并出人头地，一般在给孩子取名时，往往取一些最平常甚至是低贱的乳名，如"狗娃""石头娃""叫花娃"之类。毛母因此特地带幼儿毛泽东到毛家附近的滴水洞后山的观音岩，拜一巨石为干娘，寄名石头，寓意坚如磐石，希冀他长寿百年。又因为毛泽东排行第三，故取"石三伢子"为乳名。同时，文氏还多方祈求神佛保佑，虔诚地吃起了"观音斋"。毛母爱子情深，用心颇为良苦；毛泽东倒也真遂母愿，身材高大、体魄强健，一生中经历风险无数，大难不死，实属健康长寿者。1923年，毛泽东在湖南从事革命工作时，为避反动当局的耳目，也曾用过"石山"之名，并以此为名在《前锋杂志》上发表过《省宪下之湖南》一文。

"润之"（或润滋、润芝、咏芝），是毛泽东的字。四修毛氏族谱中记载："毛泽东，字咏芝，行三，清光绪十九年（癸巳）十一月十九日辰时生。""咏芝"在湖南话里是"润之"的谐音，按中国古代取名与字的规则来说，与"泽东"之名对应的字为"润之"。中国古代有这样的习俗，男子二十而冠，成年后即可依据本名之含义取字。

农民的儿子

毛泽东是农民的儿子，从6岁开始就下田帮助大人干活了。8岁上学后，每天早晨上学前和下午放学，他都要放牛、割草、喂猪、收拾菜园。13岁到15岁的时候，他停学在家，整日在田间劳动。因为他家里已经有5口人：父亲、母亲和3个孩子——泽东、泽民、泽覃，所以全家都得参加劳动，才能够维持生活。

毛泽东的父亲精明强干，希望长子有朝一日能继承他的家业，所以对毛泽东特别严厉。而毛泽东像所有遭受不公的孩子一样，对父亲产生了强烈的反感。可是，父亲并不因此对他改变态度。父亲发现儿子的行为不合自己"发家"的要求时，就毫不留情地用责骂和体罚来加以纠正。倔强的毛泽东对

第一章
初露锋芒——恰同学少年

父亲的专横特别不满,经常据理反驳。

相比较而言,母亲的态度和善,倒使毛泽东从她身上学到了不少有益的东西。毛泽东的母亲文氏是一个勤劳、俭朴、诚实的农村妇女。她终日操劳从无怨言,把家里操持得井井有条。

1919年10月,毛泽东同父亲毛贻昌(左二)、伯父(左三)、弟弟毛泽覃在长沙合影(历史图片)

毛泽东热爱母亲、尊敬母亲,悄悄地向母亲学习。母亲总是一声不响地劳动着,毛泽东在劳动中也是踏踏实实,从不偷懒取巧。

一次,父亲叫毛泽东和他弟弟到田里去摘豆子。弟弟调皮,选豆子长得稀的地方摘,这样就显得快多了。不一会儿,弟弟选的那块地方就摘完了。毛泽东却选了一块豆子长得密的地方摘,摘了半天也难得"进展"一步。父亲来了,站在地头上随便看一眼,便夸奖弟弟而责备哥哥:"你在干什么呢?这么大工夫只摘了一小片。你看看你弟弟,他比你小,他已经摘了多大一片?"

毛泽东没有吭声,低着头继续摘他的豆子。父亲从地头走过来,先看看弟弟的篮子,表扬几句,再走到毛泽东身边:"说你呢,你听见没有……"这时父亲突然不讲话了,上下牙床拉开距离,半天合不拢。

原来,毛泽东篮子里的豆子要比弟弟篮子里的豆子多得多!

父亲不自然地笑了,他知道自己批评错了。

秋收时节,农民把稻谷打下来,摊在坪里晒。忽然吹来一阵狂风,紧接着乌云就遮住了太阳,豆大的雨点便下了起来。大家忙着收谷子,毛泽东跑到坪里,没有先收自己家的谷子,而是帮助一家佃户收。等他帮人家收完了，自己家的谷子却被雨淋湿了。父亲发脾气，指着儿子的鼻子训斥："吃了自家的白米饭，你倒过去帮别人！啊，把自家的谷子扔下不管……"

毛泽东小小年纪，却像大人一样平静地对父亲说："人家家里很穷，还要交租，损失一点就不得了；我们自己家里的，湿就湿了吧，关系不大。"

父亲走开后，母亲抚着毛泽东的头说："伢子，你做得对！"

1906年冬至这一天，父亲在家宴请生意场上的朋友，让13岁的毛泽东出来陪客。正在专心看书的毛泽东说什么也不愿意。于是，父亲就当着众多客人的面指责他"好吃懒做"。

毛泽东干了那么多活，最后倒落个"好吃懒做"的恶名。一气之下，他便与父亲争吵起来。他理直气壮地反驳了父亲，并气冲冲地往外走。

母亲追了出来，劝慰毛泽东回去。父亲边骂边走出来，厉声命令他回去。

毛泽东站在家门口的水塘边，斩钉截铁地对父亲说："你再打我，我就投塘！"

父亲站住了，命令毛泽东下跪磕头认错。可是，倔强的毛泽东直直地站在水塘边，一动也不动。

客人们都知趣地走开了。父亲气咻咻地回到屋里躺在床上。母亲拉着毛泽东来到父亲的屋里，但毛泽东不肯下跪。母亲焦急地在旁边用力压他的肩膀，才使他勉强跪下了一条腿。

一场风波平息了。

出乎意料，从此，父亲改变了对毛泽东的态度，对他不再那么严厉了。毛泽东也由此明白：在父亲的压力面前绝不能示弱。只有通过反抗，才能捍卫自己的尊严和权利。

毛泽东对父亲最大的"不孝"，大概要算是默默地抗婚了。14岁那年，父亲给他包办娶了一个18岁的媳妇罗氏，实际上是为家里添个劳力。毛泽东始终不承认这桩婚事，从未和她同居。父亲也无可奈何，唯一能够做的，就是把"毛罗氏"作为毛泽东的原配写进毛氏家谱。

第一章
初露锋芒——恰同学少年

毛泽东从小就同情贫弱，乐于助人。冬天，常常雨雪交加。一天，毛泽东从学校回来，一边搓手，一边呵气，脸冻得通红。母亲心疼地给他一杯热茶，然后说："哎呀，全湿了，快烤火去吧。"突然，母亲皱起了眉头："哎，你的衣服呢？"

毛泽东连忙做手势，让母亲放低声音。

1919年春，毛泽东同母亲文七妹、弟弟毛泽民（左二）、毛泽覃（左一）在长沙合影（历史图片）

他看看父亲不在，便小声解释说："路上我遇着个穷人，身上只穿一件露出肉的破单衣，冻得直打战。我就把身上的夹衣服脱下来送给他了。"

母亲点点头，小声说："快烤火吧，不要冻病了……"

附近一个毛姓农民，把猪卖给了毛泽东的父亲。当时，两人谈好了价钱，毛泽东的父亲也交了定金。可是，等毛泽东去赶猪时，猪价已涨了。这个农民叹气，埋怨自己运气不好，还说少了几块钱对富人不打紧，对穷人家里却是个大空缺。毛泽东听后，就把这桩买卖退掉了。

毛泽东11岁那年，父亲要买进堂弟毛菊生赖以活命的7亩田产。毛泽东和母亲的态度是一致的，都觉得应该设法周济毛菊生，让他渡过难关，不应该趁机买他的田产。可是，母子俩的劝说没有效果，父亲认为用钱买田产是天经地义的事。这件事给毛泽东留下很深的印象。中华人民共和国成立后，他多次对毛菊生的儿子毛泽连说：旧社会那种私有制，使兄弟间也不顾情义。我父亲和二叔是堂兄弟，到买二叔那7亩田时，就只顾自己发财，什么

13

劝说都听不进去。

就这样,父亲的严厉培养了毛泽东倔强的性格,母亲的慈爱使毛泽东富于同情心。家庭环境的熏陶形成了毛泽东人格中看似截然相反却又相辅相成、不可分离的重要特征:温柔细腻的情感与反抗斗争的性格奇妙的结合。

湖湘学堂的"激进分子"

韶山冲里的"小顽童"和"省先生"

从1902年到1906年,毛泽东9岁到13岁,他先后在韶山南岸、关公桥、桥头湾、钟家湾、井湾里等处私塾读书。塾师分别是邹春培、毛咏生、周少希、毛宇居等人。1906年至1909年,毛泽东13岁至16岁,在家停学了3年。1909年至1910年,毛泽东到韶山乌龟井、东茅塘私塾读书,塾师是毛岱钟和毛麓钟。

据这些教过毛泽东的塾师和当时的同学回忆,少年毛泽东尽管调皮,但却显露出非凡的聪颖天资。

湖南的农村池塘很多,一到夏天,孩子们都喜欢泡在水里游泳。有一次,塾师邹春培有事外出,临行前告诫学童们不得出去玩水。可是,当他回来时,却发现毛泽东和一些孩子在戏水,顿时大怒,决定处罚他们。旧时私塾里,体罚是塾师用以维护自己权威的手段,老师打学生向来手下无情。邹春培让这些学生对对子,严厉地说:"哪一个对不出就打手心、打屁股。"其他学生都吓得不得了,哪还有心思去想对对子?毛泽东却不慌不忙。塾师出题是"濯足",毛泽东眨巴着黑亮的大眼睛,一副七八岁的顽童相,机智地回

第一章
初露锋芒——恰同学少年

答："修身。"塾师本来在气头上，听了这个回答很高兴，连连点头称赞。

私塾里学规很严。上课时，塾师正襟危坐，板着面孔，学生们只能死记硬背那些深奥难懂的经书，循规蹈矩地念书，否则就要受罚。毛泽东对这些束缚身心的陈规陋习很不习惯，也很讨厌。他进私塾第一次背书时就和塾师闹别扭，塾师自己坐着，让学生们背朝他肃立背诵。毛泽东不听，自己坐了下来。塾师责问他为什么不守规矩，毛泽东回答说："你是坐的，我也要坐着背。"塾师被他说得奈何不得。还有一次，塾师要学生们在屋里温课，不准出去，自己办事去了。谁知塾师刚走，毛泽东就背着书包到后山去摘毛栗子。他呼吸着山野的清新空气，头脑清醒，一边背书，一边玩，一边摘毛栗子。待到毛栗子装满书包，他兴冲冲地回到学堂，给塾师和同学们送上几颗。谁知塾师怒气冲冲地责问他："谁叫你到处乱跑？"毛泽东并不害怕，回答说："闷在屋里头昏脑涨，死记硬背也是空的。"塾师知道背书难不倒这个聪明的学生，就指着天井出了一个题目说："我让你以'赞井'为题作一首诗。"毛泽东沉吟片刻，开口道："天井四四方，周围是高墙。清清见卵石，小鱼囿中央。只喝井里水，永远养不长。"当时毛泽东只有12岁。塾师为这个学生的才思敏捷和立意深刻所感染，暗中赞叹，并没有处罚他。

少年毛泽东还逃过学，而且不是半天、一天，一出走就是3天，最后是被家人找回来的。毛泽东逃学倒不是因为功课不好，也不是因为调皮捣乱，而是因为他对私塾中的体罚非常反感，他无法容忍这种陋习，用自己的行动进行抗议。1936年，毛泽东在延安对美国记者斯诺说："我的国文教员是主张严格对待学生的。他态度粗暴严厉，常常打学生。因为这个缘故，我10岁的时候曾经逃过学。但是我又不敢回家，怕挨打，便朝县城的方向走去，以为县城就在一个山谷里。乱跑了3天之后，终于被我家里的人找到了。我这才知道我只是来回兜了几个圈子，走了那么久，离家才8里路。"毛泽东回忆童年这段反叛的经历时说："我回到家里以后，想不到情形有点改善。我父亲比以前稍微体谅一些了，老师态度也比较温和一些。我的抗议行动的效果，给了我深刻的印象，这次'罢课'胜利了。"

这些事迹反映出童年、幼年时的毛泽东是和他同龄的孩子们一样活泼、好动、不愿受拘束，有点叛逆与淘气。虽然毛泽东并非天生就会吟诗作赋的诗人，也不是天生就会率兵打仗的革命领袖，但是毛泽东的天资聪颖却是不容否认的事实。他有着很强的记忆力，有着很高的领悟能力。在私塾读书的几年，他从当时幼童启蒙读物《三字经》开始，先后读过《论语》《孟子》《诗经》《公羊春秋》《左传》等传统儒学经典。私塾的老师只要求学生鹦鹉学舌似的照本宣科，朗读背诵，并不讲解经义。但毛泽东对书中的内容仍能领悟不少。他在9岁左右便开始学着翻《康熙字典》，不认得的字便去请教这位不开口的"老师"。

毛泽东的第一位塾师邹春培曾对毛泽东的母亲讲过："三伢子有些特别，他读书从不读出声来。我给他点书，他就说：春培阿公，你老人家不要点，省得费累。我问他：你是来读书的，不点书如何要得？他说：你不要点，我都背得。原来我没有点的书，他也自己读过、认得、懂得。"

由于毛泽东读书好，不需要先生费心劳神，又肯帮助同学，大家就称毛泽东为"省先生"。

东山学堂"建国才"，新兵营里"秀才兵"

1910年4月，长沙发生了饥民暴动，起因是荒年粮价飞涨，有人率全家投塘自尽。饥民们拥到巡抚衙门请愿，反而遭到枪击，当场被打死40多人，被打伤的更多。饥民在忍无可忍的情况下，放火烧了巡抚衙门，捣毁了外国洋行、轮船公司、税关。清政府派兵镇压，暴动者的鲜血染红了浏阳门外的识字岭（20年后，毛泽东的妻子杨开慧在这里牺牲），被杀者的头颅高高挂在南门外示众。几个卖兰花豆的小贩逃出长沙，把饥民暴动的消息传到了韶

第一章
初露锋芒——恰同学少年

山。毛泽东听后，心情久久不能平静。他觉得那些参加暴动的人都是善良的老百姓，只是他们被逼得走投无路才起来造反，结果被杀。这使他很痛心。几十年后，他感慨地说：这件事"影响了我一生"。

随后不久，毛泽东读了郑观应的《盛世危言》。他非常喜欢，开始知道一些发生在山外的中国的大事。

毛泽东喜爱的书——《盛世危言》

毛泽东已经17岁了，可足迹只是限于韶山冲和唐家圫。父亲本来打算送他到湘潭县城一家米店当学徒，可是他到外面继续求学的愿望更迫切。恰好在这时，表兄文运昌告诉他，离韶山50里的湘乡县立东山高等小学堂（以下简称"东山学堂"）在讲授新学。他听了很动心，便先后请亲戚给父亲做工作。毛贻昌听后，觉得儿子进洋学堂也许是件好事，就同意了。

1910年秋天，毛泽东离开了闭塞的韶山，走向外面更广阔的世界。这是他人生的第一个转折点。他的心情无比激动。

临行前，他改写了一首诗，夹在父亲每天必看的账簿里。毛泽东是这样写的：

孩儿立志出乡关，学不成名誓不还。
埋骨何须桑梓地，人生无处不青山。

在东山学堂的入学考试中，毛泽东写的以"言志"为题的作文语出惊人。在这篇短短的作文中，毛泽东言简意赅地书写了自己读书救国的抱负和志向，博得一向以严厉著称的校长李元甫的高度评价。李元甫看完毛泽东的作文后高兴地说:"今天我们学堂里取了一名建国才!"毛泽东后来真的成了一位"建国才",证实了这位校长的预言。

在东山学堂,毛泽东较多地接触了维新派思想,特别喜欢梁启超的文章,康有为、梁启超成了他崇拜的人物。他并不知道,此时孙中山主张的推翻清政府的民主革命思想,已代替康、梁的维新变法思想而成为时代的主流。但革命派把主要精力放在联络会党和新军发动武装起义上面,没有在思想启蒙上下很大功夫。革命派所办的刊物在内地也不能公开流传,而梁启超在日本创刊的《新民丛报》广泛介绍了西方资产阶级的学术和政治思想,在国内风靡一时。湖南又是维新运动的重要基地,梁启超曾在长沙的时务学堂讲学。在这种情况下,毛泽东主要从维新派那里接受政治启蒙是很自然的了。

这时,毛泽东还读了《世界英雄豪杰传》,被书中描写的华盛顿、林肯、拿破仑、彼得大帝等人的伟绩所感染。他说:"中国也要有这样的人物……我们每个国民都应该努力。"

1911年春天,东山学堂的贺岚冈老师应聘到长沙的湘乡驻省中学任教。因为毛泽东成绩优异,贺老师愿意带他到长沙念书。于是,毛泽东第一次坐轮船至长沙,顺利地考入了湘乡驻省中学。

这时,中国已到了辛亥革命爆发的前夜。湖南是革命党人活动十分活跃的地方,反对清政府的宣传特别激烈。初到省城,18岁的毛泽东的眼界顿时开阔了许多。他第一次看到革命派创办的《民立报》,成为它的热心读者,接触到许多革命言论。当他在这张报纸上读到黄兴领导广州黄花岗起义的新闻时,思想受到巨大的冲击。毛泽东后来说:"宣统三年三月十九日黄兴在广州起事,全国震动。消息到湘,学生界中之抱革命主义者,已跃跃欲试。"毛泽东就是这"跃跃欲试"者当中的一个。一天,他在学校墙壁上贴了一篇文章,表示支持革命党推翻清朝、建立民国的纲领,提出把孙中山请回来当大总统、康有为做内阁总理、梁启超做外交部长。这是毛泽东第一次公开表达他的政见,尽管他当时这种构想还很不成熟,连孙中山和康、梁之间政治主

第一章
初露锋芒——恰同学少年

东山学堂——毛泽东念书的学校。后来,毛泽东给师生写信并题写校名,后称"东山学校"(历史图片)

张的分歧也不太清楚。

为了表示同腐败的清政府彻底决裂,毛泽东在湘乡驻省中学倡议并带头剪掉了辫子,还和一些积极分子采取突然袭击的方式,把十几个答应剪掉辫子却迟疑不肯动手的同学的辫子给强行剪掉了。这件事表现出毛泽东少年时代就有的那种说到做到、果断利索的行动风格。

1911年10月10日,武昌起义爆发了。新成立的湖北军政府派代表赶来长沙,要求湖南革命党人立即举义响应。一位代表还到湘乡驻省中学介绍武昌起义的情况。这是一次激动人心的讲演,全场鸦雀无声,同学们都为起义军英勇战斗和壮烈牺牲的英雄事迹所感染。20多年后毛泽东仍记忆犹新:"当场有七八个学生站起来,支持他的主张,强烈抨击清廷,号召大家行动起来,建立民国。"毛泽东自己也兴奋异常,觉得正在进行的激烈战斗需要更多的人投入,于是决定放弃他所热爱的读书学习生活,到武汉去当兵,用自己的血肉之躯为推翻清王朝而战。他约好了几个同学,急匆匆地凑了一些钱就要出发。要上路时,却被一件偶然的小事耽搁了。原来,毛泽东听说武汉常下雨,非常潮湿,便到一个朋友处借雨鞋。回来的路上,正好碰上湖南起义军发起的战斗。他机智地跑到一个山冈上,站在高处远远地观察战斗。当他看到抚台衙门升起的旗帜时,他知道起义军已经占领了抚台衙门。

长沙革命党人发动武装起义后,成立了湖南军政府。毛泽东随即加入革命军,成了湖南新军第二十五混成旅第五十标第一营左队的一名列兵。他在连队里对操练、射击、训练等很认真,也很能吃苦,较快地掌握了军队中的一些基本知识和技能,学会了杀敌本领。在当兵期间,毛泽东除了接受军事训练,把每月7元的军饷大多用来订阅报刊和购买书籍,了解时事政治。他读报读得十分认真,这以后成为他一生的习惯。有一天,他从《湘汉新闻》上读到一篇谈论社会主义的文章。这是他第一次知道"社会主义"这个名词。其实,当时他所看到的社会主义是江亢虎的中国社会党鼓吹的社会改良主义,毛泽东却很有兴趣,和士兵们讨论,还热烈地写信给几个同学提出应该研究这个问题。

毛泽东所在的那个班里,大多是诚实质朴的农民,也有挖煤的矿工、铁匠。毛泽东与他们相处得很好。他常常和士兵们谈天,了解他们的家世借以了解社会,并常常帮助他们写家信,还把从报纸上看到的时事消息向他们讲解。这些士兵看到毛泽东业余时间很用功,不是读书就是看报,能写会道,都很尊敬他。毛泽东说:新军的士兵们,"因为我能写字,有些书本知识,他们敬佩我的'大学问'"。因此,青年毛泽东成了新兵营里的"秀才兵"。

毛泽东在新军营待了半年。1912年,南京临时政府成立,敲响了清朝的丧钟,宣告了2000多年来的封建帝制在中国历史上的终结。孙中山就任临时大总统。毛泽东说:"我以为革命已经结束,便退出军队,决定回到我的书本子上去。"

不久,毛泽东以第一名的成绩考入了湖南全省高等中学校(后改为省立第一中学)。在这所学校里,毛泽东读了半年,留下了一篇被国文教员柳潜称为"实切社会立论"的作文,题目叫"商鞅徙木立信论"。全文仅600字,老师的批语却有150字,说毛泽东"才气过人,前途不可限量","练成一色文字,自是伟大之器,再加功候,吾不知其所至"。

第一章
初露锋芒——恰同学少年

毛泽东觉得这所学校中刻板的校规和有限的课程，远不能使他满足。1912年7月，毛泽东断然决定从湖南省立第一中学退学，寄居在长沙新安巷的湘乡会馆，每天步行三里路到浏阳门外定王台下的湖南省立图书馆自学。就这样，他度过了半年的自学生涯。之后，毛泽东迫于父亲的经济压力，不得不结束这种非常适合他的自学生活，考入了湖南省立第四师范学校。不久，又随第四师范学校并入湖南省立第一师范学校（以下简称"一师"）。

1913年，在湖南省立第四师范学校求学的毛泽东（历史图片）

"一师"的"异才""伟器"

毛泽东进入湖南省立第一师范学校后，充分利用这一良好的学习环境，如饥似渴地学习着。从毛泽东给同学萧子升的信中可以看到，他为自己安排的学习时间表是十分紧凑的："晨读英文。午前八时至午后三时上课堂。四时至晚饭，国文。明灯至熄灯，温习各门功课。熄灯后以一小时运动。所谓五段者如此。"在信中，他还说自己"奋发踔厉"，"从早到晚，读书不止"。

为了锻炼心性，磨砺意志，毛泽东还经常进行体育锻炼，以求"心力"与"体力"并重，全面发展。每天天刚蒙蒙亮，毛泽东就来到学校浴室的一口水井旁。他脱光上衣，只穿短裤，将井水一桶一桶地吊上来。先是用井水从头浇淋全身，然后用毛巾使劲擦拭全身。不一会儿皮肤就发红发热，接着再用井水浇淋全身。就这样，淋了又擦，擦了又淋，反复做一二十分钟，一

21

年四季从不间断。

毛泽东经常向周围的同学宣传，运动的目的是增强体质，以便有充沛的精力去学习，担负起改造社会的大任。他向同学们阐述冷水浴有两大好处：其一是可以促进血液循环，增强身体的抵抗力，强壮筋骨；其二是可以培养勇猛无畏的气魄和战胜困难的精神。在毛泽东的影响下，很多同学也参加了冷水浴锻炼。后来，锻炼的范围逐渐扩大到忍饥、受热、耐寒及长途跋涉旅行等。

青年毛泽东还常常在下大雨或下雪时，赤着上身，在学校的后山跑步，让大雨浇淋全身，有时还在大雨中做远距离徒步旅行。当赤日炎炎时，毛泽东就脱掉衣服在阳光下曝晒。一旦有大风，他就到山上或城墙上天心阁一带赤着上身逐风奔跑，大声呐喊。

1915年暑假刚过，长沙很多学校都张贴了一张用裁湘纸油印的署名"二十八画生"的征友启事。启事写道：

> 今日国家正处于危急存亡之秋。政府当局无一人可以信赖。吾人拟寻求志同道合之人，组织团体，其宗旨主要为砥砺品行，研究学术及改造国家。凡对此有兴趣之同学，皆请惠赐大函，俾能约期私下聚谈，以再作进一步之计划。

启事要求结交对救国之事感兴趣的青年，特别是能耐艰苦、有决心，直到能为国牺牲的青年。启事的署名是"二十八画生"。

有些学校的校长看到启事后觉得很奇怪，以为"二十八画生"大概是怪人，不怀好意，便将启事没收了。省立第一女子师范学校的马校长看到启事后，以为是有人找女学生谈恋爱。马校长有些恼火，见启事上写着"来信由第一师范学校附属小学陈章甫转交"的字样，便找到"一师"附小，气冲冲地问："陈先生，你怎么帮人做起求友的事情来？这个'二十八画生'是什么人，求友求到了我们女子师范！"

"马校长，'二十八画生'就是毛泽东呀！"陈章甫赶紧解释，"他是咱们'一师'品学兼优的学生。正像启事里宗旨所写，他是为了寻找改造国家的同志，绝没有其他意思。"

"果真这样？"马校长问道，"这么说来，还真是位有志青年了？"

马校长不放心，又找到了"一师"的校长，才了解到这"二十八画生"是一个极优秀的学生。他不禁感慨道："后生可畏，国家有望，民族有望啊！"

湖南省立第一师范学校对毛泽东的成长无疑产生了十分巨大的影响。他在这里打下了深厚的学识基础，随着新旧交替的时代前进，开始形成自己的思想和政治见解，获得了社会活动的初步经验，结交了一批志同道合的朋友。

在"一师"求学期间，毛泽东非凡的志向及出众的体魄闻名全校，赢得了老师的称赞和同学们的推崇。1917年6月，学校开展"人物互选"活动。互选范围包括德、智、体三大部分。具体分为敦品、自治、好学、克俭、俭朴、服务、文学、科学、美感、职业、才具、言语、胆识、卫生、体操、国技、竞技等项目。选举结果出来后，毛泽东当选6项，即敦品、自治、文学、言语、才具、胆识，为全校之冠，成为全校师生公认的品学兼优的佼佼者。同学们称他为"异才""伟器""智囊""怪杰"。毛泽东常对人说，大丈夫要为天下奇，即读奇书、交奇友、创奇事，做个奇男子。同学们用谐音给他起了个外号，叫"毛奇"。"毛奇"是德国名震一时的军事家，著有小说及军事政治书籍多种，文武双全。

在学校中，除了以优异成绩完成学校规定的课程，毛泽东还坚持自学，借助学校图书馆丰富的藏书，广泛涉猎古今中外的文学、史学、哲学、政治、经济等方面的书籍，以充实自己。与此同时，他对时事政治倾注了自己的热情。当时图书馆订有北京、上海、湖南等地20多种报刊，毛泽东是最积极的读者。他认真地作读报摘记，积累资料。在与同学们分析讨论时事政治时，他常常见解精辟独到，被同学们誉为"时事通"。

1918年3月,湖南省立第一师范学校第八班合影。四排右二为毛泽东(历史图片)

1917年正值军阀混战。一天午餐过后,大家忽然听到一个消息,说北洋军阀第八师正向长沙溃退,已经到了离学校只有一公里远的地方了。但因不知长沙城里的虚实,不敢贸然前进,便停留在那里,并派人到附近的农家抢吃的。

这消息顿时使湖南省立第一师范学校陷入了紧张慌乱之中。全校师生员工都在为摆脱这场灾难各自奔走。毛泽东探听了北洋军阀溃兵的情况,知道他们正处于饥饿、疲惫之中,已是惊弓之鸟,而且还不知道桂军的情况。毛泽东觉得,这是一个极有利的条件,于是便下定决心设计赶走这支溃军。

毛泽东急忙组织"学生志愿军",特别是同学中的体育运动员们,把教室里的桌椅板凳都搬出来,堵住所有的门,作为障碍物,准备作战。

这时候,胆小的同学们及某些教职员工都躲在后面寝室的天井里,一动也不敢动。

毛泽东指挥着同学中少数胆大的,拿着木枪,潜伏在学校后面的妙高峰上,又联络了附近的警察分所,让他们派一部分拿真枪的警察埋伏在"学生志愿军"的前面，然后将大部分"学生志愿军"分成三队，绕道分布在附近几个山头上，对溃兵形成包围之势。

天黑了。溃兵乘着暮色，沿着妙高峰山下的粤汉铁路向北移动。毛泽东见他们已距离"学生志愿军"潜伏地不远，便传信让警察在山头鸣枪，持木枪的"学生志愿军"放爆竹，并高声呐喊。

溃军这时既胆怯，又疲劳，既不明城内虚实，又不知面临的敌人有多强大，很快便缴械投降了。当晚，毛泽东组织全校同学将所缴获的枪支和其他武器抬到了学校。全校师生员工都兴高采烈。第二天，露宿学校操场的溃军由商会发款遣走了。

就这样，在毛泽东的指挥下，一个全副武装的北洋军阀混成旅便完蛋了。事后，全校沸腾了，大家议论纷纷，称赞毛泽东"一身都是胆"。

"游学"先生

毛泽东常对同学说：读书，不但要善于读"死"的书本，而且还要善于读"活"的书本；不但要读有字之书，而且要读"无字之书"。这"无字之书"，就是社会。想要"周知社会"，便要与群众交往，做社会实践和社会调查。

在"一师"期间，毛泽东曾几次游学。所谓"游学"，本是有志的读书人用以寻师求学的一种方式。湖南俗话，称游学为"打秋风"，指穷知识分子靠作点诗，写几个字，送给乡里的土财东，换几个钱糊口，形同乞丐。游学虽然很艰苦，但毛泽东从中了解了湖南农民的生产生活情况及各地的历史变迁、地理状况、风土人情、风俗习惯等书本上学不到的知识。

1917年7月上旬，毛泽东邀请同学萧子升进行了一次游学。毛泽东身穿一身很破的白裤褂校服，脚踏草鞋，携带一把雨伞和一个小包裹，迎着夏日早晨的太阳出发了。

促使毛泽东采取游学这种方式的是一则消息。1936年毛泽东在延安的窑洞里对斯诺说：有一天我读了一份《民报》，上面刊载着两个中国学生旅行全国的故事。他们一直走到靠近西藏的打箭炉。这件事给我很大的鼓舞。我想效法他们，可是我没有钱，所以我想应当先在湖南旅行一试。于是，便有了这次游学。

他们出发后克服的第一道难关就是无钱乘渡船过湘江，船到中流时用巧计搪塞船主，而后又渡过了第二道难关——饥饿。在饥肠辘辘时，毛泽东说："走，我们开始行乞吧，我一刻也不想等了。我已经饿得要命了，咱们就从那些农家开始。"有时为得一饱乞讨数家。他们见县太爷时，受到门卫和门房的百般辱骂。在乞讨无门而又饥渴难耐时，他们先进饭店边吃边设法应付。在途中，他们也曾受到老朋友的盛情款待和许多好心人的慷慨相助。一次，他们在途中为了吃一顿饱饭，打听到一个归隐林泉的刘翰林。这是一位老绅士。

萧子升嚷道："润之，刘先生就是我们今天的主人了！我们首先向他进攻。我想最好的办法是写一首诗送给他，用象征的语言表示我们拜访他的目的。"

毛泽东立即表示："好主意！"接着，毛泽东又说："让我们想想。第一句可以是：翻山渡水之名郡。"

"很好。"萧子升赞赏道，"第二句：竹杖草履谒学尊。接下去可写：途见白云如晶海。"

"末句可是：沾衣晨露浸饿身。"毛泽东结束了全诗。

诗中第三句的"白云"，是暗指刘翰林能摆脱俗事的纠缠，在山中过隐居生活。这首诗完成后，他俩感到很满意，便把诗写下来，并签上了他们的真名，把信送到刘翰林家。刘翰林看了他们的诗，很欣赏，对他们熟悉《十三经》《老子》《庄子》等古籍也表示赞赏。毛泽东和萧子升临走时，刘翰林从宽大的衣袖里拿出一个红纸包，微笑着递给了毛泽东和萧子升。

毛泽东和萧子升一出大门便躲在一棵树后，打开纸包，里面包着40枚铜板。他俩马上以最快的速度赶到路旁最近的小食店狼吞虎咽地吃了起来。

第二天，他们又去拜访了老朋友何叔衡，他们称他为"何胡子"。在那里，他们受到何叔衡全家的热情接待。何叔衡的父亲以耕种土地而自食其力，日出而作，日落而息。离开何家后，萧子升说："何老先生的这种生活不是很快乐吗？"

"他一直是很快乐的。"毛泽东说道，"遗憾的是早年他没有机会读书。你可以看出来，他没有受过多少教育。"

"他从事的体力劳动使他的心境很愉快，这是他之所以健康而且自得其乐的原因。"萧子升接着说，"你记得'为古人担忧'这句话吧？如果何老先生读过书，恐怕就不会如此了。"

毛泽东赞同道："是的，有知识固然是件好事，但有些时候没有知识反而是更好。"

萧子升说："他唯一关心的是稻米的收成和猪的长势。一旦获得足够的家用，他就快乐、满足了。但是要知道，他是自耕农，他为自己而劳作，这才是他快乐的原因。那些必须为别人而劳作的农夫却是痛苦的。他们起五更睡半夜地干活，到头来必须将劳动成果拱手送给地主！"

毛泽东说："是的，更不幸的是，有些想在田间出卖劳动力的人，却无人雇用。这类事情在中国屡见不鲜。"

他们迎着清凉的微风谈着，感到异常惬意和舒畅。两人甜甜地睡了一觉。

有一次，他们经沙田至巷子口，在一个姓王的老头儿家里交谈了许久。老头儿不明白：天气这么热，他们出来干什么。毛泽东告诉他：我们都很穷，又想旅行，没有路费，只好游学。老头儿说：游学并不坏，而且游学的往往是些正直的老实人。我曾在衙门当过门房，亲眼见到为打赢官司而送钱送礼。那些当官的最不正直，他们往往见钱眼开，谁想打赢官司，谁就得送钱送礼。谁送得多，谁就可以赢。这就叫"衙门八字开，有理无钱莫进来"。老头儿的话引起了毛泽东的沉思，他深感世道的不公平。一路上，他不停地与萧子升热烈地讨论着社会上一些不公平的事情。

在去安化的途中，太阳落山了，他们不知道还要走多远才能找到旅店。村里的人都歇息了，他们连一个可以问路的人也碰不到。于是，他们借着美妙的月光在柔软的沙岸上坐下来，想好好地欣赏一番。

毛泽东叹道："我真不知道还要走多远才能到旅店，今晚我们可没主意住哪里了。哪儿也见不着人影，周围一片空寂。"

萧子升说："是的，四周茫茫然，但我们现在一文不名。即使找到旅店，如果店主知道我们无法付钱，肯定也不会收留我们的。"

"这倒是。"毛泽东说，"我全忘了我们已没钱了。你说咱们今晚就在这儿过夜怎么样？这沙岸不是很舒服的床吗？"

萧子升表示同意，说："你说得太对了。这沙岸就是我们的床，我们甚至可以睡比这更差的地方，让蓝天作为我们的帐幔吧！"

"那棵老树是我们的衣柜。"毛泽东一边说，一边拿起他俩的包裹，"现在且让我把包裹和雨伞挂在衣柜里。"

"这月亮不就是一盏大灯吗？"萧子升接着说，"今晚就趁着这灯光睡觉，好吗？"

他们找到两块又大又平的石头作为枕头，就这样在荒野里睡了一夜。

到了安化县，参观游历一番后，听说县里劝学所所长夏默庵是个饱学之士，早年就读于清朝的两湖学院，学识渊博，经、史都好，还有很多著述。毛泽东便去拜访。

敲开夏家的大门，有人看到毛泽东一身游学先生打扮，便进去通报。一会儿传出来夏先生的话："不见！"

原来，夏先生性情高傲，一向看不起游学先生，所以听家人报告有游学先生求见，便毫不犹豫地拒绝了。

第一章
初露锋芒——恰同学少年

两次拜访都是如此。

毛泽东两次被拒绝，一点也不灰心。

这天早上，毛泽东又来到夏默庵家门口，敲开门，家人见又是这个青年，便说："怎么又是你？我们先生说过不见游学先生。"

毛泽东胸有成竹地说："你去通报，这一次他准会见我。"

正在吟诗作赋的夏先生见家人又来通报，便说："如果还是那个青年，就让他进来吧。"

夏先生坐在客厅里，手中端着茶杯，上下打量着被家人领进来的年轻人：瘦长的身材，清秀的面庞，炯炯有神的双眼，身上蓝布长衫虽旧却洗得干干净净。他心里想：人倒是仪表堂堂，只是不知学识如何？于是夏先生也不让座，也不说话，走到书案前，挥笔写下一句上联："绿树枝上鸟声声，春到也，春去也。"然后背起手，踱着步，看着毛泽东。

毛泽东被夏默庵的无礼激得有点恼了，看到书案上的联句，也不说话，几步走过去，拿起笔，不假思索地写起来："清水池中蛙句句，为公乎，为私乎。"夏先生看完，大吃一惊，觉得对方远远胜过自己，还带着火辣辣的批评味道，忙放下架子，笑吟吟地招待这个有才智的青年。毛泽东这时已平息了怒气，与夏先生交谈起来。

这次游学，历时盈月。后来，毛泽东和萧子升结束游学回到长沙，为了纪念这次活动，还特意拿着游学时的衣服和草鞋，照相留念。毛泽东和萧子升以乞丐的身份出游近千里，在身无分文的情况下历访长沙、宁乡、安化、益阳、沅江五个县，真正深入当时的社会底层，广泛接触了各个阶层的人物：上至县太爷、归隐林泉的翰林，中到店铺老板、自食其力的富裕农户、衙门捕快、文书师爷，下至贩夫走卒、医巫僧侣、引车卖浆者，等等。他们目睹了挣扎在社会底层的人们屋无片瓦、田无一分、家徒四壁、忍饥挨饿的悲惨生活。而走进富人家的大院，他们体察到了人间贫富的巨大差别。毛泽东接触了中国的农民，了解了社会的实际。"一师"的老师学生们传阅毛泽东游学中记下的笔记后,都称赞他"身无半文,心忧天下"。

毛泽东后来回忆说:"……我开始在湖南徒步旅行,游历了五个县。一个名叫萧瑜(萧子升——引者注)的学生与我同行。我们走遍了这五个县,没有花一个铜板。农民给我们吃的,给我们地方睡觉;所到之处,都受到款待和欢迎。"

对这种游学和游历,毛泽东十分重视,把它作为了解社会、了解民意和锻炼意志的一种方式。1917年寒假,他到浏阳文家市铁路冲一带,拜访同学陈绍休。在那里,他和农民一起挑水、种菜,并劝说农民种树。1918年夏初,他和同学蔡和森一起到洞庭湖游历。

创办新民学会

湖南省立第一师范学校十分重视学生的课外活动,毛泽东的社会活动范围日益扩大了。1917年10月学友会改选时,他担任总务,还兼任教育研究部部长。学友会会长由学监方维夏代理,实际上是由毛泽东主持工作。学友会开展了许多课余活动,如成绩展览会、讲演会、辩论会、运动会等。在1917年的上半年,学校曾办了一期工人夜校,由教员上课。办得不成功,中途停下了。这学期还办不办,由谁来办?大家看法不一。毛泽东认为这是学校同社会联系的重要途径,应该办下去,而且要办好。最后,学校同意了毛泽东的意见,并决定由学友会教育研究部具体负责。10月30日,毛泽东写了一则《夜学招学广告》,用语是一般工人能懂得的大白话,倾吐了为失学工人分忧解难的拳拳之心:

> 列位大家来听我说几句白话。列位最不便益的是什么?大家晓得吗?就是俗语说的,讲了写不得,写了认不得,有数算不得。都

是个人，照这样看起来，岂不是同木石一样！所以，大家要求点知识，写得几个字，认得几个字，算得几笔数，方才是便益的。虽然如此，列位做工人的，又要劳动，又无人教授，如何能到这样，真是不易得的事。现今有个最好的法子，就是我们第一师范办了一个夜学……教的是写信、算账，都是列位自己时刻要用的。讲义归我们发给，并不要钱。夜间上课又于列位工作并无妨碍……快快来报名，莫再耽搁！

这则广告先托警察贴到街头后，并没有收到预期的效果，只有9个工人来报名。什么原因呢？原来，上学不要钱，工人觉得没有这样的好事；不识字的人本来不会去街上看广告；让警察贴广告，人们有惧怕心理。找到原因后，毛泽东和同学们带着印好的广告分头到工人宿舍区和贫民区，边分发边宣传，细细解释。5天后，就有100多人报名。毛泽东把这次活动的过程写进了《夜学日志》，说工人要求入学的心情，"如嗷嗷待哺也"，他们分发广告时，"大受彼等之欢迎，争相诘问，咸曰'读夜书去！'"。

在毛泽东周围，逐渐聚集起一批追求进步、志同道合的青年，其中大多数是"一师"的学友。他们多来自农村，了解民间疾苦，充满了以天下为己任的社会责任感。节假日，他们经常到妙高峰、岳麓

1919年5月，湖南省立第一师范湘潭学友会合影，二排左三为毛泽东。当时他是湖南学生反帝爱国运动的实际领导人（历史图片）

山、橘子洲、平浪宫等风景名胜处聚会。

"一师"后面的妙高峰是毛泽东和一些有志青年常去讨论问题的地方。晚饭后，同学们一起爬上妙高峰，在草地上坐下来，浴着星光月辉，一边眺望长沙城中闪烁的万家灯火，一边纵论天下大事。

"要改造中国，必须有崭新的理想。"一位同学慷慨激昂地说，"在改造国家中，每一个有志青年也必须磨砺自己。"

"读报之外，我最喜欢读《新青年》。"毛泽东目光深邃，缓缓地说，"我觉得《新青年》上面所提出的思想革命、文学革命、劳工神圣、妇女解放以及科学和民主的主张，都是好主张。中国需要从政治、经济、文化、思想、制度等各个方面进行一番根本的改造。"

"可是靠谁来完成呢？"有的同学苦恼地说，"袁世凯成了窃国大盗，那些军阀头子也都是帝国主义的走狗。"

毛泽东自信地说："靠他们是不行的，只有靠我们自己、靠我们新青年、靠我们亿万劳苦大众。"

这一批有志青年，热烈地讨论着。正如毛泽东后来追忆的那样："恰同学少年，风华正茂；书生意气，挥斥方遒。指点江山，激扬文字，粪土当年万户侯。"他们讨论最多的中心问题，是"如何使个人及人类的生活向上"。"相与讨论这类问题的人，大概有15人内外。有遇必讨论，有讨论必及这类问题。讨论的情形至款密，讨论的次数大概在百次以上。"他们逐渐得出这样一个结论："集合同志，创造新环境，为共同的活动。"同时，他们又受到新文化运动思潮的猛烈冲击，思想上发生了剧烈的变化，"顿觉静的生活与孤独的生活之非，一个翻转而为动的生活与团体的生活之追求"。

在这个思想基础上，1917年冬天，毛泽东、蔡和森、萧子升等开始商量组织一个团体，立即得到大家的响应。要成立团体，首先得有章程。1918年3月，毛泽东和邹鼎丞开始起草会章。萧三在日记中写道："3月31日，二兄（萧子升——引者注）来坐已久，交阅润之所草新学会简章。二兄意名为新民学会云。""4月8日，接二兄手书，力主予出洋。附来润之所重草新民学会简章。""4月13日，夜，润之来，明日新民学会开成立会。"从萧三的这些日记中可看出，毛泽东为草拟新民学会章程是费了大量心血的。

1918年4月14日，新民学会在岳麓山脚下的刘家台子蔡和森家里正式成立。到会的有毛泽东、蔡和森、萧子升、何叔衡、萧三、张昆弟、陈书农、邹鼎丞、罗章龙等13人，再加上没有到会的李和笙（李维汉）、周世钊等人，这样新民学会最初的成员就有20余人。

经过一番热烈的讨论，新民学会的章程通过了。其主要内容是：一、新民学会以"革新学术，砥砺品行，改良人心风俗"为宗旨。二、会员必须是向上的青年，必须是有为国家民族做事业的远大志向的青年。三、新会员入会，要由会员介绍，评议会通过。四、会员必须严格遵守道德生活上的几条戒律：不虚伪、不懒惰、不浪费、不赌博、不狎妓。

在这次新民学会的成立大会上，选举萧子升为总干事，毛泽东、陈书农为干事。不久，萧子升去法国，会务便由毛泽东主持。

新民学会是五四时期最早的新型社团之一。它的会章重点强调个人修养，政治性上还比较含糊，一定程度上反映了毛泽东和他的朋友们当时达到的思想水平。而它和毛泽东当时的实际想法也有距离。对此，毛泽东稍后曾有一个说明，他说："会章系鼎丞、润之起草，条文颇详；子升不赞成将现在不见诸行事的条文加入，颇加删削；讨论结果，多数赞成子升。于是表决会章的条文如次……"联系到萧子升接下来一直不赞成激烈变革、主张温和改良的思想，被他认为是"不见诸行事"而"颇加删削"的条文内容，这大致属于毛泽东当时更高的理想追求。

3个月后，毛泽东和蔡和森就突破了最初的会章宗旨。7月26日，毛泽东就新民学会的组织活动问题，写了封长信给蔡和森，蔡和森在回信中说："杨师东奔西走，走了十年，仍不过是能读其书而已，其他究何所得！"又说："兄对于会务，本有经纶天下之大经、立天下之大本的意趣，弟实极其同情,且尤不讳忌嫌疑于政党社会党及诸清流所不敢为者之间。以为清流既无望,心地不纯洁者又不可,吾辈不努力为之,尚让何人去做?此区区之意,相与共照也。"蔡和森还表示:"三年之内,必使我辈团体,成为中国之重心点。"看来,他们已经不满足于那种以清流自许而回避政治的道路。的确,在中国共产党成立以前,毛泽东一直在探寻中国的出路。

新民学会成立后,每隔半月、一月开一次会,会员们讨论学术问题和思想问题,研究国内国际形势,报告各自学习和工作的计划和完成情况,互相督促、互相鼓励。到五四运动前夕,新民学会已经发展到70多人,都是有志有为的青年。五四运动爆发后,这批会员有很多都成为运动的骨干。他们领导了湖南各阶层人民的反帝反封建斗争,随后又领导了"驱张"运动,还创办了文化书社,出版了传播革命思想的《湘江评论》等刊物。

新民学会的发起、成立和成长,浸透了毛泽东的心血。它从一个追求向上的青年进步团体,逐步发展为革命团体,在湖南乃至中国近代史上书写了重要的一笔。李维汉回忆说:"新民学会虽然还不是马克思主义的团体,但在它存在的三年中,在中国革命动荡转变的年代里,逐渐由民主主义接近了马克思主义,在思想和组织上为建立中国共产党做出了它的应有的贡献。"后来,新民学会的许多会员加入了社会主义青年团和共产主义小组。其中毛泽东、蔡和森、何叔衡、蔡畅、向警予等新民学会的优秀会员,都成为共产党的创始人或共产主义运动及中国革命运动的领袖人物。

正如毛泽东所言:"学

1919年5月4日,北京爆发学生反帝爱国运动。这是反映北京大学学生示威游行的画作

会有七八十名会员，其中许多人后来都成了中国共产主义和中国革命史上的有名人物。"

毛泽东接触马克思主义是在五四运动前后两次到北京期间。在北京，毛泽东受到陈独秀、李大钊的影响。也正是在他们的影响和帮助下，毛泽东开始研究马克思主义。他在第二次到北京的短短几个月时间中，尽力搜集有关马克思主义和社会主义苏俄的书刊、文章，如饥似渴地阅读着。总之，1919年年底到1920年夏这段时间，对毛泽东一生来说的确是一个"关键性"的时期。因为在这个时期，他通过各种途径，接触了更多的马克思主义理论，这为他确立"对马克思主义的信仰"，奠定了基础。

1920年8月，陈独秀等在上海成立了共产党发起组。1920年冬，毛泽东等与上海共产主义小组的陈独秀、李达等取得了联系。陈独秀等常把上海共产主义小组的组织情况告诉毛泽东，并给他寄来上海小组创办的《共产党》月刊和社会主义青年团章程。陈独秀还把毛泽东在长沙的活动列入全国组党计划之内。11月前后，毛泽东曾请陈独秀来长沙，内容之一就是参加湖南社会主义青年团的成立会。因陈独秀乘海轮赴广东，就任孙中山军政府的广东全省教育委员会委员长一职，未能到长沙来。经过慎重物色，毛泽东和何叔衡、彭璜等6人在建党文件上签了名，创建长沙共产主义小组。这样，毛泽东等于1920年秋开始酝酿准备成立的共产主义小组，终于在1920年11月正

1920年5月8日，新民学会部分会员在上海半淞园合影。左七为毛泽东（历史图片）

中国共产党第一次全国代表大会会址——上海望志路106号（今兴业路76号）。1921年7月23日至8月初，毛泽东作为湖南代表出席大会，参与创建中国共产党（历史图片）

式成立了。

长沙共产主义小组成立后，经常以群众团体和文化书社、俄罗斯研究会名义，从事马克思主义的宣传活动。毛泽东还时常向长沙《大公报》推荐马克思主义文稿。据李达回忆：在党的"一大"会议期间，代表们交换了各地的工作经验，认为"长沙小组，宣传与工运都有了初步的成绩。看当时各地小组的情形，长沙的组织是比较统一而整齐的"。

1921年6月，毛泽东接到赴上海参加中国共产党第一次代表大会的通知。6月29日下午6点钟，毛泽东和何叔衡一道在长沙小西门码头，乘着暮色，登上了开往上海的小火轮。

这是毛泽东第三次赴上海了。他的心情特别激动，他知道，他肩负着重任……

毛泽东和何叔衡并肩站在甲板上，出神地凝望着前方。

天亮了，长江卷起了汹涌的波涛。在水天相接处，一轮朝阳喷薄而出……

/第二章/

婚姻家庭——伟人的情感世界

◎毛泽东的几次婚姻，组成了他人生发展的曲折轨迹，其间的恩爱情意、离愁别恨、分合变故、酸甜苦辣，既给予了他幸福，也给他留下了难言之痛……

杨开慧——一生至爱

"我失骄杨君失柳,杨柳轻飏直上重霄九。"这是毛泽东《蝶恋花·答李淑一》词中的一句。词中的"骄杨"即毛泽东的第一个妻子、革命烈士杨开慧。毛泽东在这首词中,以浪漫的情调和丰富的想象,歌颂了烈士,歌颂了友谊和爱情。作为妻子和母亲,杨开慧为丈夫和儿子默默地奉献了自己的一切,直至献出了自己年轻的生命。作为丈夫,毛泽东深深地怀念着杨开慧。

毛泽东和杨开慧这对革命夫妻,走过了一段共同的岁月,谱写了流传千古的爱情诗篇。

杨宅初识

距长沙市100余里的板仓,坐落在长沙市东北峻拔的隐珠和飘峰两山之间的丘陵地带。这里三面环山,青松翠竹繁茂,小河逶迤流过,风景十分秀丽。1901年初秋的一天,杨开慧就降生在这里。她的父亲杨昌济为她起名为开慧,号霞,字云锦。

杨开慧的父亲杨昌济32岁出国留学,先在日本高等师范学习,后去英国伦敦,在爱丁堡大学获硕士学位,随后又到德国考察教育。回国后,杨昌济出任湖南高等师范学校教授,后又兼任湖南省立第一师范学校的教员。

杨开慧7岁开始读书,毕业于县立第一女子高小,后又在家自修。在父亲的帮助下,她认真学习英文,并广泛地阅读东西方的新潮启蒙书籍。

第二章
婚姻家庭——伟人的情感世界

1913年，20岁的毛泽东考入湖南省立第四师范学校（以下简称"四师"）。1914年，"四师"合并于"一师"，毛泽东被编入"一师"本科第八班。

"一师"是一所免费的中级师范学校，聚集着徐特立、黎锦熙、王季范、杨昌济等一批思想进步、学识渊博的教员。杨昌济受聘于"一师"，讲授"修身""教育学"两门课程。他以教育为天职，以育才为己任，经常与学生们谈论治学做人之道，引导学生们奋发向上。毛泽东好学善思，成绩优秀，深得老师们的欣赏。杨昌济非常喜爱毛泽东，他在日记中写道："毛生泽东……资质俊秀若此，殊为难得。余因以农家多出异材，引曾涤生、梁任公之例以勉之。"毛泽东也十分钦佩杨昌济的道德人品和学识，以能在这样学问精深、诲人不倦的先生门下学习而感到自豪。

有一天，杨昌济从学校回到家中，兴奋地对家人说："我在'一师'看到两个最好的学生，一个是毛泽东，一个是蔡和森。特别是毛泽东，他将来定能成为国家的栋梁。"听到父亲不同寻常的赞语，坐在一旁看书的杨开慧禁不住仰起脸反问道："爸爸，你怎么知道毛泽东会成为国家的栋梁呢？"杨昌济对女儿天真的提问，报以爽朗的一笑。

杨开慧接着说："那你怎么不叫他上我们家里来呢？让我们好见一见你这位'国家的栋梁'。"杨昌济拍着女儿的头微笑着说："别急嘛，以后你会见到的。"

就这样，毛泽东的名字第一次在杨开慧心里留下了极为深刻的印象。

杨昌济影响了毛泽东的一生，也在很大程度上决定了女儿杨开慧的婚姻。

杨开慧故居（历史图片）

假日里，毛泽东敲响了"板仓杨寓"的大门。开门的是一个有着圆圆的脸、黑黑的眼睛的小姑娘，她个头不高，体态轻盈。她，就是杨开慧。当时，她只有十三四岁。

望着眼前这个陌生的高个儿青年，杨开慧轻轻地问了一声："你找谁？"

毛泽东微笑着问道："杨先生在家吗？"

听到毛泽东的声音，杨昌济走到门口，招呼毛泽东进屋，并且指着毛泽东对杨开慧说："霞，这就是我的得意门生毛泽东。"

这就是毛泽东与杨开慧的初次见面。在杨家，杨昌济与毛泽东无拘无束地谈论天下大事、谈论治学之道，气氛十分热烈。

此后，毛泽东和他的同学经常在假日去杨昌济家纵论国事，探索救国救民的真理。开始，他们交谈时，杨开慧只是在一旁默默地听着。毛泽东精辟而有见地的宏论吸引了杨开慧。在这些讨论的启发下，杨开慧也开始懂得了一些救国救民的道理。

毛泽东对热心参与讨论的杨开慧非常关心，经常深入浅出地给她讲革命道理，启发她思考问题。毛泽东经常把自己的日记和文章送给杨开慧看。杨开慧总是仔细地读着毛泽东的日记和文章，从中学习他的一些思想方法。

1917年11月中旬的一天，杨开慧捧着泡尔生著的《伦理学原理》，正在细细地看毛泽东写在书上的批语。突然有人来到院子里，杨开慧立即迎上去，只见毛泽东一阵风似的进了门。杨开慧急忙问："润之哥，带来么子好消息？"毛泽东手里拿着一张报纸，举得高高的，兴奋地说："俄国工农阶级推翻了资产阶级的统治；工农代表会掌握了政权。十月革命胜利啦！"大家争先阅读毛泽东拿来的报纸，沉浸在一片欢乐的气氛中。

晚上，杨开慧夜不能寐，思绪如潮。她所了解的毛泽东的事迹，一幕幕在她眼前浮现出来，使她崇拜、使她思念。她又回想起毛泽东帮她学诗、改诗的情景：

那天，杨开慧羞怯地将一首小诗送到毛泽东手里，轻声地说："润之哥，请你改一改。"毛泽东边看诗边念道:"高谊薄云霞,温和德行嘉。所贻娇丽菊,今尚独开花。月夜幽思永,楼台入幕遮。明年秋色好,能否至吾家?"毛泽东不禁拍手称好:"果然名不虚传,不愧为名师之后。"

杨开慧沉浸在幸福的回忆里。但一想到全家将要随父亲搬到北京去了,一种说不清的依恋之情又使她迷惘不安。

时间过得真快,转眼到了1918年夏天。杨昌济准备偕家人前往北京大学任教。

离别的日子到了。那天,毛泽东到码头为杨昌济一家送行。昔日笑口常开的杨开慧,如今坐在船上,目光忧郁地望着毛泽东。毛泽东不断地挥手告别,他的思潮随着湘江的水波翻滚。此时的毛泽东与杨开慧,彼此已有了朦朦胧胧的好感,已经有了依依不舍的离情别绪。

北海定情

1918年8月,毛泽东为筹备赴法勤工俭学活动,第一次来到北京。但由于赴法的准备工作尚未就绪,经杨昌济推荐,毛泽东到北大图书馆当了助理员。

当时,杨昌济一家住在地安门豆腐池胡同9号,毛泽东住在景山东街吉安东夹道7号,相距不远,师生之间保持着密切的联系。毛泽东经常出入杨家,与杨开慧有了更多的见面机会。在与毛泽东的交往中,杨开慧感到从未有过的欢快。

两颗火热的心碰出了火花,两个年轻人相爱了。故宫、北海、香山都留下了他们的足迹。秋天的红叶、冬天的蜡梅,在这对年轻人心目中留下了美好的记忆。18年后,毛泽东同斯诺谈起这段往事,意味深长地说:"我自己在北京的生活条件很可怜,可是在另一方面,故都的美对于我是一种丰富多彩、生动有趣的补偿……在公园里，在故宫的庭院里，我却看到了北方的早春。北海上还结着坚冰的时候，我看到了洁白的梅花盛开。我看到杨柳倒垂在北海上，枝头悬挂着晶莹的冰柱，因而想起唐朝诗人岑参咏北海冬树挂珠的诗句：'千树万树梨花开'。北京数不尽的树木激起了我的惊叹和赞美。"

冬天，毛泽东和杨开慧踏上北海的坚冰，登上古老的白塔。尽管大地冰封，但这一对恋人却热烈地交谈着，全然不觉得寒冷，仿佛置身于温暖的春季。两个相爱的人，迎着寒风，手拉着手，漫步在北海桥头、故宫墙旁，一路走着，一路憧憬着美好的未来。

经过在北京五六个月的初恋，两人的爱情已坚不可摧了。毛泽东将要赴上海时，两人相约互通信息。1919年4月，毛泽东转道上海回湖南，杨开慧写给毛泽东的信，称呼已是一个字：润。毛泽东给杨开慧的信，称呼也是一个字：霞。

1919年12月18日，毛泽东率领"驱张"代表团来到北京，在北京开展紧张的"驱张"活动，争取社会各界的支持。这次毛泽东就住在杨昌济家。他常和杨开慧到故宫、北海等地漫步谈心，交流学习体会和收获。

杨昌济病逝后，杨开慧一家回到长沙，毛泽东继续留在北京，争取各界对"驱张"运动的支持。两人天各一方，更增添了思念之情。1920年，热恋中的毛泽东给杨开慧写了一首《虞美人》的词，表达自己的心情：

堆来枕上愁何状？江海翻江浪。夜长天色总难明，寂寞披衣起坐数寒星。　晓来百念都灰尽，剩有离人影。一钩残月向西流，对此不抛眼泪也无由。

正在福湘女中学习的杨开慧接到毛泽东寄来的词后，激动不已。一天，她和好友李淑一散步时，谈起毛泽东的人品，并把这首词念给李淑一听。

杨开慧对待爱情是严肃而认真的。1929年6月20日，她这样回忆道：

第二章
婚姻家庭——伟人的情感世界

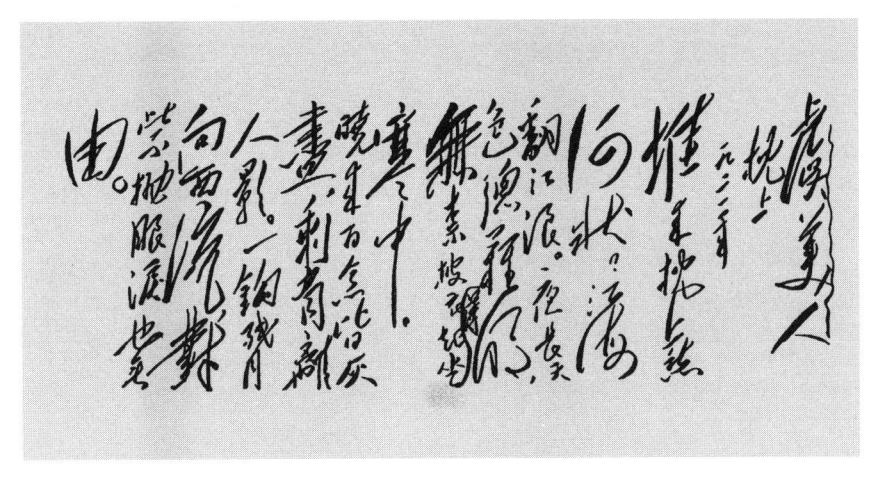

毛泽东手书《虞美人·枕上》

"不料我也有这样的幸运，得到了一个爱人！我是十分地爱他，自从听到他许多的事，看见了他许多文章、日记，我就爱了他。不过我没有希望过会同他结婚，因为我不要人家的被动爱。我虽然爱他，我绝不表示，我认定爱的权柄是操在自然的手里。我绝不妄去希求……一直到他有许多的信给我，表示他的爱意，我还不敢相信我有这样的幸运……"当彻底了解毛泽东的人品之后，杨开慧进而写道："自从我完全了解了他对我的真意，从此我有一个新意识，我觉得我为母亲而生之外，是为他而生的。我想象着，假如一天他死去了，我的母亲也不在了，我一定要跟着他去死！假如他被人捉去杀了，我这一定同他去共一个命运！"

1920年7月，毛泽东回到湖南后，与杨开慧又见面了。毛泽东邀请杨开慧去省学联帮助工作，杨开慧欣然答应了。杨开慧不顾家里经济困难，毅然动员母亲把父亲去世时北京一些朋友赠送的部分祭奠费捐献出来，给毛泽东做活动经费，从经济上资助毛泽东开办"文化书社"，并参加书社的日常活动。

在毛泽东的亲切关怀和培养下，杨开慧逐渐成为一名坚定的革命者，并于1920年冬成为中国社会主义青年团在湖南发展的第一批团员。

倾心相伴

毛泽东与杨开慧的爱情在不断深化。

1920年冬季的一天,杨开慧夹着一个书包,来到湖南"一师"教员宿舍——妙高峰下的青山祠,不坐花轿、不备嫁妆、不用媒妁之言,自由地同毛泽东结了婚。

结婚那天,正好冬晴。毛泽东理了发,穿了件藏青色的新长袍,显得格外英俊。杨开慧则穿着母亲做的花旗袍,梳洗打扮后更加秀丽。早上,毛泽东吩咐当年在毛家当伙夫的邹香庭说:"你去准备点酒菜,今晚我要请客了。"邹香庭心想:毛泽东的经济并不是很宽裕,工作又很忙,请客吃饭这类的事是很少见的。他感到很奇怪,但也没多问,就按毛泽东的吩咐去买了

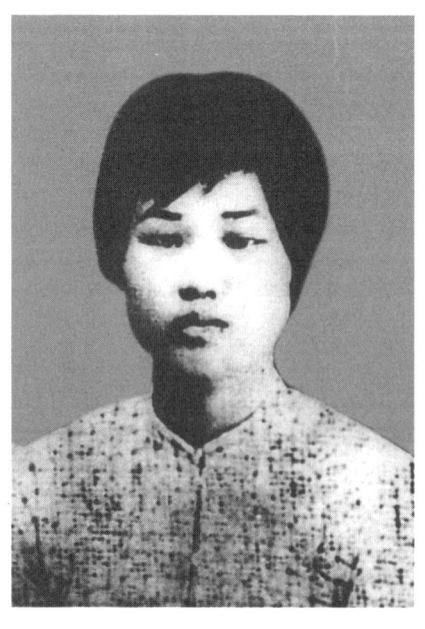

1920年冬,毛泽东和杨开慧在长沙结婚(历史图片)

酒菜。

晚上，毛泽东带来了新民学会的一些会员和朋友。大家吃饭喝酒，兴高采烈。杨开慧也殷勤地招待客人，敬酒送菜。

夜色已深，人人酒足饭饱。这时，毛泽东起身向众人宣布："今晚是我和杨开慧结婚的日子。蒙大家来热烈祝贺，我们十分感激……"

客人们大感意外，纷纷说："为什么不早点告知我们，也好带点纪念品来，以表示祝贺。"毛泽东笑着说："就是怕大家带礼品来，所以事先才保守秘密啊！"

大家以掌声向新郎新娘致贺。

婚后，杨开慧继续在学校学习，只有在假日才回到家来。她和毛泽东互敬互爱，生活十分甜蜜。正如毛泽东曾对人说过的那样："我同开慧结婚，是建筑在双方个性思想彻底了解，完全相合的基础上的，所以经过恋爱结婚，都没有什么波折发生。"

1921年，中国共产党成立了，杨开慧又成为中国共产党最早的党员之一。1921年冬，毛泽东在湖南建立了共产党第一个省委——中共湘区委员会，毛泽东任书记。不久，毛泽东以"一师"附小主事的身份，在长沙小吴门外的清水塘22号，租了一栋三开间的木板平房，作为中共湘区委员会的秘密活动机关。杨开慧在毛泽东身边工作，身兼秘书、机要、文印、联络、总务等多种职务。她的工作是十分忙碌的。

清水塘偏僻幽静，是个开展党的地下斗争活动的好地方。为了保护湘区党委机关和毛泽东的安全，杨开慧把母亲也接来这里居住，一同做好掩护工作。每当召开党的会议时，她就到室外流动放哨。为了随时观察敌情，她将一面大镜子挂在客堂后壁，以便从镜子里清晰地看到大门外的动静。对于毛泽东等起草的党风指示、罢工宣言之类的重要文件，她放在一个妇女们平时盛放耳环、戒指、香粉一类用品的首饰盒内，精心收藏保管，始终和她形影不离。

1921年8月，毛泽东利用船山学社的社址创办了湖南自修大学。杨开慧积极参加了该校的筹建工作。1922年，杨开慧根据党的指示，在离船山学社不远的地方办了一个青年图书馆。杨开慧从文化书社借来一批进步书籍，自己拿出一些私房钱，订购了许多报纸杂志。一时，青年图书馆成为长沙进步青年阅读和讨论问题的活动场所。

毛泽东为发动和领导工人罢工、农民运动以及党内的日常事务奔走不息。为了使毛泽东有充沛的精力考虑和处理革命大事，杨开慧不畏劳苦，主动承担了大量的日常事务工作。她帮助毛泽东整理材料，抄写文件，接待来访者。此外，杨开慧对毛泽东的饮食起居也十分注意照料。她在生活上无微不至地体贴关心毛泽东。毛泽东通常通宵达旦地写作，一到晚上八九点钟，杨开慧就把取暖用具准备好；凌晨一两点钟，她常起床取临睡前热在锅里的点心，有时毛泽东顾不上吃，她就在旁边等待，等毛泽东吃完后才睡。

1922年10月，杨开慧怀孕快足月了，理应注意休息和保养。可是，毛泽东、杨开慧正忙于泥木工会的工作，领导着长沙泥木工人大罢工。一天，杨开慧在家忙着整理文件资料，突然感到不舒服。杨母知道女儿要临盆了。这时家里没有人照顾，杨母急得团团转。正好一个女友来看杨开慧，急忙雇了一辆人力车，把她送到湘雅医院。第二天凌晨，天还没有亮，毛泽东匆匆赶到医院，走进病房，直奔杨开慧的床前。他用手摸摸杨开慧的前额，俯身下去，细声地问："你感觉怎么样？不要紧吧？"杨开慧见毛泽东两眼布满血丝，眼窝发黑，一副工人打扮，知道他也通宵未睡，一直在领导罢工斗争。她一时百感交集。但是，她控制住自己内心深处的感情，只是轻轻地摇着头说："我不要紧，这几天你正忙，快去办你的事吧……"毛泽东望着她的脸，见她的眼神里充满了妻子和母亲的柔情，不禁紧握住杨开慧的手说："你要好好休息，攒足劲，很快你就要当妈妈了！我那边你放心，工人团结很紧，斗争会胜利的，等着好消息吧！"

10月24日，杨开慧在医院生下了第一个儿子，母子平安。第二天，一个激动人心的消息传到杨开慧耳中：在毛泽东的领导下，坚持19天的长沙泥木工人的罢工斗争终于取得了胜利。杨开慧兴奋得眼睛发亮，轻轻地吻着孩子的小脸，说："胜利了，胜利了！"第三天，毛泽东来到医院看望杨开慧母子。杨开慧深情地望着毛泽东说："给孩子起个名字吧。"毛泽东略一深思，胸有成竹地说："岸英，河岸的岸，英俊的英。毛岸英如何？"杨开慧表示同意，对着儿子轻轻地呼唤："岸英，我们的小岸英……"

毛泽东和杨开慧恩爱相伴，情意绵绵。然而，现实生活是无情的。为了革命，为了事业，他们不得不分离，不得不东奔西走。1923年，毛泽东赴上海担任党中央的秘书长，协助陈独秀领导全国党的工作。这是他俩结婚后的第一次离别。中秋节过后，毛泽东回到了长沙。几个月后，毛泽东又去了上海，他俩再度离别。这一次，毛泽东写下了离别之作《贺新郎》。读了这首词，人们能深深地体会到毛泽东对杨开慧的一片深情！1924年夏，杨开慧和母亲一起带着孩子来到上海，毛泽东到码头迎接。夫妻二人结束了魂牵梦绕的两地生活。

当时党中央的办公场所设在茂名路与威海路口583弄的云兰坊内，毛泽东和杨开慧就住在弄内靠南的一所房子里。毛泽东一家、蔡和森一家和罗章龙一家都住在这所房子里，因此这所房子也称为"三户楼"。杨开慧在上海工作了半年，与工人结下了深厚的情谊。她与毛泽东在"三户楼"度过了愉快的时光。

1924年年底，毛泽东因与陈独秀意见相左，加之身体不好，于是偕杨开慧离开上海，次年春节后回

1924年，毛泽东在上海（历史图片）

到故乡韶山开展农民运动。杨开慧是第一次随毛泽东来到"婆家"。她按照当地的风俗,和毛泽东一起以"走人家"的形式,到农民家里调查、谈心,了解他们的疾苦。

1925年8月,毛泽东被迫离开韶山,辗转南下广州。杨开慧也于同年10月到达广州,住在东山庙前西街的一幢房子里。这段时间里,杨开慧大都跟在毛泽东的身边,一方面参加妇联工作,另一方面继续担任通信联络工作,经常在毛泽东和周恩来、邓中夏、恽代英等同志之间传递信息。杨开慧照料毛泽东的生活,帮助抄写材料,为他分担心中烦扰,尽到

杨开慧与幼年时的毛岸英、毛岸青合影(历史图片)

了妻子和战友的责任。

1926年11月,毛泽东到武汉工作,杨开慧则回到长沙。12月17日,毛泽东应邀回长沙,参加和领导了湖南省第一次农民代表大会和工人代表大会。当时,杨开慧尽管有孕在身,行动不便,但仍不顾劳累,按照毛泽东的要求,把他带回的大量调查材料认真地进行初步整理。不久,杨开慧又随毛泽东回到武汉,住在武昌都府堤41号。当时,杨开慧产期临近,身体很弱,身边又有两个孩子需要照料。但为了使毛泽东精力充沛地筹划革命大事,她仍夜以继日地伏案工作,对农运调查材料认真地进行分类综合,然后用毛笔字工工整整地抄在纸上。毛泽东禁不住夸奖说:"我这个好秘书,抄写起来,又快又好。"正是由于有杨开慧这位"好秘书"协助,没过多久,毛泽东的《湖南农民运动考察报告》脱稿了。这其中也凝结着杨开慧的心血。

第二章
婚姻家庭——伟人的情感世界

1927年4月27日至5月6日，中共五大在武昌召开。由于毛泽东与陈独秀意见相左，毛泽东又一次"赋闲"。一天，杨开慧陪同默默无语的毛泽东登上了黄鹤楼。看到万里长江，烟波浩渺，毛泽东口占一词，在词中表达了两人此时此刻的心境：

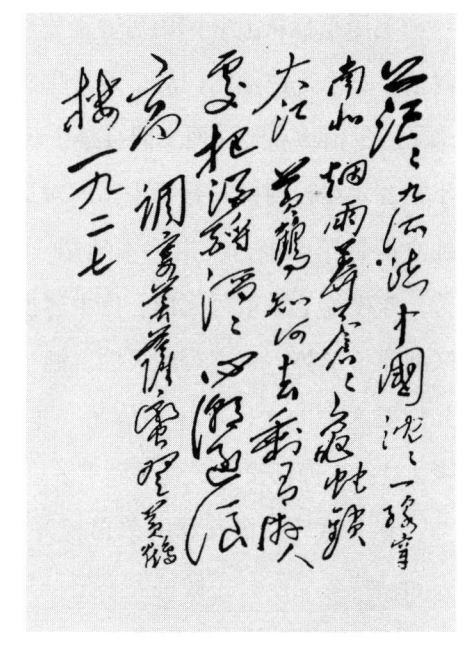

毛泽东手书《菩萨蛮·黄鹤楼》

> 茫茫九派流中国，沉沉一线穿南北。烟雨莽苍苍，龟蛇锁大江。
>
> 黄鹤知何去？剩有游人处。把酒酹滔滔，心潮逐浪高！

杨开慧望着眼前奔腾不息的江水，默默地相伴在毛泽东的身旁。

"开慧之死，百身莫赎"

1927年大革命失败后，杨开慧和毛泽东一起由武昌回到长沙，住在北门外沈家大屋旁的北角楼。8月，毛泽东为组织秋收起义，匆匆送杨开慧母子回板仓老家，又匆匆离去。不料，这次分别竟成夫妻俩的永诀。

1927年9月9日，毛泽东发动了震撼全国的湘赣边秋收起义。9月19日，起义军各部在文家市会师，当晚召开前敌委员会，决定放弃进攻长沙的计划，向敌人力量薄弱的罗霄山脉中段和湘南地区进军。

毛泽东自从上井冈山后，十分思念杨开慧。他曾用暗语给杨开慧写了一封信，意思是说他出门后，开始生意不好，亏了本。现在生意好了，兴旺起来了。发信地点是江西宁冈县某中药铺。这封信经过不少周折，直到1928年年初，才辗转到杨开慧手中。面对那熟悉、遒劲的笔迹，杨开慧激动万分。她立即翻箱倒柜，找出一本地图，找到宁冈县的位置。她不顾一天来的疲劳，连夜给毛泽东写回信。信中述说了离别后的无限情思，也汇报了板仓地区的斗争形势，一直写到天明。她把存下来的盐巴、药品放进几个竹筒内，并把要送去的文件和这封信，一并送给地下交通员。但由于当时严酷的环境，这些东西都没能送到毛泽东手里。

春节过后，杨开慧的弟弟杨开明回到了板仓，对杨开慧说："省委派我去湘赣特委工作，去做特委书记，又可以同姐夫在一起了。听说覃哥也在那边，不知霞姐有什么吩咐。"

杨开慧听说弟弟要去井冈山，匆忙写了封信，并将两双新做的布鞋托弟弟捎给毛泽东，说："你把这里的情形告诉他，让他放心。我会按照他的嘱咐办事的。"

杨开明到井冈山工作了一段时间后，又奉命到上海向党中央汇报工作。在上海，他给杨开慧写信，告诉她在井冈山见到了姐夫，说姐夫的双脚又被草鞋磨烂了，久治不愈，一直在休养，并说姐夫听到杨开慧的情况，知道三个儿子长得很好，很是高兴。

1928年冬，天寒地冻，北风怒号。杨开慧非常想念在井冈山战斗的毛泽东，她在日记式的《散记》中写道：

无论怎样都睡不着，虽然是倒在床上。一连几晚都是这样，合起来还睡不到一晚的时晨（辰）。十多天了，总是不见来信。我检（简）直要疯了！我设一些假想，恼（脑）子像戏台一样，还睡什么觉？人越见枯瘦了。

第二章
婚姻家庭——伟人的情感世界

在不眠之夜，她用笔蘸着墨，写下了这样的诗：

> 平阴起朔风，浓寒入肌骨。
> 念兹远行人，平波突起伏。
> 足疾已否痊，寒衣是否备？
> 孤眠谁爱护，是否亦凄苦。
> 书信不可通，欲问无人语。
> 恨无双飞翮，飞去见兹人。
> 兹人见不得，惆怅无已时。

陈毅从上海汇报归来，传达了中央的"九月来信"，充分肯定了毛泽东关于"工农武装割据"的思想和建党建军的基本原则。毛泽东还得知李立三担任党中央的秘书长，就给李立三写了一封信，想设法得到杨开慧母子的信息。信中说："立三兄：多久不和你通讯了，陈毅同志来才知道你的情形。我大病3个月，现虽好了，但精神未全复元。开慧和岸英等我时常念及他们，想和他们通讯，不知通信处。闻说泽民在上海，请兄替我通知泽民，要他把开慧的通信处告诉我，并要他写信给我……"

得到杨开慧的通信地址后，毛泽东终于可以和他日夜思念的爱妻通信了。翻开杨开慧1930年1月28日追记的《散记》，可以见到这样的记载：

> 太难过了，太寂寞了，太伤心了。这个日子我检（简）直想逃避它。但为着这几个小宝我终于不能去逃避。他终于有信来了，我接着喜欢得眼泪滚流下来了。然而他那生活终归是要使我忧念的，我总是要带着痛苦度日。
>
> 伤心的日子依然来了，一月、二月、半年、一年，至于三年……

杨开慧曾经多次要求去苏区工作，可是一想到孩子，只好又放弃了。她在《散记》中写道：

又是一晚没有入睡。我不能忍了，我要跑到他那里去。

小孩，可怜的小孩又把我拖住了。我的心挑了一个重担，一头是他，一头是小孩，谁都拿不开。

1929年12月26日晚上，杨开慧和孩子们坐在一起吃饭。外婆看着外孙吃饭时高兴的样子，问："岸英、岸青，今天是爸爸的生日，你们知道不？"

毛岸英问道："爸爸为什么还不回家？我们好想他！好想他！他到哪里去了？"儿子的问话，把杨开慧的心思又勾起来了。她在《散记》中写道：

今天是他的生日，我格外地不能忘记他。我暗中行事，使家人烧了一点菜，晚上又下了几碗面。妈妈也记着这个日子。晚上睡在被里又伤感了一回。听说他病了，并且是积劳的缘故，这真不是一个小问题。没有我在旁边他不会注意的……

在那险恶的斗争环境中，杨开慧随时做好了牺牲的准备。她深知凶残的敌人绝不会放过她。她在《给一弟的信》中写道：

我好像已经看见了死神——唉，它那冷酷严肃的面孔！说到死，本来我并不惧怕，而且可以说是我欢喜的事。只有我的母亲和我的小孩呵，我有点可怜他们！而且这个情绪，缠扰得我非常厉害——前晚竟使我半睡半醒地闹了一晚。我决定把他们——小孩们——托付给你们。经济上只要他们的叔父长存，是不至于不管他们的……倘若真个失掉一个母亲，或者更加一个父亲，那不是一个叔父的爱可以抵得住的。必须得你们各方面的爱护,方能在温暖的春天里自然地生长,而不至于受那狂风骤雨的侵袭!

这是一封她自称为"遗嘱样的信"。

信写好后,她把写的杂文、诗稿包装好,从卧室床后的墙上取下一块砖,藏在里边,再用泥巴原样封好。这是杨开慧的细心谨慎之处。30年后,这批珍藏的革命文物才终于被发现。

1930年10月24日凌晨,杨开慧在家中不幸被捕。敌人连保姆和孩子也不放过,把他们同杨开慧一起押到长沙警备司令部,后来又转入陆军监狱。

杨开慧被捕,板仓杨家按照地下党组织的意见,发动社会名流设法营救。蔡元培、章士钊等纷纷打电报给何键,要求无罪释放杨开慧。援救的函电,雪片似的飞向何键的"剿共督办公署"。

何键斜视着叛徒任卓吾:"任专员,有何良策?"

任卓吾曾在中共湖南省委担任过常委,被捕后叛变。他给何键献计说:"攻心为上!何不动员她与毛泽东离婚?把离婚声明登在报纸上,对毛泽东、对共产党地下组织,会是一颗重磅炸弹!政治上就是一大胜利。不杀杨开慧,对社会名流,也好搪塞。"

何键听了,转怒为喜,对任卓吾说:"你去!只要杨开慧写一纸离婚声明,就准予保释!"

杨开慧听说要她跟毛泽东脱离夫妻关系,禁不住满腔怒火,两眼恶狠狠地瞪着任卓吾这个叛徒说:"你这卖身投靠的小人,滚!快给我滚!回去跟你主子讲,杨开慧把她跟毛泽东的关系看得比生命更宝贵。头可断,血可流,让我脱离夫妻关系,你们是痴心妄想!"

任卓吾没料到杨开慧这样回答,他恼羞成怒,挑拨地说:"杨开慧,你放明白点,你不要死心塌地,说不定毛泽东已经……"他还没有说完,杨开慧已抓起枕头,狠狠地向叛徒砸去。

敌人多次逼问："毛泽东哪里去了？"

杨开慧斩钉截铁地说："不晓得！"

敌人再次逼问，杨开慧的回答依然是："不晓得！"

敌人气急败坏，兽性大发，动用各种刑具严刑拷打，百般折磨杨开慧。可是，杨开慧始终不动摇，并怒斥敌人："你们要打就打，要杀就杀，我什么都不知道。"

敌人使尽了各种办法，都不能使杨开慧屈服。敌人歇斯底里地号叫着："我们要杀了你！"杨开慧横眉冷对，坚定地说："要杀就杀，死不足惜，但愿润之革命早日成功。"

1930年11月14日，北风怒号。长沙市井湾陆军监狱的大门敞开了，看守长大叫一声："提杨开慧！"

牢房的门打开了。杨开慧昂然走出了牢房。这时候，小岸英扑到妈妈的脚下，抱着妈妈的腿号啕大哭："妈妈，我舍不得你呀！还有爸爸、弟弟、舅舅都舍不得你呀！"

杨开慧强忍泪水，紧紧抱住岸英，轻声安慰说："孩子，我没有别的话要说。如果你将来见到爸爸，就说我没有做对不起他的事，说我非常想念他……我不能帮助他了，请他多多保重！"

岸英仍抱住妈妈不放。几个匪兵过来，把岸英打晕在地。

敌人三步一岗，五步一哨。执法处长一字一顿地问道："杨开慧，你真的不愿意与毛泽东脱离夫妻关系吗？"

杨开慧斩钉截铁地说："无须多问，早就回答你们了！"

"你上有老母，下有孩子，要为自己的将来着想！"

"这些事，我自有主张，不用你们管！"

"你不怕死吗？"

"牺牲小我，成功大我！"

"对你的家属，有什么遗言？"

第二章
婚姻家庭——伟人的情感世界

"你可以告诉他们，我死后不要做俗人之举。"

党的好女儿、毛泽东的亲密伴侣杨开慧同志，英勇地牺牲了！那时，她年仅29岁。

一个多月后，噩耗传到瑞金。那天，毛泽东失眠了。他想杨开慧是为了自己才牺牲的啊！敌人杀害杨开慧的一个很大原因是因为她是毛泽东的妻子。为此，毛泽东极度悲伤，强抑内心悲痛，挥笔致函杨老夫人及杨开慧的亲属，沉痛地表示："开慧之死，百身莫赎。"并寄款为杨开慧修墓立碑。

1950年，毛泽东在见到杨开慧的堂妹时，满怀深情地赞扬说："你霞姐是有小孩子在身边英勇牺牲的，很难得！""你霞姐是积极主张武装斗争的。"在见到他们当年的保姆陈玉英时，毛泽东详细地询问了杨开慧被捕的经过和狱中情况，并说："开慧是个好人哩！岸英是个好伢子哩！革命胜利来之不易，我家就牺牲了6个，有的全家都牺牲了。"

1950年和1951年春，毛泽东先后派儿子毛岸英、毛岸青回湖南探亲，给杨老夫人祝寿，同时也为杨开慧扫墓。1962年，杨老夫人去世时，毛泽东又写信志哀，嘱："葬仪，可以与杨开慧同志我的亲爱的夫人同穴。""亲爱的夫人"，这话出自一位老人之口，表明毛泽东对杨开慧的终生眷恋！

1957年5月11日，毛泽东词赠故人柳直荀的遗孀、杨开慧的好友李淑一。这首词就是著名的《蝶恋花·答李淑一》。毛泽东在词中用"骄杨""忠魂""桂花酒"及嫦娥舞所展示的意境，寄托了自己对"亲爱的夫人"的刻骨铭心之爱和无限的怀念之情、颂扬之意。

"骄杨"，是毛泽东对杨开慧的礼赞和怀念。1962年，当友人章士钊请教毛泽东该词中"骄杨"作何解释时，毛泽东说："女子革命而丧其元（头），焉得不骄？"后来，毛泽东应毛岸青、邵华之请，把这首词写给他们的时候，又把"骄杨"写成"杨花"，并说"称'杨花'也很贴切"。

是啊，杨宅初识、北海定情、幸福结合、倾心相伴、离愁别绪……毛泽东和杨开慧谱写了一曲感天动地的爱情诗篇！

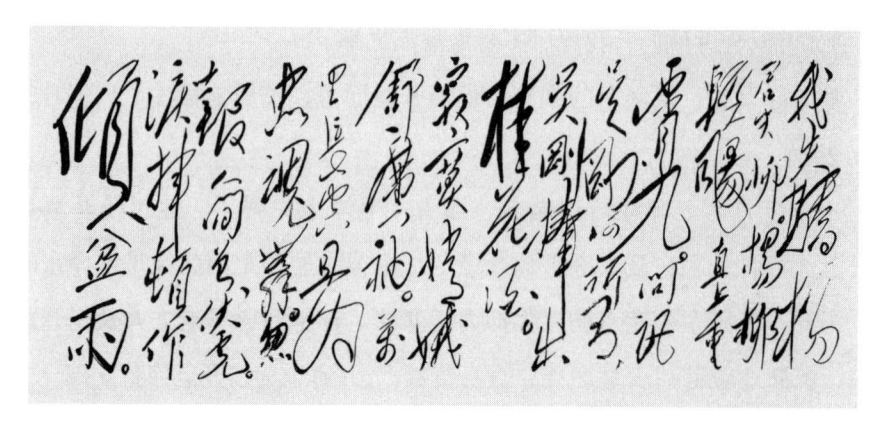

毛泽东手书《蝶恋花·答李淑一》

毛泽东与杨开慧一起度过了最美好的那段时光。杨开慧至死眷恋着毛泽东，毛泽东也终生思念这位最亲爱的爱人。

贺子珍——第二段婚姻

20世纪70年代的最后一个秋天，一位白发苍苍的老人，踏进了她几十年来魂牵梦绕的北京城。她来到了雄伟的天安门广场，来到巍峨的人民大会堂，心情十分激动。她来到毛主席纪念堂，亲手献上了一个直径1.5米的桃形绢花编成的花圈。她是谁？看看花圈的缎带，我们就知道了。缎带上写着："永远继承您的遗志"，"战友贺子珍率女儿李敏、女婿孔令华敬献"。

原来，这位老人就是贺子珍。她曾同毛泽东一起战斗、生活了10年。

她，是无愧于毛泽东战友称号的！

1984年4月26日，中央人民广播电台广播了贺子珍逝世的消息。当天，北京各家报纸都刊载了新华社向全国播发的这则消息，并刊登了她的一张照片。从这则消息上可以知道,贺子珍的遗体告别仪式是简朴的,也是隆重的,规格很高。党中央的许多负责人都送了花圈。

在贺子珍遗体火化后,中央派了一架专机,把她的骨灰运往北京。贺子珍的哥哥贺敏学、女儿李敏、女婿孔令华以及他们的子女,护送骨灰到北京,将其安放在八宝山革命公墓。

贺子珍终于走完了她那坎坷不平的一生。

塘边结友情

1909年农历八月十五,正值秋高气爽、桂花飘香的时节,在井冈山东麓的永新县,一个女孩子降生了。喜悦的父母看着这个眉眼长得十分俊俏的女儿,商量着要给她起个好听的名字。妈妈触景生情地说,就用桂花和明月做她的名字吧。于是,父母就给她起了个娇滴滴的名字——桂圆。

上学后,桂圆嫌这个名字太软绵,便把名字改为自珍。后来,她上了井冈山,与毛泽东结婚。婚后,她请毛泽东为她起个名字。毛泽东说:"不必了,自珍这个名字很好。"在中央苏区,贺自珍同古柏的爱人曾碧漪一同为前委保管文件,她把自珍写成子珍。于是,贺子珍这个名字就沿用下来。

少女时代的贺子珍算得上是一个美人儿,大大的眼睛乌黑而明亮,皮肤白嫩,身材苗条,热情活泼,被称为"永新一枝花"。少女时代无忧无虑的生活,给她一生留下了许多美好的回忆。贺子珍的老家就在井冈山下。险峻的井冈山,多少年来一直是绿林好汉出没的地方。贺子珍从小就听过许多关于井冈山的英雄好汉打抱不平、周济穷人的故事。她家有很多书,而她最爱看的要算是剑侠小说了。那时在她的脑海里,萦绕着的常常是一些劫富济贫的思想观念。

贺子珍幼时跟妹妹同在永新福音堂小学读书,她是永新县福音堂小学

1948年，贺子珍（左）和妹妹贺怡（历史图片）

最早参加革命活动的学生之一。1925年，她16岁时，共产主义的学说、俄国革命的成功以及中国也有了共产党的消息，不断地传进永新县。贺子珍被这些新的消息、新的思潮深深地吸引住了。她置"男女有别"的古训于不顾，主动结交那些到省城读书的青年学生，传阅新书新报，参加县城左派学生举行的孙中山纪念活动，领导班上的学生造学校女传教士的反，并加入了青年团。

1926年7月，广东国民革命政府开始北伐，大革命进入了高潮。贺子珍就是在这个革命高潮中成为一名中共党员的。她入党后的第一件事，就是参加永新党组织开办的政治夜校。不久，北伐军到了江西永新，成立了国民党永新县党部。贺子珍加入了国民党，以跨党分子的身份参加了县党部的领导工作。她是永新县第一任妇女部长。从此，17岁的贺子珍离开了学校，开始了以革命为职业的生涯。1927年，永新县成立了中国共产党的临时县委，贺子珍的哥哥贺敏学、妹妹贺怡都当选为县委委员，在永新县一时传为美谈，人称"永新三贺"。

不久，永新县的右派夺了权，大肆抓捕共产党员。一些逃出来的共产党员联络了袁文才、王佐等领导的宁冈农民自卫军，发动了永新暴动，攻下了永新县城。国民党反动势力开始向永新反扑。贺子珍带领一支赤卫队守卫永新县城南门，击退了敌军一个特务营的进攻，缴获了100多支枪。战斗结束后，贺子珍在战斗中两枪撂倒两个敌人的事迹传开了，人们说她是"神枪手""百发百中""双枪女将"。

后来,敌人又向永新开始了更猛烈的反扑。暴动队伍不得不撤出县城,向井冈山进发。贺子珍是永新县向井冈山撤退的许多共产党员中唯一的女性,也是向井冈山撤退的队伍中的第一个女兵。

1927年10月,毛泽东率领秋收起义的队伍来到了井冈山。经过两次谈判,井冈山原有武装队伍的领导人袁文才、王佐决定请毛泽东上山,共商大计。

约定的这天到了,毛泽东只带了五六个革命军主要领导干部,朝步云山的房子走去。毛泽东身穿一套破旧的灰布中山装,脖子上结着一条1寸多宽的红领带。他身材高瘦,颧骨突出,头发很长,皮肤较黑,神色虽显得有些疲劳,但双眼炯炯有神。当看到山上迎候的人群时,毛泽东加快脚步上前,同袁文才、王佐等握手,并向他们介绍了同来的几位战友。袁文才、王佐也把山上的战友一一介绍给毛泽东。

当袁文才指着一位18岁的姑娘向毛泽东介绍时,毛泽东没料到在井冈山如此艰苦的斗争环境中会有这样年轻的姑娘,并且是在"头面人物"之列,所以感到十分惊讶,更没料到,这次会见将会成为沟通他们未来生活的引线。

"她是永新的干部,叫贺子珍。"袁文才说。

"我还以为她是你的女儿,或者是哪位同志的家属呢!"毛泽东爽朗地笑着说。

袁文才继续介绍说:"别看她只有18岁,去年就加入了共产党,也算是老革命啦!"

贺子珍不好意思地低下了头。

毛泽东走上前去握住贺子珍的手说:"很好,很好,以后我们一起战斗吧!"

这次商谈很成功。毛泽东率领的革命军从此在井冈山立住脚跟,同袁文才、王佐的队伍开始了共同的战斗生活。

罗霄山脉中段的井冈山。1927年10月，毛泽东率领起义部队在这里开创了第一个农村革命根据地，点燃工农武装割据的星星之火（历史图片）

初上井冈山，毛泽东因为脚伤住在步云山养病，以后又搬到茅坪攀龙书院的八角楼。八角楼与袁文才的家只有几步之隔，这为毛泽东与贺子珍的接近和熟悉创造了便利条件。毛泽东进进出出，晚上到茅坪河边散步，或者坐在枫树旁边找人谈话，经常要经过袁文才的家。那时贺子珍疟疾初愈，身体虚弱，有时就坐在袁文才家门口晒太阳。毛泽东经过这里只要看到她，就走过来同她讲几句话，问她身体恢复得如何等，态度非常和蔼亲切。闲暇时，毛泽东就坐下来，同贺子珍聊聊天。从交谈中，毛泽东渐渐得知了贺子珍的身世，而贺子珍也进一步了解了毛泽东的奋斗经历。毛泽东佩服贺子珍的革命精神，对她产生了好感。贺子珍也非常敬仰毛泽东。

1928年6月，红军第三次打下永新后，贺子珍带领工作队到永新西乡塘边村，打土豪分田地。不久，毛泽东也带领一部分战士来到塘边村，他们又相遇了。

那时，根据地刚建立，如何合理地分配土地，没有一个统一的章程。为此，毛泽东决定制定一个统一的土地法。他一面自己跑了永新的几个乡进行调查，一面听取贺子珍和工作队同志们的汇报，并不时向他们提出问题。贺子珍常常为回答不出毛泽东提出的问题而感到局促不安。每当这时，毛泽东就和颜悦色地对贺子珍说："调查研究是一种学问，学一学也就会了。"话语之中没有丝毫的责备。随后，毛泽东又结合自己多年的体会，通俗地讲解调查研究的方法。贺子珍认真地听着。这一套学问，她想都没有想过。她深深

第二章
婚姻家庭——伟人的情感世界

体会到,在毛泽东身边工作可以学到很多东西,对自己工作能力的提高大有好处。

贺子珍对毛泽东产生爱慕之情,是从"塘边遇险"开始的。

一天,一声清脆的枪响打破了山林的寂静,一支地方保安队向塘边村袭来,扬言要捉拿毛泽东。此时,毛泽东同贺子珍正在一起分析调查材料。贺子珍感到有些紧张,因为驻在附近的红军连队和毛泽东的警卫班都到各个村庄做群众工作去了,一时无法集中。

怎么办?贺子珍焦急地抬头看了看毛泽东。只见毛泽东一动不动,慢条斯理地仍旧抽着他的烟。在这种情况下,毛泽东的头脑非常冷静,他在考虑对策。他认为,在不知敌人底细的情况下,冒险的仗不能打,于是立即决定:"通知群众,马上撤离!"

敌人进村后找不到人,知道这里有了准备,赶紧退回去了。

在战火纷飞的战争年代里,这虽是一件极平凡的小事,但是在贺子珍的生活中,却是一次关键性的、具有决定意义的事件。她亲眼看到毛泽东在危急时刻的那种处事不惊、沉着果断、镇定自若的革命家气质,内心的仰慕之情油然而生。如果说毛泽东与贺子珍见面初期是同志关系,那么自从塘边遇险后,他们的关系则发生了微妙的变化,这种变化已远远超过了同志之间的那种友谊。

这时的贺子珍亭亭玉立,秀气的瓜子脸上闪烁着一双大眼睛,楚楚动人。年轻姑娘的心事从来是不轻易外露的。她平时那种落落大方的神态没有了,见了毛泽东,胸口怦怦直跳。

有一次,贺子珍外出办事回来,正准备走进毛泽东的房间,却见他正在伏案写着什么,便一声不响地倚在门框上,深情地注视着。不知过了多久,毛泽东停笔沉思,一抬头,正遇上贺子珍那双炽热的眼睛。

贺子珍不好意思地低下头,极不自然地抚摸着自己的上衣纽扣。毛泽东打破了沉默。他招呼贺子珍坐下,用他那满口湘音的韶山话温存地讲起了自己的身世和经历：我已经35岁了，结过婚，妻子和3个孩子都留在湖南老家。讲到这里，毛泽东神色黯然地说，我与他们失去了联系，远隔千山，杳无音讯，不知他们是死是活。毛泽东还说，他听到妻子杨开慧的多种传言，有的说她被国民党抓去了，有的说她已经不在人世了，不知是真是假。

毛泽东的真挚和坦诚深深地打动了贺子珍。

那天，他们谈了很久，谈得很投机。不同的经历，不同的身世，在他们的心灵上引起了共鸣。

贺子珍看到毛泽东工作繁重，生活上没有人照顾，便默默地承担了这一任务。这时候，她除了敬佩、同情毛泽东，又加上了一层怜爱之情。

井冈浪漫曲

自塘边村遇险后，毛泽东与贺子珍又在一起工作了一段时间，两人终于结合在一起了。

他们的婚事办得很简单。热心的袁文才做了几个菜，大家热闹了一番。他们的全部家当就是两人的背包和身上穿的几件衣服。最有纪念意义的是贺子珍花了几天工夫在煤油灯下一针一线给毛泽东缝制的一个大挎包，它倾注了贺子珍对革命的赤诚之心，凝结着她对毛泽东的深情和对美好姻缘的向往。后来，这个挎包成了毛泽东必不可少的办公用具，行军、作战，毛泽东都背在身上，一直伴随他取得保卫井冈山的伟大胜利。

婚后，毛泽东与贺子珍相敬相爱，相互关心体贴，度过了一段美好的时光。

不久，毛泽东要带一个营的兵力去接应到湖南征战的大部队。临行前，毛泽东满怀信心地对贺子珍说："等我把大部队接回来，就给你写信，你再回井冈山来。"很快，毛泽东迎接红军大部队回到井冈山，他惦记着贺子珍，第二天就写了一封信，要贺子珍马上上井冈山。谁知这封信送到永新县委，当时的县委书记刘珍想让贺子珍在永新多做些工作，就把信扣下了。

贺子珍早已听说毛泽东和大部队回到井冈山的消息，心里非常高兴，很想早日回井冈山看望他们。可是左等右等也不见毛泽东的信，她感到奇怪，又不好意思问，更不能擅自行动，只得耐心等待。

毛泽东把信发出一个多星期，却不见贺子珍来，而且连回信也没有，不禁起了疑心：

1936年，毛泽东和贺子珍在保安的合影（历史图片）

是不是出事了？他连忙给刘珍写信，询问贺子珍的情况。刘珍一看，再也拖不下去了，于是把毛泽东的信交给贺子珍，并解释了事情的经过。

贺子珍终于回到了毛泽东的身边。小别重逢，加上得胜归来，毛泽东满面笑容。他详细询问了贺子珍在他走后做了些什么工作。贺子珍把主要的事情一一讲述了一遍。毛泽东听后，高兴地说："你进步了，独立工作的能力比过去强了。刘珍同我开个玩笑，扣住了我的平安家书，害我虚惊一场，还以为再见不到你了。以后你不要到永新工作了。你到那里，他们又不放你回来了。"后来，贺子珍确实没有再回永新去，就留在宁冈工作了。

贺子珍从永新回到井冈山后，同毛泽东住在茅坪攀龙书院的八角楼里。攀龙书院是当地豪绅为教育本族子弟而建造的一个学堂。因为这座楼的顶上用明瓦镶嵌了一个八角形图案，因此得名"八角楼"。毛泽东同贺子珍住在楼上，朱德和夫人伍若兰住在楼下。楼上有一个小厅，两家人就在这个小厅里吃饭。

毛泽东和贺子珍住的那间屋子很小，陈设十分简单。一张书桌放在临窗的地方，桌上那盏小油灯在晚上将光亮从窗棂上透射出去，便是人们所说的"八角楼的灯光"。八角楼前有条小河，对面则是一片枫林，毛泽东经常在工作之余或晚饭后到河边散步，有时也在枫树下看书、休息。不过，贺子珍很少同毛泽东一起散步，一起出门。这倒不是他们不想这样做，而是考虑群众影响。

有一次，毛泽东要到下面视察工作。临行前，毛泽东柔声地提出一个请求："我要走了，你送送我好吗？"贺子珍答应了。马夫牵着马走在前面，他们两人在后面慢慢地跟着，一面走，一面谈话。走了一段之后，毛泽东忽然说："我先走一步，在前面等你。"说完，他就马上走了。

贺子珍有点莫名其妙，不知发生了什么事情，只得按照他的意思，继续往前走去。没走出多远，迎面遇到一个拄拐棍的伤员，贺子珍又往前走，看见毛泽东果然在前边等着她。毛泽东迎上来解释说："刚才要经过红军医院，我们走在一起，怕影响不好，所以我先走了一步。"贺子珍理解地点点头。

自从贺子珍回到井冈山后，便开始了一种新的生活。她的工作任务是照顾毛泽东的生活，当他的生活秘书和机要秘书，并为前委和湘赣边界特委管理机要文件。

贺子珍参加革命后，在枪林弹雨中过惯了，个性很强，现在工作性质来了一百八十度的大转弯，成天待在屋子里，保管整理文件，她感到别扭极了。开始的时候，她很生气，甚至觉得自己挺倒霉，要不是同毛泽东结婚，也不会当秘书。长征到达陕北以后，她之所以那么坚持要求到苏联去学习，一个重要的原因就是希望学习提高，独立地担负起更多的工作。这当然是以后的事了，但这种思想从她开始当毛泽东秘书时起就存在了。那时她心里不高兴，甚至同毛泽东闹起了别扭。

毛泽东看出了贺子珍的心思，他耐心地说："你好不懂事。你知道这个工作有多重要吗？我们同中央的联系，中央给我们的指示，上传下达，都要通过你。你把秘书工作做好了，不光是对我的工作的支持，也是对特委、前委工作的支持啊！"毛泽东注视着妻子略带愠色的脸，轻轻地说："再说，我也离不开你啊！"

真挚的话语，使贺子珍心动了。尽管仍有些情绪，但她还是默默地"上任"了。

几十年后，贺子珍回忆起她和毛泽东初期的这段生活时，说："毛泽东是个很重感情的人。他的性格有豁达豪爽的一面，也有温情细致的一面。记得在1930年，红军一举攻下吉安后，我从陂头来到吉安与毛泽东会合。在吉安，我与分别两年多的父母亲和妹妹相逢了……我想到爸爸妈妈那里住几天，同毛泽东商量，他就同意了。可是，我在妈妈那里刚待了半天，毛泽东就来了。妈妈一看这情形，赶快给我们做了几样可口的饭菜，当晚便让我们回去了。出门后，我问他：'不是说好我在妈妈这里住几天，你怎么来了？'他笑着回答：'我一个人挺寂寞的，正好下午没什么事，就来看你了。'他就是这样一种性格的人。"

在井冈山，要看到报纸很不容易，贺子珍担负秘书工作后，就把搜集报纸作为自己的一项重要任务。为了能够搞到尽量多的报纸供毛泽东阅读，她费尽心思。毛泽东看报纸看得很仔细，对有参考价值的材料，他常常在上面打个记号。贺子珍等别人都传阅了，再按照毛泽东做的记号剪下来，贴到本子上，分类收藏起来，以备随时翻阅。有时候，毛泽东特别忙，或者有事外出了，无法及时看报，贺子珍就把新到的报纸仔细看一遍，把那些她认为重要的圈出来，在重要的句子下面打上红杠，供毛泽东阅读时参考。每逢毛泽东看到有特别价值的剪报时，便流露出兴奋的表情，高兴地夸奖说："好！好！"

纸张在井冈山是稀罕的东西，剪过资料的旧报纸，还要派很多用场。贺子珍把没有字的报纸边裁下，作为写字用纸，其他作为抽烟的卷烟纸。井冈山的许多同志，包括毛泽东，抽烟都是用旧报纸卷的。

除了搜集、整理报纸，贺子珍经常是毛泽东文章的第一读者、听众和抄写者。毛泽东常常工作到深夜，乃至第二天天明。每当这时，贺子珍就坐在一旁，或帮助抄写、看书，或与他一起讨论。因为贺子珍是在井冈山地区长大的，对这一带的情况比较熟悉，因而毛泽东写文章时，遇有不清楚的或不懂的地方，就随时向贺子珍询问，从中了解一些情况。贺子珍则热心回答，如有自己不清楚的，就记下来，去向熟悉情况的同志了解。

井冈山的生活是艰苦的。贺子珍与毛泽东同所有战士吃一样的饭。毛泽东爱吃辣椒。在当时，辣椒无异于"奢侈品"。贺子珍有时为他从老乡那里买一点。那时由于蔬菜吃得太少，毛泽东大便干燥秘结，拉不下来，腹胀难受。贺子珍步行40多里，向医生借了个大便通气管，把肥皂放在温水盆里，像磨墨一样在脸盆四周摩擦着，直到把它全溶解了，然后用管子插入肛门，把肥皂水灌进去。用这种办法，缓解了毛泽东的便秘。

毛泽东白天爬山察看地形，晚上听取汇报，深夜还要写文件，一天只睡几小时，饮食又太差，头发长，颧骨突出了。贺子珍把警卫员和勤务员召集起来，要大家想办法，出主意，改善毛泽东的生活。随后她又身体力行，不是摸田鸡，就是捉鱼虾，使毛泽东在极其艰苦的条件下能尝到点荤腥。

1929年，毛泽东、朱德率红四军开辟了赣南、闽西两块根据地，后来形成中央革命根据地。图为中央革命根据地中心——瑞金全景（历史图片）

从1929年下半年到1930年年底，毛泽东一直转战赣南、闽西和广东,他对贺子珍说:"战斗频繁,你不用跟着我转来转去了。现在有了一点条件,你去学习一下吧。"贺子珍高兴极了,这是她梦寐以求的事情。于是她进了福建上杭的师范学校,读了一年左右。蒋介石对根据地发动第一次"围剿"后,贺子珍回到总前委,跟随着毛泽东进行反"围剿"的斗争。

第三次反"围剿"的一次决战,在兴国县的高兴圩进行。一颗炸弹在贺子珍及古柏的夫人曾碧漪身边爆炸,两人当时都失去了知觉。等她们苏醒过来赶上队伍时,已是第二天黎明了。毛泽东看到她们平安归来,又惊又喜,诙谐地说:"通讯员向我报告说,亲眼看到你们被炸弹炸死了。我还打算战斗结束后,为你们开个追悼会。你们这是人回来了,还是鬼回来了?"在场的人听了,都哈哈大笑。贺子珍说:"我们不但人回来了,文件箱也平安回来了!"

事后,毛泽东对贺子珍说:"我还以为这回连你的尸首都找不回来了。敌人要是认出这是我的老婆,还不拿你的头去领赏呀。"

长征中的生死情

宁都会议后,毛泽东被撤去了红一方面军总政治委员的职务。他一度心情烦躁,沉默无语。贺子珍顾不上自己刚刚生完孩子身体虚弱,而是去安慰毛泽东,并陪伴他去长汀河边散步,或让他从孩子那里得到一点慰藉。

第五次反"围剿"失败后,红军不得不撤离苏区。贺子珍是中央批准随队出发的30名女同志之一。

长征途中,毛泽东与贺子珍一起经历了种种困难的考验。他们在这举世闻名的长征途中,共同奋斗,相亲相爱。

遵义会议以后,毛泽东身系全军的安危,任务更加繁重了。当时,贺子珍已经不担任毛泽东的秘书了,但为了照顾毛泽东,保证他集中精力指挥红军,她总是默默地去做她能做的一切工作。队伍一宿营,她常常抽空来到毛

1934年,"长征"前,毛泽东和警卫员在瑞金。左二起:吴光荣、陈昌奉、戴田福(历史图片)

泽东的驻地,帮他抄写电报,整理文件。农村的住房十分简陋,每次队伍停下来,为毛泽东准备办公的地方都很费周折,有时连门板都借不到,只好把两个铁皮文件箱摞起来,铺上条红毛毯,就权当办公桌了。贺子珍帮助毛泽东抄写东西,再要找个桌子,就更困难了。她经常坐在石头上或小板凳上,用膝盖当桌子来工作。

在贵州盘县,贺子珍所在的总卫生部休养连遭到敌机袭击,为掩护一位在攻打遵义城时受伤的师政委,贺子珍头部、背部十四处受伤。长征路上没有条件动手术,嵌入她头骨和肌肉里的弹片无法取出,医生只能把皮肤表层的弹片夹出来,洗干净伤口,敷上白药,包扎起来。可是伤口仍然不断流血。连里的领导反复商量,觉得比较稳妥的办法就是找一个老乡家,把贺子珍留在那里养伤。他们立即打电话给毛泽东,报告了贺子珍受伤的消息和连里的处理意见。那时正是红军抢渡赤水河、与围追堵截的国民党军队迂回周旋的关键时刻,毛泽东一刻都不敢离开指挥岗位,无法分身去看贺子珍。他马上回电话说:"不能把贺子珍留在老百姓家,一是无医无药,无法治疗,二是安全没有保证,就是要死也要把她抬着走!"他立即派傅连暲医生到休养连去,协助连队医生进行抢救。同时,他把自己的担架调了过去,帮助抬贺子珍。

贺子珍负伤后第三天,毛泽东终于抽出时间,急忙骑马来到休养连探望。他快步走到担架前,弯着腰,细细地察看贺子珍的伤势。他看到贺子珍

第二章
婚姻家庭——伟人的情感世界

的头部、脖子上和身上缠满了雪白的绷带，伤病使她的脸色显得更加苍白了。毛泽东拉着贺子珍的手，半晌说不出话来。贺子珍说："我不能工作，还要让别人抬着，心里很不安。我跟连里说了，不要抬我了，把我放到老乡家，等伤养好了，我会找你们的。"毛泽东替贺子珍拉好被子，劝慰她说："你不要想那么多，会治好的。绝不会把你留下，抬也要把你抬到目的地。你安心休息吧！"

后来，贺子珍回忆这段往事时说："是毛泽东救了我的命。我当时昏迷着，不知道连里曾经决定把我留下，放到老乡的家里。当然，连里这样决定也是一片好心。但如果那时候毛泽东同意了，我就没命了。我的伤势那么重，农村又没有医疗条件，不要说碰到敌人了，就是光躺着也要死的。我自己苏醒过来后，怕增加同志们的负担，也曾经多次向连里提出把我留下的意见，他们都没有同意。我这才活过来了。"

在长征途中，贺子珍从没有因毛泽东的地位而搞特殊化。她总是把自己看作红军中普通的一员，与战士们一样，过着艰苦的生活。她关心着毛泽东，在生活上无微不至地照顾着毛泽东，使毛泽东能把全部的精力都放在指挥红军打仗上。贺子珍对毛泽东无微不至的关怀和精神上的支持，使毛泽东深受感动。

红军到达陕北后，中国的政局进入一个新的阶段。贺子珍也面临着一个重大转

1935年1月，中共中央政治局扩大会议在遵义召开。图为遵义会议会场。悬挂在墙上的照片为出席这次会议的中共中央政治局委员和候补委员，左起：陈云、朱德、周恩来、毛泽东、张闻天、王稼祥、博古、刘少奇（其中缺邓发、何克全）（历史图片）

红一方面军采取灵活机动的战略战术，1935年2月18日至21日，二渡赤水河，主力又一次夺取娄山关，再占遵义城。共击溃和歼灭国民党军两个师又八个团，取得了长征以来第一个大胜利。图为娄山关（历史图片）

折。她不愿意当家属，也不满足于在毛泽东身边做点秘书工作，她有自己的考虑。她同毛泽东结婚多年，一直担任他的生活秘书和机要秘书，她把自己的全部精力都用在支持毛泽东的工作、照顾他的生活上了。如今形势发展了，需要有更多的干部独立担负起更重的担子，有着强烈事业心的贺子珍希望能得到更多的锻炼机会，做更多的工作。组织上了解她的心情，在她随毛泽东东征回到瓦窑堡后，把她安排在苏维埃国家银行发行科担任科长。毛泽东撤离瓦窑堡来到保安后没几天，贺子珍生下了娇娇，即李敏。一心想多做些工作、多学些东西的贺子珍把只有4个月的娇娇送去老乡家，自己进入抗大学习。抗大的学习生活是紧张的，要学马列，学政治，学军事，每天清晨还要出操。贺子珍同大家一样，参加了全部的学习生活和晚上的政治活动。抗大的学员集体住宿。这时，贺子珍的家已经搬到凤凰山下一位老乡的窑洞里，离抗大只有一两里路。可是除了星期六，贺子珍很少回家，坚持过集体生活。

红军长征到达陕北后，延安成了中国革命的圣地和中心。大批的爱国青年知识分子冲破重重封锁，奔赴延安，给延安带来了生气。毛泽东是个博学的人，对许多问题都有兴趣，他很喜欢同这些知识分子交往。他从这种交往中得到启示，获得知识，也感受到很大的快乐，而与妻子贺子珍的思想交流，却自觉不自觉地减少了。

在这种情况下，贺子珍产生了孤独感。这使得贺子珍很苦恼。在那些日子里，她想得很多，她想到了自己的身体太不争气，想要多做些工作，却往往力不从心，那些该死的弹片使她经常处于难以忍受的痛苦之中。她多么想动手术，取出这些弹片，使身体早日康复！可是延安动不了这个手术。她决定到西安去，从那里转赴上海取出弹片。

就在这个时候，贺子珍发现自己又一次怀孕了，这更坚定了她要走的决心。毛泽东知道贺子珍要走，极力挽留。他知道，她这个时候提出要走，同自己有关，就对贺子珍说："我这个人平时不爱落泪，只在三种情况下流过眼泪：一是我听不得穷苦老百姓的哭声，看到他们受苦，我忍不住要掉泪。二是跟过我的通讯员，我舍不得他们离开，有的通讯员牺牲了，我难过得落泪……三是在贵州，听说你负了伤，要不行了，我掉了泪。"

毛泽东这番话充满了感情。接着，他又说："我现在的情况，同在王明路线时期不同了，我有发言权了。以后，不会再让你像过去那样，跟着我受那么多苦了。"

这些都是肺腑之言。

然而贺子珍毕竟是贺子珍，她虽然外表温柔，却极富个性。当年毛泽东在中央苏区曾与她大吵过一顿，事后还诙谐地说："我们两个人，一个是铁，一个是钢，谁都不让谁，钢铁相撞响

1936年，毛泽东在保安（历史图片）

毛泽东在延安和当年参加井冈山斗争的部分同志合影（历史图片）

个叮当。"

如今贺子珍又拿出当年不顾一切的劲头，坚持要走。她把孩子托付给奶母，收拾起简单的行装，一个人走了。

信物寄深情

1937年下半年，贺子珍只身来到西安，准备转赴上海治病。但是，当她来到西安时，抗战的形势已发生了变化，上海沦陷。她去不成上海，只好住在西安。

这期间，毛泽东与贺子珍虽然不在一起，但他们内心仍旧挂念着对方。毛泽东两次托人带口信，让贺子珍回来，并给她捎去一箱她爱用的日用品。而贺子珍也时常惦念着毛泽东，她想到他们住的那个窑洞非常潮湿，就用自己积攒的津贴，买了一床新棉被，托人给毛泽东捎回去。

第二章
婚姻家庭——伟人的情感世界

贺子珍在西安一住几个月,也看到共产国际的代表从苏联经新疆、西安去延安,从中受到了启发。她决定到苏联去,那里既可以治病,又可以学习。于是她乘车经兰州到了新疆。

毛泽东又一次托人捎口信来,请她不要去苏联,而是返回延安。贺子珍没有理会这个召唤。不久,驻新疆办事处收到中央的一份电报,要求所有在新疆候机去苏联的同志,全部返回延安。这又是一个让她返回延安的好机会。可是,贺子珍还是没有理会。

几个月后的一天,贺子珍坐上了去苏联的飞机。

1938年春,贺子珍到达莫斯科。她带着乐观而热烈的情绪,给毛泽东写了一封信,信中谈到她到苏联后看到的热火朝天的景象,没有提及他们之间的别扭。

毛泽东见信后马上发去电报,请贺子珍回来。贺子珍想,既然来了,一方面可以治病,另一方面可以学习,等过两年再回去。她用和解、诚恳的话语给毛泽东回了信。

贺子珍在莫斯科度过了十分艰难的岁月,不幸的遭遇一桩接一桩地降临到她的头上。先是被告之身上的弹片已被头骨、肌肉和肺叶包住,不可能取出来,必须长期忍受这种痛苦;再者是她在莫斯科生的男孩患肺炎来不及治疗而夭折了;接着,国内又传来了消息:毛泽东同江青结婚了。这真是个晴天霹雳,把她从迷蒙中震醒。直到这个时候,她才明白,自己一时的轻率行动铸成了多么大的错误!她将永远失去毛泽东!

为了安慰贺子珍,经毛泽东同意,1940年,4岁的娇娇从延安来到了莫斯科。娇娇

1937年,毛泽东在延安(历史图片)

的到来，给贺子珍带来了极大的安慰。

1947年冬天，贺子珍带着女儿，回到了阔别9年的祖国。组织上安排她到东北财政部任机关党总支书记，后又调到哈尔滨总工会干部处工作。

回国以后，贺子珍十分惦念自己的哥哥和妹妹，还有年迈的父母，不知他们的境况如何。恰在这时，她哥哥贺敏学的妻子李立英带着5岁的女儿贺小平，前来哈尔滨看望贺子珍。从嫂嫂处，贺子珍知道了不少父母及兄妹的情况。

最令贺子珍感动的是，她的父亲去世后，母亲杜秀很觉凄苦，组织上把杜秀送到延安，想让杜秀和贺子珍一起生活。不料贺子珍已到苏联去了，是毛泽东照顾她母亲的生活。杜秀去世后，又是毛泽东将她安葬，并为她立了一块石碑。胡宗南军队占领延安时，把她的坟挖了。收复延安后，毛泽东出了十块银圆，请老乡重新把她埋了。

贺子珍听到这些后，禁不住失声痛哭。她深深感谢毛泽东对她的妹妹、母亲的关怀和照顾。不知为什么，她产生了给毛泽东写信的念头。她铺开纸，思绪翻滚，从何写起呢？一别9年，有多少话要说啊！

她在信中写道：主席，我已经回到祖国了，身体不太好，还在休养，并参加一些工作。我离开中国9年，对国内现在的情况不大了解，我要通过工作来了解情况。我在苏联的日子，比在长征时还要苦。不过，这已经过去了。现在我要好好工作，我正在学习做工会工作。最后她写道：我很感谢你对我母亲和妹妹的照顾，代我尽了做女儿和姐姐的责任，我将终生铭记。

长征已经够苦了，可是，贺子珍在苏联的日子比在长征时还要苦。这，多么令人感慨啊！

贺子珍的信写好后，娇娇也用俄文给爸爸写了一封信。贺子珍把这两封信装在一个信封里发出去了。

毛泽东没有回信，却打了一个电报给娇娇，让娇娇好好学习。

不久，贺子珍带着女儿搬到沈阳。很快，她的妹妹贺怡带着毛泽东的嘱托，匆匆来到沈阳，要先行带娇娇去见毛泽东，贺子珍则留在沈阳等候通知。贺怡将娇娇安全送到毛泽东身边之后，对毛泽东说："主席，我一是来送外甥女的，二是来给子珍姐姐找地位的。"

毛泽东收敛起笑容，眉头渐渐地蹙紧了。他转身走向书桌，颤着手，提笔在一张十行笺上写下几行字。

这是一封给贺子珍的信，大意是：自珍，向您问好！娇娇在我身边很好。我很喜欢她。望您要保重身体，革命第一，身体第一，他人第一，顾全大局。

等到娇娇和岸青一走，贺子珍才感到自己的身边是这样冷清。她克制不住对女儿的思念，提笔给毛泽东写了第二封信。信里写道：娇娇、岸青到你那里去了，我一个人感到很寂寞。我相信，你一定会把他们教育好的，这不用我说。我的工作很好，身体好一点。请你注意身体。

毛泽东没有回信。但贺子珍很快收到了娇娇的来信。娇娇写道：亲爱的妈妈，你好！我在爸爸这里很好。你想念我吗？我也想念你。爸爸问你好，希望你保重身体。

以后，每年放暑假，毛泽东都派人把娇娇送到贺子珍那里，让她们母女一起住一段时间。每次，毛泽东都让娇娇给贺子珍捎去许多食物，包括各种水果。娇娇每次来，贺子珍总要详细地打听毛泽东的身体和工作情况。当她听说毛泽东一切都很好时，脸上露出了宽慰的笑容。

1949年的一天，毛泽东又约见贺怡，两人谈到贺子珍的情况。毛泽东说："你让贺子珍到这里来，这是历史造成的事实了，我们还是按中国的老传统办吧！"

毛泽东没有说，按中国的老传统办，具体怎么办法。但贺怡明白他的意思，就是要恢复同贺子珍的夫妻关系，承认历史上造成的这个事实。

贺怡按照毛泽东的意见，到哈尔滨去接姐姐。她们乘坐火车，到了山海关站时，上来两个同志，自称是组织部派来的。他们说："你们不能进石家庄，只能南下，到你哥哥那里去。这是组织决定。"

贺子珍一听就明白是怎么回事了，有人从中阻挠她和毛泽东的重逢。她沉默着，没有说话。贺怡为姐姐力争，但这个决定似乎是不可更改的。那两个人板着面孔，毫无商量的余地，并以开除党籍相威胁。她们只得转车来到上海，住到哥哥贺敏学的家里。

这件事对贺子珍虽然是个打击，但她能正确对待了。她接受谭震林对她工作的安排，到杭州市妇联任副主席。不久，不幸的消息传来，贺怡在一次车祸中身亡。这对贺子珍又是一个沉重的打击。

贺子珍与毛泽东生活10年，前后生了6个孩子，然而活下来陪在身边的却只有娇娇。1950年，贺子珍同哥哥贺敏学、嫂子李立英一起给毛泽东写了一封信，感谢他对娇娇的照顾。毛泽东很快回了一封信，写道：希望贺子珍保重身体，顾全大局，多看看社会主义建设。

毛泽东在信中所表达的意思，贺子珍完全领会了。她要回到毛泽东身边的愿望不能实现了。

1954年的一天，贺子珍在上海哥哥的家里休息，收音机里播送毛泽东的一段讲话录音。贺子珍听得发呆了。这声音对她来说是多么熟悉呀！她已经有10多年没有听到这个声音了。这时，李立英坐到她的身旁，说："毛主席的声音真洪亮。"贺子珍跟着说："是呀，他的声音很洪亮，跟过去一样。"收音机把毛泽东的讲话录音播了一遍又一遍，贺子珍就坐在收音机旁边，听了一遍又一遍。她忘了吃饭，也忘了睡觉。第二天早上，李立英起床，发现贺子珍还坐在那里，耳朵贴在收音机上，凝神听着什么。贺子珍见李立英来了，便问她："怎么收音机不响了，不广播毛主席的讲话了？"李立英走过去一看，原来收音机一夜没关，已经烧坏了。

从此，贺子珍病了。她茶饭不思，精神恍惚，处在一种有时清醒有时糊涂的状态。

贺子珍生病的消息，很快传到毛泽东那里。毛泽东知道贺子珍因为什么病了以后，流下了眼泪。他提笔写了第二封信。听说贺子珍不肯吃药，也不肯看病，他在信上嘱咐她要注意身体，好好治病。他在信中还说，苏医生是个好同志，杨医生也是好的，要听医生的话。他听说贺子珍烟抽得很厉害，就劝说贺子珍不要抽那么多的烟，烟抽多了对身体不好。信中，毛泽东还要求贺敏学代为照顾贺子珍。殷殷之意，溢于言表。

不久毛泽东又派娇娇到上海来，代他看望贺子珍。临行前，毛泽东对娇娇说：你告诉上海的组织，妈妈病了，请他们多照顾，带她去看病。但不要说，她是为什么生病的。其实，毛泽东在娇娇面前，是毫不隐讳他同贺子珍之间这种斩不断、扯不开的情谊。他对娇娇说过："我知道，你妈妈生病都是为了我，都是因我而起，只有我才能治好她的病。可我有什么办法呢？李讷已经18岁了。"

贺子珍看了这封信后，病情竟然慢慢好了起来。她也肯吃药，也肯看病了，还把烟戒了。

毛泽东不时地给贺子珍捎点东西来，有吃的，有用的。他知道贺子珍烧坏了一台收音机，就买了一台当时国内最好的熊猫牌收音机送给她。有一次，毛泽东还捎来1000元钱。贺子珍用这些钱买了许多日用品，送给在井冈山时期掩护过她的乡亲。毛泽东劝贺子珍戒烟，可是有一回，外宾送给他一条国外的名牌香烟，他打开了一包，抽了一半，突然想起贺子珍爱吸烟，就把那九包没开封的烟，连同抽过的那半包烟，一起包好，托人送给贺子珍。贺子珍收到这些烟后，原来已经戒了烟，又抽了起来。

在毛泽东送给贺子珍的东西中，还有一方淡黄色的大手帕。手帕是旧的，是毛泽东使用过的。贺子珍看到这块手帕，思念之情不能自已。她看着毛泽东的手帕，又提笔写了一封信。她在信中写到自己对他的怀念，并且说道：你一定要注意王明这样的人对你的迫害。深受王明迫害的贺子珍，已经形成了这样的印象，再也没有比王明更坏、更会整人的人了。在她的观念中，"王明"成了一切坏人的代名词。

毛泽东收到这封信后，给贺子珍写了第三封信。信上说，我身边绝无王明之流那样的人，请你放心。你要好好保重身体，兢兢业业，多看看社会主义建设。

贺子珍也常常通过娇娇给毛泽东捎东西。毛泽东是湖南人，爱吃南方的蔬菜，像芥菜、笋这些东西。贺子珍就让娇娇把南方鲜嫩的青菜捎给他。青菜不值几个钱，但礼轻情意重，它表达了贺子珍的一片心意。有一次，贺子珍还给毛泽东捎去了一个很精致的骨雕耳挖子。毛泽东是"油耳朵"，不时要清理耳中的油垢。这个习惯，贺子珍记住了。

毛泽东与贺子珍之间，通过娇娇这根感情的纽带，传递着他们的情谊。

贺子珍在身体复原之后，定居在上海。她又渴望工作了。她一次又一次地到上海市委去，提出分配工作的要求，但是每次都得不到明确的答复。为什么组织上不肯给她安排工作？贺子珍认为，从中捣鬼的不是别人，正是江青和她那一伙人。江青差不多每年都要往上海跑几次，她肯轻易放过贺子珍吗？江青一伙居然惧怕一个与世无争的人。

"你当初为什么一定要走呢"

同毛泽东分别20年了，贺子珍做梦也想不到，自己能有机会再次见到毛泽东。

1959年，贺子珍正闲居在南昌。一天，突然接到通知，请她上庐山。她还以为是让她到那里去休养呢，就随着派来接她的汽车走了。汽车开到九江，立即上山。到达宾馆时，已经是晚上八九点钟了。

她被领到一间屋子里，抬头一看，不觉一惊，里面坐着的竟是毛泽东！毛泽东见她来了，站起身，微笑着同她打招呼，请她坐下。然后，拿了两个杯子，倒了两杯茶，一杯放在贺子珍的面前，一杯放在自己的面前。他们隔着一个茶几，在两把藤椅上坐了下来。

突然见到毛泽东，贺子珍的心情很激动。她的眼泪一下子流了出来，一句话都说不出来，只是不停地哭。

毛泽东看了，温和地说："我们见面了，你不说话，光哭。以后见不到了，又想说了。"他问道："你这几年生活得怎样？身体都好了？"

贺子珍的情绪慢慢地平静下来，她仔仔细细地看了看毛泽东，说："我好多了，你的身体大不如前了。"

毛泽东说："忙呀，比过去更忙了。"

接着，毛泽东详细问起贺子珍在苏联的情况。贺子珍一一都说了。毛泽东听了后，轻轻地叹了口气，说："你当初为什么一定要走呢？"

毛泽东说这句话的时候，神色凄然。

贺子珍的眼泪又禁不住流了下来，她哽咽地说："都是我不好，我那时太不懂事了！"

两个人都沉默了，他们是否回想起过去那段艰苦而又美好的岁月？贺子珍说不清楚当时自己是什么心情，只感到内心涌起的酸、甜、苦、辣都掺杂在一起了。

过了一会儿，毛泽东有意转换话题。他谈起了他这些年的情况，还说，他实在太忙，想辞去国家主席的职务。贺子珍仔细地听着，不时地点点头。

他们谁也没有提到江青，一句关于她的话都没有。贺子珍只是提醒毛泽东："当心有人害你，当心王明这样的人害你。"

毛泽东点点头说："我会注意的，你放心。"

毛泽东又告诉贺子珍："娇娇有朋友了，你见过没有？同意不同意？"

贺子珍回答说："我见过了，我满意。他们结婚，你同意，我也同意。"

毛泽东告诉她，等他这次开完会回去，就为他们举行婚礼。

他们在一起谈了一个多小时。

谈话结束时，他们没有握手，也没有告别，只是点点头。

见面突然，分离更突然。20多年盼望的相逢就这样结束了。大喜变成了大悲，贺子珍经受不住感情上的这种起落，又一次病倒了。

然而，她并没有因此倒下去，而是用顽强的毅力控制住自己的感情，坚持生活下去。她没有消沉，也没有颓废，她用更加冷静的眼光观察着周围的一切，关心着祖国的命运。

在1976年3月6日和7日的台历上，贺子珍用毛笔写下了这样几行字：

欲上青天揽明月

抽刀断水水更流

举杯消愁愁更愁

前不见古人，后不见来者

念天地之悠悠

独怆然而涕下

这就是她长期以来悲怆心境的真实写照。

1976年9月，毛泽东逝世。女儿娇娇和女婿孔令华怕贺子珍经受不住这个打击，特地从北京赶到上海，守候在她的身边。可是贺子珍却表现得异常镇静。饱经忧患的她，已经变得更刚强了。这些年来，她已经习惯于把自己的感情深深地藏在心底，对旧日的美好记忆、对毛泽东的无限思念已经铭刻在她的心里，永远不可能抹掉了。

贺子珍让侄女贺小平、外甥女儿贺海峰代表她到北京奔丧，在毛泽东的灵前献上花圈。

"四人帮"横行的日子终于结束了。贺子珍冷却了的热情，重新点燃起来。她虽然年近古稀之年，但对党、对革命事业，仍然是一腔热血，壮心不已。她开心地对亲人们说："这回我真的可能干点工作了。"

正当她满怀希望向往着未来的时候，她的生活又遇到了新的挫折：1977

年的一次中风后,她得了偏瘫症,从此卧床不起。

为什么生活对她如此无情?不幸一个接一个地袭来呢?她能经受住这个新的打击吗?

贺子珍不愧是老红军战士,她并没有因此而沉沦、失望。她表现出坚强的毅力和决心。这种毅力和决心,来自一个坚不可摧的信念——毛泽东的遗愿没有实现,我就要奋斗到最后一息。

她并不是一个人孤身奋斗,在这最艰难的时刻,党向她伸出了温暖的手。党给了她最好的医疗条件,期望她早日康复;党给了她政治上最大的荣誉,增补她为全国政协委员;党还给了她生活上最大的关怀,用专机把她接到北京,这令她激动不已……

1979年9月6日,毛泽东逝世三周年前夕,党中央用专机把贺子珍从上海接到北京,使她在中华人民共和国成立30年后,终于实现了自己的愿望,第一次踏上了首都的土地,第一次用自己的双眼,而不是通过电影或电视屏幕,看到了雄伟壮丽的天安门、巍峨的人民大会堂,还瞻仰了毛泽东的遗容。党中央和上海市的许多领导,她昔日的战友,轮流到医院探望她,中央办公厅的负责人安排她的医疗方案,过问她的休养生活。

所有这些关怀和爱护,重新燃起了她的工作热情。她不止一次地对身边的医护人员说:"还要工作,要为四个现代化出力。你们要帮助我恢复健康,我也要同你们一起努力把身体搞好。"

1984年4月19日,贺子珍逝世。当家人清理她的遗物时,发现了一张1951年发给她的"三等甲级"革命军人残废证。按照规定,她每年可以领取330元的残废金。但在残废证领取款项签名栏内没有一个字迹。从1951年到1984年的34年间,她应当领取残废金11220元,但她却分文未取。

她去了,带着满身的创伤和疤痕,留给后人的只有那么一张记载着她一生荣誉和清白的革命军人残废证。

贺子珍是成千上万个革命老战士中普通的一员,她既没有显赫的战功,也没有惊天动地的业绩。在过去，她只是按照党的需要，默默地去做了一些平凡、细致的工作。在后来，她被剥夺了工作的权利。这使她空怀壮志，无法为人民去出汗出力。然而，即使是这样，在她坎坷经历的每一个阶段，她的精神世界与她的情操始终是崇高的、伟大的。

她，正是毛泽东所赞扬过的那种人：一个高尚的人、一个纯粹的人、一个有道德的人、一个脱离了低级趣味的人、一个有益于人民的人。

"第一夫人"——江青

延安窑洞中的错爱

江青原名李云鹤。1914年生于山东诸城，其父李云德是当地的一个小业主。江青有几个同父异母的哥哥姐姐。

1938年11月，毛泽东与江青结婚。当时江青24岁，毛泽东45岁。

有人说，毛泽东当初不该与江青结婚。长期在毛泽东身边工作的李银桥指出：这种说法是不全面的。李银桥认为："江青与毛泽东结婚时，中国共产党的处境还十分困难，夺取全国胜利还只是一种理想和信念。实际上中国大部分地区的报纸还把我们骂成土匪。在投奔延安的大批青年中，也有的吃不了苦就当了逃兵。江青毕竟留下来了。当时，她还是革命队伍中的一员。但是，正如毛泽东批评的那样，她是带着自身的种种毛病和缺点——'个人主义''剥削阶级作风'——来到革命队伍中的，'小资产阶级尾巴没有割掉'。毛泽东与江青结婚是经政治局批准的。社会上盛传的'约法三章'，我没见过哪个人出面做证。总之，世界上没有未卜先知的神仙，30年前就能知道30年

第二章
婚姻家庭——伟人的情感世界

后江青要祸国殃民。就我所见,是毛泽东不允许江青插手政治大事。"

李银桥还说:"那时大批有理想有文化的女青年投奔延安,许多首长都是在这批女青年中选择了自己的终身伴侣。作为全党领袖的毛泽东,在这样众多的女青年中,不可能同一位坏得一无是处的女人结婚。我们的党也不会同意自己的领袖同一个坏透了的女人结婚。任何事物,任何人都是在变化之中的。江青变坏,特别是在'文革'中成为'四人帮'头子,那是其资产阶级个人主义野心发展的结果。"

婚后,毛泽东从凤凰山迁到杨家岭的三间窑洞。窑洞在山脚下,房间很深,砌上石头,刷上白灰。前面是木结构,窗上糊纸,可以透进少量阳光。门外有一小块碾过的地,摆着简单的桌子、石凳。三间房分别为会客室、毛泽东书房兼卧室、江青卧室。毛泽东的房间里有书橱,里面全是毛泽东的有关政治和古典文艺方面的书籍,还有历史等方面的书籍,尽显毛泽东喜欢读书的特点。房子里显得很朴素,地上铺砖,桌椅是木料的,甚至没有油漆。房内没有电灯,没有自来水。

毛泽东和江青的婚姻生活并不是一开始就有分歧的。他们婚后生活的初期阶段还是比较和谐的。据说,"江青"这个名字还是毛泽东起的。很长一段时间,江青的工作主要是照料毛泽东的饮食起居,她开始担负家庭主妇的角色。当时毛泽东和西方来访者谈话时,江青很少开口,只是等着介绍和握手。有时,她走进里面的房间装一碟花生和一盘炸辣椒出来,毛泽东不停地就茶吃。江青本不喜欢吃辛辣食物,但毛泽东却非常喜欢吃。由此可见,江青对毛泽东的嗜好是很了解的。

一些经常拜访毛泽东的西方人士在回忆他们这段时间的关系时是持肯定态度的。当时,江青照料毛泽东的健康、日常生活、衣着和饮食。斯诺说:江青开始帮着买和洗,后来学着做菜,不久就很内行了。她不像毛泽东那么爱吃辣椒,但访问者常发现满桌子都是辣椒味。

那时的江青还没有参与政治。据曾在延安会见过毛泽东的外国人士贝兰特、卡尔逊、福尔曼、汉兹·希伯、谢伟思、包瑞德、符拉基米洛夫等人的回忆，他们不记得毛泽东会见他们时江青有什么插言，她参加礼节性的应酬也不多。

1940年，李讷出生后，江青连露面都很少了。

那么，江青给外国访问者留下了什么样的印象呢？

一位访问过毛泽东的苏联人曾回忆说：当毛泽东会见他时，江青便拿出一把木椅子放在旁边给毛泽东坐。警卫员送上一杯当地的白酒，江青忙前忙后，给毛泽东剥花生。谈话期间，江青在留声机上不停地换唱片，以应付场面。

毛泽东和江青浪漫式的婚姻生活到1942年后开始发生变化。

"唉，跟江青结婚没搞好"

通常谈恋爱时，人们总喜欢表现自己的优点，而将缺点和毛病掩饰起来。一旦结了婚，朝夕相处，缺点和毛病便渐渐暴露出来。普通人是这样，江青也不例外。比如她的虚荣心强，爱出风头，争强好胜，小心眼儿容不得人；她的自私自利，只考虑自己，不考虑他人；她的脾气恶劣，反复不定；她的喜欢走极端、喜欢记仇报复等，都在日后陆续暴露出来。这一切使毛泽东大伤脑筋，甚至大发脾气。在"三查""三整"运动中，毛泽东与江青发生了激烈的争执。

在"三查"中，查出了江青的入党时间有问题，她自己说是1932年，但找到的证明是1935年。毛泽东耳闻后，对江青很生气，发了脾气。

一天，江青在吃饭的时候，忽然愤愤地骂了一声："见他妈的鬼了！"

正在吃饭的李银桥一怔。江青安慰他说："不是说你呢。我是说有些人呢，对我的党籍发生了怀疑。我明明是三二年入党，硬说我是三五年！"

接着，江青继续发泄积愤，说："'三查'运动查来查去竟查到我的头

第二章
婚姻家庭——伟人的情感世界

上,查起我的历史来了!有人就是想搞我!"江青又说:"那时,是个姓王的介绍我入党的,名字我忘记了。现在这个人不知到什么地方去了。"

饭后,江青向李银桥询问了毛泽东近来的生活情况。可以看出,她是想摸清毛泽东近来的情绪怎么样,有没有什么不愉快。

第二天早晨,李银桥送工作了一夜的毛泽东回卧室休息。李银桥退出屋后,只听见屋里隐隐约约传出毛泽东和江青的谈话声。开始声音不大,是江青在向毛泽东诉说什么。从毛泽东的声音里可以听出他很不高兴、很不耐烦,其中有几句话声音很大:"按组织原则办,谁也不能特殊!""你既然那么革命,还要我讲什么话?""心里没有鬼,还怕审查吗?"

显然,江青想让毛泽东替她讲句话,毛泽东不答应。谈话声越来越大,江青哭了,接着变成了争吵。最后,毛泽东吼了一声:"你给我滚!"

江青披着衣服哭哭啼啼地冲出门,稍一犹豫,跑到隔壁周恩来那里去了。她跟毛泽东闹别扭时总是去找周恩来哭诉。

午后,刚刚起床的毛泽东心事重重,皱着眉头抽烟。良久,他叹了一口气,说道:"唉,江青是我的老婆,要是我身边的工作人员,早把她赶跑了。"

和所有的普通人一样,毛泽东心里烦闷时,希望有个人能听他诉说,说一说心情可以好受些。他的身份决定了他不能随便向其他领导人诉说,因此他总是向身边的工作人员诉说。

吸了一会儿烟,想了一阵儿心事,毛泽东对李银桥说:"我跟你说,我现在有些难办。当初结婚没搞好,草率了。唉,草率了!"

毛泽东重新燃起一支烟,深深地吸着,紧皱着眉头。片刻,他又叹了一口气说:"唉,我现在的情况、我的身份,离婚也不好。江青没大过、没大错,现在要胜利了,跟她离婚,日后也要有人说。没办法,背了个政治包袱……"

据曾为毛泽东带过小女儿李讷的韩桂馨回忆,有一次她帮毛泽东缝衣服,补丁打好后,送给江青看。江青接过了衣服,看了看小韩补的补丁,又显摆地挦挦她自己缝的衣服,将匀称的针脚挦出来让小韩看。小韩的脸红了,自尊心受到极大的伤害,她眼里涌出泪花,本能地朝后退着。可是,江青却把小韩推到毛泽东面前,说:"老板,你看呀,阿姨给你补的补丁……"

毛泽东写得正专心,开始并没有听清江青喊什么,只是随意抬了一下眼皮,正要低头继续写作,目光和小韩含泪的两眼相遇了。毛泽东突然沉下脸,并且听了江青的话,立刻一拍桌子:"你要干什么?"

江青一怔,松开了推小韩的手。

毛泽东已经立起身,走到江青面前,指着她的鼻子说:"你是改不了的资产阶级作风!阿姨缝得怎么了?我看就比你强!她是革命同志,是帮助我工作来的,你想干什么?你给我向她道歉!……"

韩桂馨低着头走出房间。屋里,毛泽东还在继续批评江青。没过多久,江青来到韩桂馨的房间,说:"阿姨,刚才的事怪我。我不是故意的,我这个人就是这种急脾气……"

韩桂馨认为,江青讲的是真心话,她不是故意的。但是,她也不是"急脾气",而是一种"天性"。毛泽东事后说的几句话是比较准确的:"江青这个人就是个人主义,出风头,爱表现,从来不会为别人着想……"

从那天起江青开始教韩桂馨针线活,教韩桂馨织毛衣,手把手地教。江青有时热情得使韩桂馨不安,有时又按捺不住地流露出一种优越感来。韩桂馨后来回忆说:"她教会我针线活,却也损伤了我的感情。我曾感激她,却从不曾喜欢她,我无法同她建立起那种真正的友谊。毛泽东亲口对我和李银桥讲过:'她这个人哪,跟谁也搞不到一起。'"

"江青我只能管她半个"

1954年9月中旬,江青突然来到《人民日报》编辑部,找周扬、邓拓、

第二章
婚姻家庭——伟人的情感世界

林默涵谈话，透露了来自毛泽东那里的消息：毛泽东十分赞赏刚出版的《文史哲》杂志上的两个"小人物"——李希凡、蓝翎——写的《关于〈红楼梦简论〉及其他》一文，要求《人民日报》转载这两个"小人物"的文章。周扬嗯嗯了一番，送走了江青。江青天天翻《人民日报》，一个月过去了，居然毫无动静。显然，周扬没有把她的意见放在眼里。

10月16日，事态发生重大转折：毛泽东给中央政治局和其他有关同志写了一封著名的信，即《关于红楼梦研究问题的信》，支持了李希凡、蓝翎两个"小人物"。信中提及："有人要求将此文在《人民日报》上转载，以期引起争论，展开批评，又被某些人以种种理由（主要是'小人物的文章''党报不是自由辩论的场所'）给以反对，不能实现……"这里所说的"有人"，正是指江青。10月23日，《人民日报》遵照毛泽东的意见，刊登了署名"钟洛"的文章《应该重视对〈红楼梦〉研究中的错误观点的批判》。江青得意地笑了，因为她终于获得了胜利。

江青搞摄影是从1949年夏在苏联养病时开始的。她逢人便炫耀自己的摄影技术高明、过硬。据后来国家计划委员会的调查，她所用的照相器材、胶片、照相纸以及洗印药品等都要进口。1972年她一次就从香港买了伊斯曼彩色底片6万米。1971年7月8日合刊的《人民画报》和《解放军画报》同时登出她以"数风流人物还看今朝"为总题的13张摄影作品，署名峻岭。1961年9月9日，毛泽东写了《为李进同志题所摄庐山仙人洞照》七绝：

> 暮色苍茫看劲松，乱云飞渡仍从容。
> 天生一个仙人洞，无限风光在险峰。

1961年中央工作会议期间，江青为毛泽东拍摄了许多幅相当精彩的照片，最著名的是毛泽东坐在藤椅上的那幅，题为"冷眼向洋望世界"。"仙人洞"这幅风景照也是江青的得意之作。1963年这首诗公开发表，被江青当作了粉墨登场的政治资本。

从20世纪60年代起，江青先是在文化战线上发起了攻势，组织批判新编历史剧《海瑞罢官》。随后又进行所谓的戏剧改革，大抓了几台"样板戏"。"样板戏"总算树立起来了，她的名声也响了。

1966年5月28日，中共中央发出文件，正式宣布成立"中央文革小组"，组长为陈伯达，顾问是康生。8月2日，中央补发通知，宣布"中央文革小组"的领导成员名单，江青为"中央文革小组"第一副组长。

从这时起，江青正式登上了中国政治舞台的前沿。

1966年7月8日，毛泽东在武汉致信江青。信中说："我的朋友的讲话（指林彪1963年3月18日在中央政治局扩大会议上的讲话——引者注），中央催着要发，我准备同意发下去，他是专讲政变问题的。这个问题，像他这样讲法过去还没有过。他的一些提法，我总感觉不安。我历来不相信，我那几本小书，有那样大的神通。现在经他一吹，全党全国都吹起来了，真是王婆卖瓜，自卖自夸。我是被他们逼上梁山的，看来不同意他们不行了。

"我是自信而又有些不自信。我少年时曾经说过：自信人生二百年，会当击水三千里。可见神气十足了。但又不很自信，总觉得山中无老虎，猴子称大王，我就变成这样的大王了。但也不是折中主义，在我身上有些虎气，是为主；也有些猴气，是为次。

"现在的任务是要在全党全国基本上（不可能全部）打倒右派，而且七八年以后还要有一次扫牛鬼蛇神的运动，尔后还要有多次扫除。"

但是，毛泽东对江青的飞扬跋扈是不满的。十届一中全会有人提议让江青当中央政治局常委，毛泽东坚决不同意。

20世纪60年代前期，一天，毛泽东正要上床睡觉，忽然对机要秘书高智说："高智，你说我管多少人？"

高智感到这个问题很容易回答。他说："主席，全国、全党、全军都归你领导，归你管呀！"

可是，毛泽东的回答却出乎高智的意料。毛泽东说："不，我只管两个半人。"

"两个半人，哪两个半人？"高智好生奇怪。

毛泽东说："你一个，罗光禄……"毛泽东说的罗光禄，也是机要秘书。

高智问："还有半个呢？"

毛泽东说："那半个是江青！""江青我只能管她半个，还有半个管不了。"

"她并不代表我"

1973年，毛泽东重新起用了邓小平，让他分担病重的周恩来的工作。江青对邓小平的仇恨是消除不了的。因为她知道，邓小平是绝不会同她走在一条轨道上的。邓小平的复出意味着什么，她很清楚。

1974年3月，中央政治局开会讨论派谁去参加联合国大会第六届特别会议。会议根据毛泽东的提议，决定让邓小平去。江青坚决反对。毛泽东得知这一情况后，给江青写了一封信：

江青：

　　邓小平同志出国是我的意见，你不要反对为好。小心谨慎，不要反对我的提议。

毛泽东
三月二十七日

1973年年底以来，毛泽东已多次批评江青，对江青的不满日甚。

1974年，有一次，江青要见毛泽东。通报之后，工作人员给她送来一封信，内容是：

江青：

  不见还好些。过去多年同你谈的，你有好些不执行，多见何益？有马列书在，有我的书在，你就是不研究。我重病在身，八十一了，也不体谅。你有特权，我死了，看你怎么办？你也是个大事不讨论，小事天天送的人。请你考虑。

毛泽东
74.3.20

这次求见未获批准。毛泽东不愿多见她。

毛泽东已经与江青分开生活多年。毛泽东在世的最后几年，两人见面不多。江青知道，不能失去毛泽东这杆大旗。凡是有事或江青认为应该见见毛泽东的时候，她都要事先向中共中央办公厅负责人提出申请，得到毛泽东的许可方能见面。

有些事是让毛泽东很伤心的。比如有一次毛泽东允许江青来见他，谁知江青来是为了要钱。毛泽东给了她3万元。江青走后，毛泽东流了泪。他说："她看我身体不行了，为自己准备后路，要分我的遗产稿费了。"

这个时期，江青对毛泽东一点也不关心，甚至不知道毛泽东的病情。

据张玉凤回忆："开始，江青与很多当时的领导干部一样，并不知道主席的病情。后来，她知道了消息，便说：'主席的体质是好的，怎么可能病得这么厉害。你们谎报军情！'还说毛主席身边的工作人员和中央办公厅、警卫局的领导同志是'反革命''特务集团'。

"按理说，江青身为毛泽东夫人，又是当时的政治局委员，应该对为毛主席健康付出了用语言无法形容的辛苦的人们充满感激之情。谁知江青不仅没有给予鼓励与感激，反扣上这个可以置人于死地的罪名。说实在的，那个时候听了江青这番话真让人感到寒心、紧张、茫然不知所措。事后，中办的负责同志把这一情况报告了毛主席。

第二章
婚姻家庭——伟人的情感世界

"有一天,周总理陪江青来探望康复不久的毛主席,一起来的还有汪东兴同志。

"毛主席是了解人、理解人的。他当着总理、汪东兴的面对江青说:'你说这些人是"反革命""特务集团",你知道这个集团的头子是谁吗?那就是我。'并用手指着自己。毛主席这句话不仅保护了我们这些无名之辈,也使身为政府总理的周恩来同志如释重负。"

江青在公开场合,总打着"我代表毛主席来看你们了""毛主席身体很健康……"之类的招牌。

1974年7月17日,毛泽东主持中央政治局会议。江青显得很不自在,尽管表现出一副矜持的样子,但她那高傲的主角的气派不见了。毛泽东当面批评她:"江青同志你要注意呢!别人对你有意见,又不好当面对你讲,你也不知道。"毛泽东又说:"不要设两个'工厂',一个叫'钢铁工厂',一个叫'帽子工厂'。动不动就给人戴大帽子,不好呢!你那个'工厂'不要了吧。"

"不要了。'钢铁工厂'送给小平同志吧!"江青说。看得出,江青说这话是极不情愿的,而且还包含着不满,不仅对毛泽东,而且对邓小平。

毛泽东紧跟一句:"当众说的!"

江青也紧跟着回答:"说了算!"

"孔老二讲,言必信,行必果。"毛泽东讲到这里,对在座的中央政治局委员们说,"听到没有,她并不代表我,她代表她自己。对她要一分为二,一部分是好的,一部分不大好呢!"

"不大好的就改!"

"你也是难改呢。"

"我现在'钢铁工厂'不开了。"

"不开就好。"

夫妇二人展开对话。后来,毛泽东对大家说:"她算是'上海帮'呢!你们要注意呢!不要搞成四人小宗派呢!"

会议结束后，中央政治局委员们从毛泽东的住处走出来。有几个人的脸色很不好看，他们是江青、张春桥、姚文元、王洪文。"上海帮"，毛泽东第一次给这几个人使用了这样一个概念。

"老百姓离婚可以找法院，可我向谁申诉呀"

1974年10月4日，毛泽东提议邓小平任国务院第一副总理。10月11日，中央发出通知，近期召开第四届全国人民代表大会。"江青反革命集团"加紧了抢班夺权的活动。

根据江青的旨意，王洪文到长沙向毛泽东告邓小平的状。但是，"江青反革命集团"的希望落空了。毛泽东做出了具有决定性意义的指示，后来人们称之为"长沙决策"。毛泽东指示说：因为总理还是总理，四届人大的筹备工作和人事安排问题要总理和王洪文一起管。建议邓小平任党的副主席、第一副总理、军委副主席兼总参谋长。转告王洪文、张春桥、姚文元，叫他们不要跟在江青后面批东西。毛泽东的这一决定，使江青等人发起的攻势遭受了严重的挫折。

11月12日，毛泽东在江青给他的一封来信上做了如下批示：

不要多露面，不要批文件，不要由你组阁（当后台老板），你积怨甚多，要团结多数。至嘱。

人贵有自知之明。又及。

毛泽东
十一月十二日

11月20日，毛泽东又给江青写了一封短信：

第二章
婚姻家庭——伟人的情感世界

江青：

可读李固给黄琼书。就思想文章而论，都是一篇好文章。你的职务就是研究国内外动态，这已经是大任务了。

此事我对你说了多次，不要说没有工作。此嘱。

毛泽东

七四，十一月廿日

毛泽东是针对什么而写这封信的呢？江青曾屡次给毛泽东写信，说"自大以后，我基本上是闲人"，希望毛泽东给她工作，即给她可以发号施令的实权。毛泽东这封信实际上是否定了她的这种要求。

毛泽东一向不希望江青利用自己的身份干扰政治，对江青打着他的招牌到处活动尤为不满，特别令毛泽东恼火的是"红都女皇"事件。

那是1975年7月23日，朱德派秘书送给毛泽东一封亲笔信。毛泽东读着这封不寻常的信，脸上一下子布满了阴云。他把看完的信往桌子上一放，沉思了片刻，然后顺手拿起了铅笔，在朱德的信上写下了几句对江青的评语："孤陋寡闻，愚昧无知，三十年来恶习不改，立刻撵出政治局，分道扬镳。"他在这几句话的后面重重地写了"毛泽东"三个字。原来，朱德的这封信，是向毛泽东反映有关"红都女皇"的事，并提及了江青与美国记者路易斯的谈话。其实，毛泽东已多次听到有关江青胡作非为的事情。他越来越看到了她的肤浅、无知和骄横，她绝不满足于"夫人"的位置，她太喜欢炫耀自己，炫耀到了吹牛撒谎的地步。毛泽东听到的仅仅是她飞扬跋扈、寻衅闹事的很少一部分，但就这些，已经使他无法容忍了。

1975年8月14日，毛泽东在与北京大学中文系教员芦荻讨论对《水浒》的评价问题时，即兴发表了一些见解："《水浒》这部书，好就好在投降，做反面教材，使人民都知道投降派。""《水浒》只反贪官，不反皇帝，摒晁盖于108人之外。"江青这时一见有机可乘，便发起了一场"评《水浒》运动"。

9月4日,《人民日报》发表社论,提出评论《水浒》"是我国思想政治战线上的又一次重大斗争"。9月15日,中共中央、国务院在大寨召开农业学大寨会议,到会的有邓小平、华国锋等。江青也来到大寨。邓小平强调整顿,江青则大讲评《水浒》,影射攻击周恩来、邓小平。江青还要求在会上放她的讲话录音,印发她的讲话稿。华国锋请示毛泽东。毛泽东答复:"放屁,文不对题";"稿子不要发,录音不要放,讲话不要印"。

这时,毛泽东与江青的关系已经十分疏远了。据毛泽东身边的工作人员回忆,毛泽东感慨地说:"老百姓离婚可以找法院,可我向谁申诉呀?"

毛泽东逝世后,中国政坛上正义与邪恶两种力量的决战已经不可避免。

1976年10月6日,党中央执行人民的意志,一举粉碎了"四人帮"。在逮捕江青的时候,当听到这是中共中央的决定后,江青呆呆地坐在沙发上,一言不发。

1980年11月20日,最高人民法院特别法庭公开审判江青。江青在法庭上公开大嚷:"我是和尚打伞,无发(法)无天。"她吹嘘:自己30年来,一贯追随毛泽东。在国民党进犯延安时,在前线跟随毛泽东的就是我,唯一的一个女同志。并且质问:"那个时候你们躲到哪里去了?"江青的话引起一片嘲笑。江青自称,她在关押期间,每天闻鸡起舞,锻炼身体,目的是上法庭为捍卫"无产阶级文化大革命"尽力,还说她"造反有理,坐牢","革命无罪,受刑","杀头坐牢,无上光荣"。可是,她不知道,时代已经变了,她的那一套没有多少人愿意听了。

尽管她一再抵赖,但法庭以无可辩驳的证据判决江青死刑,缓期二年执行,剥夺政治权利终身。1983年1月,最高人民法院刑事审判庭依法将江青的死刑减为无期徒刑,原判处剥夺政治权利终身不变。

1991年5月14日凌晨,在监外就医的江青自杀身亡,终年77岁。

"女皇"梦最终破灭了。

第二章
婚姻家庭——伟人的情感世界

"第一家庭"的子女们

父母对子女有舐犊之情,父母同时是子女的第一位老师。作为领袖的毛泽东,为父堪称一代楷模。他既是伟人,又是慈父。他把对未来的理想,寄托在青年一代的健康成长中;把对青年一代的希望,实践在对子女的严格要求上。

毛泽东一生共有过10个子女。其中毛岸英、毛岸青、毛岸龙为毛泽东与杨开慧所生。毛泽东与贺子珍共生育过6个孩子。第一个孩子出生于龙岩,是个女孩,后来不幸夭折。第二个孩子叫毛毛,出生在福建长汀,是个男孩。长征开始后,毛泽东与贺子珍将毛毛交给留下来坚持游击战争的毛泽覃和贺怡。毛泽覃牺牲后,毛毛下落不明。此后,贺子珍又早产了一个男孩,没能存活。长征开始后,贺子珍第四次怀孕,在经过贵州时生下一个女婴,送给了老百姓,后来不知死活。红军到达陕北后,贺子珍生下女儿李敏。贺子珍是怀着孩子离开延安的,待她到莫斯科不久即生下一男孩。不幸的是,这个男孩长到10个月时夭折。1940年,江青生下女儿李讷。因此,毛泽东一生共有过5个儿子,5个女儿。但在当时艰苦的条件下,长大成人的只有2男2女,即毛岸英、毛岸青、李敏、李讷。

毛泽东对自己的子女既严又爱,在严格要求的同时又处处流露出他那丰富、细腻、充满温情的父爱。1991年3月,江泽民在韶山参观毛泽东故居后指出:"毛主席对子女要求很严,对全党干部子弟也是一个很大的教育。要宣传毛主席是怎样教育子女的。在这方面,我们后代人都要像毛主席那样,对子女严格要求。"

毛泽东的教子风范，是永远值得我们学习和仿效的。

送长子上"劳动大学"

1922年10月24日，毛岸英出生在长沙小吴门外的清水塘。随着毛岸英的出生，毛泽东领导长沙6000名泥木工人大罢工也取得了胜利，可谓喜上添喜。

岸英从小就随父母四处奔波。从1岁到5岁，他不停地随父南来北往，几乎跑遍了半个中国。1927年8月，毛泽东组织秋收起义，以武装的革命反对武装的反革命，不得不与妻儿握别。此后，岸英一直跟随母亲，住在板仓，父子天各一方，长期不通音讯。1930年11月14日，杨开慧英勇就义。从此，8岁的岸英永远地失去了母亲。1931年春节前夕，岸英兄弟3人由外婆、舅妈护送来到上海。后由于叛徒的出卖，中共地下党组织遭到严重破坏，3兄弟流落街头，老三岸龙下落不明。岸英和岸青无处栖身，住在破庙里。为了糊口，他们兄弟俩卖报之外，有时还跑到苏州桥推车挣几个铜板。他们受尽了折磨和苦难，这种流浪生活一直过了5年。直到1936年，上海地下党才找到他们。这一年，岸英14岁。

上海地下党通过党在白区的统战关系，利用东北义勇军司令李杜将军去西欧考察实业的机会，带他们出国。经过半年多的周折，1937年，岸英和岸青来到了莫斯科。兄弟俩取了苏联名字，岸英叫"谢廖沙"，岸青叫"戈勒"，开始了新的生活。

此时，毛泽东已率领工农红军到达陕北，逐渐建立起以延安为中心的根据地。在繁忙的工作之余，他时常眺望远方惦念着自己的儿子。1938年，有人从苏联带来了岸英、岸青的照片。毛泽东喜出望外，一遍又一遍地看着，禁不住热泪盈眶。不久，毛泽东书写一信，托人带到苏联。毛泽东在信中写道："亲爱的岸英岸青：时常想念你们，知道你们情形尚好，有进步，并接到了你们的照片，十分的欢喜。"这是岸英、岸青兄弟第一次收到父亲的亲笔信，对一双自幼失去母爱的兄弟来说，这是多么令人兴奋的事情啊！

1个月后，毛泽东又迫不及待地托人捎信给儿子，并附寄了一张照片，让儿子知道自己的模样。

岸英、岸青在苏联学习期间，毛泽东经常去信，关心他们的成长，开始注意培养和教育他们。为了让革命的后代学习更多的知识，毛泽东几次寄书到苏联，让岸英、岸青与同学们共同阅读。

1944年，毛岸英参加苏联红军后的留影（历史图片）

苏德战争爆发后，岸英进了伏龙芝军事学院，毕业后担任坦克连的指导员。1945年年初，在苏军攻克柏林以前，岸英回到了莫斯科。为了表彰他的战功，也因为他是毛泽东的儿子，斯大林接见了他，并赠他一支手枪留念。此后，毛岸英又进入莫斯科东方语言学院学习。

1946年1月，留苏9年的毛岸英怀着喜悦的心情回到了祖国，回到了父亲身边。这是他和父亲分别19年后的第一次见面。父子久别重逢，都非常高兴。

在延安，毛岸英学习刻苦用功，积极肯干，进步很快。岸英的一切，毛泽东都看在眼里，喜在心里。他要把儿子培养成了解中国国情、深知人民疾苦、吃苦耐劳、意志坚强的人。

一天，父子俩坐在王家坪院子里的槐树下交谈。毛泽东说："你在苏联长大，对国内生活不熟悉。你在苏联大学毕业了，再上一上中国的劳动大学吧！"

第二天，毛岸英就脱下皮鞋，换上了干活的硬帮布底鞋，又把父亲穿过的已打过补丁的灰布衣服穿上，收拾整齐，背了一斗多小米，出发到农村去。从西枣园到吴家枣园有23里地，毛岸英要走这么远的路，自然累得够呛。当到达吴家枣园的时候，连穿在里面的褂子也湿透了。

第二天清晨，毛岸英像当地农民一样在头上扎一条羊肚头巾，背起镢头走出窑洞随大家一块下地干活了。他时刻记着父亲的嘱咐，什么活重，什么活脏，就主动拣什么活干。他手上打起了血泡，大家劝他休息，他恳切地说："我年轻，需要好好磨炼。"他和农民一起起圈装粪。春播时，他和大家一样，脖子上挂个布袋，一手抓粪，一手点种。

毛岸英不但劳动肯干，而且在生活上很俭朴。他和农民同吃，同住窑洞，睡土炕。他很喜欢吃小米干饭熬酸白菜、南瓜煮饭。

1946年下半年，胡宗南进攻延安，形势越来越紧张。村干部商量，决定送毛岸英回去。毛岸英对村长说："我'农业大学'还没毕业呢！"村长笑嘻嘻地说："你已经毕业了！"

毛岸英回到父亲身边，畅谈了几个月的学习成绩。毛泽东看着儿子黝黑结实的膀子，说："好啊！白胖子成了黑胖子！"1946年11月，毛岸英随中宣部撤到瓦窑堡一带，把自己的劳动和学习心得写信告诉父亲。毛泽东在自己53岁生日那天，给毛岸英回了一封信：

岸英儿：

　来信两封均收到。第二封信写得很好；这表示较之你初回国时不但文字有进步，思想品质也有进步。你的那些工作是好的。坚持读文章的计划，很有必要，再读一年也是好的。我身体比你走时更好些了。江青、李讷都如常。祝你进步！

毛泽东
一九四六年十二月二十六日

为了让毛岸英更深入地接触农村，了解中国农民，1947年4月，毛泽东又安排毛岸英进中央土改工作团，赴山西临县郝家坡开展土地改革试点工作，接受锻炼。

在一年多的时间里，毛岸英先后在山西、山东两省的几个县工作。每到一地，他总是先做深入的调查研究，从每户的祖宗三代的情况到现在有几张床、炕门向哪面开都搞得很清楚。所到之处，他对于各个阶级、各个阶层的经济状况和对于革命的态度有了较为深入的了解；对于土地问题对农民的至关重要性和农民问题对中国革命的至关重要性有了深刻的认识。他从贫下中农身上学习革命的坚定性，从斗争实践中学习掌握和运用党的政策。这使他在与工农相结合的道路上获得了新的飞跃。

中华人民共和国成立之初，党的工作重心由农村转向城市，由夺取政权的武装斗争转向巩固政权的经济建设。毛泽东又及时将岸英送往工厂，让他学习管理生产，接受工人阶级的教育。在北京机器总厂，毛岸英担任党总支部副书记。他同工人一起吃食堂，住简陋的房屋，深入群众之中了解他们的思想，帮助他们解决困难。他组织大家学政治，同大家一起学习技术，立志当内行。他从工人身上，学到了许多优秀的品质。他同广大工人一起把这个厂建设得生气勃勃，被工人们誉为厂里新来的好书记。

简朴的婚礼

毛岸英和刘思齐在延安时就认识了。经过不断的了解和接触，两个年轻人炽热相爱，定下了终身。两人兴冲冲地向毛泽东征求意见。出乎意料，毛泽东向他们泼了瓢冷水，不同意他们这么早就结婚。

毛泽东问刘思齐："你正在学习，还没毕业，现在结婚不怕影响吗？"

刘思齐回答说："结婚后好好安排安排，不会影响我的学习。"

毛泽东说:"岸英是1922年生的,你是哪一年生的啊?"

"我是1931年生人。"

毛泽东轻轻点头说:"嗯,你还不到18岁,着什么急呀?反正我同意你们结婚,等一等好不好?"

毛岸英说:"好,听爸爸的。"

两人离开毛泽东的住处之后,不大一会儿,毛岸英又回到毛泽东的房间,说:"我今年26岁了,我想结婚以后,好专心致志学习和工作。这样,就不必在这方面花费那么多时间和精力了……"

毛泽东当时冲毛岸英发了一通脾气。他说:"按照解放区的法律,女方必须满18岁,男方必须满20岁。思齐还不满18岁,你们必须守法,不能因为是毛泽东的儿子而有半点特殊!"

毛岸英没料到父亲会这样跟他发脾气,转身就走了。刚走到院子里,他一下子就晕倒了。值班的哨兵以为他得了急病,连忙把他扶到一间房子里。

几个星期后,毛泽东在村边散步,碰到毛岸英从邻村下乡回来。毛岸英想溜过去,被毛泽东叫住了:"你不要躲我。结婚的事想通了吗?"

"想通了。"毛岸英垂头丧气地说,"是我不对。"

"思齐呢?"

"她也想通了。我们已经商量好,过年以后再结婚。"

"这才像我的儿子嘛!"毛泽东满意地摆摆手说,"你去吧。"

1949年9月,中华人民共和国成立前夕,大家都处在兴奋之中,刘思齐也到了法定年龄。他俩征得了刘思齐的母亲张文秋的同意,决定过些日子就结婚。婚期初步定下来后,毛岸英来到父亲那里。这次毛泽东很高兴地说:"我同意,你们准备怎么办婚事呀?"

毛岸英说:"我们商量了,越简单越好。我们都有随身的衣服,也有现成的被褥,不用花钱买东西。"

"这是喜事。还是应该艰苦朴素。你们结婚是一辈子的大事呀,我请你们吃顿饭。你们想请谁就请谁。你跟思齐妈妈说说，现在是供给制，她也不要花钱买东西了。她想请谁来都可以，来吃顿饭。"

毛岸英和刘思齐经过商量，写了一个准备邀请的名单，有邓颖超、蔡畅、康克清、谢觉哉、陈瑾昆等。毛泽东看了名单说："你们只请邓妈妈不行，请了邓妈妈，还应该请恩来；请了蔡妈妈，还应该请富春；请了康妈妈，还应该请总司令；请了谢老，还应该请王定国；请了陈瑾昆，还应该请梁叔华。还有少奇和光美同志也要请；弼时同志有病，住在玉泉山，就不要麻烦他了。婚事简办，我完全赞同，就是要改一下旧习嘛。"

1949年，毛泽东与长子毛岸英在北京双清别墅。（徐肖冰　摄）

1949年10月15日，毛岸英和刘思齐的婚礼在中南海举行。这天，毛岸英穿的是有外宾来访当翻译的工作服，刘思齐穿的上衣是灯芯绒布的，裤子是半新的，只有方口布鞋是新买的。

晚上七八点钟，宾客们陆续赶到并带来了小小的礼品。大家欢聚在一起，非常高兴，都夸岸英和思齐是一对好夫妻，说毛泽东找了一个好儿媳妇。

毛泽东举杯走到刘思齐的妈妈张文秋面前，对她说："谢谢你教育了思齐这个好孩子。为岸英和思齐的幸福，为你的健康干杯。"

张文秋说："谢谢主席在百忙之中为孩子们的婚事操心。思齐年幼不大懂事，希望主席多多批评指教。"

席间，毛泽东一边把湖南风味的腊肉、腊鱼、辣椒往徐特立、谢觉哉等人的碗里夹，一边说："孩子的婚事没有要我操心，也没买这买那。吃了饭，

1949年，毛泽东与毛岸英、刘思齐、李讷、江青在香山（历史图片）

请你们到他们的新屋里去看看。"

婚礼结束后，毛岸英和刘思齐临行时，毛泽东拿出随身带来的一件黑色大衣，这是1945年毛泽东去重庆谈判时穿的。他风趣地笑着说："我没有什么贵重礼品送你们，就这么一件大衣。白天让岸英穿，晚上盖在被子上，你们俩都有份。"

在场的人都忍不住大笑起来。

大家来到新房。那是机关宿舍的一个普通房间，门上贴着大红喜字，房里有一张大板床，床上只有两条被子，其中一条还是刘思齐作为嫁妆带过来的。其余的是一些必不可少的生活用品。

共和国领袖就这样操办了长子的婚事，令后人钦佩。

痛失长子

进入北京后，毛岸英在中央机关任秘书工作。作为一名共产党员，毛岸英没有半点优越感，他对自己的要求十分严格。不久，他向父亲和单位领导提出请求，想到工厂去工作。周恩来安排他到北京机器总厂工作。毛岸英来到工人中间，开始了新的探索。

1950年6月，朝鲜战争爆发，9月15日，美军在仁川登陆，10月初战火已经烧到鸭绿江畔。毛泽东号召全国人民抗美援朝，保家卫国。

第二章
婚姻家庭——伟人的情感世界

毛岸英给彭德怀打了报告,请求赴朝参战。彭德怀不表态,毛岸英便去找父亲。

毛泽东表示支持:"好哇!你去朝鲜,可以在战火中经受考验嘛。"

毛泽东决定让儿子出国参战。其他一些同志都曾劝阻毛泽东,说岸英在单位里负有重要责任,离不开,不要去参战了。毛泽东讲了应该去的道理,说了一句给人留下很深印象的话:"谁叫他是毛泽东的儿子!他不去谁还去?"

1950年10月19日,毛岸英随彭德怀跨过鸭绿江,奔赴朝鲜战场。他被分配在中国人民志愿军总部任机要秘书和翻译。在工作中,他对同志诚恳热情,与大家同甘共苦。

中国人民志愿军入朝后,从1950年10月25日开始反击,到11月5日,第一次战役告捷,迫使美国军队和李承晚军队退到清川江以南。11月25日,是志愿军打响第二次战役的第一天,毛岸英忙于签收紧急战斗电报。上午11时左右,4架美军B-29型飞机掠过中国人民志愿军总部上空,向北飞去。防空警报一解除,毛岸英便从防空洞里冲出来,奔向作战室,投入紧张的工作。

正在这个时候,刚刚飞过去的敌机突然偷袭过来,投下了上百个凝固汽油弹。顿时,大火弥漫,连成一片火海,志愿军总部的作战室被烈火吞没了。800度的高温包围了未来得及撤出作战室的毛岸英和作战参谋高瑞欣。

毛岸英,这位中国人民的伟大儿子,带着父亲的重托和殷殷期望,悲壮地离开了人间,留给后人的则是一个美丽的梦和无尽的叹息——是啊,他才28岁,他还能做多少事啊!

毛泽东为了中华民族和中国人民的解放事业,在牺牲了自己的兄弟、妹妹、妻子之后,又牺牲了自己心爱的儿子。这对毛泽东来说是一个多么痛苦和残酷的现实!

毛岸英的牺牲也使彭德怀深感自责。原先把岸英安排在自己身边,就是为了保护他、培养他,正直朴实的彭德怀知道毛泽东一家已为革命做出了重大的牺牲,岸英不能再有意外了!然而无情的战火却夺走了他年轻的生命。

面对这一现实，彭德怀含泪长叹："毛主席把他的儿子托付给我，我怎么向他交代哟！"

彭德怀怀着悲痛的心情，向党中央、毛泽东发来了电报。机要室主任叶子龙拿到电报后，忙同周恩来、江青研究一番，没有告诉毛泽东。后来，毛泽东做完工作，到万寿路新六所一号楼休息时，叶子龙和江青才把消息报告了毛泽东。

当时，毛泽东正坐在沙发上。听到消息，他先是一怔，盯着江青和叶子龙一声不响。

江青和叶子龙不敢说第二遍，也不好说什么劝慰的话，不约而同地垂下了头。

于是，毛泽东眨了一下眼，目光开始缓缓移动，望着茶几上的烟盒。

他去拿烟，两次都没能将烟从烟盒里抽出来。李银桥忙帮他抽出一支烟，再帮他点燃。

屋里静了很长时间，谁也没有说一句话，能够听到的只有毛泽东咝咝的吸烟的声音。

大概烟雾熏了毛泽东的眼睛，大概他想起了儿子许许多多的往事，毛泽东的眼睛陡然一红，湿润了。

又沉默了很久，毛泽东吸完第二支烟，把烟头熄灭在烟灰缸里，用略带沙哑的声音，发出催人泪下的一声叹息："唉，谁叫他是毛泽东的儿子呢……"

毛泽东没有哭，又点燃了一支烟，开始听江青汇报儿子牺牲的经过。毛泽东最后只交代了一句："这个不要急着告诉思齐了。"

后来，彭德怀向毛泽东汇报志愿军入朝作战的情况时，心情沉重地谈了毛岸英牺牲的经过。彭德怀说："主席，我没有保护好他，使毛岸英同志牺牲了，我有责任，我请求处分！"

痛失长子，毛泽东心情的痛苦是不言而喻的。然而，他是一个父亲，更是一个伟人。他痛苦地一根接一根吸烟，痛苦地闭上眼睛，但他终究抬起头来，缓慢地说:"革命战争总是要付出代价的。岸英是一个普通战士，为了国际共产主义献出了年轻的生命，他尽了一个共产党员应尽的责任。不能因为他是我的儿子，就不应该为中朝两国人民共同的事业而牺牲。世上哪有这样的道理呀！哪个战士的血肉之躯不是父母所生？"

彭德怀默默地听着，眼里饱含着泪花。他深知，毛岸英的牺牲对党，尤其是对毛泽东，是个无法挽回的损失！

老年丧子的巨大悲痛，毛泽东强忍住了。他把全部心血倾注在国家大事上，用工作来冲淡悲伤。可是，儿媳刘思齐每周必到的拜晤，对他来说简直是一场感情的灾难。

刘思齐每次来，都要问爸爸：收到岸英的信没有？岸英为何几个月不给我来信？……

为了能让刘思齐安心学习，毛泽东总是强颜欢笑，装得若无其事地宽慰她。这样一直瞒了两年。两年，一百多个星期啊！毛泽东独自承受着老年丧子之痛。

作为父亲，毛泽东不能也不愿一直扮演世上最难堪的角色。在这期间，毛泽东好几次扳着指头，用他那带有浓重湖南乡音的声音向刘思齐讲述先烈的事迹，讲述他们家有6位亲人壮烈牺牲，叙述5位烈士生前的经历和牺牲时的情景。可是，他始终没有说出第6位烈士，不忍心亲手把这一层包含着噩耗的薄纸揭开。

刘思齐毕竟是个才20岁的孩子，她也没能完全悟到毛泽东的深意：干革命就会有牺牲。

毛岸英不幸牺牲两年后，毛泽东终于下决心让刘思齐知道这个不幸的消息。那天，他又向刘思齐诉说他们毛家为革命牺牲了的烈士：杨开慧、毛泽民、毛泽覃、毛泽建、毛楚雄，还有韶山党支部的毛福轩……

刘思齐越听越觉得不对劲。朝鲜停战协定都签订了，为何岸英未寄回只言片语？难道他……

她不敢再往下想了。看到花甲之年的爸爸，她反而安慰起他。离开中南海时，刘思齐心慌意乱，很不是滋味！

这天，刘思齐又一次来到中南海。毛泽东把周恩来请来一起和她谈心。周恩来十分委婉地告诉刘思齐：为抗美援朝保家卫国牺牲的无数战士，人们永远不会忘记他们。

"岸英也是其中之一！"这句话，周恩来说得很轻。

可是，对于刘思齐来说，这犹如一声响雷！她痛不欲生，伏在毛泽东的肩上撕心裂肺地哭呀，哭呀！

毛泽东木然地坐着，脸色苍白。

周恩来让刘思齐躺在沙发上缓缓气力。当他的手碰到毛泽东的手时，他心里一惊，急忙低声对刘思齐耳语："思齐，你要节哀，你爸爸的手都冰凉啦！"

刘思齐一愣，又哭着去安慰爸爸。

毛岸英的离去，对刘思齐来说是个很大的刺激。为了不引起毛泽东的悲伤，她躲在屋里哭泣。

在饭桌上，毛泽东看到刘思齐那又红又肿的眼睛，长叹一声，放下筷子，水米未进，起身慢慢地离开了饭桌。

从此，刘思齐也像毛泽东一样，硬是把悲伤压在心底，把眼泪往肚里咽。然而，父女俩都深知对方心灵深处的悲伤。看着刘思齐日渐消瘦，毛泽东常劝慰说："战争嘛，总是要死人的。不能因为岸英是我的孩子，就不应该为中朝人民而牺牲。"

1954年12月24日晚，中南海永福堂内，彭德怀正在写字台前给周恩来写信。关于如何安置毛岸英的尸骨问题，志愿军总部在几天前曾给军委总干部部发过一份询问电报。军委总干部部起草了复电，送交彭德怀审批。复电要求志愿军总部将毛岸英的尸骨运回北京安葬。彭德怀觉得这样做是不妥当的。他是心里有什么想法就压不住，立刻想全盘托出的人。所以吃罢晚饭，他就匆忙地拧开了台灯。他想：一场抗美援朝的战争，牺牲了中国人民多少优秀的儿子啊！这许许多多的烈士全部安葬在朝鲜的国土上，毛岸英也不应该例外。主席不是亲口说过岸英是中国人民志愿军中的一位普通战士嘛！而且，作为中朝人民用鲜血凝成的友谊的象征，作为国际共产主义精神的体现，岸英也应该埋在朝鲜。

周恩来接到彭德怀的信后，马上去征求毛泽东的意见。毛泽东慨然同意。

第二天，周恩来就在彭德怀的信上批示："同意彭的意见，请告总干部部另拟复电。"

其实，毛泽东的心里早就决定让儿子永远留在朝鲜。当刘思齐请求将毛岸英的遗体运回国时，毛泽东摇摇头说："青山处处埋忠骨，何必马革裹尸还。不是还有千千万万的志愿军烈士安葬在朝鲜吗？"

这就是一代伟人的胸怀！

于是，在朝鲜平安南道桧仓郡中国人民志愿军烈士陵园，多了一块3尺高的大理石墓碑。碑的正面镌刻着："毛岸英同志之墓"，背面刻着：

> 毛岸英同志原籍湖南省湘潭县韶山冲，是中国人民领袖毛泽东的长子。1950年他坚决请求参加中国人民志愿军，于1950年11月25日在抗美援朝战争中英勇牺牲。
>
> 毛岸英同志的爱国主义和国际主义的精神将永远教育和鼓舞着青年一代。
>
> 毛岸英烈士永垂不朽！

劝儿媳再婚

自从毛岸英牺牲的消息公开后，毛泽东便对刘思齐说："今后，你就是我的大女儿。"从那时起,毛泽东就格外疼爱刘思齐,时常过问她的衣食住行。在每次通信中,毛泽东总是称刘思齐为"我的大女儿""思齐儿""娃"。

在刘思齐因丧夫而悲痛得寝食难安、神经衰弱时,有人却落井下石,放出对刘思齐具有致命打击的谣言。刘思齐经受不了更多的打击,提笔给毛泽东写信。毛泽东在复信中开导她说:"谣言不足信,可以置之不理,因为不胜其烦。你的心情要清闲些,把身子养好要紧。"看到爸爸的表态,刘思齐精神上得到极大的安慰。

1954年,刘思齐高中毕业了。为了进一步深造,也为了换一个环境以减轻内心的痛苦,毛泽东让她去了莫斯科大学学习。出国前夕,刘思齐患了重感冒。毛泽东写信要她好好休养,恢复体力,以利出国,并把她要的多卷本《列宁选集》送给她。

1955年9月至1957年9月,刘思齐在莫斯科大学数学系学习。这期间,她常常给毛泽东写信。毛泽东则化名"得胜"给她复信。其中有一封信是这样写的:

亲爱的思齐儿:

给我的信都收到了,很高兴。希望你注意身体,不使生病,好好学习。我们都好,勿以为念。国内社会主义高涨,你那里有国内报纸否?应当找到报纸,看些国内消息,不要和国内情况太隔绝了。

祝好!

得胜

一九五六年二月十四日

由于身体欠佳,刘思齐重病不断。又由于她原来一直学文,突然改学理工,而且还要跟上俄语课,刘思齐感到异常的困难。1957年,刘思齐回国向毛泽东汇报了自己的情况,要求转学国内。毛泽东复信说:"转学事是好的,

第二章
婚姻家庭——伟人的情感世界

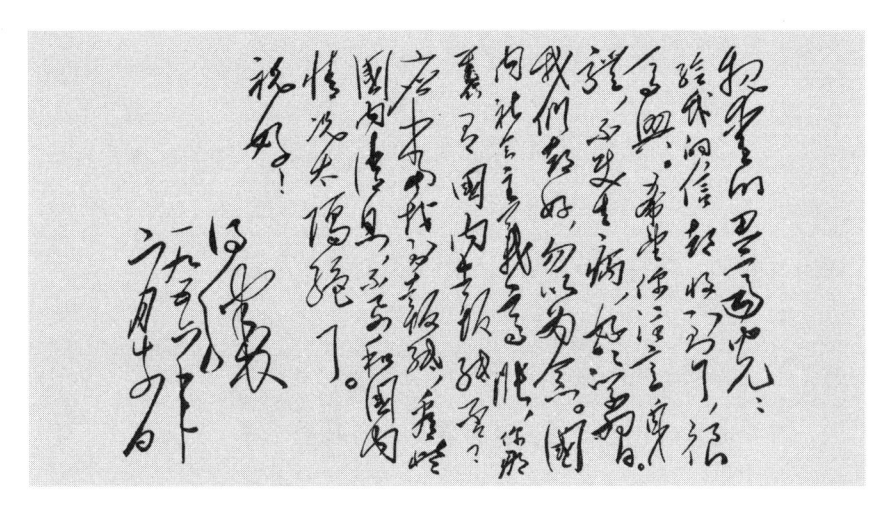

毛泽东给刘思齐的信

自己做主,向组织申请,得允即可。如不得允,仍去苏联,改学文科,时间长一点也不要紧。不论怎样,都要自己做主,不要用家长的名义去申请。"这封信,毛泽东写得既有感情又有原则,同时希望刘思齐自己做主,充分体现了一个父亲真正的爱。5天后,毛泽东又写了一封信,叮嘱刘思齐要遵照党支部的意见,下决心在国内转学文科,集中精力,学成为国服务。在毛泽东的支持下,刘思齐于1957年10月回国后进入北京大学学习。

刘思齐回国后不久,出入中南海的特别通行证被没收了。因为江青开口了:"刘思齐不是我们家的人!"

刘思齐不能再去看望爸爸了,内心十分痛苦。毛泽东照常给这个"女儿"写信。

1959年,刘思齐大病一场。毛泽东在庐山开会期间,千里迢迢寄来信说:

娃:

你身体是不是好些了?妹妹考了学校没有?我还算好,比在北京时好些。登高壮观天地间,大江茫茫去不还。黄云万里动风色,白波九道流雪山。这是李白的几句诗。你愁闷时可看点古典文学,可起消愁破闷的作用。久不见甚念。

爸爸
八月六日

1960年年初，新春佳节将近，毛泽东给刘思齐写信说：

思齐儿：

　　不知道你的情形如何，身体有更大的起色没有，极为挂念。要立雄心壮志，注意政治、理论。要争一口气，为死者，为父亲，为人民，也为那些轻视、仇视的人们争这一口气。我好，只是念你。

　　祝你

平安

父字
一月十五日

从1938年到1949年10月15日，这段时间是刘思齐由毛泽东的干女儿发展到儿媳妇的过程。从1950年11月25日以后，对于刘思齐来说，从儿媳进一步发展为毛泽东的女儿。毛泽东完全把刘思齐当作自己的亲生女儿来看待。

1983年，在毛泽东90周年诞辰之际，刘思齐（后改名为刘松林）满怀深情地写道："尤其是在岸英牺牲后，他关心着我的思想、我的学习、我的工作、我的健康，甚至我闲暇时阅读的书籍。到后来，他还像慈母一样地关心着我的婚姻……"

1961年秋天，刘思齐被分配到中国人民解放军工程兵的科研部门从事翻译工作。这时，距毛岸英离世已有11年了。在这11年中，刘思齐熬过了多少个痛苦的不眠之夜，流淌过多少热泪！她也从桃李年华步入了而立之年。

第二章
婚姻家庭——伟人的情感世界

毛泽东焦急了,怎么能让她孤单单地度过一生?他多次劝刘思齐找个合适的人,成个家。但始终爱着毛岸英的刘思齐却不焦急。

1961年6月13日,毛泽东终于提笔写了一封信:

女儿:

你好!哪有忘记的道理?你要听劝,下决心结婚吧,是时候了。五心不定输得干干净净。高不成低不就,是你们这一类女孩子的通病。是不是呢?信到,回信给我为盼!

问好。

父亲

六月十三日

这封信充满了慈爱,也充满了长辈的关怀。刘思齐被深深地打动了。

毛泽东并不只是一般地劝劝,他还先后托人为刘思齐介绍过两位朋友,但刘思齐都觉得不合适。

一天,空军副司令兼空军学院院长刘震对毛泽东说:"我们空军学院强击教研室有位教员,叫杨茂之,是从苏联留学回来的。这个人老实正派,我觉得可以,主席是不是……"毛泽东立即请人去了解。此时,刘思齐已经31岁了。

经过了解,杨茂之的人品和刘震介绍的一样。于是毛泽东马上走出第二步棋,让刘思齐和杨茂之来往,让他们相互了解。那时杨茂之30岁出头,是个大高个儿,精壮结实,父母是渔民,他有着传统中国农民的忠厚老实的品格。

其实,刘思齐在苏联学习时见过杨茂之。杨茂之于1954年出国赴苏,在苏联红旗空军学院学习。第二年,刘思齐到莫斯科大学就读。由于都是中国人,他们在中国留学生的集会上见过面,但没有说过话,更想不到对方后来会成为自己终身的伴侣。

经过一段时间相处,刘思齐点头了。

1962年2月,刘思齐和杨茂之结婚了。婚礼是在刘思齐家的四合院举行的。那院子坐落在北京的南池子,隔壁是罗瑞卿的家。毛泽东抄录了一幅他刚刚创作的词《卜算子·咏梅》,算作贺礼。另外他还给了300元钱,叫刘思齐代买礼品。

杨茂之的父母远在海边,没能赶来,来的都是刘思齐的亲朋故友,还有一些老革命者,如谢觉哉、伍修权、刘震等。来宾前前后后有上百人,把小院子挤满了。当时毛岸青在大连,没能赶来参加。他的夫人、刘思齐的妹妹邵华从大连赶来参加了大姐的婚礼。

婚后个把月,刘思齐和杨茂之一起到中南海去见毛泽东。那次,毛泽东和杨茂之谈得很投机。看得出,毛泽东对这个干女婿是很喜欢的。

"文化大革命"期间,杨茂之在空四军工作,空四军当时在林立果的控制之下。那时江青大有权倾朝野之势。杨茂之竟把刘思齐告诉他的话透露了出

1962年春,刘思齐结婚后到中南海见毛泽东。左起:毛岸青、张少林、毛泽东、刘思齐、邵华、杨茂之(吕厚民 摄)

去：江青不会接班，主席说过她不行。

在当时那种特殊的政治氛围下，这件事被视为大逆不道。杨茂之和刘思齐夫妻俩同时被送到上海，关进了监狱。王洪文曾出马提审，并拍桌子大骂："你敢诬蔑江青，就是诬蔑毛主席！你就是十足的反革命！"

4个月过去了，刘思齐实在受不了，又看不到希望，于是给毛泽东写了一封信，并指名要王洪文转。王洪文不敢扣押这封信，它终于被送到了毛泽东手中。

刘思齐获得了自由。

关注岸青的病情与婚姻

1923年11月13日，在毛岸英出生后的1年零1个月，一个男婴降世了。他，就是毛泽东和杨开慧的次子毛岸青。

毛岸青4岁离父，7岁时母亲杨开慧就壮烈牺牲了。此后，他与哥哥毛岸英流落街头，惨遭毒打，受尽苦难。直到1936年党组织找到他们，随后安排他们去苏联学习，毛岸青才结束了地狱般的流浪生活，结束了痛苦的童年生活，开始了幸福安宁的新生活。

弟兄俩最初住在位于莫斯科郊区的共产国际第二儿童院，后来该院合并到伊万诺夫市的共产国际第一儿童院。这些儿童院都有宽敞整洁的宿舍，还有食堂、游艺室、运动场等。毛岸英、毛岸青这对在苦水中泡大的兄弟，非常珍惜这来之不易的幸福生活，学习非常刻苦。

毛泽东是一个情感非常丰富的父亲。为了革命，爱妻牺牲，儿子下落不明，他一直在打听孩子的下落。但在艰险复杂的战争年代里，联络中断，他只得默默地忍受着思念之苦。直到毛岸英、毛岸青兄弟俩来到苏联，父子之间的联系才多起来。毛泽东非常喜欢毛岸英、毛岸青兄弟俩，对于他们受苦的经历深感内疚,尤其对曾遭反动派毒打、头部受过伤的次子,更是心疼不已。中华人民共和国成立初期,毛泽东曾对身边的工作人员说:"我很同情岸青。他很小就和岸英流落在上海街头,受尽了苦难,几次被警察打过,对他的刺激很大。"

毛岸青刻苦学习,多次取得好成绩,后来考上了东方大学,继续深造。

1946年年初,毛岸英先期回国,把弟弟的消息告诉了父亲。毛泽东因长期劳累,于1945年11月开始患植物神经失调症。1946年1月上旬虽有好转,但不能工作,仍在疗养。当时他见到毛岸英回国,又获悉毛岸青的消息,精神舒爽,病除大半,当即挥毫给毛岸青写了一封信:

岸青,我的亲爱的儿:

　　岸英回国,收到你的信,知道你的情形,很是欢喜。看见你哥哥,好像看见你一样,希望你在那里继续学习,将来学成回国,好为人民服务。你妹妹(李讷)问候你,她现已五岁半了。她的剪纸,寄你两张。

　　祝你进步,愉快,成长!

毛岸英回国后,毛泽东更加关心远在异国他乡的毛岸青。当时,毛泽东正在指挥全国解放战争,工作极为紧张繁忙,但他仍抽空给儿子写信。1947年9月12日,毛泽东在给毛岸英的信中特别提道:"永寿(毛岸青在苏联时曾化名杨永寿)这孩子有很大进步,他的信写得很好。复他一信,请你译成外国语,连同原文,托便带去。"同年10月8日,毛泽东又以欣喜的心情写信给毛岸英:"告诉你,永寿回来了,到了哈尔滨。要进中学学中文,我已同意。这个孩子很久不见,很想看见他。"寥寥数语,道出了父亲思念儿子的感情。

中华人民共和国成立后,毛岸青在中宣部马列主义著作编译所从事翻译工作，参与翻译斯大林的著作《马克思主义和语言学问题》第五、第六章。他有相当强的俄文翻译能力，在事业上一帆风顺。

可是在爱情问题上，毛岸青很长时间没有找到合适的对象。早在苏联学习期间，一些热情洋溢、感情奔放的俄罗斯姑娘追求过他，但他不想同外国人结婚。刚回到哈尔滨时，不少中国姑娘围着他转，可是他也没发现中意的。来到北京后，毛泽东听说他在谈对象问题上还没如愿，有一次对他说："你谈恋爱找对象，就不要说你是毛泽东的儿子嘛！你就说你是中宣部的翻译不是很好吗？我劝你找一个工人或农民出身的人，这对你可能还有些帮助。你要求条件高了，人家的能力强了，看不起你，那就不好了，整天不愉快生闷气，那还有什么意思呀。"

父亲一席话使毛岸青茅塞顿开，豁然开朗。

1950年，毛岸英牺牲的消息传来，毛岸青陷入了深深的痛苦之中。在他27年的人生旅途中，虽受父爱少，但得到了哥哥无微不至的关心和照顾。毛岸青悲痛难抑，加上脑部曾受过伤，重病袭来，住进北京医院治疗，后又去大连疗养。

在这之后，毛岸青的病情出现了波动。毛泽东对儿子更加挂念，多次去信询问，安慰他，劝他耐心治疗，不要着急，不要自己改变治疗方案。

1960年，当毛泽东得知毛岸青的身体有好转后，马上写了一封较长的信：

岸青我儿：

前复一封信，谅收到了。甚念。听说你的病体好了很多，极为高兴。仍要听大夫同志和帮助你的其他同志的意见，好生静养，以求全愈。千万不要性急。你的嫂嫂思齐和她的妹妹少华来看你，她们十分关心你的病情，你应好好接待她们。听说你同少华通了许多信，是不是？你们是否有做朋友的意思？少华是个好孩子，你可以好好同她谈一谈。有信，交思齐、少华带回。以后时时如此，不要别人转。此外娇娇也可以转。对于帮助你的大连市市委同志,医疗组织各位同志们,一定要表示谢意,他们对你是很关怀的,很尽力的。此信给他们一看,我向他们表示衷诚的谢意。

祝愉快!

父亲

信中的"少华"即为邵华。

毛泽东在这封信中,不仅关心了岸青的身体,而且过问了他的终身大事。

在毛泽东的支持下,毛岸青和邵华于1960年在大连结婚。这时,毛岸青已37岁了。他们的婚姻非常幸福、美满。

1962年,毛岸青和邵华一同回北京,又一同去湖南老家探望。1970年,他们有了一个儿子,取名新宇。这一年毛岸青47岁了,可谓中年得子,心灵得到莫大安慰。他非常喜爱自己唯一的孩子毛新宇。

幸运的邵华

邵华也是一个苦孩子,幼年丧父,饱尝铁窗之苦。她与刘思齐是一对同母异父的姐妹,是一根藤上的两颗苦瓜。

中华人民共和国成立时,邵华已11岁。她常随姐姐刘思齐和姐夫毛岸英到中南海去看望毛泽东。毛泽东虽然国务缠身,但非常关心毛岸英和刘思齐的学习情况,这引起了邵华对学习的强烈欲望。一次,她突然对毛泽东说:"毛伯伯,我也要上学。"毛泽东转过身来深情地望着这个10多岁的女孩子说:"好嘛,你愿意上学,我来帮助你。"几天之后,叶子龙交给邵华一封介绍信。此后,邵华走进了中央直属机关的育英小学、中学,刻苦地学习着。1959年秋,邵华考进了北京大学中文系。

第二章
婚姻家庭——伟人的情感世界

毛泽东一生最大的爱好就是读书。他不仅自己喜欢读书，也非常关心儿女们的读书情况。由于邵华是学文学专业的，毛泽东与她谈文学比较多。

一天，邵华在毛泽东面前谈起《简·爱》这部小说，对书中的主人公大加赞赏。毛泽东微笑着听邵华大发议论。几天之后，邵华在毛泽东书房的案头发现一本翻扣着的《简·爱》，而且所剩页数不多了。她对毛泽东在百忙之中抽空读书的速度大为惊讶，又为他的认真态度和强烈的求知欲望所感动。

毛泽东和毛岸青、邵华在一起（吕厚民　摄）

在博学多思的毛泽东面前，邵华时常感到自己的知识是那样贫乏。在北大，邵华在"中国通史"这一科目的考试中取得了较好成绩，便兴冲冲地跑来告诉毛泽东。毛泽东说："那我来考考你，谈谈刘邦、项羽兴衰的原因吧。"邵华按照所记得的教材内容回答了一遍。毛泽东听后笑着说，这是死记硬背，算是知道了点皮毛，但还没有很好地理解。毛泽东说："要多读史料，多思考，能把'为什么'都说得清楚，这一课才算学好了。"

毛泽东喜欢谈论古诗。有一次谈起宋人诗词，毛泽东问邵华最喜欢谁的作品。邵华回答说喜欢陆游的作品。毛泽东问她为什么。邵华说陆游的诗词，充满热血沸腾的爱国主义激情，具有雄浑豪放的风格。毛泽东又问她最喜欢哪几首，邵华列举了《关山月》《书愤》《示儿》《夜游宫》等几首。毛泽东听后兴致勃勃，从沙发上站起来，走到桌前，铺开宣纸，饱蘸笔墨，挥毫写下了《夜游宫》这首词送给她。邵华如获至宝。

最令邵华感到兴奋不已的是那次在中南海，毛泽东谈起了唐代诗人。谈到初唐四杰之一的王勃时，毛泽东说他年轻有为，才高学博，为文光昌流丽，二十几岁就写了16卷诗文作品，可惜死得太早了。他说他喜欢王勃的《送杜少府之任蜀州》，对其中的"海内存知己，天涯若比邻"两句很欣赏。在谈话中，他发现孩子们十分喜欢《滕王阁序》，非常高兴，一边背诵其中佳句，一边作评论。谈到兴头儿上时，他坐到桌前，挥动中楷羊毫，悬腕写下"落霞与孤鹜齐飞，秋水共长天一色"。邵华双手接过这幅珍贵的墨宝，高兴得几乎要跳起来。

1960年，邵华因病休学去大连疗养。毛岸青也在那里。在这之前，她已同毛岸青交往了。毛泽东非常关心他们的事，在给毛岸青的信中说邵华"是个好孩子"。

在毛泽东的关心下，毛岸青和邵华在1960年结为伉俪。

1962年春天，毛岸青和邵华一同回北京。毛泽东见到他们风趣地说："新媳妇总该去认认家门，让外婆和亲友们看看嘛！"遵照父亲的嘱咐，两人先到板仓祭扫妈妈杨开慧的陵墓，又到韶山看望乡亲们。然后，双双回到长沙，这可乐坏了90岁高龄的外婆。她一手拉着毛岸青，一手拉着邵华，端详来端详去，总是舍不得放手。

毛泽东对儿子儿媳的生活非常关心。有一段时间，邵华因身体不好，再加上学业未竟，久留外地，一度情绪低落。毛泽东知道情况后，1962年6月3日给邵华写了一封信：

你好！有信，拿来，想看。要好生养病，立志奔前程，女儿气要少些，加一点男儿气，为社会做一番事业，企予望之。《上邪》一篇，要多读。余不尽。

父亲

六月三日上午七时

毛泽东在信中叮嘱邵华要好生养病，立志奔前程，女儿气要少些，加一点男儿气，为社会做一番事业。信中提到《上邪》一篇，要多读。

《上邪》是汉朝民间歌谣，表现的是一个女子坚决与她的情人相爱的誓词。全词为："上邪！我欲与君相知，长命无绝衰。山无陵，江水为竭，冬雷震震，夏雨雪，天地合，乃敢与君绝。"毛泽东要邵华多读《上邪》并在信中写了许多鼓励的话，是希望她坚强一些，不要为眼前的困境所难倒，要以事业为重，贤贞的爱情定会战胜生活中的困难。

邵华读了这封信，深受感动。她恢复了过去开朗豁达的性格，对毛岸青更加关心体贴，学习也更加刻苦了。

"文化大革命"期间，邵华受到江青的点名批评，还株连到她整个家庭，老母亲及姐姐妹妹都受到冲击。粉碎"四人帮"后，邵华一家得到了新生。

邵华是中国作家协会会员。她发表了多篇散文，其中《我爱韶山的红杜鹃》《滚烫的回忆》等文章脍炙人口。在《滚烫的回忆》一文中，她和毛岸青写道：

> 毛泽东，在人民的心目中，是一位对革命创建了丰功伟绩的领袖。在我们的心里，他还是一位慈父，一位严师，一位最可亲近的人……
>
> 爸爸的日历上是工作，工作，工作，从来没有节假日。在难得的工作间隙中，他还惦念着、关心着我们的成长进步、志向情趣。他为我们开列过学习书目，细心查看过我们的学习成绩单和评语。不管我们提出多少个"为什么"，都可以在爸爸那里得到最满意的回答。我们有了喜事，他脸上会露出笑容。我们碰到难题，他能为我们排难释疑。我们被烦恼所缠扰，他几句开导，就能驱散我们心头的抑郁。只要看到他那慈祥的面容，我们就如沐春风，就会向他倾尽心里话，期望得到他的亲切教诲。

我们走到天涯海角，爸爸的慈爱也会送到我们的心窝……

岸英哥哥牺牲后，爸爸经常回忆起他，怀念着他，说他是个能独立思考、有主见的好孩子，多次要求我们向哥哥学习，不要忘记他。时至今日，爸爸的这些深情话语，仍谨记在我们心间。

文章读来令人备感亲切，读者不难体会到其中所包含的父子、父女之间的无限深情。

"你是我的亲生女儿"

1936年冬，贺子珍在陕北保安县小石山的一个窑洞里生下一个女孩，毛泽东给她取名娇娇。

1937年，贺子珍怀着身孕独自离开了延安，1940年，毛泽东让4岁的娇娇去苏联与亲生母亲生活在一起。贺子珍非常宠爱女儿，用微薄的收入给女儿买了漂亮的裙子、玩具。娇娇得到充分的母爱，高兴极了。1941年，苏德战争全面爆发。大规模的战争使苏联人民的物质生活极为紧张，人们在生死线上挣扎着。在艰苦的日子里，贺子珍与毛岸英、毛岸青和娇娇相依为命。1943年，7岁的娇娇开始上国际儿童院的五年制小学。

这时娇娇得了重病，濒临死亡边缘，被推到国际儿童院医院太平间的副室。是贺子珍怀着满腔的母爱把娇娇从死亡线上救回来。为了精心抚养女儿，贺子珍把娇娇接回了家。不久，国际儿童院的负责人说娇娇的病好了，可以回院，但贺子珍不同意，并同医院负责人吵了起来。这次吵架的严重后果是，国际儿童院方面将她视为精神病人，将其送入精神病院。

母亲走后，娇娇又回到了国际儿童院生活。在国际儿童院的礼堂里，挂着各国共产党领袖的巨幅照片，其中有列宁、斯大林、季米特洛夫、加里

第二章
婚姻家庭——伟人的情感世界

宁，还有毛泽东、朱德。国际儿童院的老师经常对孩子们进行国际共产主义教育，讲述各国共产党领袖的奋斗事迹。老师们也讲起了中国共产党的领袖毛泽东。娇娇怀着崇敬的心情聆听着这一切，她做梦也没有想到这个中国的伟人竟是自己的爸爸。

有一次，毛岸青特意从莫斯科到国际儿童院看望妹妹。他给妹妹买了一小捆长长的手杖糖。兄妹俩坐在无人的大礼堂聊天。毛岸青指着高高挂在主席台上的毛泽东照片，问娇娇："你知道他是谁吗？"

"是中国共产党的领袖毛泽东。"

"他是我们的爸爸。"

"你瞎说，我没有爸爸。"

"我没瞎说，他是我们的爸爸，是他把我们送到苏联学习的。"

看着毛岸青说得那么肯定，娇娇有点相信了。但是，娇娇仍然想象不出她同爸爸有些什么关系。她对爸爸的情感，是在妈妈的叙说中逐步加深的。贺子珍要娇娇给爸爸写信，不能不让娇娇了解爸爸。不过，贺子珍讲得很简略。娇娇还小，贺子珍不愿和娇娇多谈。

1948年年初，贺子珍带着娇娇回到了哈尔滨。1949年春夏之交，贺子珍的妹妹贺怡带着毛泽东的重托来到沈阳，决定先行带娇娇回北平。

13岁的娇娇天真活泼，能讲一口流利的俄语，也能用俄语写作。她自幼离开父亲，父亲在她心目中是陌生的。但她见父亲的心情十分迫切。她给爸爸写了一封信：

毛主席：

　　大家都说您是我的亲生爸爸，我是您的亲生女儿。但是，我在苏联没有见过您，也不清楚这回事。到底您是不是我的亲爸爸，我是不是您的亲女儿？请赶快来信告诉我，这样，我才好回到您的身边。

娇娇

毛泽东接信一看，是一行行歪歪扭扭的俄文字，他一个也认不出来，赶快请来人翻译。弄清信的内容后，毛泽东哈哈大笑，被女儿天真、俏皮的话语感动了，马上写了封回信：

娇娇：

　　看到了你的来信很高兴。

　　你是我的亲生女儿，我是你的亲生父亲。你去苏联十多年（注：未到十年）一直未见过面，你一定长大了长高了吧？爸爸想念你，也很喜欢你，希望赶快回到爸爸身边来。爸爸已请贺怡同志专程去东北接你了，爸爸欢迎你来。

毛泽东

回信写好后，毛泽东吩咐工作人员赶快寄出，但他马上改变了主意，吩咐将该信用加急电报发出。

当贺子珍把电报的内容告诉娇娇时，娇娇开心极了。不久，贺怡就带着娇娇来到北平香山。

听说贺怡带着娇娇回来了，毛泽东赶快从办公室里出来迎接，老远就向贺怡她们打招呼。贺怡牵着娇娇的手对毛泽东说："您交给我的任务完成了，娇娇接回来了。"然后转身对娇娇说："快叫爸爸！喏，这就是你的爸爸，就是给你打电报的毛泽东。赶快叫爸爸！"

娇娇看见站在面前的身材魁梧而又

毛泽东和李敏在北京香山（历史图片）

慈祥的爸爸，和画报上的毛主席一模一样，知道这就是她日夜思念的亲生父亲，激动得扑上前去，叫了声："爸爸！"

毛泽东也激动得一下子抱起娇娇，亲了又亲。

这是自娇娇离开延安去苏联后父女俩的第一次见面。毛泽东十分高兴，约请了几位中央领导同志来坐坐。

几位中央领导同志刚坐定，毛泽东就乐滋滋地说："我给你们带来了洋宝贝。"几位中央领导同志正猜是什么东西时，贺怡带着娇娇进来了。毛泽东指着娇娇对他们说：洋宝贝来了。女儿喏，她就是。然后把娇娇一一介绍给在座的各位。

娇娇半懂不懂地听着他们高兴地议论着什么。她回到祖国的时间不长，中国话听不太懂。娇娇经不住几位中央领导同志问这问那，一着急说了一串俄语。毛泽东拉着娇娇的手放声大笑，并说："英文嘛，我倒会一点，俄文我是一窍不通。恩来在就好了，他会。"几位中央领导同志非常喜爱娇娇，亲亲她的脸蛋，摸摸她的头发，拍拍她的肩，拉拉她的手，室内洋溢着喜悦的气氛。

娇娇的到来，给了毛泽东很大慰藉。每天晚饭后，他总是牵着娇娇的手到香山公园散步，询问娇娇在苏联将近10年的学习情况。父女俩的感情进一步加深了。

"爸爸再给你起个名字"

一天晚饭后，毛泽东对娇娇说："爸爸再给你起个名字。"

娇娇说："爸爸，我有名字，我的名字叫'娇娇'。"

毛泽东微笑着说："娇娇是你刚生下时起的小名。现在长大了，进中学了，我要给你起一个正式学名，而且这个名字要有深刻的意义。"

那么，娇娇这个名字是怎么来的呢？

1936年贺子珍在窑洞里生下女儿时，与毛泽东、贺子珍夫妇俩一同长征到达陕北的邓颖超、康克清、刘英、钟月林等中央领导人的夫人闻讯都到窑洞中祝贺。

由于一路征战，条件艰苦，女孩生下来时十分娇小。邓颖超见这女孩又瘦又小，怀着怜爱的感情风趣地说："真是个小娇娇呀！"

听邓颖超这么一说，毛泽东想起《西京杂记》中有"文君姣好，眉色如望远山，脸际常若芙蓉"，便为爱女取名"娇娇"。

现在，娇娇该上中学了，毛泽东想给她起个正式的名字。

娇娇听后，高兴地点点头。

毛泽东从书架上取下来一本《论语》，翻到里仁篇，指着其中的一句话念道："子曰：'君子欲讷于言而敏于行'。"他对娇娇解释说：敏，解释很多。讲到这里，他又打开《辞源》，指着"敏"字解释说：敏字有好几种解释，如敏捷、聪敏。《论语·公冶长》有"敏而好学，不耻下问"。敏捷而通达事理。敏，还可作"灵敏迅速""敏捷多智"等解释。杜甫《不见》一诗中说："敏捷诗千首，飘零酒一杯。"

毛泽东对娇娇说："你的名字叫'敏'，但不一定叫'毛敏'，可以叫'李敏'。"

看来，给娇娇起名，毛泽东是成竹在胸，早有考虑。

可是，娇娇却一点准备

毛泽东与李敏（历史图片）

都没有，尤其是对于她的新名不姓毛而姓李。

"为什么？大哥叫毛岸英，二哥叫毛岸青，他们都跟爸爸姓毛，我为什么不姓毛？"娇娇睁大眼睛，十分不解地问。

毛泽东用手拍着女儿的头说："娇娇，爸爸姓毛，这是不错的。但是为了革命工作需要，爸爸曾经用过毛润之、子任、李德胜等名字。爸爸特别喜欢李德胜这个名字。"

毛泽东用李德胜这个名字，是在1947年撤出延安后、转战陕北的途中。当时用这个代名一是为了保密，二是谐音"离得胜"，即离开延安，换得胜利。关于这个名字的含义，还有另外一种说法：李德胜谐音"理得胜"，寓意"正义之师，理当得胜"。

当然，毛泽东为娇娇起名李敏，是与李讷对应的。虽然李讷小些，但在起名上，毛泽东倒是先给李讷起了名，再给李敏起名的。

这样，从上中学开始，娇娇就叫李敏了。

父母情感交流的桥梁

毛泽东是一个十分重感情的人，为了安慰心灵遭受过巨大创伤的贺子珍，他决定派李敏定期前去探望妈妈。在毛泽东晚年，李敏成为他与贺子珍之间互问平安、互致祝福的桥梁。

1949年8月的一天，毛泽东让警卫阎长林带李敏到天津去看望贺子珍。到了天津，在市委招待所，李敏见到了妈妈。贺子珍呜咽着对李敏说："你可回来了，你知道妈妈是怎么想你吗？"等母女俩心情平静下来之后，阎长林向贺子珍转达毛泽东的问候，并汇报了李敏的生活和学习情况。贺子珍对女儿牵肠挂肚，反复叮嘱阎长林说："娇娇也不会住得太久，她想早点回到主席身边去，好好复习语文。她在国外光学俄文，汉语的基础差，在这方面要好好努力才能跟上呀。娇娇还小,她在主席身边,给你们工作人员增加了不少麻烦,请你转告大家,我也特别感谢你们。"

离开天津的前一天晚上,贺子珍和阎长林谈了很久。她说:"希望主席保重身体,娇娇还小,希望主席有时间多关心一下娇娇的学习。"

回到中南海以后,阎长林向毛泽东做了汇报。当谈到李敏的学习时,毛泽东说:"是啊,星期六晚上和孩子们在一起吃饭,既是欢乐,也是督促检查他们学习的好机会。别的时间我就顾不上了。这些孩子的事情,还要靠你们帮忙呀。"

贺子珍到上海后,暂住在哥哥贺敏学家里。每当放寒假,毛泽东都让李敏去上海,陪伴妈妈一段时间。女儿一年一次的往返,自然成为沟通爸爸和妈妈之间信息的重要渠道。毛泽东从李敏的嘴里知道贺子珍病了,不肯就医服药,就写信去劝告贺子珍一定要听医生的话,按时服药,还为贺子珍在北京寻找治病的良药。每次李敏返回北京,贺子珍也总让李敏给家里带点东西。她知道毛泽东喜欢食用南方青菜,这种菜在北京不易买到,就让李敏带去一些新鲜蔬菜。毛泽东是"油耳朵",经常要清理耳垢。这个习惯贺子珍记住了,特意捎去一个很精致的骨雕耳挖子。

有一次,美术老师让学生用水彩作画。李敏在画纸的右边画了一个圆圆的大西瓜,浅绿的瓜皮,深绿的瓜纹,十分可爱。在画纸的左边,她画了一块切成三角状的西瓜,红红的瓜瓤,黑黑的瓜子,使人看了垂涎欲滴。老师给这张画打了5分。

李敏高兴极了,写了一封信给妈妈,把这张画也寄给妈妈看。贺子珍收到这张画后,浮想联翩,把它看作自己处境的真实写照。那个圆圆的大西瓜,就好像毛泽东的家庭,团圆美满。旁边切开的三角形西瓜,就好像她自己,孤零零的。她触景生情,写了一首诗寄到北京。

没想到,这封信却添了一场风波。一天,江青气冲冲地走到李敏的房间,责问说:"你用西瓜拉什么线,搞什么名堂?!"

1951年，毛泽东和李敏一起看影集（吕厚民 摄）

李敏被问得莫名其妙。

江青继续吼道："你的妈妈拿你画的西瓜写了一首诗，用诗来讽刺我，骂我。我岂能咽下这口气？！我已经将这件事向中央报告了，让组织来处理这件事！要组织处分你妈！"说到这里，江青还觉得不解恨，又加了一句："还要处分你的舅舅和舅妈，他们也在里头出谋划策！"

李敏竭力分辩说："画是我的作业，是我自己寄给妈妈的，没有同任何人商量，也没有任何人给我出主意。我妈要是写了诗，这首诗也是写给我的，是你把我妈写给我的诗截留了。"

江青无言以对，恨恨地说："你以后不要来往穿线，上蹿下跳。"

李敏始终不知道，爸爸到底看过妈妈那首诗没有。他从来没提起过。那年放假去上海，李敏向妈妈谈起这首诗的风波。贺子珍神色黯然，半天没有说话。李敏问她：这首诗是怎么写的，念给我听好吗？贺子珍摇摇头。

就因为江青这一闹，李敏失去了妈妈写给她的唯一的一首诗，连见都没见到。而且，从此以后，贺子珍再也不给李敏写信了，不论李敏写多少信，

127

贺子珍都不复信，只是偶尔找人带一些口信。

李敏发现，她每次来到妈妈的身边，妈妈除了打听她的学习、生活情况，就是详细地询问爸爸的身体及生活起居情况。贺子珍知道毛泽东身体很健康，工作很忙，还常抽出时间同女儿谈心，过问女儿的功课，书写字帖让她练习毛笔字。

贺子珍从女儿口中打听毛泽东的情况，真是不厌其详，也不嫌啰唆。问过的事情，她会再问一遍；讲过多次的话，她听起来仍津津有味。但是，贺子珍很少同李敏讲过去她同毛泽东一起生活的情形，更不讲对毛泽东的思念。她这样做，可能是怕李敏的情绪因此受到影响，给毛泽东的家庭生活带来阴影。可毛泽东却不同，当他同李敏单独在一起的时候，喜欢谈她的妈妈，毫不掩饰自己对贺子珍的怀念。每次李敏从贺子珍身边回来，毛泽东都仔细了解贺子珍的身体怎么样了、精神好不好、每天都做些什么、有些什么消遣。在问完这些以后，他还要了解现如今贺子珍的体态、外貌。有一次，毛泽东对李敏说："你妈妈过去可苗条了，腰细细的。"他边说边用手比画着苗条的状况，接着问道："现在你妈是什么样子了，还那么苗条吗？"

李敏顽皮地逗着爸爸："我妈妈现在可胖了，像个大水桶。"

"不会，你妈妈的身子骨绝不会变成个大胖子！更何况她有病，心事重重呢。"

一提到贺子珍的病，父女俩的心情都沉重起来。

有江青在身边，毛泽东同李敏不能随时谈论贺子珍，这竟使父女俩形成了一个共同的爱好：爱玫瑰。玫瑰的"瑰"字，同贺子珍的原名桂圆的"桂"字同音。在谈到玫瑰的时候，他们都心领神会。李敏在自己住房的前面种了许多玫瑰花，毛泽东有空，就同她一起侍弄这些玫瑰。毛泽东送给李敏两个碟子，上面就画着两朵盛开的黄玫瑰。李敏非常珍爱，舍不得使用。

每当毛泽东从李敏那里听到贺子珍生病的消息，他都非常难过。他工作再忙也要抽出时间，为贺子珍寻医找药，并写信安慰和劝告贺子珍。说来也奇怪，对生活感到绝望、对自己身体毫不爱惜的贺子珍，每次收到毛泽东的信，都会改变态度，药也肯吃了，情绪也好起来了。毛泽东曾对李敏说："我知道，你妈妈生病都是为了我，都是因我而起，只有我才能治好她的病。"

贺子珍怀着一种良好的愿望，满心希望自己所爱的人幸福快乐。只要江青能体贴关心毛泽东，她就感到无限欢喜。她甚至宽容大度地对待江青对她的诋毁和中伤。当贺子珍得知江青由于那首西瓜诗，扬言要对她作组织处理时，她也没想到要做些防备，更没有想到报复。那个假期完毕，李敏要返回北京，贺子珍照样一式三份让李敏带去送给女儿、李讷和江青的礼物。李敏知道妈妈的心意：她希望江青能够善待毛泽东。贺子珍还嘱咐女儿，要她同江青和睦相处，不要让爸爸为难和心烦。但是，当贺子珍听到江青同毛泽东分居的消息后，对江青的态度就完全变了。她开始觉得江青冷酷无情，她忘记了自己的哀愁，却为毛泽东生活的孤寂而忧愁了。她常常对李敏说："你的爸爸也是很孤苦、很寂寞的，你要多体贴他。"

"你要常来看我啊"

1959年8月29日，23岁的李敏同北京航空学院的高才生孔令华结婚。当时李敏正就读于北京师范大学化学系。孔令华是她在八一学校求学时的同学，两人相识已久，彼此了解。这对年轻人由相爱到结婚，情投意合。

孔令华的父亲孔从洲原是杨虎城部下的炮兵旅长，在"西安事变"中做出了贡献，后任中国人民解放军炮兵副司令员。据说，他曾为儿子娶"红色大公主"有过顾虑，因为门户相差悬殊。但毛泽东却很开明，他说：儿女的婚事大人不要干涉，只要孩子们自己认为满意就行。了解了毛泽东的这一想法后，孔从洲才打消了顾虑。

毛泽东在中南海的家中为长女主持了婚礼，并邀请孔从洲全家及王季范

1959年8月29日，毛泽东在中南海丰泽园参加李敏与孔令华的婚礼时与来宾们合影（历史图片）

夫妇、王海容、蔡畅、邓颖超以及身边工作人员参加婚礼。

当时，李敏和孔令华都是学生，没有工作，手头也没有钱。李敏只有江青送给她的一匹纯毛料布和自己积攒的45元零用钱。李敏为孔令华买了一件新衬衣、一条料子裤、一双皮鞋，就把45元钱花光了。李敏的新娘服是她原来做的一件连衣裙，因布料不够，做成了无袖无领的式样。孔令华上街花3角钱买了一枚胸针，让李敏别在三角领的尖尖上，再别上红花，使那件无袖的连衣裙更能衬出苗条的身段。这枚胸针倾注了穷学生对新娘的无限深情。

亲家孔从洲正好出差来北京，毛泽东派车把他接到中南海。因他不知道孩子结婚的具体日期，没有准备，只是把身上带的70元钱送给了李敏，表达自己的祝贺。

李敏和孔令华的婚礼很简朴，却充满了幸福欢乐的气氛。

在女儿的婚礼上，毛泽东高兴地喝了喜酒，并祝愿女儿和女婿互相学习、互相帮助，共同进步。席间，毛泽东像普通的父亲一样，谈笑风生，脸上洋溢着喜悦。结婚便宴后，毛泽东还愉快地同参加婚礼的客人留影，又单独与女儿、女婿合影。毛泽东还拉着李敏和孔令华的手,语重心长地说:"你们已经成家了,长大了,可以自立了,你们一定会相处好、学习好、工作好。"小夫妻频频点头,表示不辜负爸爸的期望。

一年后,李敏生了个男孩。这时毛泽东年近古稀,作为一个老人,内心的喜悦是无法形容的。他经常抱抱、亲亲小外孙。

家庭的气氛很欢快,可江青却容不得这些。她不仅对李敏一家人冷漠、轻视,而且常常寻衅滋事。李敏考虑再三,向爸爸提出搬出去住的想法。毛泽东听了,颇有感触地说:"手心手背都是手上的肉。"李敏明白爸爸这句话的意思,爸爸爱她,舍不得让她远离。李敏根据爸爸的意思,经与孔令华商量后,先搬到中南海内较为偏僻的一栋平房里去住,自己动手洗衣做饭,还保持着和爸爸的往来。

住了一段时间后,李敏和孔令华带着孩子搬出了中南海。可是,自从搬出中南海后,李敏出入中南海的证件就被收回了。她要进中南海得从门口先联系,通报后才能进入。有时候,她等了半天,还进不去。

"文化大革命"开始了。有人把矛头指向李敏,开她的批斗会,进而将她关押达5个月之久。李敏决定将一些情况反映给毛泽东。几经周折,李敏来到毛泽东的住处。然而事有凑巧,李敏一进门就碰上了江青。当时春风得意的江青看见李敏,大声地挖苦说:"小保皇回来了呀!现在正搞运动,回来干什么,想摸底呀?"毛泽东听见了,从座位上站起来走向门口,招呼李敏说:"当小保皇有什么关系?回来摸底,光明正大。搞运动不准女儿见父亲,岂有此理!"

1974年,李敏和孔令华去中南海见毛泽东,却被挡在中南海门外。李敏气愤地质问:"为什么不让我见爸爸?搞运动就要骨肉分离?我爸爸知道了也绝不会赞成你们这样搞!你们这样封锁主席,为的是干见不得人的事情!"回到家后,李敏痛哭了一场。

在江青等人的干扰下,李敏能见到爸爸的机会越来越少了。从毛泽东患病到去世，李敏总共才见了爸爸三次面。

第一次是在陈毅去世那年，毛泽东出席了陈毅的追悼会，之后就生病了。李敏去看他。他拉着女儿的手，深情地说："娇娇，你为什么不常来看我呢？你要常来看我啊。"

第二次见面是李敏在孔令华所在部队的驻地接到毛远新打来的长途电话，说毛泽东病重，让李敏去看他。等李敏回来去见爸爸时，江青只许她看一眼就让她走，还说："主席抢救过来了，好多了，你走吧。"李敏不肯走，说："这个时候我要守候在爸爸身旁。"可是江青管不了这么多，语气生硬地说："你待在这里，主席出了问题，你负得起责任吗？你要这样，以后再也不让你来看了。"李敏仍然不肯走，针锋相对地说："我看爸爸还要你让吗？"

与江青争执以后，李敏再也听不到爸爸的消息，没有任何人告诉她毛泽东的病况如何。她曾到中南海的门口去过一次，请求会见，但没有获准。

李敏第三次见到爸爸，是在她看到中央一个文件之后，那份文件中谈到毛泽东病情。她不顾一切，立刻到中南海门口求见。当她见到父亲的时候，毛泽东仰卧在床上，疾病把他折磨得脸色憔悴，声音微弱，但神志却十分清楚。毛泽东见李敏站在床前，拉住李敏的手说："娇娇你来看我了？"

李敏点了点头。

毛泽东又问："你为什么不常来看我呢？"

这句话使李敏更加明白了：爸爸是很孤独、很寂寞的，他希望得到爱，享受和普通人一样的天伦之乐。想到这些，李敏的心里更加酸楚。

毛泽东接着问："你今年多大了？"

"39岁了。"

"不，你38岁。"

重病在身的毛泽东还谈论着女儿的年龄，还能清楚地记得女儿出生的年份，这父爱之情深深地打动了李敏。尽管与爸爸见面少了，但爸爸心里一直在挂念着女儿啊。李敏心头一颤，热泪盈眶。她竭力控制住自己的情绪，不

第二章
婚姻家庭——伟人的情感世界

使眼泪掉下来，惹爸爸伤心。

毛泽东艰难地打起手势，用右手的拇指和食指连成一个圆圈，说了一句话。

李敏没有听清，她用眼睛询问旁边的工作人员，工作人员都摇了摇头，表示也没听清。李敏也就没有回答。毛泽东看到李敏没有明白自己的意思，没有回答，不再说话，无力地闭上眼睛，李敏就退了出来。

毛泽东这个手势表达什么意思呢？李敏始终不知道。后

毛泽东和李敏、孔令华在一起（历史图片）

来一个朋友帮她猜想说：你爸爸会不会是询问你妈妈贺子珍的情况，或是嘱咐你照顾好你妈妈呢？主席用手势比了个圆圈，这个圆圈是不是合上你妈妈名字"桂圆"的"圆"字呢？

这个问题，李敏一直没有搞清。当时没有理解爸爸的意思，没有回答爸爸，这是李敏终身的遗憾。

这次见面，竟成了李敏与爸爸的最后一次见面。

过了几天，李敏接到中央办公厅的电话，让她去看毛泽东。她坐着中央办公厅派来接她的车进了中南海。她以为爸爸已经转危为安了，没想到见到的是已经离开人世的爸爸。她不由得失声痛哭起来。

爸爸去世了，李敏和孔令华要求守灵。但是，江青不同意。就这样，作为毛泽东的大女儿和女婿，只得一连几天排队，随着首都瞻仰毛泽东遗容的群众进入爸爸的灵堂，向亲爱的爸爸作最后的致意、诀别。

133

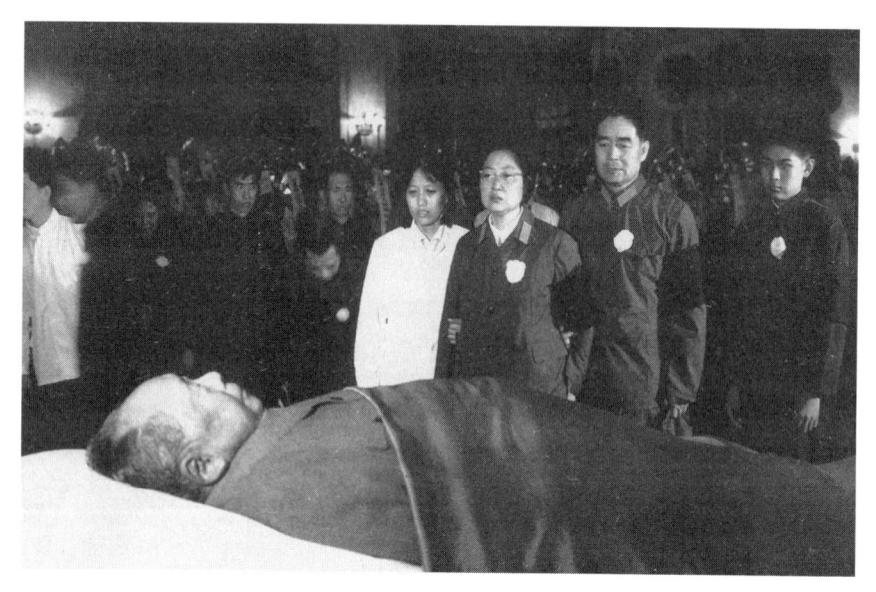

李敏、孔令华率子孔继宁在毛泽东遗体前默哀（历史图片）

粉碎"四人帮"后，李敏和孔令华与全国人民一样，一扫心头阴霾。此后不久，他们陪着母亲贺子珍从上海来到北京，到毛主席纪念堂瞻仰毛泽东的遗容。面对着安详的父亲，眼前浮现出父女幸福地生活在一起的情景，李敏的泪水不停地流淌。父亲在她的心中永存！

"大娃娃"与"小爸爸"

李讷是毛泽东与江青所生，是毛泽东子女中最小的一个。

李讷1940年8月生于延安。她出生时，毛泽东已47岁了。

毛泽东对于小女儿的名字，颇费了一番心思。小女儿不姓毛而姓"李"，单字"讷"。

李讷之"李"与李敏之"李"最初是有一点区别的。在两姐妹的起名上，先有李讷，后有李敏。李讷的"李"是来自毛泽东的化名"李德胜"，还

第二章
婚姻家庭——伟人的情感世界

是来自江青的原名"李云鹤",这是一个疑问,不好断定。但是,毛泽东是1947年撤出延安后才使用"李德胜"这个名字,所以,李讷若在此之前已起名,便与"李德胜"这个名字无关。而李敏的"李",一是来自"李德胜",二恐怕也是考虑要与李讷一致。

反正无论如何,小女儿的姓定为姓李,对于这一点,江青十分满意。当时毛泽东与江青婚后不久,感情尚好,两人又都是思想颇解放的人。对毛泽东而言,让女儿姓李也是常情。

"讷"字取于《论语·里仁》中"君子欲讷于言而敏于行",毛泽东特别欣赏这句话。

毛泽东一生奔波,家庭几经变更,前妻所生的孩子一直没有在身边生活过,他心里是愧疚的。所以,他始终没把李讷送进保育院。

毛泽东是一个感情极丰富的人,非常细心。在延安时,生活条件比较艰苦。有一次,毛泽东特地拍电报给当时在重庆工作的周恩来,让他给李讷买奶粉,还担心小李讷的骨头长得软,让周恩来捎带些钙片来。

毛泽东注意从日常生活中的小事入手教育孩子,有时还把孩子搞得很紧张。

1946年1月的一天,毛泽东住的窑洞的窗户坏了,后勤部门派来一位50来岁的老木工为他修理。

窗户修理好,到吃午饭的时候了,毛泽东就留老木工一起吃饭。在座的自然少不了宝贝女儿李讷,那时她

1944年,毛主席与马海德夫人苏菲、李讷、幼马在一起(历史图片)

还只有5岁半。

饭和往常一样，是"金银元宝饭"——这是毛泽东起的名字，黄色的小米干饭中掺一点白色的大米，还有几块红薯。菜也和往常一样，很简单，当然，少不了辣椒。

毛泽东那天兴致很好，一直和老木工交谈。初上饭桌时，老木工还有点拘束，但很快就和毛泽东拉起家常来，谈笑自如了。

毛泽东先问老木工是哪里人，参加八路军有多久了。谈着谈着，老木工谈起了自己小时候挨打的事。他说他经常挨父亲的打，有时挨了打还不知是为什么挨打。他还谈到同村有几个孩子也经常挨父亲的打，有一个孩子被父亲打坏了一只眼，事后父亲很后悔，竟一病不起。

小李讷听得入了迷，连夹菜都忘了，小脸上还露出一副同情的神色。老木工谈完之后，李讷脸上忽然出现了一丝笑容，一面夹菜一面说："我爸爸好，我爸爸一下也没打过我。"

大家看着她那天真的样子，都笑了起来。可是，毛泽东却一点也没有笑，他用筷子指着自己碗里的饭，对李讷说："如果你爸爸没有这个，也会打你的。"

桌面上立刻沉寂了下来。李讷听了这话之后，眼圈一红，差一点哭了出来。

当然，毛泽东并不总是如此严厉，他也有非常随和的时候。

1947年3月，毛泽东及党中央机关撤离延安。毛泽东逗李讷："飞机轰炸，你怕不怕呀？"李讷说："我和阿姨跑到防空洞里就不怕了。"毛泽东又问："现在，敌人离延安不远了，正在往延安打炮，你怕不怕？"李讷说："爸爸不怕，我就不怕。"毛泽东说："很好。看看飞机轰炸，听一听，这也是对你的锻炼呀。大人需要锻炼，小孩子也需要锻炼。"

撤离延安后，白天行军坐汽车，可以看到机关的大队人马在转移，也可以看见老百姓在疏散，这对李讷来说，是十分新鲜而有趣的。夜间，当他们

第二章
婚姻家庭——伟人的情感世界

走下汽车随着部队爬山时，李讷已困得睁不开眼。毛泽东使劲地喊："李讷，爸爸背你呢，快醒醒。"

1947年冬天，毛泽东转战陕北来到杨家沟时，吃粮非常困难，基本上是吃晋绥军区老根据地支援陕北的黑豆。有一次吃饭时，李讷见大家的嘴都是黑的，她就笑，还对毛泽东说："爸爸你看，阿姨、叔叔们的嘴都是黑的。"毛泽东对她说："你不要笑，前方战士们就是靠吃黑豆饭打胜仗的呀。黑豆好吃，吃了黑豆也能长胖长高。你也应该带上碗筷和阿姨一块去吃黑豆饭。听爸爸的话，你将来一定是个好孩子。"

1947年年底，陕北战场形势已根本好转，江青去黄河东岸把李讷接了回来。

"乖乖，我的大娃娃、乖娃娃，爸爸可想坏你了！"毛泽东一见小李讷，便喊了起来。他不顾身边工作人员在场，也不顾身份，上去从江青膝下抱起李讷，举到空中，颠一颠，落下来，搂在怀里，拍打着后背，在小脸上亲一下，嘴里不停地说："大娃娃！乖娃娃！"

小李讷搂着父亲的脖子，拍打着父亲的后颈，撒起娇来："小爸爸、乖爸爸，我也想你呢！"

负责照看李讷的阿姨在一旁制止说："李讷，不能对爸爸这样，对主席要讲礼貌。"

"大娃娃就是大娃娃，小爸爸就是小爸爸，我们家里的主席是大娃娃，不是小爸爸。"毛泽东不以为然，哈哈大笑，很开心地说着。随后他又转向怀里的"大娃娃"："大娃娃，你哪儿想爸爸了？"

李讷的手指着脑门："这儿想。"

"还有哪儿想？"

李讷的小手按到心口窝上，说："这儿想。"

"还有哪儿想？"

"嗯……这儿想。"

李讷陪毛泽东和身边工作人员一起玩扑克（历史图片）

"脸蛋怎么想？"

"想叫爸爸亲我。"

"哈哈哈！"毛泽东开怀大笑，在"大娃娃"的脸上甜甜地连亲了几下。

李讷回来后，见到爸爸特别亲热，还向爸爸表决心："好好学习，不淘气……"

毛泽东笑着说："好好学习是对的……乱淘气不行，有点小淘气还是可以的。孩子淘气是聪明健康的一种表现……"

李讷天性聪颖，善于观察。毛泽东办公累了，常在院子里散步。他喜欢摆动两臂，扭着腰走。还有的时候，毛泽东只是背着两只手踱着步，眉微蹙，在院子里走了一圈又一圈。李讷就经常跟在父亲后面学着走。毛泽东知道李讷在后面学自己，有时会猛一回头，小李讷就尖叫一声，咯咯笑着躲藏。毛泽东说："你和我藏猫，学我，我早发现了呢。"李讷说："开始发现了吗？我跟了你好久呢。"毛泽东就装糊涂，说："是吗？开始就跟了，那我可没发现。"李讷得意了，自信地说："我知道，爸爸扭着腰走就是不想事，背着手走就是想事情。对不对？"毛泽东一把抱起女儿说："娃，我的好娃娃，你也学会观察，不简单哟！"

由于战争影响，李讷到六七岁还未能上学，到西柏坡以后才上学。进北平后，毛泽东对小女儿的学习和成长更加关心了，他把李讷送到育英小学去学习。从育英小学毕业后，李讷进入北京师范大学附属女子中学读书。

"谁叫她是毛泽东的女儿"

1959年，李讷考入北京大学历史系。

毛泽东对女儿严格要求。李讷吃穿在学校，和同学一样睡上下铺，一样认真听课，一样下乡参加劳动，一样挤公共汽车。

北京大学在北京西郊，离中南海几十里，天黑才能回家。卫士长李银桥怕不安全，便瞒着毛泽东，派卫士尹荆山去接。尹荆山让汽车停在校外静僻处，进校找到李讷，再把她带上车，这样不会产生不好的影响。可这事还是被毛泽东知道了。毛泽东严厉地批评了尹荆山，说："别人的孩子就不是孩子了？别人的孩子能自己回家，我的孩子为什么就不能自己回家？"尹荆山说："别人的孩子敌特不感兴趣，你的孩子敌特就感兴趣。"毛泽东不以为然："感兴趣又怎样？过去不是感兴趣吗？中国革命照样胜利。"随后，毛泽东把手一挥："不许接，说过就要照办。让她们自己骑车或搭公共汽车回来。"

一次周末，李讷感冒发烧，仍坚持要乘公共汽车回家。老师出于关心，坚持不让她走。直到晚上，江青不见女儿回家，打电话去问，才知道女儿病了。但毛泽东也未让人派小汽车去接女儿。

李讷初入北大历史系，在很长一段时间内，很多同学甚至不知道她就是中国的"红色公主"。当然，李讷也具有她这种身份的女孩子易有的性格，如清高、骄傲、固执，等等。在北大求学期间，李讷也与同学、老师发生过些许争执。这本是正常的事，可江青对此心怀芥蒂，后来说人家"迫害"她女儿。

三年困难时期，李讷仍坚持和同学吃一样的伙食，也忍饥挨饿。毛泽东从不让她从家里带东西到学校。

一次，李银桥得知李讷在学校吃不饱，便搞了一包饼干悄悄地给李讷送去。李讷观察附近没人，迅速地把两片饼干塞进嘴里。李银桥心中发酸地说："吃吧，我还给你送。"毛泽东知道了这事，严厉地批评李银桥："三令五申，为什么还要搞特殊化？"李银桥说："别的家长也有给孩子送东西的。"毛泽东一拍桌子，大声说："我的孩子一块饼干也不许送……谁叫她是毛泽东的女儿！"

一个星期六，李讷从学校回到家里。卫士尹荆山给毛泽东倒茶的时候，说："主席，李讷回家了，两三个星期没见，一起吃顿饭吧？"毛泽东点点头说："嗯，那好。"尹荆山告诉了江青，江青说："多下点米，多放点油。"炊事员多下了一倍的米，做了四菜一汤，还有辣子、霉豆腐等四个小碟。

饭菜摆上桌。李讷正在毛泽东卧室里谈话，她委婉地说："我的定量老不够吃，全是盐水煮的，油水还不够大师傅沾光呢，上课肚子老是咕咕响。"

毛泽东轻声细语地说："困难是暂时的，要和全国人民共渡难关。要带头，要做宣传，形势一定会好转，要相信共产党……"

开饭后，李讷抓起筷子，鼻子伸到热气腾腾的饭碗边，吸了口气，禁不住说："啊，真香啊！"

江青望望女儿，又望望毛泽东，想说什么，见卫士在旁边，便忍住了。她勉强一笑，夹一筷子菜放进女儿碗里。

毛泽东眼睛有些湿润，望着女儿说："吃吧，快吃吧。"话音刚落，李讷已经往嘴里扒饭。饭太烫，她吹了几下就咽下去了，烫出了泪。

毛泽东尽量平静地说："吃慢点，着什么急。"可是，他心里却好像明白了什么，越来越不自然。

李讷在父母面前从不拘束，她慢慢吃了几口，又开始狼吞虎咽起来。在她朝嘴里扒饭的时候，偶然掀一下眼皮，目光匆匆扫过桌面。她在看饭菜还剩多少。

卫士忽然一阵心酸。她是毛泽东的女儿啊！谁能相信她饿成这个样子？

毛泽东慢慢地陪女儿吃着。渐渐地，他不说话了，默默地夹起饭菜往嘴里送，嚼得那么慢。

江青眼里溢满了泪水，抿住嘴唇，跑了出去。

毛泽东抬头望着女儿慢条斯理地说："我年轻时在湖南农村搞社会调查，有次饿了一天，弄到一块'番薯'……"

李讷的心思只在饭上，她吃得正香，头也不抬地说："你们不吃我全打扫了啊。"她把饭菜吃得干干净净，仍然没有离开饭桌的意思，眼睛可怜巴巴地朝桌上转，连一片葱花也不放过，仔细地夹起来送进嘴里。她还带着孩子气的狡黠望着卫士说："叔叔，还有汤吗？把这盘子涮涮，别浪费。"

"唉，李讷这孩子真受苦了。"炊事员嘟囔着，找出两个白面掺玉米面蒸的馒头，递给李讷。

李讷摇晃着身子，不好意思地掰一块馒头擦盘子，再往嘴里塞。最后，她说："今天的饭真香啊！"

毛泽东站起身走开了，在院子里缓缓地踱步，凝视着那七株古老的柏树。

晚上，江青走进毛泽东的卧室。半小时后，她出来了，眼睛红红的，显然是哭过。卫士想了想，估计是李讷的事，便进去替毛泽东倒茶，趁机对毛泽东说："主席，李讷太苦了。我想……"

毛泽东皱了皱眉头，说："同人民比较来说，她还算好些。"

"可是……"

"不要说了。我心里并不好受，她妈妈也不好受。我是国家干部，国家按规定给我一定待遇。她是学生，按规定不该享受就不能享受。"毛泽东深深地叹了一口气，不无忧伤地说，"还是那句话，谁叫她是毛泽东的女儿呢？还是各守本分好。我和我的孩子都不能搞特殊，现在这种形势下尤其要严格。"

父女两地书

日理万机的毛泽东经常用书信这种古老的信息传送形式教育、帮助孩子健康成长。

1954年夏天，江青带着李敏、李讷去北戴河，她俩套着救生圈在海水中漂荡，玩得十分开心、尽兴。女儿们很想让父亲分享她们的这种快乐，以使整日为国事操劳的父亲能有片刻的轻松和休闲。于是，李敏、李讷给毛泽东写去了热情洋溢的信，信写得文情并茂，充满着欢快的气氛。

毛泽东读到这封信后，十分高兴。7月23日，毛泽东回信说：

李敏、李讷，我的亲爱的女儿：

你们的信都收到了，很欢喜。北戴河、秦皇岛、山海关一带是曹孟德（操）到过的地方。他不仅是政治家，也是诗人。他的碣石诗是有名的，妈妈那里有古诗选本，可请妈妈教你们读。我好，勿念。

亲你们！

爸爸

一九五四年七月廿三日

第二章
婚姻家庭——伟人的情感世界

毛泽东爱读曹操的诗。曹操"老骥伏枥，志在千里。烈士暮年，壮心不已"的诗句令毛泽东感慨不已。在曹操的诗作中，毛泽东尤其喜欢《观沧海》。《观沧海》写得豪迈雄壮，气度非凡，毛泽东极为欣赏。"东临碣石，以观沧海。水何澹澹，山岛竦峙。林木丛生，百草丰茂。秋风萧瑟，洪波涌起。日月之行，若出其中；星汉灿烂，若出其里。幸甚至哉！歌以咏志。"毛泽东叫女儿在北戴河读曹操的诗，寓教于乐，陶冶性情。

毛泽东和女儿李讷在一起（侯波 摄）

不久，毛泽东自己也来到北戴河，畅游之余，毛泽东借古人之幽思，抒今人之情怀，写下了气势磅礴的《浪淘沙·北戴河》：

大雨落幽燕，白浪滔天，秦皇岛外打鱼船。一片汪洋都不见，知向谁边？　往事越千年，魏武挥鞭，东临碣石有遗篇。萧瑟秋风今又是，换了人间。

有一次，毛泽东带领女儿下海游泳。李讷刚套上救生圈，毛泽东就叫她拿掉，交给在一旁的工作人员。这天，大家都游得很尽兴，从拂晓5点多开始，一直游到上午11点多。李讷游得精疲力竭，但是在毛泽东的鼓励下，她还是坚持游了下来。最后，大家登上一个码头，坐车回到住地。李讷说，父亲经常用这种办法锻炼儿女的意志。

1958年年初，李讷得了急性盲肠炎，疼痛难忍，需要住院动手术。同时，李讷小时候打针的时候，针头不幸断在肉里，一直没有取出来，也需要动手术。经医生研究，决定两个手术一起做。

平时，李讷看病的事情都由江青安排。这时，江青恰巧不在北京，去广州了。于是，毛泽东肩负起这一重任。他联系确定了主持动手术的大夫。割阑尾的手术很顺利，取断针的手术却遇到了麻烦。大家都没有想到，断针已移位了。直到开刀以后，才发现了这个意外的情况。而且，因年头已久，断针已经生锈了。怎么找到断针呢？最后院长决定，给李讷做X光透视，一边照，一边找，才把针取出来。

这个手术是在无菌室外做的，术后伤口感染，引起发烧。毛泽东极为担心。那几天，毛泽东的工作也很忙，但他一边忙于工作，一边关心李讷的病况，精神非常疲倦。2月3日这天，毛泽东通宵未眠。中午12点时，他吃了点安眠药，准备上床睡觉。临睡前，仍不放心女儿，他写了一封信：

李讷：

　　念你。害病严重时，心旌摇摇，悲观袭来，信心动荡。这是意志不坚决，我也尝尝如此。病情好转，心情也好转，世界观又改观了，豁然开朗。意志可以克服病情。一定要锻炼意志。你以为如何？妈妈很着急，我也有些。找了小员、院长计苏华、主治大夫王历耕、内科大夫吴洁诸同志今天上午开了一会，一致认为大有好转。你昨夜睡了九小时，你跑出房门在小廊上看画报。白血球降下来了，特别是中性血球，已恢复正常。他们说不成问题，确有把握，你可以放心。这点发烧，应当有的，完全正常。妈妈很不放心，打了电话给她，她放心了。李讷，再熬几天，就可完全痊愈，怕什么？我的话是有根据的。为你的事，我此刻尚未睡，现在我想睡了，心情舒畅了。诗一首：青海长云暗雪山，孤城遥望玉门关。黄沙百战穿金甲，不斩楼兰誓不还。这里有意志。知道吗？你大概十天后准备去广东，过春节。愿意吧。到那里休养十几天，又陪伴妈妈。亲你，祝贺你胜利，我的娃！

爸爸
二月三日上午十二时

信的末尾还添上：半睡状态执笔，字迹草率，不要见怪。有话叫小员来告我。

毛泽东在这封信中，先是从人生病时的普遍情况写起，鼓励女儿要锻炼意志。然后，毛泽东又谈了医生们对病情的看法，以使女儿树立信心。最后，毛泽东还录诗一首，再次鼓励女儿坚定意志，并准备让女儿去广东休息一段时间。这封信充满了无限的温情。

李讷在北大期间，父女俩通了不少信，谈了不少知心话。

三年困难时期，李讷大病一场，情绪低落，毛泽东对她劝慰有加。

1959年12月30日，正在杭州研读《政治经济学教科书》的毛泽东给女儿写信说：

李讷：

　　病好了没有？想你。要读浅近书，由浅入深，慢慢积累。大部头书少读一点，十年八年渐渐多读，学问就一定可以搞通了。我甚好。每天读书、爬山。读的是经济学。我下决心要搞通这门学问。天寒，善于保养，不要再患感冒。

父亲
十二月卅日上午六时

1962年元旦，李讷从北大给父亲寄了一张贺卡，表示祝愿。毛泽东却希望得到女儿更多更具体的"爱"，见女儿只寄贺卡一张，有点失望，写信说：

李讷：

贺片收到，高兴。你为什么不写封信给我呢？为什么那样吝啬呢？你不爱爸爸了，是不是呢？我希望不是，你是爱我的，只因我对你帮助太少，缺乏长谈，互不交心，所以如此。你给我来封信吧。

祝你上进！

父亲

李讷收到信后，这才了解到已是老人的父亲渴望得到女儿的理解和爱。她连忙回信，向父亲敞开心扉，诉说自己的烦恼和痛苦。

1963年，国民经济逐渐好转，生活状况有了改善，李讷的身体也逐渐强壮。新年伊始，李讷给父亲去信，痛陈自己的一些缺点，详细反映了自己通过学习后的思想变化。她谈了自己读《庄子·秋水》后的感想，认为其中的主人公河伯鼠目寸光，自高自大，是不可取的。

见女儿的认识提高了，毛泽东"喜慰无极"，于1963年1月4日写信鼓励：

李讷娃：

刚发一信，就接了你的信。喜慰无极。你痛苦、忧伤，是极好事，从此你就有希望了。痛苦、忧伤，表示你认真想事，争上游、鼓干劲，一定可以转到翘尾巴、自以为是、孤僻、看不起人的反面去，主动权就到了你的手里了。没人管你了，靠你自己管自己，这就好了，这是大学比中学的好处。中学也有两种人，有社会经验的孩子；有娇生惯养的所谓干部子弟，你就吃了这个亏。现在好了，干部子弟（翘尾巴的）吃不开了，尾巴翘不成了，痛苦来了，改变态度也就来了，这就好了。读了秋水篇，好，你不会再做河伯了，为你祝贺！

爸爸

11天后，毛泽东又给李讷写了一封信：

李讷娃：

　　信收到，极高兴。大有起色，大有壮志雄心，大有自我批评，大有痛苦、伤心，都是极好的。你从此站立起来了。因此我极为念你，为你祝贺。读浅，不急，合群，开朗，多与同学们多谈，交心，学人之长，克己之短，大有可为。

爸爸

这段时间，父女俩以通信的方式交心，使李讷正确认识自己，获益匪浅。

做一个普普通通的人

1965年，李讷从北京大学毕业，分配到《解放军报》当编辑。她同当时的大多数高干子弟一样，穿上了令世人羡慕的绿军装。

1966年，"文化大革命"开始。李讷化名萧力，写大字报批判《解放军报》总编辑赵易亚。不久之后，25岁的萧力当上了该报总编辑。

进入1967年以后，李讷实际成为毛泽东个人的联络员，负责了解北京各大学运动的情况。1968年北京各大专院校的红卫兵和造反派之间展开了武斗，影响人民生活和社会秩序，危及人们生命安全。李讷如实地向毛泽东做了汇报。毛泽东采取"工人、解放军毛泽东思想宣传队"进驻学校的办法，制止了高校中的武斗。在这一点上，李讷是有功的。

1970年，毛泽东叫李讷到工人农民中间接受锻炼。李讷二话没说，立即从北京下去了。

李讷到了江西省进贤县，在中办五七干校劳动。在那里，她认识了中央办公厅警卫局服务处的一位同志。

对于婚姻大事的问题，毛泽东曾向李讷讲过："要在下面选择，找个一般人。"李讷和这位普通工作人员能谈得来，产生了感情。

李讷向组织上提出结婚的申请后，有人认为毛泽东与江青的女儿怎么能和一个工人出身的小战士结婚？五七干校的党委书记对这位同志的情况作了调查，并向中办负责人打了报告。毛泽东毕竟有英雄气概，他蔑视世俗的等级制。自己从韶山到北京，从一个穷学生到开国元勋的经历使他相信奋斗的力量。再说，当年，他娶杨昌济先生的女儿杨开慧时也只是一介书生，可婚姻仍幸福美满。很快，毛泽东就作了批复，表示同意。江青本不同意女儿的这一选择，但见毛泽东已签字同意，无奈也同意了。

李讷按照自己的意愿，在干校与那位同志结婚了。毛泽东还让警卫员带着他的批文和一套马恩全集送到五七干校，作为女儿结婚的礼品。

婚后，李讷就在五七干校劳动生活。一年后，他们有了一个儿子。

这桩婚事江青始终不满意，与李讷闹矛盾。加上其他多方面原因，李讷与丈夫也渐渐生出一些矛盾，感情出现裂痕，后来离了婚。此后，李讷便独自带着儿子生活。

20世纪70年代中期，毛泽东似乎有心培养李讷。1974年到1975年，李讷先后担任了中共平谷县委书记和北京市委书记（书记处书记之一）。

1976年10月以后，中央办公厅把李讷安排住在警卫局宿舍一套四居室内，与已长大的儿子和一位保姆一起生活。很长一段时间内，李讷的工资只有79元，日子过得很紧，每天只买一毛钱的肉。家里的被子，一人一条，一半铺一半盖。日子最紧时，李讷忍痛把一些用不着的书卖给旧书店。后来中办对她的生活给予补贴，日子才好过一点。

做一个普普通通的人，过像千千万万百姓一样的生活，也许正是毛泽东作为父亲对于自己子女的期待。1988年冬季，北京市民购买大白菜时，李讷也冒着寒风排队购菜。全家3口人定量供给的180斤大白菜，是用一辆木板三轮车推运回家的。同年12月25日，毛泽东95周年诞辰的前一天，李讷来到毛主席纪念堂。按照惯例，她作为毛泽东的亲属，可以从纪念堂西门径直入内。但她却以普通公民的身份，随着前来瞻仰的群众，缓缓走进毛主席纪念堂。过去曾长期在中南海工作的纪念堂值班人员从人流中认出了她，将她从队列中请出，以便她能更仔细地端详父亲的遗容。看着父亲，李讷仿佛又回到了过去的美好岁月，仿佛又与父亲在一起。

20世纪70年代后期，李讷生活孤寂，心境悲凉。父亲去世了，母亲正在服刑，自己不幸的婚姻、多病的躯体，使她的精神承受着极大的压力。她埋头读书，以消除疾病的痛苦和精神的压力。孩子是她唯一的寄托，也是她最大的精神慰藉。母子俩相依为命，过着孤独而平静的生活。对于这种生活处境，李银桥夫妇十分同情，认为李讷应该享受家庭的幸福和温暖。李银桥夫妇战争年代都在毛泽东身边工作，他俩的结合是毛泽东关心促成的。现在，毛泽东的女儿婚姻有困难，他们觉得有义务牵线搭桥。

有一次，李银桥夫妇去看望李讷，闲谈中谈到身体和孩子，最后又谈到婚姻问题。李银桥说："还是组织个家庭好。"李讷说："唉，我妈妈是'四人帮'，谁肯找我呀？"声音充满了凄楚和惆怅。李银桥夫妇赶紧劝她："你别这么说，你爸爸还是伟大领袖呢，你是毛泽东的女儿！这是历史事实。"

于是，李银桥夫妇暗暗物色合适的对象。这时，李银桥的战友王景清出差到北京，看望李银桥。李银桥夫妇觉得王景清是合适的人选，就把自己的想法告诉了王景清，并向他介绍了李讷的情况。王景清听后十分满意，但又不知李讷的意见如何。于是，李银桥夫妇安排他们第二天见面。

几次见面后，两人关系由相识到渐渐熟悉了。经过进一步的接触和了解，两人决定结婚。

在李讷和王景清的婚礼上，许多曾在毛泽东身边工作过的同志都来了，他们都祝李讷夫妇真诚相爱、白头偕老。

中央许多领导同志对李讷的婚事十分关心。杨尚昆特地赠送李讷一床精致的大被套和几斤优质巧克力，并以全家人的名义写来了贺信，表示祝福。刘少奇的夫人王光美有一次见到李银桥夫妇时，拉着他们的手连声赞扬："小李小韩你们为李讷办了一件大好事。"

李讷和王景清的婚姻，还得到了许多熟悉他们的老同志的赞扬。许多同志都夸李讷找了一个好丈夫，夸王景清找了一个好妻子。他们和大多数中国普通家庭一样，互敬互爱，过着平静而安宁的生活。

/第三章/

惜时如金——毛泽东的读书生活

◎每次离京外出,毛泽东都是"兵马未动,书籍先行",一定要开列一份长长的要携带的书目,装箱带走。他在飞机上、火车上、轮船上始终是手不释卷。

◎毛泽东常说:"读书是我一生的爱好。"他一生勤奋好学,孜孜不倦;他一生博览群书,活到老,学到老。他是一位思想家,但他感情丰富,举止言行之中体现出一种艺术家的气质;他是一位军事家,但他很少拿枪,他情系翰墨,笔走龙蛇;他是一位领导着亿万民众建立新中国的政治家,又是一位手不释卷、博览群书的大学者。

读"禁书"与"胜利罢课"

"活我照常干,书我也照常读"

毛泽东是在 1902 年进入私塾读书的。当父亲带着他在韶山南岸私塾里躬身向写有"大成至圣先师孔子之位"的牌子下拜时,他的一生就与书籍结下了不解之缘。

和许多受业学子一样,在私塾,毛泽东也从《三字经》开始读起,继而读起了《论语》《孟子》《诗经》。这时的毛泽东年纪虽然还很小,但已表现出很高的悟性。他读这些书从不出声。有一次读书时,私塾老师邹春培以为毛泽东看不懂,要给他点书。毛泽东说:"春培阿公,你老人家不要点,省得费累。"邹春培说:"你特来读书,我不给你点书你如何能懂?"毛泽东回答说:"你不要点,我都背得。"原来,毛泽东已开始学会翻看《康熙字典》进行自学了。由于毛泽东天资聪颖,不需要先生劳神,大家给他起了个诨名,叫"省先生"。

1906 年,毛泽东转学到韶山井湾里私塾,直到 1908 年秋父亲要他辍学为止。在塾师的指导下,毛泽东读了《春秋公羊传》《左传》等经史书籍。但是,有着强烈求知欲的毛泽东开始不满足于这些沉闷的书,他迷上了被视为"杂书"的《水浒传》《精忠传》《三国演义》《隋唐演义》《西游记》等中国古典小说。由于课堂上不允许看这些书,毛泽东就在这些书上面放上一本"正经书",以掩耳目。后来,毛泽东回忆说:"我熟读经书,可是不喜欢经书。我爱看的是中国古代的传奇小说,特别是关于造反的故事……许多故事,我

第三章
惜时如金——毛泽东的读书生活

们几乎背得出，而且反复讨论过许多次……我认为这些书大概对我的影响很大，因为这些书是在容易接受的年龄里读的。"

几年的私塾教育在毛泽东眼前打开了一个无比广阔的世界。毛泽东在接受私塾教育时是一边干活，一边念书的。当时的毛泽东正是在"活我照常干，书我也照常读"的环境下接受教育的。私塾教育激发了毛泽东无限的求知欲，读书成为他一生中最强烈的爱好和愿望。由于毛泽东的父亲把发财致富看得高于一切，毛泽东辍学了。作为家中长子，他不得不挑起家庭生活的担子，然而他要读书的愿望一刻也没有泯灭。

辍学以后的毛泽东，白天和成年人一起到田间劳动，晚上帮父亲记账。这正是他的父亲所希望的。可是，只要一有空闲，毛泽东仍然如饥似渴地读书。凡是韶山地区能借到的书，毛泽东几乎都阅读了，有时，他还跑到几十里外的舅舅和表兄弟那里去借书。这时的毛泽东开始接触到一些具有中国民主主义启蒙思想的书籍。他从表兄文运昌那里借到了郑观应写的《盛世危言》。这是一部中国资产阶级改良主义思潮中具有代表性的著作，反映了1894年中日甲午战争以前改良主义思潮的全貌。作者郑观应曾游历西方，他认为中国贫弱之因，在于缺少西洋机器工业，所以中国应修铁路、造轮船、设电话和电报等。这是毛泽东最早接触的关于中国如何摆脱积贫积弱的现状、进入世界先进民族之林的著作，也是毛泽东最早接触到的关于中西体用的著作。毛泽东还读了另一位清末著名改良主义者冯桂芬的《校邠庐抗议》，书中对外国的入侵和清政府的腐败表示了强烈的不满，并提出了一些富国强兵的主张。他还在这时读了明末清初的思想家顾炎武的《日知录》等书。毛泽东觉得这些书较之四书五经，现实得多、有用得多。他开始意识到读书应当结合实际思考问题。从这时起，毛泽东开始经常思考祖国的现状和前途。

在此期间，毛泽东继续阅读中国古代的传奇小说与故事。值得一提的是，毛泽东善于在读一些旧小说时进行独立思考。他发现这些小说中主人公全是武将和书生，唯独没有农民，于是激发起浓厚的兴趣，开始思索小说的社会意义和内容来。毛泽东发现，旧小说颂扬的都是人民的统治者，很少写到终日辛勤劳作、生活艰苦的农民。毛泽东深深为同自己朝夕相处的农民抱不平。他常常对朋友说：我们长大了也要写书，写农民的书。后来，他真的用自己的生命，书写了一部农民翻身当家做主的时代之书。

1909年，在新思潮的影响下，毛泽东产生了恢复学业的愿望。他的父亲也被迫作了让步。于是，毛泽东复学于韶山乌龟井、东茅塘私塾。他先是受业于政治学堂毕业的塾师毛简臣，后又在曾供职于蔡锷部下的毛麓钟的门下学习。这时，毛泽东先后读了《汉书》《通鉴纲目》等许多史书以及一些时论和新书。

毛泽东眼界渐开时，整个中国正处于激烈的动荡之中。1910年，湖南爆发了饥民暴动事件，韶山也发生了穷人"吃大户"运动。毛泽东的父亲也受到冲击，他的粮食被当地的哥老会抢去。接连发生的事件促使求学中的毛泽东作进一步的思考，也产生了更多的疑问。为了寻求答案，毛泽东更拼命地读书。这时，他读到了一本小册子《论中国有被列强瓜分之危险》。这本小册子的首页开头一句赫然写道："呜呼，中国其将亡矣！"这句话对毛泽东震动很大，他印象极深，以至20年后他仍记忆犹新。帝国主义列强瓜分中国，使中华民族面临着深重的危机。毛泽东开始认识到，国家兴亡，匹夫有责。于是，毛泽东更加广泛地阅读各种书籍。这对毛泽东思想上的迅速成熟起了极为关键的作用。

东山书院（历史图片）

这时候，毛泽东

的父亲要把毛泽东送到湘潭县的一家米店去当学徒。然而，已被新知识和新思想深深地吸引住了的毛泽东根本无法接受这一安排。当他从表兄那里得知湘乡县有一所新式学堂时，就毅然提出要到那里去求学，并想办法说服了父亲。

少年毛泽东即将第一次离开家乡韶山冲，前往50里外的湘乡县立东山高等小学堂（以下简称"东山学堂"）求学。

"学问、学问，是问出来的"

1910年8月的一天，毛泽东和表兄文运昌一起，挑起行李，赴东山学堂求学。在毛泽东肩挑的行李中，一头是一只装着一件长袍、两条床单和一顶蚊帐的包袱，另一头是装有《水浒传》和《三国演义》的小筐。

东山学堂是一所历史悠久的学校，全称为"湘乡县立东山高等小学堂"。新生入学都要经过严格的考试。那次入学考试的题目是"言志"。毛泽东写得非常出色，论点精辟，文采动人。当时的校长李元甫先生看过考卷后大加称赞，对同校教职员说："今天我们学堂里取了一名建国才！"

在东山学堂，毛泽东第一次受到了新式的学校教育，学习了现代自然科学知识和英语，而这些是在旧式私塾中根本无法学到的。

少年毛泽东以求知为乐事，上课时碰到有疑问的地方，非要打破砂锅问到底，有时弄得教员都难以应对。毛泽东常对同学们说："一个人的学问总有限，哪里晓得这么多。学问、学问，是问出来的。"

东山学堂的求学生涯，使毛泽东的眼界更为开阔。他如饥似渴地阅读着各种书籍。在这里，他读过《世界英雄豪杰传》，知道了华盛顿、拿破仑、叶卡捷琳娜女皇、彼得大帝、惠灵顿、卢梭、孟德斯鸠和林肯。当他把书还给萧三时，很抱歉地对萧三说："对不起，我把书弄脏了。"原来，他在书上用毛笔加了许多圈点，其中圈点最密的是关于华盛顿、林肯等人。毛泽东从这些杰出人物的事迹中受到启发。他对萧三说："中国也要有这样的人物，我们应该讲求富国强兵之道，才不致蹈安南、朝鲜、印度的覆辙。你知道。中国有句古话：前车之覆，后车之鉴。而且我们每个国民都应该努力，顾炎武说得好，'天下兴亡，匹夫有责'。"

在这一时期，对毛泽东影响最大的是康有为、梁启超的文章。康、梁的文章他读了又读，差不多都能背下来。书不够读，他就请在省城长沙的表兄王季范寄一些新书给他。他从表兄那里借得一套《新民丛报》。这是梁启超1902年在日本横滨创办的一份维新派报纸。这些报刊和文章，对西方资产阶级的学术和政治思想进行了广泛的宣传和介绍，对封建主义思想作了深刻的批判，使毛泽东觉得无比新鲜。毛泽东一度十分崇拜康有为和梁启超，并接受了他们的改良主义思想。毛泽东废寝忘食地阅读这些书籍和文章，精彩处都作了特殊标记。尽管郑观应的《盛世危言》他早已读过一遍，但这时，他将这本书重读了一遍。在校史陈列室中，至今还保存着他当年归还《盛世危言》《新民丛报》等11本书的便条。从这些借书便条中，我们可以看出毛泽东的勤学精神。

东山学堂的生活使毛泽东逐步树立了成就一番大事业的远大理想。每天早上学校集合时，校长常向学生训话，有时讲一点中国一天天贫穷、遭受列强欺侮的故事。每到此时，毛泽东都情绪激昂，愤慨万分。晚饭后，毛泽东和同学们聚集在校园内的小石桥上，依着栏杆，看着桥底下缓缓的流水，和同学们一起议论时事和中国的强盛之道。这时，毛泽东的思路就像流水一样，奔向远方，充满着无限的激情。学校的国文老师有规定，每个星期学生都要交一篇作文。毛泽东在学校以写文章著称，他所写的《救亡图存论》《宋襄公论》等文，立意高远，见解精辟，旁征博引，令人信服。对《宋襄公论》一文，国文教员谭咏春先生读后拍案叫绝，并用朱笔在上面写了一段批语："视似君身有仙骨，寰观气宇，似黄河之水，一泻千里。"谭先生还破例将毛泽东的这篇作文评为105分。

东山学堂的求学生涯是毛泽东人生的关键时期，也是他萌发出强烈的政治意识的开端。虽然毛泽东在东山学堂只念了半年，但是，经过东山学堂的求学生活，毛泽东的视野更为开阔了，他的救国救民之心更为坚定。

在东山学堂读了半年之后，毛泽东带着更为远大的志向，前往省会长沙，进入湘乡驻省中学就读。

此时正是辛亥革命的前夜，而长沙则是湖南全省的政治文化中心，也是晚清时期新旧思想斗争的激烈场所。毛泽东置身于这个环境，很快就感受到一股革命的气息。他在刻苦读书的同时，广泛阅读各种报刊，留心观察社会。这时，他第一次读到由同盟会会员于右任创办的《民立报》，他被这份报纸激烈的反清言论所吸引，在思想上迅速转变为一个资产阶级民主主义者。武昌起义爆发后，在长沙的毛泽东积极响应湖南革命党的号召，投笔从戎，成了湖南新军第二十五混成旅第五十标第一营左队的一名列兵。此时，身穿戎装的毛泽东仍不忘读报。他拿节省下来的军饷去订报。有一天，毛泽东从《湘汉新闻》上第一次知道了"社会主义"这个名词，其实那只是江亢虎等人宣传的社会改良主义。

1912年春，袁世凯窃取了革命的果实。毛泽东以为革命结束了，于是退出了新军，又回到了读书求学的轨道上来。经过多次选择之后，毛泽东考取了湖南全省高等中学校。进入这所学校后不久，毛泽东发现这里课程有限，校规烦琐，感到十分不习惯。强烈的求知欲和迅速成熟的思想，已使毛泽东无法适应这种循规蹈矩的教学方式。这时，有一位国文教员借给他一部《御批通鉴辑览》。这是一部上自远古、下至明代，共116卷的中国历代编年史。青年毛泽东对这部书产生了浓厚的兴趣，由此产生了研究中国历史的想法。同时，他觉得由课堂转为自学，也许对研究学问有更大帮助。这样，读了半年之后，毛泽东就主动退学了。

"世界原来这么大"

1912年下半年，毛泽东到位于长沙城东南的定王台下的湖南省立图书馆自学，并制订了一个自修计划。每天吃过早饭后，毛泽东总是第一个走进图书馆，借了书，伏案阅读。中午，毛泽东就买两块糕饼做午餐，然后继续阅读，直到图书馆闭馆。日复一日，毛泽东就是这样度过的。

毛泽东在这个图书馆，阅读了大量的书，如达尔文的《物种起源》、亚当·斯密的《原富》、赫胥黎的《天演论》、穆勒的《名学》、斯宾塞的《群学肄言》、孟德斯鸠的《法意》、卢梭的《民约论》，并学习了世界历史。与此同时，他还穿插阅读了许多诗歌、小说。这些书使毛泽东的认识和分析能力有了极大的提高，思想境界有了新的飞跃。他开始摆脱中国旧学的樊篱，跟上时代的潮流，成为那个时代具有先进思想的知识分子之一。

这时，毛泽东还学习了世界地理。青年毛泽东由此第一次认识了世界。当时，图书馆的墙上挂着一幅《世界坤舆图》，毛泽东每天经过，总要停下来细看一会。在此之前，毛泽东看过中国地图，但看了这张世界地图后，他才真正知道了脚下的地球到底是个什么样子。后来他说："过去我认为湘潭县大，湖南省更大。中国自古称居四海之内，把自己和整个世界等同起来，当然大得了不得。其实从地图上看，它只占世界的很小一部分……世界原来这么大！"从这时起，毛泽东萌发了以改造世界为己任的决心。

湖南省立图书馆的自学生涯是毛泽东读书生活中最珍贵、最有收获、最值得纪念的半年。这半年的自学生活给毛泽东留下了难以忘怀的印象。后来，他在向友人叙说这段经历时，满怀深情地说："我没有进过大学，也没有留过洋，我读书最久的地方是湖南第一师范学校，它替我打好了文化的基础。但我学习生活中最有收获的时期却是在湖南图书馆自学的半年。这正是

第三章
惜时如金——毛泽东的读书生活

辛亥革命后的一年，我已经19岁了，不但没有读过几本书，连世界上究竟有些什么样的书，哪些书是我应该读的，都一点不知道。及至走进湖南图书馆，楼上楼下，满柜满架都是书，这些书都是我从来没有见过的，真不知应该从哪儿读起。后来每读一本书，觉得都有新的内容，新的体会，于是下决心要尽最大的努力尽量多读一些。我就贪婪地读，拼命地读，正像牛闯进了人家的菜园，尝到了菜的味道，就拼命地吃个不停一样。"毛泽东是如此的嗜学，以至于他以"牛"自喻，形象地描述自己如饥似渴地读书的情景。

在半年的自学生涯中，毛泽东获得了异乎寻常的收获。他不仅仅是读了几十种书，开阔了视野，增长了知识，更重要的在于他提高了思想认识，树立了为劳苦大众谋幸福的奋斗目标。正如他在后来回忆时所说："说来也是笑话，我读过小学、中学，也当过兵，却不曾见过世界地图，因此就不知道世界有多大。""世界既大，人就一定特别多。这样多的人怎样过生活，难道不值得我们注意吗？……在韶山冲里，我就没有看见过几个生活过得快活的人。韶山冲的情形是这样，全湘潭县、全湖南省、全中国、全世界的情形，恐怕也差不多！""我真怀疑，人生在世间，难道注定要过痛苦的生活吗？绝不！为什么会有这种现象呢？这是制度不好，政治不好，是因为世界上存在人剥削人，人压迫人的制度，所以使世界上大多数人都陷入痛苦的深潭。这种不合理的现象，是不应该永远存在的，是应该彻底推翻，彻底改造的！总有一天，世界会起变化，一切痛苦的人，都会变成快活的人，幸福的人！""世界的变化不会自己发生，必须通过革命，通过人的努力。我因此想到，我们青年人的责任真是重大，我们应该做的事情真多，要走的路真长。从这时候，我就决心要为全中国痛苦的人、全世界痛苦的人贡献自己的全部力量。"

正当毛泽东在省立图书馆里博览群书之时，他的生活突然发生了变故。父亲以为他不务正业，停止提供生活费用，同时他寄居的湘乡会馆也被军队占用。因而，毛泽东被迫结束了他自认为"极有价值"的半年读书生活。

"十年未得真理,即十年无志;终身未得真理,即终身无志"

1913年3月,毛泽东考取了湖南省立第四师范学校。次年春天,这所学校并入湖南省立第一师范学校。这样,从1913年春天到1918年夏季,毛泽东在这所当年很有名气的学校里学习了5年。这一时期是毛泽东的思想形成的重要阶段。

在"一师"的求学生涯中,毛泽东上午读中国历史,下午学习德国哲学。通过从书本中吸取营养,毛泽东开始选择人生的正确方向。这时的毛泽东最喜欢看的是社会科学书籍,自然科学书籍偶尔也有所涉猎。除了以优异成绩完成学校规定的课程,毛泽东还坚持自学,借助学校图书馆丰富的藏书,广泛阅读古今中外的文学、史学、哲学、政治、经济等方面的书籍,充实自己。毛泽东学习的目的很明确,就是为了求得真理,因此他学习知识总是如饥似渴。他在一封信中写道:"十年未得真理,即十年无志;终身未得真理,即终身无志。"他在读书笔记里写道:"立一理想,此后一言一动皆期合此理想。"正是抱定了救国救民的理想,毛泽东的世界观无时不在发生着重大的变化。

在大量阅读书籍的同时,毛泽东对时事政治倾注了自己的激情。当时图书馆订有北京、上海、湖南等地一二十种流行的报刊,毛泽东始终是最积极的读者。毛泽东每天必到的地方就是阅报室。他认真地作读报笔记,积累资料。在看报时,他总是带着三样东西:世界地图、英汉词典和一个笔记本。他说,这是一举三得:学了时事,又学了地理和英语。报纸上的外国人名及地名,他尽可能地找出原文,用长纸条订成一本,以便随时翻看。在与同学们分析讨论时事政治时,他常常见解独到,被同学们誉为"时事通"。他关心社会,为工人办过夜校;深入农村调查过农民生活和民俗风情;组织了进步团体新民学会，探求救国救民的真理；组织过学生运动，抗议军阀统治和列强对中国的侵略侮辱。总之，在"一师"的读书生涯为毛泽东后来的发展奠定了基础，影响极为深远。他后来在与美国记者斯诺谈话时说："我在这里——湖南省立第一师范——度过的生活中发生了很多事情，我的政治思想在这个时期开始形成。我也是在这里获得社会行动的初步经验的。"的确，在"一师"的这5年，是毛泽东塑造自身的5年。毛泽东不断地完善自身，他抛弃了以前心目中的英雄梁启超和康有为的改良主义。他在"一师"取得了极大的成功，同学们对他的人品、胆识和才气都非常佩服，称他为"毛奇"。"毛奇"是什么意思呢？原来，毛奇是德国著名的军事家，著有小说及军事政治书籍多种，文武双全。同学们以"毛奇"来称呼毛泽东，表明了同学们对他的爱戴、赞誉和期望。

"一师"的求学生涯锻炼了毛泽东各方面的才能，为他后来成为中国革命的领袖奠定了一定的基础。"一师"的求学生涯使他谙熟孔子、孟子和中国的伟大文学，吸取了中国古典的军事智慧。他初通佛教和西方哲学。他学习了美国和欧洲的政治和地理。他能言善辩，是诗人、爱国者，是年轻但迅速成熟的哲学家。

"迅速朝着马克思主义的方向发展"

五四运动前后，青年毛泽东曾两次到北京，接受了中国现代史上具有划时代意义的反帝反封建的思想解放运动的洗礼。他在这一时期的读书生活，对于他以后的人生非常重要。

1918年6月下旬，此时已在北京大学执教的杨昌济给毛泽东写了一封信，希望他到北大读书，同时也有机会赴法勤工俭学。毛泽东得到消息后十分高兴。8月19日，毛泽东第一次来到了北京。到了北京后，毛泽东整日忙

北京大学红楼。1918年8月至1919年3月毛泽东在北京期间，曾在这里担任图书馆助理员（历史图片）

于赴法前的组织工作，时间一长，生活变得艰难起来。这时，经杨昌济先生介绍，毛泽东在北大图书馆主任李大钊手下，当上了一名图书馆的助理员，每月的工资是8元钱。毛泽东的工作是在北大图书馆第二阅览室登记和管理新到的报刊，并登记阅览者的姓名。工作是琐碎的，但毛泽东干得很投入，认真地履行着职责，以至后来在对图书的收藏兴趣上，在对经手的书籍的爱护上，他都显出一些职业的习惯，这与他的这段图书管理员的经历密切相关。

在北大图书馆，毛泽东充分利用这一极好的学习机会，广泛地研读介绍各种新学说、新思潮的书籍和报刊。在阅览室，他认识了傅斯年、罗家伦等新文化运动的重要人物，还专程拜访过陈独秀、胡适、蔡元培、周作人等，与他们讨论问题，畅谈时局。这一时期，毛泽东的思想状况正如他自己所说："我对政治的兴趣继续增长，我的思想越来越激进……可是就在这时候，我的思想还是混乱的，用我们的话来说，我正在找寻出路。我读了一些关于无政府主义的小册子，很受影响。我常常和来看我的一个名叫朱谦之的学生讨论无政府主义和它在中国的前景。在那个时候，我赞同许多无政府主义的主张。"幸而为时不久，宣传俄国十月革命的思潮开始席卷中国知识界了。

俄国的十月革命开辟了人类历史的新纪元，也结束了中国先进知识分子向西方寻找救国救民真理的历史，转而以俄为师。1918年下半年，李大钊发表了《法俄革命之比较》一文，以后又相继发表了《庶民的胜利》《布尔什维主义的胜利》等文章。这些文章推动了包括毛泽东在内的一大批激进青年去

第三章
惜时如金——毛泽东的读书生活

追求真理。李大钊对毛泽东十分器重，认为他是湖南青年的杰出领袖，常常推荐书给他看。在李大钊的帮助下，毛泽东的思想再一次迅速转变。后来毛泽东回忆说："我在李大钊手下，在国立北京大学当图书管理员的时候，就迅速朝着马克思主义的方向发展。"他还说："我读了6年孔夫子的书，又读了7年资本主义的书，到1918年才读马列主义。"

毛泽东从十月革命的炮声中觉醒，开始抛弃西方资产阶级的"进步学说"，摒弃了十分驳杂的非马克思主义思想，重新思考中国革命长期没有解决的民族独立和人民民主问题，成为一位坚定的马克思主义者。这次思想转变的最后完成是在他的第二次北京之行中。

1919年3月，毛泽东偕一批准备赴法勤工俭学的青年离开了北京。但他决心留在国内而没有去法国，回到了湖南。五四运动爆发后，毛泽东在长沙组织了驱逐军阀张敬尧的运动，并率领驱张代表团，于1919年12月第二次来到了北京。在紧张的政治活动的同时，毛泽东还追随当时北京政治思潮的热点，阅读了那些影响他终身的书籍。毛泽东努力寻找当时能够得到的介绍马克思主义和俄国近况的书刊。后来，毛泽东读到了陈望道翻译的《共产党宣言》这本共产主义的启蒙读物。他反复地阅读这个纲领性的文献，反复地思索着，迅速地接受了马克思主义学说。这本书使毛泽东确立了共产主义的信仰，他由此开始了一生为共产主义

1920年1月18日，毛泽东（左四）同进步团体辅社成员在北京陶然亭合影。左六为罗章龙，左七为邓中夏（历史图片）

事业奋斗的艰苦历程。后来，毛泽东在回忆这一时期的情况时说："我第二次到北京期间，读了许多关于俄国所发生的事情的书。我热切地搜寻当时能找到的极少数共产主义文献的中文本。有三本书特别深刻地铭刻在我的心中，使我树立起对马克思主义的信仰。我接受了马克思主义，认为它是对历史的正确解释，以后，我就没有动摇过。这三本书是：陈望道译的《共产党宣言》，这是用中文出版的第一本马克思主义的书，考茨基的《阶级斗争》，以及柯卡普著的《社会主义史》。到了1920年夏，我已经在理论上和在某种程度的行动上，成为一个马克思主义者，而且从此我也自认为是一个马克思主义者了。"我们从中可以看到，在毛泽东寻找救国救民真理的关键时期，书籍给予他的提示和影响是多么的大！

毛泽东在北京逗留了6个月，其间还深入京汉铁路工人中进行了一系列调查，了解中国的现状，了解贫苦大众的愿望。可以说，北京之行为毛泽东成为我国第一批具有共产主义思想的先进分子奠定了基础。

不久，毛泽东返回长沙，创办了传播新思想、宣传马列主义的文化书社，并担任特别交涉员。文化书社成为马克思主义著作的发行网。据《文化书社社务报告》第二期所载，自书社营业起，7个月内就销售200本以上和100本左右的书有《马克思资本论入门》《社会主义史》《新俄国之研究》《劳农政府与中国》《社会与教育》《人生之意义与价值》等；销售最多的杂志有《劳动界》《新青年》《新生活》《新潮》等；重要的报纸有《时事新报》、北京《晨报》等。这些代表着最新思潮的书籍，大多是根据毛泽东的意图，甚至是他挑选购进的。

在首创文化书社后不久，毛泽东又投身于创立湖南共产主义小组的活动中。

1921年7月，中国共产党诞生了。从此，毛泽东彻底结束了青少年时期的求学生活，结束了他思想上最初一段时期的探索，成为一名坚定的马克思主义者。在后来的艰苦战争岁月和新中国成立后日理万机的工作中，他不可能再像学生时代那样以读书为主业,尽情地在知识的海洋里畅游。但是,在井冈山的草棚里、长征途中的马背上,在延安的土窑洞里、北京古朴的菊香书屋里,书籍始终伴随着毛泽东。

读书,是毛泽东的终身爱好。书,是他忠实的朋友。

读书方式

"不动笔墨不读书"

"不动笔墨不读书",这是徐特立的一句名言,毛泽东很推崇徐特立的这种学习方法。毛泽东在读书时,养成了科学的、行之有效的读书方法,很注意把读书、思考和批注结合起来。他每读一本书、一篇文章,都要在重要的地方画上圈、点、杠等多种符号,在书眉和空白的地方写下许多批语。有时,毛泽东还把书中精彩的章节和语句摘录下来,或者随时写下读书笔记和心得体会。现存的毛泽东藏书中,

1936年,毛泽东和他青年时期的老师徐特立在保安(历史图片)

就有许多是他阅批过的，其中很多书上都是朱墨并用，批语、圈点和勾画充满全书。这些为我们研究毛泽东读书方式和读书习惯留下了极为宝贵的原始资料。

从这些书中可以看出，毛泽东真正地做到了"不动笔墨不读书"。我们从现在保存下来的毛泽东的笔记《讲堂录》和《伦理学原理》一书的批注中，可以窥见毛泽东的这一读书方式。《讲堂录》是一个九行直格本，共94面。前边22面是工工整整抄录的屈原的《离骚》和《九歌》全文，这是毛泽东细读楚辞的见证。后面的72面冠以《讲堂录》之名，主要是"修身"和"国文"两课的听课笔记和一些读书札记。在《讲堂录》中提到的书有《论语》《孟子》《庄子》《孙子》《汉书》《管子》《老子》《诗经》《礼记》《易经》《荀子》《左传》《尚书》《列子》《史记》《晋书》《帝王世纪》《吴越春秋》《农书》《昭明文选》《韩昌黎全集》《通典》《资治通鉴》《朱子文集》《河南程氏遗书》《张载集》《陆九渊集》《方望溪先生全集》《惜抱轩文集》《空心堂文集》《梅村家藏稿》《明儒学案》《宋元学案》《日知录》《读通鉴论》《魏伯子文集》《朴学斋稿序》《红楼梦》《曾文正公文集》《郭嵩焘日记》《圣经》，以及梁启超、杨昌济的文章。这些书和文章，毛泽东不一定都通读过，较多的是讲课老师所述，并杂有自己的意见和看法。

《讲堂录》记于毛泽东在湖南"一师"求学之时。在当时的诸多教师中，他受杨昌济的影响最深。在杨昌济的影响下，毛泽东细心地研读朱熹的书，并抄录了朱熹大量的言论。《讲堂录》中的"古者为学，重在行事""实意做事，真心求学"等语，表达了毛泽东的见解。

《讲堂录》中较为集中抄录的还有曾国藩的言论。在《讲堂录》里，毛泽东对曾国藩做出了这样的评价："有办事之人，有传教之人。前如诸葛武侯（诸葛亮）、范希文（范仲淹），后如孔孟朱（熹）陆（九渊）王阳明等是也。宋韩范并称，清曾左并称，然韩左办事之人也，范曾办事而兼传教之人也。"毛泽东对曾国藩的评价是很高的，正如他自己所言："愚于近人，独服曾文正。"毛泽东读了不少曾国藩的文章,其中他读过的《曾文正公家书》,现在韶山毛泽东纪念馆还收藏有该书的第四、六、七、九卷,每卷扉页均有毛泽东手书"咏芝珍藏"。

《讲堂录》中还多次提到并抄录《韩昌黎全集》中的许多文句。毛泽东后来回忆说:"我钻研韩愈的文章,学会了古文文体。"在毛泽东以后的文章中,往往可以在句法、结构、格局和思想等方面看到韩愈对他的影响。

现在保存下来的还有当年毛泽东读《伦理学原理》一书时所做的批注本,我们可以从中进一步了解毛泽东"不动笔墨不读书"的读书方式。《伦理学原理》是毛泽东在湖南"一师"求学最后两年所用的课本,泡尔生所著,蔡元培译,商务印书馆1913年出版。该书原文只有10万字,毛泽东在书中逐句都用毛笔加了圈点,画满了单线、双线、三角、叉等标记。在这部书的空白处,毛泽东用工整的小楷写下了大量的批注,有1万多字。这些批注的内容,有的是赞成作者的观点,批着"此语甚精""诚然""甚切"等;有的是对作者观点表示异议,如"殊未必然""此处又使余怀疑""吾意不应以此立论"等;绝大部分是他抒发自己的伦理观、人生观、历史观和宇宙观,以及对原著的各种批判和引申。

《讲堂录》和《伦理学原理》批注本是反映毛泽东早期读书生活的两个重要文献。尽管这只反映了毛泽东早年读书生活的一部分,却体现了毛泽东勤做笔记、勤于批注、勤于思索的学习方法,体现了他"不动笔墨不读书"的读书方式。

毛泽东早年养成的这一读书方式在他一生的读书生涯中是一以贯之的。在以后的岁月里,毛泽东在工作极其繁忙的情况下,阅读、批注了大量的马列著作及其他有关政治、经济、哲学、历史、文学、军事以及一些自然科学方面的书刊。批阅较多的马列著作有《共产党宣言》《资本论》《列宁选集》《哥达纲领批判》等。这些著作,毛泽东都反复研读,许多章节段落都做了批注和勾画。

为了探索社会主义建设的规律，毛泽东大量批阅了《政治经济批判》《政治经济学教程》《经济学大纲》《马克思主义经济基础理论》等。值得一提的是，毛泽东重点批阅了斯大林的《苏联社会主义经济问题》。毛泽东批注此书的版本就有三种，这三种书上的许多章节，批注文字及勾画圈点等符号密密麻麻地遍布其中。在研读这些书时，毛泽东随时都联系中国社会主义革命和建设的实际情况，探寻其中的理论意义和现实意义，并做了大量的读书笔记。

"书读百遍，其义自见"

毛泽东看书学习非常认真。他主张，读书就要认认真真地去读。他极其反对那种贪多求快、不求甚解、不讲效果的读书方式。认真地读，反复地读，积久而成学，这是毛泽东又一长期坚持的读书方式。

古人云："书读百遍，其义自见。"只有通过反复的研读，经过仔细的体会和思考，才能品出作者的本意来，才能品出书中的真味来。

好书反复读，首先强调的是读书要有一丝不苟、严谨细致的态度。从毛泽东批阅过的书中，我们可以看出，他读书的态度非常认真，甚至对于书中的错别字、不妥当的标点、语法欠斟酌的句子，他都要认认真真地改正过来。这在毛泽东读过的书中是屡见不鲜的。如，毛泽东读过多次的《经济学大纲》一书，他不仅做了重要的批注，而且还把其中用得不当的标点改正过来。有一次，毛泽东参观安徽省博物馆，当他看到清代康熙年间铁画大师汤天池的一幅作品时，不禁朗读起作品上的"晴窗流竹露，夜雨长兰芽"来。当读到"露"字时，他仔细端详了一下，对旁边的人说："'露'字漏掉了末尾一笔，应当补起来。"由此可见，毛泽东读书是多么的认真仔细。毛泽东几十年的读书生涯都是这样认真的。他曾经说过，世界上怕就怕"认真"二字。毛泽东一辈子都能持之以恒地以"认真"二字严格要求自己，这也是他的治学风格之一。

好书反复读，还有数量上的要求，强调读书者要多读，重读，反反复复地读。孔子说得非常好："温故而知新。"毛泽东读书始终坚持"三复四温"。《昭明文选》《韩昌黎文集》《史记》《资治通鉴》以及许多古典小说、诗词等，

1938年4月，毛泽东在鲁迅艺术学院讲演（历史图片）

都是他青少年时期就多次读过并且能够背诵如流的。但是，直到晚年，毛泽东仍在坚持反复阅读这些青年时代就已十分熟悉的书。《共产党宣言》《国家与革命》《资本论》等重要的马列著作，他从20世纪20年代读到70年代。他每读一遍书，都习惯在封面或标题上画一个圈做记号，有的书或段落有4到5个圈，说明他已读过四五遍之多。重要的马列著作，有的他读过10遍以上。

毛泽东反复读书的故事，在延安时就有传诵。他自己就曾对人说过："《联共党史》是本好书，我已读了10遍，奉劝各位也多读几遍。"在一次小会上，毛泽东还说过："李达同志给我寄了一本《社会学大纲》，我已经看了10遍。""李达还寄给我一本《经济学大纲》，我现在已读了3遍半，也准备读它10遍。"

好书反复读，要求读书者要持之以恒地坚持下去。毛泽东读书非常有耐心。还是在湖南省立第一师范学校读书时，毛泽东就改写了明代学者胡居仁的一副对联，以作自勉：

贵有恒，何必三更起五更眠

最无益，只怕一日曝十日寒

不停地读，反复地读，持之以恒地读下去，这是毛泽东长期养成的一种读书习惯，这种习惯自然而然地就成为他读书生活中的一个重要特点。

多读、多写、多想、多问

在读书方法上，毛泽东主张四多：多读、多写、多想、多问。毛泽东主张多读书，好书反复读。毛泽东主张多写，这一方法的具体体现是"不动笔墨不读书"。这两点前面已经提到过。在此，我们想讲一讲毛泽东所主张的多想、多问的读书方法。

多想，是毛泽东读书的一个重要方法。读书的过程实际上是形成自己思想的过程，如果读书时不多想些问题，如果对所读的内容不进行消化，那么这种读书过程只能让自己的头脑成为别人思想的跑马场。多想多思，才会有良效。在思考问题时，毛泽东主张独立思考，分析批判，从不盲从。例如，毛泽东在读《三国志》时，对书中记载的很多战役都做了分析，并对书中一些错误做过订正，从不因为这是一本史书而盲目相信其中的描述。《吴志·吕蒙传》中叙及孙权同吕蒙商量取徐州时，吕蒙说："今操远在河北，新破诸袁，抚集幽冀，未暇东顾……"毛泽东认为此处有误，他批注道："《魏志》此时操在汉中，因夏侯渊之败，正不得志，闻襄阳围急，东归到洛阳即死，非在居巢也。"可见，毛泽东在读书时的确很注意联想，注意从侧面引证。这种实事求是的学风是值得我们学习的。

多问，是毛泽东一以贯之的读书之道。凡是和毛泽东有过接触的中外政治家、学者，无不敬佩毛泽东的谦虚。

第三章
惜时如金——毛泽东的读书生活

毛泽东深切体会到"学习的敌人是自己的满足，要认真学习一点东西，必须从不自满开始"。他认识到"知识的问题是一个科学问题，来不得半点的虚伪和骄傲，决定地需要的倒是其反面——诚实和谦逊的态度"。他告诫全党说："虚心使人进步，骄傲使人落后。"他还意味深长地说过："和全党同志共同一起向群众学习，继续当一个小学生，这就是我的志愿。"

为什么读书要讲究多问呢？在毛泽东看来，"古今中外，天文地理，知识范围那么广，你再聪明，知道的东西也不过是有限的那么一点点，有什么值得骄傲的呢？对骄傲的人，我有两个办法，一个办法是给他压任务，给他一个任务，接着又给他一个任务，叫他忙得不亦乐乎，来不及骄傲。另一个办法是劝他多读书。他看到世界多么大，才懂得自己多么小"。毛泽东的这段话说得很深刻。人类需要的知识从总体上说是无限的，而个人的人生是有限的，因此，必须多问多学，才能弥补个人知识的不足。另外一方面，毛泽东还提醒我们，只有多问，才能学到更多的知识；而只有多读书，才能进一步明白自己的不足，从而激发自己更加刻苦地读书学习，从而掌握更多的知识。

1937年，毛泽东著名的"两论"（《实

1938年，毛泽东在中国人民抗日军政大学讲演（历史图片）

践论》《矛盾论》）发表了。当时他读了艾思奇写的《哲学与生活》一书，并用毛笔精心地做了长达 19 页的摘录。毛泽东关于差异就是矛盾的见解就是阅读此书受到启发而提出来的。这表明，毛泽东善于从别人的书中学习、汲取思想。1938 年年初，毛泽东将自己的摘录及读书心得送请艾思奇阅正，并给艾思奇附信说："你的《哲学与生活》是你的著作中更深刻的书，我读了得益很多，抄录了一些，送请一看是否有抄错的。其中有一个问题略有疑点（不是基本的不同），请你再考虑一下，详情当面告诉。今日何时有暇，我来看你。"众所周知，当时毛泽东身居高位，而艾思奇只不过是一个不满 30 岁的年轻理论工作者。毛泽东本着追求真理的精神，完全用探讨的态度向他请教问题，真正体现了一个革命家谦虚好问的态度和诚恳求知的精神。

令毛泽东爱不释手的书单子

马恩列斯之中尤爱列

毛泽东重视读马列著作，力求提高自己的马克思主义理论修养。在马克思、恩格斯、列宁、斯大林的著作中，毛泽东尤其爱读列宁的著作。

毛泽东阅读的第一本马列著作是《共产党宣言》，这本书树立了他的"终生信仰"。毛泽东接触到的第二本马列主义著作便是列宁的《国家与革命》。从《国家与革命》这本书起，毛泽东就开始了对列宁著作艰辛研读的历程。

毛泽东喜欢读列宁的著作，有两个原因。首先是因为他要从列宁的著作中寻找关于殖民地、半殖民地国家进行民主革命以及由民主革命向社会主义革命转变的理论，从列宁的著作中学习和汲取马克思主义哲学思想。其次，毛泽东喜欢读列宁的著作，还因为列宁的作品，特别是革命时期的著作，生动活泼，论证有力，其中蕴含着许多革命的哲理。1958年4月6日，毛泽东在武汉会议上有一段插话，大意是说：他（指列宁）说理，把心交给人，讲真话，不吞吞吐吐。即使和敌人斗争，也是如此。这段话无疑是毛泽东喜欢列宁著作的一个很好的自我说明。

在列宁著作中，《两个策略》《"左派"幼稚病》《国家与革命》《帝国主义是资本主义的最高阶段》以及后来出版的《哲学笔记》等著作，是毛泽东读的遍数最多的几本。《两个策略》《"左派"幼稚病》两书是从1932年开始读的。据彭德怀在自述中说：1933年，"接到毛主席寄给我的一本《两个策略》，上面用铅笔写着（大意）：此书要在大革命时读着，就不会犯错误。在这以后不久，他又寄给一本《'左派'幼稚病》（这两本书都是打漳州中学时得到的），他又在书上面写着：你看了以前送的那一本书，叫作知其一而不知其二；你

1939年，毛泽东在"抗大"成立三周年纪念大会上讲话，指出"抗大"的教育方针是：坚定正确的政治方向，艰苦朴素的工作作风，灵活机动的战略战术（历史图片）

看了《'左派'幼稚病》才会知道'左'与右同样有危害性"。万里长征，爬雪山，过草地，毛泽东都没舍得丢掉这两本书，一直带到延安。书虽然破旧了，他仍爱不释手。他还在书上记下"初读""二读""三读"的年月时间。在延安时期，毛泽东已把这两本书读过三遍了。

现在保存下来的解放战争时期毛泽东批阅过的马列著作，只有两本：一本是《国家与革命》，一本是《"左派"幼稚病》。在现存的《国家与革命》封面上，毛泽东亲笔写上"毛泽东一九四六年"；在扉页上，毛泽东还注明："一九四六年四月廿二日在延安起读。"书中"阶级社会与国家"这一章，几乎每句话的旁边都被毛泽东画着杠杠，尤其是讲暴力革命的地方，他画的杠杠特别明显。其中，在"革命才能消灭资产阶级国家"这一句，在关于暴力革命的观点是"马克思恩格斯全部学说的基础"这一段，杠杠画得最粗，圈圈画得最多，"革命""消灭""全部学说的基础"这些词和短语旁边，都画了两条粗杠。由此可见，毛泽东对列宁的这些观点是多么重视，又进行了多么深入的思考！1946年4月22日，即毛泽东起读这本书时，蒋介石正在积极准备发动内战，军事摩擦不断加剧，国内战争已不可避免，用革命的暴力推翻反动派的国家政权，已是中国共产党面临的时代课题。毛泽东不仅在军事上，而且在理论上也做好了武装和准备工作。

1948年4月，毛泽东重读列宁的《"左派"幼稚病》。他读后还在封面上写了一个批示："请同志们看此书的第二章，使同志们懂得，必须消灭现在我们工作中的某些严重的无纪律状态或无政府状态。毛泽东一九四八年四月廿一日。"1948年6月1日，中共中央宣传部向全党发布了毛泽东的这个批示，要求全党学习《"左派"幼稚病》的第二章。

毛泽东在延安时还读了当时由苏联出版的中文多卷本的《列宁选集》。由于列宁所处的时代与毛泽东所处时代基本相近，需要解决殖民地半殖民地国家民族独立的问题，所以毛泽东从列宁的著作中，从列宁的思想和观点中，汲取了许多有益的思想，并联系中国的实际情况，思索中国革命的问题。

百读不厌的"四大名著"

在毛泽东看来,要改造中国社会的现状,就要了解它,不仅要了解中国的现实,还要了解中国的历史、中国古代的文化。毛泽东最爱读中国的古书,尤其喜欢读关于中国历史、中国文化方面的书。

中国古典小说,历来被正统的封建文人说成是杂书而不屑一顾,然而毛泽东却十分爱读这些杂书,尤其是明代以后产生的"四大名著"。更为特别的是,毛泽东是用政治家的眼光审视中国的古典文学。他不仅注意到中国古典小说中蕴含的哲理和独特的美学风格,而且常常能从政治的角度加以审视、评判,从而挖掘出中国古典文学的新意义。

《三国演义》是明代罗贯中依据史书《三国志》及一些民间传说写成的一部章回体小说。毛泽东十分爱看这部虽与历史现实不很吻合但文学性却很强的书。毛泽东给予《三国演义》很高的评价,但也看到了《三国演义》作者的思想局限性。他曾十分深刻地评价道:《三国演义》作者罗贯中不是继承司马迁的传统,而是继承朱熹的传统。南宋时,异族为患,所以罗贯中以蜀为正统。朱熹是南宋理学家,提倡皇权正统思想。明朝的罗贯中在《三国演义》中大力褒扬汉室的远亲皇叔刘备,贬低曹操,正是基于这种正统思想。因此,毛泽东对《三国演义》的评价可谓一语中的。

其实,毛泽东早年读《三国志》时,就很注意曹操这个典型人物,写下了很多有关曹操的批注。有一次在北戴河,毛泽东曾对身边的工作人员说:"曹操统一北方,创立魏国。那时黄河流域是全国的中心地区。他改革了东汉的许多恶政,抑制豪强,发展生产,实行屯田制,还督促开荒,推行法制,提倡节俭,使遭受大破坏的社会开始稳定、恢复、发展。这些难道不该肯定?难道不是了不起?说曹操是白脸奸臣,书上这么写,剧里这么演,老百姓这么说，那是封建正统观念制造的冤案。还有那些反动士族，他们是封建文化的垄断者，他们写东西就是维护封建正统。这个案要翻。"

毛泽东常常借古喻今。他借助周瑜29岁就当元帅一事言明选拔干部不要过分注重资历，要根据能力的大小来培养青年干部，要充分相信年轻人。

毛泽东最早读《水浒传》，是少年时代在私塾里偷偷读的，然而留下的印象却十分深刻。以后，在几十年的革命生涯中，他常读这部反映宋代农民起义军故事的书，并发表过许多独特的见解。毛泽东读《水浒传》，最感兴趣的是书中所描写的绿林好汉豪爽尚义的作风。

《水浒传》中有一则宋江等人"三打祝家庄"的故事，毛泽东注意到这个故事在军事上和哲学上所具有的意义。1937年，在《矛盾论》中，毛泽东为了阐明研究问题切忌片面性、主观性时，举了"三打祝家庄"的例子。他写道："《水浒传》上有很多唯物辩证法的事例，这个三打祝家庄，算是最好的一个。"1942年11月12日，毛泽东在西北局高干会上逐条讲解斯大林关于布尔什维克化的12条，由其中的第7条（主要是谈如何做好革命性和灵活性的结合）谈到了合法斗争和秘密斗争策略的问题，当时他又举了"三打祝家庄"的例子。他说：《水浒传》上的祝家庄，两次都打不进去，第三次打进去了，因为搞了"木马计"。

1942年，延安评剧院成立。1944年年初，根据毛泽东的提议，正式成立了《三打祝家庄》创作小组，并从毛泽东那里借来了120回本的《水浒传》。毛泽东在听取创作小组汇报时指出，该剧要写好这样三条：第一，要写好梁山主力军；第二，要写好梁山地下军；第三，要写好祝家庄的群众力量。后来，该剧公演，毛泽东写信祝贺，称它很有意义。

毛泽东十分注意用《水浒传》中的故事来阐明现实问题。1944年1月，延安评剧院排演了由《水浒传》里的故事改编的评剧《逼上梁山》。评剧改编突出一个"逼"字，演得很生动。1月9日晚，毛泽东在中共中央党校俱乐部观看了这出戏。当晚，他给中央党校的负责人杨绍萱、齐燕铭写去了一封热情洋溢的信，对这出戏给予了很高的评价。

中华人民共和国成立后，毛泽东在与一位同志谈话时说："《水浒传》要当作一部政治书看，它描写的是北宋末年的社会情况。中央政府腐败，群众就一定会起来革命。当时农民聚义，群雄割据，占据了好多山头，如清风山、桃花山、二龙山等，最后汇集到梁山泊，建立了一支武装力量，抵抗官军。这支队伍来自各个山头，但是统帅得好。"

毛泽东在延安作整风运动讲话（历史图片）

毛泽东还十分喜爱《水浒传》中武松这个人物，他曾号召全党："我们要学景阳冈上的武松。在武松看来，景阳冈上的老虎，刺激它也是那样，不刺激它也是那样，总之是要吃人的。或者把老虎打死，或者被老虎吃掉，二者必居其一。"

毛泽东在晚年还多次谈到《水浒传》，但他的注意力却主要集中在总结梁山农民起义失败的原因上，批判该书作者在书中描写的起义失败、宋江被招安等处所采取的地主阶级的立场。

《聊斋志异》是清代蒲松龄所著的一部文言小说集。在这部书中，作者借述说花妖鬼狐的故事表达了自己的美好理想。在战火纷飞的20世纪三四十年代，毛泽东在延安的窑洞里，曾有一段时期经常翻阅这部小说，有几次同延安文化界的人士谈过他对《聊斋志异》的看法。1939年5月，毛泽东到鲁迅艺术学院来看他的老朋友萧三，他们在一起谈了一些文艺问题，其中谈到了

1942年5月,毛泽东和参加延安文艺工作者座谈会的人员合影(历史图片)

《聊斋志异》。毛泽东认为:"蒲松龄很注意调查研究。他泡了一大壶茶,坐在集市上人群中间,请人们给他讲自己知道的流行的鬼、狐故事,然后回去加工……不然,他哪能写出四百几十个鬼和狐狸精来呢?"

1942年4月下旬的一天,在延安的文艺工作者何其芳、严文井等应邀到毛泽东那里去。那时,毛泽东为了准备延安文艺座谈会的讲话,经常约一些文艺工作者到他那里谈话。在那天的谈话中,毛泽东又一次与座谈者讨论了《聊斋志异》。毛泽东说:"《聊斋志异》可以当作清朝的史料看。"他举出一篇叫《席方平》的小说,认为《席方平》含义很深,实际上是对封建社会酷吏官官相护、残害人民的控诉书。毛泽东还说:"《聊斋志异》是反对八股文的,它描写女子找男人是大胆的。"

1959年4月5日,毛泽东在一次最高国务会议上的讲话中,又一次提到了《聊斋志异》。他绘声绘色地讲起了其中一篇《狂生夜坐》的故事,说的是一个书生夜里读书时，一个鬼从窗外把舌头伸进来，书生也把舌头伸出来，与鬼对顶，于是鬼只好悻悻而走。在这次会议上，毛泽东从《聊斋志异》中选了部分故事，印发给与会者。他向人们提倡一种主动出击的"打鬼"精神。

毛泽东从《聊斋志异》中得到启发，他后来指示有关部门从历代人鬼作品中编选一本《不怕鬼的故事》。毛泽东为《不怕鬼的故事》序文修改了三次。他写道："世界上妖魔鬼怪还多得很，要消灭他们还需要一定时间，国内的困难也还很大，中国型的魔鬼残余还在作怪，社会主义伟大建设的道路上还有许多障碍需要克服，本书出世就显得很有必要。"这也许就是毛泽东从《聊斋志异》故事中得到的具有现实意义的启发。

《红楼梦》是我国古典小说在封建时代末期达到的一个高峰。毛泽东初读《红楼梦》，要晚于《水浒传》和《三国演义》，但后来他却异常重视这部书，尤其是这部作品中表现出来的极高的思想性和艺术特色。

毛泽东用阶级斗争的观点来分析《红楼梦》，认为它是"封建社会的百科全书"。早在1938年4月，毛泽东在延安鲁迅艺术学院的一次演讲中就说：《红楼梦》是一部好书，现在许多人鄙视这部书，以为它写的一些是哥哥妹妹的事情，其实它有极丰富的社会史料。1961年12月的一天，毛泽东曾对刘少奇说：《红楼梦》写的是很精细的社会历史。1964年8月，毛泽东在北戴河对吴江、龚育之等几位哲学工作者谈了自己对《红楼梦》的理解。毛泽东说："《红楼梦》我至少读了五遍……我是把它当作历史来读。开头当故事读，后来当历史读。什么人都不注意《红楼梦》的第四回，那是个总纲。还有《冷子兴演说荣国府》《好了歌》和注……《红楼梦》讲护官符，提出四大家族，阶级斗争激烈，几十条人命。统治者二十几人，其他都是奴隶，三百多个……讲历史不拿阶级斗争观点讲，就讲不通。"

毛泽东把《红楼梦》当作社会历史来读，但也没有因此而忽视它的文学价值。毛泽东十分欣赏《红楼梦》人物塑造的生动和语言的丰富多彩，对曹雪芹刻画人物的艺术手法十分赞赏。他曾对身边的工作人员称赞王熙凤有战略头脑，甚至风趣地说，王熙凤是当内务部长的材料。1973年7月，毛泽东在一次谈话中对《红楼梦》所作的评论，可以看作他从艺术哲学的角度来分析这部书的人物描写。他说："贾母一死，大家都哭，其实各有各的心事，各有各的目的。如果一样，就没有个性了。哭是共性，但伤心之处不同。"

尽管毛泽东十分推崇《红楼梦》，但他仍一针见血地指出了曹雪芹的局限。他说：曹雪芹写《红楼梦》还是想"补天"，想补封建制度的"天"。但是《红楼梦》里写的却是封建家族的没落，可以说是曹雪芹的世界观和他的创作发生了矛盾。

胡适、俞平伯、王昆仑、周汝昌等学者对《红楼梦》做过大量研究，形成了"红学"。毛泽东十分关心《红楼梦》的研究状况。1954年，有两位青年学者李希凡、蓝翎写了一篇文章《关于〈红楼梦简论〉及其他》，发表在《文史哲》上。后来，这两位青年又在《光明日报》上发表了《评〈红楼梦研究〉》。毛泽东很快就注意到了这两篇文章，并从中发现了符合自己红学观点的思路。他在1954年10月16日给中共中央政治局和其他有关同志写了《关于〈红楼梦〉研究问题的信》，指出："事情是两个'小人物'做起来的，而'大人物'往往不注意，并往往加以阻挡，他们同资产阶级作家在唯心论方面讲统一战线，甘心作资产阶级的俘虏……"他高兴地写道："看样子，这个反对在古典文学领域毒害青年30余年的胡适派资产阶级唯心论的斗争，也许可以开展起来了。"

这是毛泽东在中华人民共和国成立后为确立马克思主义在文化思想领域中的统治地位所做的一次重大努力，他选择了他十分熟悉的《红楼梦》研究作为突破口。应当指出的是，尽管开展了这场运动，但对俞平伯等一些老学者的过火批判，由一场学术批判发展到政治上的批判，这对学术研究产生了极为不利的影响。近几十年来，我国学者发现了有关《红楼梦》作者曹雪芹家世的史料，并开展了正常的学术讨论，取得了很大的成绩。可以说，毛泽东当年期待把《红楼梦》"搞清楚"的愿望已经得到了初步的实现。

人生终点时读的一本书《容斋随笔》

历代文人的笔记，也是毛泽东比较喜欢看的一类古籍。延安时期，有一次，谢觉哉向毛泽东借书。毛泽东在回信中提到了两本书，其中一本是《明季南北略》，另外一本则是《容斋随笔》。《明季南北略》是清初计六奇所著，是一部叙述明朝史事的随笔集。《容斋随笔》是宋代洪迈撰写的一部关于经史百家、文学艺术及宋代掌故的笔记，实际上是"随笔"汇集。洪迈将自己看到的、听到的有价值的掌故、读书时受到的启发或产生的灵感，随手记下，时而还加以评论。这本书熔知识性、趣味性、思想性于一炉，读起来轻松愉快，展卷受益颇多，深得毛泽东的喜爱，难怪他一生对此书爱不释手。

《容斋随笔》是毛泽东一生中比较喜欢读的一部有较高价值的笔记体图书。1959年10月，毛泽东在外出视察时，在指定所带的书籍中就列有此书。后来，在20世纪60年代，毛泽东先后两次要过这部书，一次是1966年11月，另一次是1967年9月23日。到了20世纪70年代，毛泽东又几次要过这部书。1971年，毛泽东生病，当时的国家出版局将毛泽东喜爱读的一些书排成大字本，《容斋随笔》亦在其中。

这部书最具有历史意义的是，1976年8月26日晚9时45分，重病在身的毛泽东突然要秘书把这部书找来。此时，离毛泽东去世还有半个月的时间，可是，毛泽东还是向秘书索要该书。

秘书很快从北京图书馆把书借来了。8月30日，《容斋随笔》大字本又印出，31日送到了中南海。可是，直到9月9日逝世，毛泽东再也没有看过任何一部书。

不好说这本书是毛泽东临终前阅读的最后一本书，因为他身边还放有其他书籍，但《容斋随笔》确实在他身边伴到他离开人世。

那么，毛泽东最初是从什么地方弄到这本书的呢？又是从什么时候开始读《容斋随笔》的呢？一时还不好断定。但从他1944年7月28日给谢觉哉的信里可以知道，他当时手中已经有一本《容斋随笔》了。这封信的内容如下：

觉哉同志：

《明季南北略》及其他明代杂史我处均无，范文澜同志处或可找得，你可去问讯看。《容斋随笔》换一函送上。其他笔记性小说我处还有，如需要，可寄送。

敬礼！

毛泽东

七月二十八日

重病之中仍想看《容斋随笔》，这一不同寻常的举动，更加印证了毛泽东对该书的钟爱。同时，从中也体现出毛泽东生命不息、奋斗不止的风范。他一生要读的书，他一生喜爱读的书，又何止一本《容斋随笔》？"活到老，学到老"，这是毛泽东常说的一句中国古话。他是这样说的，也是这样做的。

毛泽东对学问的体悟是相当深的。他有许多精辟的见解，从中我们能了解他对读书学习的基本态度和他勤奋好学的内在精神动力。1938年8月22日，毛泽东在中共中央党校的讲话中说过：你学到一百岁，人家替你做寿，你还是不能说"我已经学完了"，因为你再活一天，就能再学一天。你死了，你还是没有学完，而由你的儿子、孙子、孙子的儿子、孙子的孙子再学下去。照这样说，人类已经学了多少年呢？以后还要学多少年呢？那可长哉长哉，不知有多少儿孙一代一代学下去。在此，毛泽东指出学习是一个永无止境的过程，任何一个人都不应满足于自己现有的学问，世界上还有许多新知识等待人们去探索，去发现，因此学海无涯，学习不可以停止。1939年1

月 28 日，毛泽东在延安作的一次演说中就曾说道：有了学问，好比站在山上，可以看到很远很多的东西；没有学问，如在暗沟里走路，摸索不着，那会苦煞人。对学问的体悟是如此之深，因此促使毛泽东一生都在孜孜不倦地读书学习。

晚年的毛泽东，身体衰老了，视力减退了，但读书学习的精神丝毫未减，追求知识的欲望一如从前。1973 年，他在大病之后不久，还同科学家杨振宁谈论物理学中的哲学问题。1975 年他的视力有所恢复后，又重读《二十四史》，重读鲁迅的一些杂文，还看过《考古学报》《历史研究》《自然辩证法》等杂志，并且提出给他印大字本《化石》杂志和《动物学》杂志。1976 年，他还要李约瑟著的《中国科学技术史》（一至三卷）。

有一则毛泽东晚年读书生活的故事颇令人感慨。那是 1975 年，毛泽东动了眼科手术，医生规定他每天只能读 15 分钟到 30 分钟的书，但毛泽东却同医生玩起了"捉迷藏"。医生在他的身旁，他就顺从地闭起眼睛，静心养神；可等医生一离开，他立即从枕头底下掏出书贪婪地阅读起来。有一天，医生发现了这个秘密，蹑手蹑脚地走近他。毛泽东正读得入神，当看到医生用责备的神态盯住他时，竟一时手足无措，像小学生在老师面前掩盖错误一样，不安地说："今天刚看了一会儿……"

在毛泽东一生看过的无数书籍中，《容斋随笔》这部不十分有名的笔记体书竟成为陪伴他走到人生终点的书之一。《容斋随笔》是毛泽东"活到老，学到老"的一个缩影。毛泽东曾在延安的一次演说中讲过一句话："年老的同志也要学习，我如果再过 10 年死了，那么就要学 9 年 359 天。"农历一年只有 360 天，在这里，毛泽东是按中国的农历来计算一年的天数的。毛泽东在此作了一个假设与计算。虽是假设，但毛泽东于假设之中却将自己的学习时间计算到天，这是何等的重视学习啊！毛泽东以自己的实践，实现了他几十年前所许的诺言。这位伟大的革命家兼思想家，几乎是在他的心脏快要停止跳动的时候，才结束了他一生从未间断过的读书生活。

毛泽东读书逸事

"饭可以少吃，觉可以少睡，书可不能少读啊"

毛泽东经常说："饭可以少吃，觉可以少睡，书可不能少读啊！"几十年来，毛泽东为了中国革命的胜利，总是珍惜时间，孜孜不倦地学习各种知识。在战争年代，行军打仗异常艰苦，不仅没有整段的时间来读书，而且缺乏书的来源。但是，热爱读书的毛泽东总能挤出时间来读书。他充分利用行军和休整的间隙、饭前饭后的片刻时间以及晚上睡觉的时间，如饥似渴地阅读大量的马列著作和各种社会科学书籍。有一次，他带领部队离开茨坪，到了五斗江。部队原地休息，毛泽东就找了一个偏僻地方，坐在一块大石头上，全神贯注地读起书来。在井冈山时期，有一段时间没有书刊报纸看，毛泽东在率领部队攻打土豪劣绅盘踞的县城时，便指导战士们多多搜集书刊资料。1931年，红军攻打漳州时，得到一本恩格斯的《反杜林论》，毛泽东高兴异常，分外珍惜这本书，一直带在身边。行军休息期间，只要有一丁点的空闲时间，他都会拿出来读上三五页。1934年开始长征时，毛泽东病倒了。在遵义会议之前，毛泽东一直是躺在担架上的。但据护理他的医生回忆，毛泽东那时仍然手不释卷地读一本书，后来才知道这本书就是《反杜林论》。1947年，胡宗南进犯延安，毛泽东把重要的书籍化整为零，分散给随行人员、战士携带。警卫员的挎包里装着他常用的工具书:《辞源》和《辞海》，每到驻地就摆在他身边。从延安撤退的时候，别的东西丢下了很多，但是他的书，除一部分在当地埋藏起来，大部分特别是他加了批注的那些，经过千辛万苦，辗转千里，搬到了北京。这些书是毛泽东藏书中最宝贵的一部分，是研究毛泽东思想的珍贵资料，也是毛泽东酷爱读书的见证。有一次毛泽东在书房里翻阅这些书时，不禁感慨万分："这部分书能够保存到今天，首先要感谢那些曾为我背书的同志们！"

中华人民共和国成立后，毛泽东更是日理万机，昼夜操劳。时间对于毛泽东来说，真是如同生命。为了抓紧时间多读点书，他甚至在外出开会和视察工作时，千方百计地挤时间想办法读书。于是，他身边的工作人员都知道这样一个习惯：毛泽东外出时，总是要随身携带一大批书。

毛泽东有一个习惯就是每到一个地方，必先作两方面的调查，一是向人做调查，询问当地的政治、文化、经济、人民生活等现实情况；二是向书本做调查，了解当地的历史情况、地理沿革、风土人情等。每次外出时，毛泽东都要选好要带的书，并且还要向当地图书馆借阅。

毛泽东有几个长方形的大木头箱子，约2尺高，3尺长，1尺多宽，木质粗糙，外面刷了一层清漆，十分笨重，这是他外出时装书用的。每次离京外出，毛泽东都是"兵马未动，书籍先行"，一定要开列一份长长的要携带的书目，将书装箱带走。他在飞机上、火车上、轮船上始终是手不释卷。

1959年10月23日，毛泽东又要到外地去了。照例，他要随身带一大批书。下面就是毛泽东那次带走的图书的书目，现根据逄先知当时的登记本照录，看看毛泽东读些什么书。

10月23日

主席今天外出，要带走一大批书，种类很多，包括的范围很广。他指示要以下一些：

马克思、恩格斯、列宁、斯大林的主要著作，诸如：《资本论》、《马恩文选》（两卷集）、《工资、价格和利润》、《哥达纲领批判》、《政治经济学批判》、《反杜林论》、《自然辩证法》、《马恩通信选集》、《列宁文选》（两卷集）、《二月革命到十月革命》、《无产阶级革命和叛徒考茨基》、《国家与革命》、《"左派"幼稚病》、《帝国主义是资本主义的最高阶段》、《俄国资本主义的发展》、《进一步，退两步》、《做什么》、《什么是"人民之友"？》、《无政府主义还是社会主义？》、《列宁主义基础》、《列宁主义问题》、《联共党史》。

《毛泽东选集》全部。

普列汉诺夫：《史的一元论》《艺术论》。

黑格尔的著作。费尔巴哈的著作。

欧文、傅立叶、圣西门三大空想社会主义者的著作。

《西方名著提要（哲学社会科学部分）》。

冯友兰：《中国哲学史》。

《荀子》《韩非子》《论衡》《张氏全书》（张载）、关于《老子》的书十几种。

《逻辑学论文选集》（科学院编辑）。

耶方斯和穆勒的名著（严译丛书本）。

米丁：《辩证唯物论与历史唯物论》。

尤金等：《辩证法唯物论概要》。

艾思奇：《大众哲学》及其他著作。

杨献珍的哲学著作。

苏联《政治经济学教科书》（第三版）。

河上肇：《政治经济学大纲》。

从古典经济学到庸俗经济学家的一些主要著作。

最近几年中国经济学界关于政治经济学的论文选集。

《六祖坛经》《般若波罗蜜多心经》《法华经》《大涅槃经》。

《二十四史》（大字本，全部）。

标点本《史记》《资治通鉴》。

范文澜：《中国通史简编》。

吕振羽：《中国政治思想史》。

赵翼：《二十二史札记》。

西洋史（马克思主义观点的）、日本史。

《昭明文选》、《古诗源》、《元人小令集》、唐宋元明清《五朝诗别裁》、《词律》、笔记小说（自宋以来主要著作，如《容斋随笔》《梦溪笔谈》）等。

朱熹：《楚辞集注》《屈宋古音义》。

王夫之关于哲学和历史方面的著作。

《古文辞类纂》《六朝文絜》。

《鲁迅全集》（包括鲁迅译文集）、《海上述林》。

苏联大百科全书选译。

自然科学方面的基本知识书籍。

技术科学方面的基本知识书籍（如讲透平、锅炉等）。

苏联一学者给主席的信（讲社会主义社会矛盾问题的）。

郭沫若：《十批判书》《青铜时代》《金文丛考》。

字帖和字画。

中国地图、世界地图。

毛泽东这次是专门去读书的，书带得自然会多一些，范围也很广。

1969年6月，毛泽东外出到武昌。出发前，他和往常一样，和工作人员一起挑选要带的书籍。这次挑选的书特别多，有马列的著作，鲁迅的著作，多种哲学、经济学著作，还有唐诗、宋词、名人字画、中国地图、世界地图。除此之外，武英殿本二十四史中带了好几种。有400余册，10多个木箱子都装得满满的。6月的武昌正值夏季，天气闷热异常，可是毛泽东并没有

《二十四史》是毛泽东最喜爱的书籍之一，他从头到尾读过几遍（历史图片）

因此而放弃工作和放松学习，他仍然聚精会神地坐在灼热的灯光下，不知疲倦地读《南史》中的《陈庆之传》。只见他时而在书上圈圈点点，时而在书上奋笔疾书。服务员见他满脸是汗，急忙拿过毛巾请他擦擦汗。毛泽东接过汗巾，一边擦汗，一边对服务员风趣地说：读书求知如同攀登高山一样，只有不畏艰险，不怕困难，坚持不懈，才有希望到达山顶。攀登高山是要流汗的，读书学习也是要流汗的啊！流下了汗水，了解了历史，学到了知识，这叫多一分功夫，就多有一分收获。

外出视察时，毛泽东经常在行进的列车上读书。有一次在外出的列车上，毛泽东和有关领导同志谈话后，已经是晚上10点多钟了。他又捧起列宁的《国家与革命》，全神贯注地读了起来。因为这本书的版本是解放社于1943年8月刊印的，印刷质量较差，字也很小，因此毛泽东只能借助放大镜阅读这本书。列车上的服务员见到这种情形，非常心疼地劝他说："毛主席，这样看书会损坏眼睛的。时间这么晚了，您也该休息了。"毛泽东非常和蔼又十分诚恳地对服务员说："这没关系，我不累。为了革命和工作，应该抓紧时间多读点书。"

的确，外出时，人还未动，书却先要挑选好带在身边。可以说，毛泽东跟书籍真是形影不离。

"家藏万卷书"

中南海的毛泽东故居是在丰泽园内的一个小四合院，历史上曾名为"菊香书屋"。中南海原为皇家园林，在这里设一个书屋，对于皇家来说，无非是附庸风雅而已，未必是真的要经常在此读书或作为藏书的处所。但是，这里的环境非常幽静，院内古柏葱郁，老槐荫蔽，是一个读书和写作的好地方。实际上，只有当作为中华人民共和国主席的毛泽东住进这个小院之后，它才真正成为名副其实的"书屋"。它既是毛泽东读书和写作的书斋，又是一个拥有万卷藏书的个人藏书室。

"菊香书屋"是一个正四合院，东西南北四面皆有5间房。北房即正房的正中一间，是毛泽东的小会客室，靠墙摆满了书架。东头两间是毛泽东的卧室，靠北墙和东墙两面也是一排书架，这两处放的都是毛泽东使用率最高、经常翻阅或查找的书籍，或是正在阅读的书籍。北屋的西头两大间屋、西房的北头三间屋、南房的西头两间屋后来都成为专门藏书的屋子。

菊香书屋的每个房间几乎都被书占满

中南海丰泽园，从1949年6月15日到1966年8月18日，是毛泽东工作、居住的地方（历史图片）

了。进入菊香书屋的第一个房间是毛泽东的存书处。这里并行排列着36个大书橱，装满了经、史、子、集之类的线装古籍，中外的哲学、经济、历史、文学、艺术、科技等各类图书及报刊。西厢房的东窗下放着一张宽大的单人沙发和一个小茶几，沿着南、北、西三面墙和房中间都紧挨着玻璃书橱，毛泽东生前常在这里翻阅资料，读书学习。北房是起居室和卧室，靠西的一大间同样摆满了玻璃书橱。中间的起居室，除了一张饭桌，靠西靠北的两面墙放着5个大书架，摆着马克思、恩格斯、列宁、斯大林全集、选集和单行本，以及线装的《二十四史》和其他各种书籍。排成半圆形的4个单人沙发前面有张小圆桌，上面放着《徐悲鸿的彩墨画》《宋高宗赵构草书洛神赋》及一些杂志。东边的一间是卧室，靠东墙并立着两个大的玻璃书橱，装满了《鲁迅全集》，中国古典诗、词、曲的选本，梁启超的《中国近百年学术史》及其他方面的学术著作。两张方桌上摊放着一些调查报告、文件、各种报纸、英汉字典、地图等。

菊香书屋里存放的都是书，而且像图书馆的书库一样，一架架，一排排，分门别类，摆放得整整齐齐。因此，"菊香书屋"不仅仅是一般意义的"书屋"，它其实更是一个门类齐全、自成一体的小型图书馆。

毛泽东的藏书达六七万册之多，可谓是名副其实的"家藏万卷书"。万卷藏书的积累有一个过程。嗜书如命的毛泽东十分注意书籍的购买、收藏工作。无论是在青少年时期的求知生涯中，还是在革命斗争的艰苦环境中，毛泽东都设法收集他想看的书。在延安时期，毛泽东通

毛泽东一生勤奋读书，直到生命的最后一刻。这是毛泽东在中南海丰泽园的书房（历史图片）

过各种渠道，尽一切可能，从国民党统治区购买各类书报。通过日积月累的读书与收藏工作，毛泽东的藏书逐渐丰富起来，并有专人负责管理。最初，他的这些书是放在离他住处不远的一排平房里的，因怕日本侵略者的飞机轰炸，后来搬到一个很深的窑洞中保护起来。中华人民共和国成立后，毛泽东读书的范围更广了，因此他收藏的范围和数量也逐步扩大和增加。他不仅要求身边的工作人员上街购书、配书，而且要求出版部门多出一些好书、珍贵的善本书。他曾提出，要把中华人民共和国成立前商务印书馆和中华书局出版的所有图书给他配置一套。这个要求后来一直未能实现，事实上这是很难实现的。毛泽东对自己的藏书十分珍视。有一次，他发现其中一本线装书被老鼠啃了，便指示要消灭藏书室中的老鼠。其实，那本书并不是在藏书室中被老鼠啃的。为了捕捉藏书室中的老鼠，他的秘书田家英找来一只猫养着。在毛泽东的藏书室里养猫捉老鼠，并不是出于科学上的考虑，只是因为当时没有更先进的方法。

其实，毛泽东的藏书，在玉泉山住处、中南海瀛台都存放过，后来全部移到丰泽园去了。毛泽东住处西头几间屋里存放的只是其中的一部分。

"人的知识面要宽些"

参观过中南海毛泽东故居的人，都深深地体会到毛泽东书房的两大特色，一是藏书丰富，二是与书共眠。

毛泽东所藏之书，门类齐全。作为一个马克思主义者，作为一个无产阶级革命家、政治家，他十分爱读马列主义经典书。此外，他还爱读自然科学方面的书。他常说："人的知识面要宽些。"而要做到知识面宽，必须多看书，并且要看各方面的书籍。毛泽东不仅爱看正规的理论书籍、学术著作，还很爱看些闲书，如古人写的随笔、小说，他甚至还研读宗教经典。毛泽东不仅是一位通晓各种知识的大学者，还是一个喜爱藏书的文人学士。他一生中，究竟读过哪些书，读过多少册书，现在很难有一个精确的统计。我们只能从毛泽东的藏书中，从他批阅过的书籍杂志中，粗略地知道毛泽东所读的书、爱读的书。比如，毛泽东在延安简陋的窑洞里，系统地研读了大量马列主义书籍，从而奠定了毛泽东思想在中国共产党内的指导地位。在中南海毛泽东的故居，我们仍能看到保存在那里的一批书籍，纸张已发黄，陈旧的书页上用墨笔标着不同的记号，这就是当年毛泽东在延安阅读过的一些马列著作。这些书籍有《资本论》、《社会主义从空想到科学的发展》、《列宁选集》（苏联出版的中文本）、《国家与革命》、《理论与策略》（收有斯大林著《论列宁主义基础》《论列宁主义的几个问题》等）、《马克思恩格斯列宁斯大林论艺术》、《反杜林论》、《唯物主义与经验主义批判》、《关于辩证法的笔记》等。另外，列宁的两本名著《国家与革命》和《"左派"幼稚病》是他长征后带到延安的，书已经破损，但毛泽东仍反复翻阅。就在这两部书中，有用几种不同颜色笔画的圈、点和杠杠，写有某年某月"初读""二读""三读"的字样，并有不少批语。

20世纪60年代，毛泽东主要在卧室里办公，习惯在床上看书、批阅文件，他的卧室成了办公室（历史图片）

毛泽东的藏书，最主要的是这么几类：第一类是马克思主义经典著作，其中包括马克思、恩格斯、列宁、斯大林的全集与选集；第二类是阐释马克思主义原理的各种教科书和理论书籍,如马克思主义政治经济学教科书、哲学教科书,关于社会主义、社会发展史的理论书籍;第三类是有关中国历史的书,如《二十四史》、《资治通鉴》系列、《纲鉴易知录》系列、各朝纪事本末系列等;第四类是各种中国古书,从《永乐大典》《四库全书》这样的类书、丛书到各代笔记体小说、随笔,从诗词、文论到市井笑话集;第五类是中国近代现代的一些名著,如《鲁迅全集》《革命军》等;第六类是工具书,包括《辞源》《辞海》之类的工具书,也包括《四部备要》《古今图书集成》这类工具书。此外,还有一些译成中文的世界历史、政治、哲学、经济和文化名著。借助这些藏书,毛泽东在书海泛舟,探奇览胜,成为举世公认的思想家。

毛泽东藏书完全是为了使用。他不是古董鉴赏家和古董收藏家,因此他不在版本上求古、求孤、求绝。他嗜爱中国古书,但并不特别去追求古版本。在他的藏书中,既无宋版本,也极少有明版本。

参观中南海毛泽东故居,还可以看到毛泽东书房的另一个特色——与书共眠。毛泽东手头常看的书基本上放在床上,这一点给前来参观的人留下了很深的印象。在毛泽东的床上,半边床都摆满了书。那些书当年都是由逄先知根据毛泽东的需要经常为他摆好的。每过一段时间,他会调整更换其中的一部分,再摆好供毛泽东随手拿起来阅读。

毛泽东卧室的书架上、办公桌上都摆满了书,就是饭桌、茶几和睡床上,甚至厕所的方凳上也都摆放着书。从中我们可以看出两点:一是毛泽东是挤时间读书,尽可能地利用一点一滴的时间来看书学习;二是走到哪里,就学到哪里,到处摆满了书,拿起来很方便。即便是到了外地,仍然如同在北京一样,床上、办公桌上、饭桌上都摆放着各种要看的书。

毛泽东常说:读书治学没有什么捷径和不费气力的窍门,就是一要珍惜时间,二要勤奋刻苦。到了晚年,毛泽东因年事已高、体弱、多病,常常躺在床上看书学习。他的床上除了躺下一个人的位置,其余地方放的全是书。

毛泽东的会客室兼饭厅。毛泽东经常翻阅的书《二十四史》就在桌边的书柜中（历史图片）

他把看书当成一种休息，所以在工作之后的时间里，他几乎都用来看书学习。每天晚上，他看书都看到很晚。由于工作一天很辛劳，有时他抱着书本就进入了梦乡。醒来后，他又孜孜不倦地看了起来。"毛主席床前一盏灯，春夏秋冬夜长明"，这是警卫战士对毛泽东废寝忘食、夜以继日地工作和学习的赞颂，也是毛泽东深夜工作、读书生活的真实写照。

毛泽东晚年尽管体弱多病，但他仍千方百计地争分夺秒，攻读不辍。为毛泽东治病的医学专家姜泗长说："我看到毛主席在病中依旧日日夜夜地工作和学习，常常持续十几个小时，有时竟达二十几个小时，就连吃饭或量血压时也要抓紧时间做些事。我每次给毛主席治疗，他老人家靠在沙发或躺在床上，总是手不释卷，他那全神贯注的神态，仿佛不是同病魔周旋，而是沉思着怎样指挥一场重大的斗争……"这就是毛泽东，人书一体的政治家。

第三章
惜时如金——毛泽东的读书生活

《水浒》与水壶

在革命战争年代，由于受条件的限制，不可能有充足的书源，为此毛泽东经常请同志们帮他购书、寄书，以解对知识的饥渴。不仅如此，他还注意搜集马列主义著作和其他社会书籍。1929年11月28日，在湘赣闽一带农村进行土地革命的毛泽东给中央写去一封信，信中说："唯党员理论常识太低，须赶急进行教育。除请中央将党内出版物（布报，《红旗》，《列宁主义概论》，《俄国革命运动史》等，我们一点都未得到）寄来外，另请购书一批（价约百元，书名另寄来）……我们望得书报如饥似渴，务请勿以事小弃置。"在这封信中，毛泽东重视书籍的心情跃然纸上。同时，他怕此信不起作用，又给当时的中央政治局常委、中宣部部长李立三写去一封信："我知识饥荒到十分，请你时常寄书报给我……"的确，毛泽东能够忍受物质生活上的匮乏，但对缺少书报的日子却难以忍受。他一方面给中共中央写信，希望能够从中央那里得到一批书刊，缓解书荒的状况；另一方面，他积极想办法"虎口抢书"，"向土豪借书"。他规定红军每打下一个县城，一定要把所有的报刊、书籍尽可能片纸不留地带回来，以作行军打仗参考之用。红军每打下一个县城，总是先去敌人的县政府找敌人的档案文件；再去当地邮局，设法搞到报纸杂志，往往是空手而去，满载而归。毛泽东往往利用这些"战利品"，了解敌情、了解国内外大事，同时也从中获取大量的知识。

长征路上，有一次部队打了个胜仗，夜间宿营时，毛泽东跑去问他的机要秘书黄友凤："小黄，有什么战利品没有？"

望着毛泽东疲倦的眼神，小黄连忙把前方刚送来的香烟递了过去。

毛泽东摇了一下头说："不是这个！"

小黄刚到毛泽东身边不久，尚不大清楚毛泽东有什么习惯，更不知道毛泽东所要的"战利品"是指什么。

毛泽东解释说："噢，对了，怪我没跟你讲清楚。我要的是书，比如州志啦、府志啦、县志啦什么的。打仗胜败是在知情势，这情势就是一个地方的山川气候、物产资源、风俗民情等特点。只有把握好情势，才能取得胜利。"

从那以后，在整个长征路上，每到一处，秘书和警卫员就为毛泽东收集"战利品"。走的地方多了，"战利品"也丰富起来了，毛泽东抓住一切空余时间阅读。为了减轻挑夫的负担，读完后，很多书都忍痛扔掉了。直到中华人民共和国成立后，提起那些"战利品"，毛泽东还感到非常遗憾！

有一次，部队打下了一座县城，毛泽东被分配住到一个地主的庄院里。他走进院子，环顾了一下四周，把警卫员叫来说："小鬼，这家人看来蛮富有，你四处走走，看能不能找本《水浒》来，我想用用。"

小战士接受了这个任务，高高兴兴地四处寻找起来。不一会儿，他提着个大水壶回来了。

毛泽东一看，马上明白了。他爽朗地哈哈大笑起来，然后一只手叉着腰，用爱抚的目光望着小战士说："我让你找本《水浒》，你给我找了把水壶，这不是牛头不对马嘴吗？"

事后，毛泽东专门把自己身边的工作人员叫到一起，让大家就错把水壶当《水浒》这件事展开讨论，要大家认识到看书学习的重要性。

北图一号借书证

菊香书屋藏书丰富，就个人藏书来说，已经不算少了。但是，这仍然不能满足毛泽东的阅读需要。他经常要身边的工作人员替他向一些图书馆借书。

北京图书馆（1998年后更名为"国家图书馆"）是中国最大的一座图书馆，藏书量最多，品种最全，国内的孤本、善本、珍本也最多。北京图书馆

第三章
惜时如金——毛泽东的读书生活

不仅在中国首屈一指,在亚洲也是藏书量数一数二的大图书馆,还名列世界十大图书馆之一。北京图书馆旧馆与中南海大院北门隔街相望,这种优越的地理位置,对于酷爱读书的毛泽东来说,不能不说是一种"地利"。

中共中央办公厅的同志经常来为毛泽东借书,引起了北京图书馆同志的注意。1958年夏,北京图书馆换发新的借书证,毛泽东身边的同志特地去给毛泽东办了一个。北京图书馆的同志出于对毛泽东的敬意,把他的借书证编为第一号。此后,一直到毛泽东去世,使用的始终是北京图书馆的一号借书证。

借书对爱读书的人来说是常事。在北京借书比较方便,那么外出如何借书呢?毛泽东就向当地的图书馆借阅。全国的很多图书馆,毛泽东虽未办过借书证,却曾去借过书。杭州、上海、武汉、成都、庐山等地的图书馆,都留下了毛泽东借书的记载。

1958年3月,毛泽东首次来到成都,参加中央工作会议。3月4日下午,毛泽东一到这个蜀汉古都,立即要来《四川省志》《蜀本纪》《华阳国志》阅读。此后,他又要来《都江堰水利述要》《灌县志》等地方志方面的书,还在书上批、画、点、圈。会议期间,他挑选了唐、宋、明三朝诗人写的有关四川的一些诗词,连同《华阳国志》,一并印发给与会同志。3月8日,毛泽东借阅楹联书10余种,其中有杜甫草堂的对联,还有孙髯翁作的昆明大观楼长达180字的对联。毛泽东对这副长联甚为欣赏,他能背诵如流。清人梁章巨在《楹联丛话》中,认为此联"究未免冗长之讥也",毛泽东颇不以为然。他在对此书的批语中写道:"从古未有,别创一格,此评不确。近人康有为于西湖作一联,仿此联而较短,颇可喜。"

毛泽东多次到杭州。工作之余,他常常借阅当地的地方志、当地古人的文集和诗集。例如,他借阅过宋朝林逋的诗文集,明朝于谦的文集、传记和有关于谦的小说。林逋隐居于西湖孤山,一生不做官,喜种梅养鹤,被人称为"梅妻鹤子"的诗人。于谦是爱国名将,做过明朝的兵部尚书。毛泽东在杭州还要过历代古人写的有关西湖的诗词。当时在杭州从事文史工作的叶退修收集了自唐至清咏西湖的诗2000多首，从中选出200首，编成《西湖古诗集粹》，抄送毛泽东阅览。

关心《柳文指要》的出版

毛泽东酷爱中国古代散文，对韩愈和柳宗元的散文极为推崇。1959年3月1日，《光明日报》发表了一篇《柳宗元的诗》一文，毛泽东读后，对身边的工作人员说："柳宗元是一唯物主义哲学家，见之于他的《天对》。"1964年，毛泽东在北戴河接见哲学工作者的谈话中又说："柳子厚出入佛老，唯物主义。他的《天对》，从屈原的《天问》以来，几千年只有这一个人作了这么一篇。"毛泽东对柳宗元的喜爱，集中地表现在他关心章士钊的《柳文指要》一书的出版上。

1960年，中央文史研究馆馆长章士钊先生开始着手撰写介绍柳文的书。在与毛泽东的一次会面时，章士钊谈到了自己的书稿。毛泽东听了，很感兴趣。他表示，自己也十分喜欢散文，希望章士钊把书稿写完后送他先读。到1965年，章士钊完成了上下两部100万字的《柳文指要》，他将手稿送给毛泽东审阅。毛泽东收到《柳文指要》稿后，派人给章士钊送去桃、杏各5斤，并附上一封颇有趣味的信。信的全文如下：

行严先生：

　　大作收到，义正词严，敬服之至。古人云：投我以木桃，报之以琼瑶。今奉上桃杏各五斤，哂纳为盼！投报相反，尚乞谅解。含之同志身体如何？附此向她问好，望她努力奋斗，有所益进。

毛泽东
一九六五年六月二十六日

毛泽东认真地阅读了这部书稿，还修改了若干处。到 7 月中旬，毛泽东已把该书稿上下两部通读了一遍。毛泽东又给章士钊写去了一封信：

行严先生：

各信及指要下部，都已收到，已经读过一遍，还想读一遍。上部也还想再读一遍。另有友人也想读。大问题是唯物史观问题，即主要是阶级斗争问题。但此事不能求之于世界观已经固定之老先生们，故不必改动。嗣后历史学者可能批评你这一点，请你要有精神准备，不怕人家批评。……柳文上部，盼即寄来。敬颂

康吉！

毛泽东
一九六五年七月十八日

虽然毛泽东已看出了这部书在思想方法论上存在着缺陷，但他仍流露出对此书的欣赏，并表示赞成出版。但康生看过此书稿后，却从中作梗，他要作者用辩证唯物主义观点对原稿作修改，方可出版。毛泽东得知后，于 1965 年 8 月 5 日给康生写去一封信，表明自己赞成出版该书。毛泽东认为："大抵扬柳抑韩，翻二王、八司马之冤案，这是不错的。又辟桐城而颂阳湖，讥贴括而尊古义，亦有可取之处。唯作者不懂唯物史观，于文、史、哲诸方面仍止于以作者观点解柳（此书可谓《解柳全书》），他日可能引起历史学家用唯物史观对此书作批判。"康生见风使舵，说："……85 岁的老先生尚有精力作此百万巨著，实非易事。我读完之后，觉得主席 8 月 5 日信中对此书的评价，是十分中肯完全正确的……"毛泽东接到康生的信后，于 1966 年 1 月 12 日把书稿退还给章士钊，还附上一封信，写道："大著《柳文指要》康生同志已读完交来，兹送上。有若干字句方面的意见，是否有当，请酌定。"毛泽东还把康生的来信也转给章士钊了，连信封都没换。

此书稿送到中华书局不久,"文化大革命"狂风骤起,康生再次出面干预,《柳文指要》一书的出版被搁置。1970年,章士钊于激愤之中写给毛泽东一封信,说道:"根据康生的意见,看来原作不加改动断不可,即为社会必须扫除的秽浊物,哪里还谈得上出版。""我未信人类有不可变更的观点,亦未闻天下有走不通的道路。为此请求主席恕我违抗指挥之罪(旁注:指不改变原稿),并赐我三年期限补习必不可不读的马列著作以及全部毛选,如果天假之年能达九十六阙比时,谅已通将《柳文指要》残本重新订正准即要求版行公之大众,不望无瑕,庶乎少过……"显然,章士钊先生是说气话了。

毛泽东仔细琢磨了信的用意,挥笔在原信上作了批示,转给康生等人研究处理。毛泽东过问此事,最终促成了此书于1971年出版。

《柳文指要》终于出版了!这对于90岁的老人来说,真是天大的喜事。章士钊欣喜万分,拿到新书时,他激动得手都发颤了。这是章士钊一生中篇幅最大、最完整的巨著。这种书能在"文化大革命"中得以出版,没有毛泽东的关照或特许,那是不可想象的事。

章士钊自己掏钱买来上百套《柳文指要》,并买来红纸,裁成小条,亲笔题字,贴在书的扉页上,送给朋友们。当然,首先是送给毛泽东、周恩来各一套。

《柳文指要》还引出另外一个小故事。这个故事发生于1972年春尼克松访华时。签署《上海公报》之后,周恩来在上海友谊大厦举行晚宴,欢送尼克松一行。席间,周恩来与美国国务院官员弗里曼交谈,发现他古汉语造诣很深。周恩来就向弗里曼介绍起章士钊及其《柳文指要》来。弗里曼极感兴趣。周恩来提醒章含之:"弗里曼先生那样有兴趣,含之,你送他一部《柳文指要》嘛!"于是,章含之连夜找来一套用过的《柳文指要》,送给了弗里曼。

由于毛泽东的关心,《柳文指要》在那摧残古典文化的特殊年代里得以出版,这部书又作为友谊的象征送给了美国人。

/第四章/

伟人本色——生活中的毛泽东

◎毛泽东一生艰苦朴素,在物质生活方面从不提出过分的要求。他总是严于律己,把自己的生活标准降到最低。在衣着上,毛泽东极为简朴,从不讲究。他常说:"我的标准,不露肉,不透风就行。"他还说过:"我节约一件衣服,前方战士就能多得一发子弹。"

◎毛泽东在谈饮食问题时,说自己是"农民的生活习惯"。毛泽东的饮食十分简单,只求饱肚。他对身边的卫士说过:"我们活在这个世界上,不是为了吃世界,而是为了改造世界。这才是人,人跟其他动物就有这个区别。"

没有几件像样的衣服

毛泽东一生艰苦朴素,在物质生活方面从不提出过分的要求。他总是严于律己,把自己的生活标准降到最低。

在衣着上,毛泽东极为简朴,从不讲究。他常说:"我的标准,不露肉,不透风就行。"他还说过:"我节约一件衣服,前方战士就能多得一发子弹。"

1937年1月4日,毛泽东率中共中央机关离开保安去延安。6日晚,毛泽东住在寺儿台老百姓的窑洞里。

毛泽东对刚烧好炕的警卫员吴清华说:"外面人多地方小,睡不下,今晚你就跟我一起睡吧!"小吴有点不好意思。毛泽东笑着说:"这么大的人了还害羞?"一句话把小吴逗笑了。

经过两天行军,确实太累了,小吴一上炕就进入了梦乡。毛泽东脱下大衣,给他盖好,继续办公。突然,炕上着火了。毛泽东唤醒小吴,同他一起把燃着的褥子扑灭。原来炕皮薄,下面烧的火太旺了。小吴心里很难过,感到自己失职了。毛泽东连忙安慰说:"没有关系……补补就行了。"

这条烧了窟窿的粗布补丁褥子,伴随毛泽东入延安、转战陕北、进北京,最后珍藏在中国革命军事博物馆里。

抗日战争期间,从中央首长到每个炊事员,都是三年发一套棉衣,两年发一套单衣,每人每月五角零用钱。为了节约开支,大家的棉衣或单衣都是补了又补,到换装时都尽量不领新的。有一次,毛泽东穿的旧棉袄到了换装的时候,但是他就是不肯换新的。警卫员没办法,找到管理局。管理局想办法搞了几尺阴丹士林布,请被服厂做了件体面暖和的新棉衣。警卫员知道,

第四章
伟人本色——生活中的毛泽东

当面把新衣服交给毛泽东，他肯定不要。于是警卫员趁毛泽东休息时，把新棉衣放进去，把旧棉衣取出来。他们原想把那件旧棉衣拆洗干净，可是没想到布都糟了，一拆便缝不起来。

毛泽东一觉醒来，发现棉衣被调换了，立即把警卫员叫来，问道："这是哪里来的？"

警卫员解释说是管理局做的。

毛泽东不高兴了："为什么？我有棉衣穿嘛！"他指着新棉衣说："这件棉衣太好了，我不要。还是把我的破棉袄拿来吧。"

警卫员说，那件棉衣已经拆了，就是洗干净，也破得缝不起来。毛泽东无可奈何地笑了："那么，你看怎么办？"

"主席，已经做好了，就穿它吧！"警卫员抓住这个机会，把自己的打算和盘托出。他满以为，毛泽东是一定会同意的。

可是，毛泽东却轻轻一摆手说："这样吧，给我领件普通灰布棉袄，和你身上穿的一样。"

旧衣服愈穿愈破，但同时也对它愈有感情。毛泽东的"衣不厌旧"有两个原因，一是出于节俭的考虑，二是有些衣服虽然很旧，但却留有历史的记忆，毛泽东舍不得换下它。

在陕北杨家沟时，有一次李银桥拿着一件磨得薄

1943年，毛泽东在延安（历史图片）

如蝉翼而有些部位又补丁摞补丁厚如硬纸块的灰布军装给毛泽东看，并对他说："主席，你看看吧，再穿就该出洋相了。说不定你做报告，在台上一做手势，它就会碎成布片呢。"

毛泽东接过衣服，小心翼翼地放在腿上，像抚摸伤病员一样轻轻地抚摸着旧军装，抚平上面的皱褶。他对李银桥说："它跟我参加过洛川会议呢。这样吧，用它补衣服。"

转战陕北期间，卫士李银桥发现毛泽东只有一条毛巾，而且已经用得很旧，毛巾上根本没有什么毛圈了，就像块麻布片。可是，毛泽东好像没有看见似的，仍然用它擦脸、擦脚。李银桥很想给毛泽东领条新毛巾，可他知道，如果不经过毛泽东的同意就擅自领东西，毛泽东准会批评他的。可是，也不能让毛泽东将这条旧毛巾一直用下去啊。

一天，李银桥拐着弯对毛泽东说："主席，再领条新毛巾吧？这条旧的擦脚用。擦脚、擦脸应该分开嘛。"

毛泽东想了想，幽默地对李银桥说："分开就不平等了。现在每天行军打仗，脚比脸辛苦多了。我看不要分了，分开脚会有意见。"

李银桥被逗笑了，说："那就新毛巾擦脚，旧毛巾擦脸。"

毛泽东摇了摇头，语重心长地说："账还不能这么算。我领一条新毛巾，好像不值多少钱，如果我们的干部、战士，每人节约一条毛巾，这笔钱就够打一个沙家店战役了。"

毛泽东的衣着俭朴，非亲眼所见是难以想象的。毛泽东有一件毛衣和一条毛裤，不知穿过多少年了，也不知补过多少次了，转战陕北时就已经破得不成样子。到了西柏坡后，1948年秋天，大家看到毛泽东的毛衣毛裤上有好几个大窟窿，不少地方都脱了线，实在不好再补了，就商量着，想给他到石家庄去买身新的。

李讷的阿姨韩桂馨接过破毛衣，忍不住提出了建议："今年和去年的情况不一样了，去年陕北的条件困难，现在的条件好了，西柏坡离石家庄这么

第四章
伟人本色——生活中的毛泽东

近,那里毛衣毛线都有。如果买毛衣毛裤怕不合身,你们买来毛线,我可以给主席织,保证天冷的时候让主席穿上。"

大家都同意小韩的建议。可是李银桥知道毛泽东有个不成文的规定:不经他本人同意,谁也不能花钱给他添置东西。李银桥想拉小韩去给毛泽东做工作,就说:"小韩,你去请示主席吧,因为你年龄最小,什么话你都可以讲。"

转战陕北中的毛泽东(历史图片)

"这不是我的工作,也不是小李讷的事。如果是小李讷的事情,你们不去,我就敢去。这些都是你们的事,不应当由我去问主席。"小韩的职责范围观念很强。

最后大家搞了一个折中方案,一致推荐李银桥和韩桂馨一齐向毛泽东请示。

那天,毛泽东正坐在沙发上看资料,李银桥和韩桂馨便向毛泽东说了大家的想法。

毛泽东听后,慢悠悠地说:"我的衣服破了,补一补还可以穿。就是这样,我们从生活上来说,比前线也好多了。"

毛泽东又对小韩说:"小韩,你把李讷照顾好了,又为我们做了缝缝补补的工作,给你增加麻烦了,我非常感谢你。还是请你辛苦一点,把我的毛衣毛裤织补一下,能穿就行了。"

小韩不甘心地说:"你的毛衣毛裤实在太破了,就是能补上,穿上多么难

205

毛泽东在转战陕北的途中（历史图片）

看呀！"

毛泽东对她说："唉，穿在里面不讲什么好看难看，能穿就行了。外衣破了，补补还不是可以穿嘛！艰苦奋斗是我党我军的光荣传统呀！"

毛泽东还是坚持自己的意见，李银桥知道再说也没用了，就向小韩使个眼色，暗示她不要再耽误毛泽东的时间了。于是，警卫人员想给毛泽东添置新毛衣的计划告吹了。

毛泽东的衣服太破旧了，没有几件像样的。

1949年3月，毛泽东进了北平，一次要在香山双清别墅接待各民主党派负责人、各界代表和知名人士，其中有张澜。在见张澜前，毛泽东对李银桥说："张澜先生为了中国人民的解放事业做了不少贡献，在民主人士当中享有很高威望，我们要尊重老先生，你帮我找件好些的衣服换换。"

李银桥把毛泽东的全部家当翻了个遍，翻来翻去，就是找不出一件不破或者没有补丁的衣服。他十分为难地对毛泽东说："主席，咱们真是穷秀才进京赶考，一件好衣服都没有。现做衣服也来不及了，要不，去借一件？"

毛泽东回答说："补丁不要紧，整齐干净就行。张老先生是贤达之士，不会怪我们的。"

就这样，毛泽东穿着带补丁的衣服会见张澜。

后来，毛泽东又穿着这件衣服会见了沈钧儒、李济深、郭沫若、陈叔通等社会名人。

即便是这样，毛泽东还是一直没让人给他做新衣服。他常对大家说："现在国家还穷，不能开浪费的头。""没条件讲究的时候不讲究，这一条好做到。经济发展了，有条件讲究仍然约束自己不讲究，这一条难做到。共产党人就是要做难做到的事。"

中国共产党带领劳苦大众打下了天下，让人们过上了幸福的生活。但是，中国共产党的主席竟连一件没补丁的衣服都没有。毛泽东身边的工作人员每想到此，心里总有些难过。

直到准备上天安门宣布中华人民共和国成立时，毛泽东才让李银桥找人为他做了一件中山服。料子是生活秘书叶子龙送来的黄色美国将校呢，李银桥拿着料子到王府井请从法国留学回来、专门剪裁服装的王子清师傅做。

1949年10月1日，毛泽东穿着这套黄呢子制服，登上了天安门城楼，宣告中华人民共和国诞生了。那时，人民解放军的军衣还没制定统一式样，人们对军装的概念似乎只是以黄色为标准。所以，毛泽东对他那套开国大典的黄呢子制服也视为"军衣"。参加大典之后，因为叶子龙送来的黄呢子料还有不少，李银桥又请王子清师傅为毛泽东做了3套相同式样的制服。朝鲜战争停战协定签订后，毛泽东对卫士们说："我们可以脱军衣了。我脱，你们也脱。"此后，卫士们都脱下军衣，再不曾穿过。毛泽东也再不曾穿过那套开国大典穿的"军衣"。毛泽东把登上天安门城楼时穿的那套黄呢子制服送给了李银桥，其余的3套都送给了卫士们。后来，李银桥将这套毛泽

1949年10月1日下午3时，中华人民共和国开国大典在北京天安门广场隆重举行。这是在天安门城楼上的毛泽东（侯波 摄）

东开国大典时穿过的衣服送给了天津历史博物馆。

毛泽东平时喜欢穿布便鞋，只在参加大型会议或会见外宾时，才穿皮鞋。登上天安门城楼时的毛泽东，脚上穿的是一双深褐色皮鞋。这双皮鞋一穿就是好几年，以致鞋帮内侧后面磨得掉了色，鞋跟磨去了一厘米多厚。工作人员劝毛泽东做双新的，毛泽东不同意，说："这双鞋穿起来很舒适，虽然很旧了，我很喜欢它！"毛泽东还穿着这双他喜欢的皮鞋去会见外宾。后来，工作人员多次劝毛泽东换双新鞋，可毛泽东总是说："我只穿出去见见客，开开会，要那么好的皮鞋干什么？这双鞋穿起来很舒适，虽然很旧了，我很喜欢它！"

毛泽东穿皮鞋，不求质地品牌，唯求宽松舒适。他不喜欢穿新鞋，因为新鞋紧，夹脚，所以毛泽东往往把新鞋让别人先穿。"你们年轻人穿新的精神，我岁数大了穿旧的舒服。"他把新鞋交给战士，将旧鞋要回来："我们各取所好。"

1956年，毛泽东在中南海勤政殿接见印尼总统苏加诺。事前，毛泽东进去检查布置情况，他巡视了一遍，停在一台外国收音机前，皱起眉头说："中国也可以生产收音机，为什么放外国的？中国的'东方红'不是更好吗？"

罗瑞卿见毛泽东穿着一双棕色皮鞋，对他说："主席，你还是换一双黑皮鞋吧？"

毛泽东很敏感地问："为什么？"

"按照国外惯例……"

"为什么要按国外惯例呢？"毛泽东不以为然地轻跺一下皮鞋，"我们中国人要按中国人的习惯穿。"

就这样，毛泽东穿着这双大头棕色皮鞋接待了以潇洒、富贵闻名于世的苏加诺。

此后，无人敢再在毛泽东面前提皮鞋颜色的问题。毛泽东穿着棕色皮鞋接见了一位又一位外宾。

第四章
伟人本色——生活中的毛泽东

毛泽东的皮鞋一穿就是几年。在一次舞会上，舞伴说："主席，你这双皮鞋这么旧了，还不换一双？"

"换什么？这皮鞋穿起来舒服！"毛泽东兴趣很高，抬起脚，扬了扬那双连鞋带都没有系的皮鞋，乐哈哈地说。

有一次，毛泽东看到周恩来穿着一双网眼皮凉鞋，他想这种网眼可以散热透气，可能比一般皮鞋更舒适。于是，他问工作人员："总理那双皮鞋是哪里做的？"工作人员打听后，告诉他："是在北京做的，师傅叫王凤德。"毛泽东点点头，没有作声。工作人员心里清楚：主席肯定喜欢那种鞋！于是，工作人员找到王凤德。王师傅花了好几天时间做出了一双外观雅致的棕色网眼皮凉鞋。试穿后，毛泽东感到十分舒适，对王凤德的手艺赞不绝口。1963年夏，毛泽东穿上这双鞋时，想起了王师傅，问工作人员："王凤德哪里去了？"还评价说："他做的网眼皮鞋很好嘛！"当毛泽东把这双皮鞋穿旧了以后，工作人员又找王凤德做了一双同式样的皮凉鞋。

1972年2月，尼克松访华。当时，毛泽东双脚浮肿得很厉害，原先的鞋都穿不进去。工作人员画了鞋样，找内联升鞋店定做。但鞋店做不了这种特殊的鞋。后几经周折，经人介绍，找到了北京大兴县农村的一位老太太。这位老太太鞋做得相当好。鞋有28厘米长，10.2厘米宽，比一般的鞋都要长，都要宽。2月12日，毛泽东穿着这双由农村老太太做的鞋，与尼克松进行了会谈。这双布鞋因此具有了不同寻常的意义。

中华人民共和国成立后，中山装被定为"国服"。毛泽东及其他中央领导人在公开场合一般都穿中山装。毛泽东对衣服要求不高，有什么穿什么，从不挑剔，但他对中山装的颜色却只认准了一个颜色——灰色。这大概是因为灰色显得庄重严肃，更或许是毛泽东在长期革命战争年代穿惯了灰色军服的缘故。从井冈山到延安到西柏坡，毛泽东一直穿的就是深灰、浅灰的军服。

为了使毛泽东的穿着形象更完美，专为毛泽东等中央领导人制作服装的红都服装店的师傅田阿桐经过多次修改，设计了一种新型衣领，把领放矮些，领尖阔而长，适合毛泽东高大的体形和非凡的气质风度。毛泽东穿上后非常满意，于是毛泽东的中山装便不同于普通的中山装。

毛泽东的衣服基本上是由红都服装店制作，它的前身叫雷蒙服装店，专为党和国家领导人、驻华外交使节等制作服装，以历史悠久、技艺高超而著称。田阿桐在为毛泽东缝制衣服时竭力在面料、色彩和款式上下功夫，操作中，他常常不用机器，而是用手一点一点扎，以使衣服更平整；领口开到46厘米，让毛泽东感到舒适；前阔做得宽一些，后背稍宽一些，肩不要太宽；中腰稍微凹陷一点；后片比前片略长一点；袖笼提高一点。毛泽东穿上经过精心制作的衣服，伟岸的身躯更具魅力。

毛泽东穿着灰色中山装会见了许多外国元首，人们从电影、电视、相片、报纸上看到的毛泽东都是穿灰色中山装。1972年2月美国总统尼克松访华时，毛泽东正在病中，全身浮肿，原来的衣服都小了。工作人员找了一套平时穿的毛式服，拿到红都服装店，请他们照着放大一些。2月21日，毛泽东穿上了这套特制的毛式服，接见了尼克松。大家看到的仍是熟悉的领袖形象，并不知笔挺的衣服里裹着的是一个虚弱的身体。毛泽东以惊人的毅力、敏捷的思维，与尼克松进行了长达一个多小时的会谈。1974年2月22日，毛泽东穿着一套灰色啥味呢中山装接见了来华访问的赞比亚总统卡翁达。这套衣服是20世纪70年代初由红都服装店的王庭淼师傅制作的。毛泽东就是穿着这套服装，提出了"三个世界"的战略思想。毛泽东与卡翁达的会谈具有划时代意义，而这

1965年，毛泽东重上井冈山，仍是一身中山装（钱嗣杰 摄）

第四章
伟人本色——生活中的毛泽东

套啥味呢中山装便成了这次会谈的重要见证。

田阿桐回忆说:"主席比较喜欢灰色的中山装。春秋以中灰色为主,冬天则以深灰色为主。面料主要是啥味呢,因啥味呢比较柔软,显得干净。"由于毛泽东偏爱灰色中山装,因此,他的中山装便有了一个专有名词:毛式服。毛式服在国内外都具有很高的知名度。一提到毛泽东,人们脑海中浮现的便是身穿灰色中山装,慈祥、和蔼又让人无限敬爱的领袖形象。

进入20世纪70年代,特别是1972年后,毛泽东的身体状况越来越差。由于长年累月地躺卧在床上办公、看书,活动量减少,他的膝关节不能伸直。如果没有人搀扶,他站起来都相当困难,走路就更不用说了。毛泽东逝世后,由于生前身体严重浮肿,此时穿在身上的衣服已无法脱下来,工作人员强忍悲痛,用剪子小心翼翼地把衣、裤剪开。他们首先把穿在外面的灰色中山装剪下来,然后把棉毛衣、裤也慢慢剪开,换上他生前做好的崭新的中山装和棉毛衣裤。现在,毛泽东临终时穿的这套棉毛衣、裤还保存在韶山毛泽东故居纪念馆。棉毛衣、裤为纯白色,较厚,两件衣,一条裤。衣长85厘米,胸围170厘米,袖长96厘米;裤长129厘米,裤腰围116厘米,很肥大。一件长衣从前面正中剪开,另一件从右侧剪至腋下,两袖从腋下袖口沿缝处全部剪开,棉毛裤为宽裤腰,两侧嵌松紧带。毛泽东临终时穿的衣服是如此的普通,这也是他一生生活习惯的写照。

毛泽东一生俭朴。他总是用清水洗脸,从未用过一块香皂。手染了墨汁或是油污洗不掉,他就用洗衣服的肥皂洗。他从没用过什么"膏""霜""油脂"之类的护肤品,甚至没用过牙膏。他只用廉价牙粉。他说:"我不反对你们用牙膏,用高级牙膏。生产出来就是为了用的嘛,都不用生产还发展不发展?不过,牙粉也可以用。将来经济发展,人们生活水平都提高了,大家都用了高级牙膏我也会使用。"他的牙刷什么时候用秃了,什么时候才肯换新的。

毛泽东使用的被褥都是普通棉布棉花做的,里外白布,几十年保持不变。还有用白布包起来的荞麦枕头，补了又补的毛巾被、睡衣和一条薄毛毯。他进城时用的就是这些东西，逝世时仍是这些东西。他的内衣内裤以及长筒线袜更是补了又补，以至于坐下来，一不注意伸出腿，就会露出袜子上的补丁。他接待客人时，卫士们总要提醒他"家丑不可外扬"。

"农民的生活习惯"

毛泽东在谈饮食问题时，说自己是"农民的生活习惯"。这一点也不假，毛泽东对农民感情至深。他说过，中国革命问题实际上就是农民问题。农民的儿子，保持农民的习惯，应该说是很可贵的。

毛泽东的饮食十分简单，只求饱肚。他对身边的卫士说过："我们活在这个世界上，不是为了吃世界，而是为了改造世界。这才是人，人跟其他动物就有这个区别。"

在江西时，毛泽东吃饭使用的是一个小缸子。那时，差不多天天打仗，流动性很大，警卫员陈昌奉常常用那个小缸子准备"三层饭（中间一点菜，底层和上层都是米饭）"。毛泽东工作起来，顾不上吃饭。到吃饭时，饭凉了，小陈把饭热一下，毛泽东再吃。

有时，一缸子饭一顿吃不了，毛泽东就让小陈留起来。有一次，小陈看到只剩下一点饭，就倒掉了。第二天，毛泽东问："陈昌奉，昨天剩下的饭呢？"小陈回答说："倒掉了。"毛泽东批评起来："群众的每一粒米都来之不易，下次剩的不准倒掉，留着下一顿吃。"

在长征路上，毛泽东和数万名红军指战员一样，在最艰苦的时候也是靠吃草根、啃树皮充饥。有一次，在行军途中，毛泽东发现路边的沟渠里有一

第四章
伟人本色——生活中的毛泽东

挂人家扔下的羊下水——羊肠、羊肝和心肺，冻得硬邦邦的。毛泽东让炊事员捡回羊下水，化开冰，洗净烧熟，给同志们充饥。"羊下水菜"做好后，毛泽东和大家一起吃起来，都感到津津有味，又充饥又解馋。大家一边吃，一边夸这是一顿"美餐"。

1939年，毛泽东在延安和农民交谈（历史图片）

在延安，毛泽东和其他中央领导同志都是和中央机关工作人员一起吃大灶，一个星期只改善一次，吃一顿馒头。大家看到毛泽东和其他中央领导同志身体不好，提出："我们少吃一顿馒头，让毛主席多吃点馒头，不要搞平均主义。"

毛泽东知道后坚决不肯，他说："还是大家一块儿吃。"

1938年春天，有一次，毛泽东从二十里铺开边区党代表大会回来，突然在延河河滩边停住步，指着一些圆叶子小草对警

1939年，毛泽东和小八路在一起（历史图片）

卫员们说："你们看，这是一种野菜，能吃。回去以后，你们给我搞一点炒炒吃。"警卫员知道当时延安很缺菜，但不知道是否好吃，都犹疑起来。毛泽东说："这叫冬寒菜，我过去吃过。"

回来后，毛泽东让炊事员老周炒冬寒菜，接连吃了好几次，但警卫员们

仍不吃这野菜。毛泽东动员他们说:"这菜很好吃,你们也可以拔些来当菜吃,现在不是没有菜吃吗?"

警卫员们明白了,于是主动挤时间去拔这种野菜,从而缓解了当时没菜吃的困难。

进城后,毛泽东仍然保持着俭朴的生活习惯,一切山珍海味他都不追求,尤其厌烦宴会。对于接待外宾他也做过指示:"不能总是山珍海味,既浪费又不实惠。"

毛泽东对餐具的要求也很简单。他一直使用毛竹筷子,大饭店里的象牙筷子一次也不用。他说:"太贵重,我用不动。"

进城后,毛泽东仍保持吃湖南红糙米的习惯,米饭里总要加点小米、赤豆或芋头。碗沿碗底上的米粒或掉在桌子上的米粒,他都夹起来送进嘴里。

毛泽东常说:"我就是这个命,喜欢吃粗粮。"

保健医生徐涛多次劝毛泽东注意营养,改变饮食习惯,多吃点好东西。毛泽东每次都摇头。毛泽东自有他的道理,他用毛竹筷子敲敲盛着米饭的碗,望着徐涛说:"全国农民要是都能吃上我这样的饭,那就很不错了,你就可以来跟我提你那些建议了。"

1952年秋,正是新谷进仓的时候,工作人员在郊区农村买了一袋粗米。

毛泽东用的餐具(历史图片)　　为毛泽东送饭用的竹提篮(历史图片)

第四章
伟人本色——生活中的毛泽东

毛泽东听到后非常高兴地说："今天就用这个来做饭吃！"粗米不如细米黏性大，做成的饭发散，厨师担心地说："这是个啥子米哟，不成个饭样子！"毛泽东吃过后，满意地说："很好的。"

1965年5月，毛泽东在湖南巡视，住省委九所。毛泽东在湖南的饮食，通常是四菜一汤，外加一块烤红薯和一个苞谷。有时，饭内还放些蚕豆、川豆等杂粮。

一部分为毛泽东临时服务的工作人员对用粗粮招待回家乡的毛泽东感到不理解。有一个服务人员在开饭时间问毛泽东："主席，你为什么老是吃杂粮？"

毛泽东回答说："吃杂粮，我习惯了。"

服务人员说："我们都不爱吃杂粮。"

毛泽东说："全国粮食现在还紧张，大家都在吃杂粮，我怎么能不吃呢？"

毛泽东从小就爱吃苦瓜，并把吃苦瓜作为以苦为乐的象征。有一次，他边吃边说："苦瓜这种菜，我的家乡很多，房前屋后都可以种，好种也好活。有些人吃不惯，是怕它的苦味。我不但吃得惯，还一生都吃，从小就爱吃，就图它个苦味。我这个人一生没少吃苦，看来是苦惯了，以苦为乐了。"有时，他还对身边的工作人员说："你们多吃点嘛，不要怕苦。"

毛泽东对苦瓜的性能很了解。有一次，他同工作人员一起用餐，菜中便有一盆苦瓜炒鸭子。这是他很喜欢吃的一道菜。他说："凡苦的东西，对人体都有好处，苦能去火明目嘛！人吃五谷杂粮，难免上火，有时生气也上火，这叫虚火。这种人吃点苦很有必要。我这个人也爱上火，所以命中注定要吃苦啰。不如主动去吃，免得火气太大。火气大，不是伤人，便是伤己噢。至于明目，更是它的大好处，我现在有点老眼昏花了，时时吃一点，免得看不清事理噢！"

湖南人喜欢吃腐乳。在湖南，腐乳又叫"霉豆腐"，显然是经过霉变的食物。毛泽东很喜欢这道土特产。叶子龙做毛泽东机要秘书时，因会做腐乳，于是常常替毛泽东制作这道菜。后来，负责毛泽东生活的工作人员还从京西宾馆请师傅来传授腐乳制作的技艺。然而，保健人员对此却极为担忧，因为从医学角度看，霉变过的食物是不宜进食的。有一次，医务人员私下里将毛泽东吃的腐乳送去化验，结果发现细菌含量大大超标。于是，他们将化验报告上呈毛泽东，建议他从此不要再吃这种有害无益的东西。可是毛泽东依然如故，坚决不肯放弃这一美味。他说："人感到好吃也爱吃的东西还是能吃的。爱吃一定是人体有这种需要。这也许是一种什么潜在的东西，但究竟是什么，我也说不清。不过，世界上的事，说不清的也太多。这也是好事，都说清了，科学还研究什么，不研究了，还有发展吗？"

辣椒、苦瓜、腐乳都是味道浓烈的食品，其实毛泽东是一个口味清淡的人，这些口味重的食物，他只是当作调味品来吃。毛泽东喜欢吃青菜，即纤维含量丰富的蔬菜。众多蔬菜中，他喜欢冬寒菜、青蒿，还有一般人不大当作菜来吃的豌豆苗、马齿苋。总之，毛泽东尽管不是素食主义者，但他对吃素还是颇为首肯的。毛泽东在谈到吃百合、豆制品时就说过："我们祖宗在寻找食物过程中也发现了药物。药食同源，许多食物中医都可入药，像百合、山药、山楂，连葱姜蒜都可治病。你们医生可不要过分迷信药物，不要轻视饮食治疗。"毛泽东还说："豆腐、豆芽、皮蛋、北京烤鸭都是中国特有的东西，有些地方的小吃也很有特色，应该国际化，可以出口。"

毛泽东有点时间的话，就吃顿正经饭。但是，他仍会看文件、读报纸。所谓的正经吃饭，也就是比平时多做几个菜而已。有一次，毛泽东伏在书桌上办公，他左手夹着烟，右手握笔，全神贯注地阅文件，眉头稍稍聚拢。过了一会儿，卫士提醒说："主席，您该吃饭了。"

毛泽东头也没抬："怎么又吃饭了？"

"您已经快10小时没吃东西了。"

"有这么长时间了？"写完最后几个字，毛泽东抬头望望卫士，又望望窗外，想了想说："嗯，那就搞点饭吧。"

第四章
伟人本色——生活中的毛泽东

卫士心想：主席这次算是吃上了一顿正经饭。

毛泽东正经吃饭，一般是四菜一汤。这其中少不了一碟火焖的青辣椒或辣椒酱，一碟霉豆腐，一碟苦瓜。但是毛泽东正经吃饭的时候并不多。他从来不愿意事事循规蹈矩，不愿束缚他的个性。他工作起来不分钟点，吃饭也没有规律，只以感觉饥饿为标准。一天吃两餐的时候多，还有只吃一餐的时候。他一直保持着战争年代的吃饭方式。卫士值班室有个电炉子和大搪瓷缸子，卫士们经常在电炉子上煮一缸麦片粥加牛奶、鸡蛋，毛泽东就着秘书叶子龙为他做的霉豆腐吃下去就算一顿饭。

毛泽东一个人吃饭时，不是在书房，就是在卧室，常常是吃饭时还手不释卷。

有一天，毛泽东斜坐在木椅上，左手拿着一张报纸，两眼紧紧地盯住报纸，嘴巴似乎无滋无味，单调地重复着咀嚼动作。右手像一只机械手，在盘子和嘴之间来回运动，筷子始终落到菜盘子的一个位置上。那是一盘空心菜，夹走了半边，他的筷子便夹不着菜了。

卫士悄悄地转动菜盘，让他的筷子落在有菜的位置上。毛泽东仍全神贯注地看着报纸，全然不觉菜盘的变化。

停了一会儿，卫士又将荤素两盘菜对调了一下位置。毛泽东依然没有觉察到饭桌上的变化。

"嗯？"嚼了几口，毛泽东突然一怔，目光转向饭桌，露出警惕之色："味道不对呀？"说着，他就想吐掉嘴中的菜。

卫士忙解释说："是我把两盘菜调了个过儿。"

毛泽东松了口气，咽下了嘴里的菜："嗯，我说不对劲儿。刚才还咯吱咯吱的，一下子就变得那么软绵呢……"

他的眼光又转向了手中的报纸。连吃饭的时间也在读报，这种孜孜不倦的好学态度在吃饭时得到了真实的流露！

毛泽东办公室离不开茶水。他喝过的茶叶总是舍不得倒掉，经常用手指

217

抠进嘴里吃掉。

1957年初春，中南海菊香书屋，毛泽东伏在桌上批阅文件。照规律，每隔一小时左右，卫士要给毛泽东的茶杯里续一次水。已经间隔有一小时了，卫士轻轻走进来，给毛泽东的茶杯里续水。

就在卫士进门的时候，毛泽东伸过左手端起茶杯。糟糕，杯里没水了！

毛泽东眼皮耷拉着，目光顺着鼻梁而下，往杯子里望去。他右手放下红蓝铅笔，将三个指头插入茶杯。

卫士瞪大了眼睛，不明白毛泽东要干什么。

只见毛泽东用三个指头一抠，杯里的残茶被送进了嘴里。他顺势用手背擦了一下沾湿的嘴角，开始咀嚼起来。

这一连串的动作，像南方的老农民那样自然、熟练。卫士目瞪口呆，赶紧拿起空杯出去换茶。

"主席吃茶叶了，是不是嫌茶水不浓？"卫士小声地问卫士长李银桥。

"吃茶叶怎么了？在陕北就吃。既然能提神，扔掉了不是浪费？"跟随毛泽东多年的李银桥似乎对此司空见惯，根本不当一回事。

丢不掉的红辣椒

吃饭离不开辣椒，这是毛泽东饮食习惯的一大特点。

不管是在战火纷飞的年代，还是身居共和国领袖的岁月，辣椒陪伴了他一生。在战争年代，能吃上一顿辣椒对毛泽东来说就是顿美味佳肴了。没有别的食品，毛泽东就用馒头夹着辣椒吃。在延安，曾经盛传"毛泽东就着西瓜吃辣椒"的佳话。中华人民共和国成立后，毛泽东的伙食还是相当简单，

第四章
伟人本色——生活中的毛泽东

餐桌上总是一荤一素，但辣椒却是每餐必不可少的。

湖南人口味偏好辣，这个生活习惯在毛泽东身上发展到特别典型的程度。没有辣椒，他吃起饭来就觉得没有味道，甚至还影响到食欲。

1930年5月，毛泽东在江西寻乌搞调查时，他的警卫员知道毛泽东爱吃辣椒，便一大早跑出去挨家挨户地寻找。

在江西，辣椒并不是每家每户都有。警卫员找了好久，都一无所获。突然，警卫员的眼睛一亮，一位老乡家的窗前晒了几串红红的辣椒，而且这正是毛泽东最爱吃的焙干的红辣椒。于是，警卫员兴奋地跑过去，使劲地敲门。

门开了，一位老乡走了出来。看到一位战士站在门口，这位老乡有点疑惑不解。

警卫员指着挂在窗前的红辣椒，问道："我们首长爱吃辣椒，不知你的辣椒能不能给我一点？"

老乡听了，二话没说，伸手就摘了一串鲜红的辣椒送给警卫战士。

吃饭的时间到了。在毛泽东简单的饭菜中，多了一碗红红的辣椒。

毛泽东非常高兴，立刻坐到桌子旁，一边举筷品尝，一边问道："这辣椒是从哪里弄来的？"

"向老乡要的。"警卫员得意地回答。他想，这下毛委员可要表扬我了。

没想到，正兴致勃勃地吃辣椒的毛泽东却放下筷子，站了起来，说："要的？"他走到警卫员跟前，和蔼地问道："参军后，连长给你讲了'三大纪律，八项注意'没有？"

警卫员有点丈二和尚摸不着头脑："没有。"

"这件事不能怪你，主要是我们对新战士宣传党的政策不够，教育还跟不上。一会儿告诉你们连长，叫司务长从我的伙食费里把辣椒钱给老乡送去，还要给人家道歉。"毛泽东耐心地对警卫员解释起来。

在寻乌，毛泽东为了酬谢帮助他调查的群众，请来开会的群众吃饭。这顿饭有两道菜：一碗豆角和一小碗炒灯笼泡辣椒。

毛泽东的筷子只夹了点豆角，那一碗辣椒连碰也没碰一下。

"毛委员，你不吃辣椒吗？"有人觉得很奇怪。

毛泽东笑着回答说："吃的，不过近来胃口不太好，不大敢吃。"

在座的群众向毛泽东介绍说："这是我们本地的辣椒，叫灯笼泡。别看它个大，却不辣。"

"哦，是这样，我们湖南的辣椒可不同，虽然都是小指头那么小，却辣得厉害。"毛泽东一边说，一边夹了半个大辣椒，试着咬了一口，嚼一嚼，笑着说："嘿，果真不辣！这真叫大而无用。"

毛泽东又咬了一口，幽默地说："凡事不能光看外表。像它，看起来样子这么大，以为一定辣得厉害，可是它实际却一点不辣。湖南椒虽然小却辣得很。正像现在反动派一样，别看他表面上强大，其实却是中间空空的灯笼泡，而我们个个都是湖南椒。"

一席话，说得大家都笑了起来。

在江西瑞金的时候，有一次，为吃辣椒，毛泽东还和贺子珍发了脾气。那时正值盛夏，贺子珍为毛泽东炒了一碗辣椒，毛泽东一连吃了好几顿，还舍不得全部吃光。贺子珍端出来一闻，这才发觉辣椒早变味了。于是，贺子珍将剩下的辣椒都倒掉了。

中午，毛泽东回来了，一边洗脸，一边问道："那碗辣椒到哪里去了？"

贺子珍回答说："倒掉了。"

毛泽东一听这话，顿时火起，连洗脸盆带水全扔到地上了。贺子珍气得跑了出去，到晚上才回来。

事后，毛泽东了解到事情的原委，很后悔当时的鲁莽。不过对于那点辣椒，他仍觉得可惜："把它再煮一下，是不是吃了不要紧？"

1942年，斯大林派人给毛泽东送来了丰厚的礼品。回赠什么东西才能与这些厚礼相称呢？爱吃辣椒的毛泽东很自然地想到了他最为珍贵的辣椒。毛泽东给斯大林写了封信，让人缝了个大布袋，装上他亲手播种、培育、收获的红辣椒。毛泽东说："延安这里，没有什么特别的东西，我就给斯大林同志送这点礼品，表示我的谢意吧。"

于是，这袋毛泽东亲手种的辣椒便越过千山万水，飞到了苏联最高统帅的手中。

1949年，毛泽东住到北京香山双清别墅。

为了能让毛泽东吃上可口的饭菜，警卫班的战士在自己住的院子里，开垦了1亩地，种上了毛泽东喜爱吃的辣椒和其他蔬菜。

一天，毛泽东散步来到警卫班的院子里，意外地看到了绿色的小苗苗。毛泽东弯下腰，仔细地端详了一会儿菜苗，笑眯眯地说："我几天没来，你们这里就大变样了。"

战士们看到毛泽东露出了满意的笑容，便七嘴八舌地告诉他："这些辣椒，是特意给主席种的。""咱们现在住在这里，有条件自己种菜了。"

"谢谢你们。"毛泽东站起身，拍了拍手上的泥土，风趣地说，"不劳动者不得食。我没有参加劳动，怎么能白吃呢？下次浇水时，我也来浇。我参加了劳动，以后吃的时候就理直气壮了，吃起来也就更香了。"

毛泽东平时在家吃饭也顿顿离不开辣椒，外出也离不开辣椒，只要条件许可，他一定要吃。没有辣椒，他吃起饭来就觉得没有味道，但医生又偏偏禁止他吃辣椒。这对毛泽东来说是非常难受的。1956年，毛泽东在武汉时，悄悄和陪他吃饭的湖北省委负责同志说："我身边的医生不许我吃辣椒，你能帮我腌点湖南辣椒吗？"那位同志设法从湖南韶山弄来了2斤辣椒，制成成品后，送到毛泽东那里。由于有了湖南辣椒，毛泽东每餐竟能多吃半碗米饭。但是，纸包不住火，不久，这个秘密还是被保健医生发现了。

毛泽东不但嗜辣椒成性，而且还很爱唱一支名为《红辣椒》的歌。这支歌唱的是辣椒对自己活着只是供人食用而没有生活意义感到不满，辣椒嘲笑白菜、菠菜、青豆的浑浑噩噩，没有骨气的生活，终于领导了一场蔬菜起义。把辣椒放在蔬菜之王的地位，而且还赋予它革命性，可见毛泽东对辣椒的喜爱。

毛泽东还发明了一套"辣椒革命论"。他曾半真半假地对人说，吃辣椒革命性强。他认为，爱吃辣椒的人都是革命者。一次，他请人吃饭时，在餐桌上发布了他的"辣椒革命论"。他说，湖南人爱吃辣椒，因而革命家特别多。他还列举了西班牙、俄国和法国的情况来证明他的"理论"。没想到他的理论一发布，立刻就有人提出反对意见。有人举意大利为例，说意大利人也因爱吃辣椒而出名，而现在意大利的法西斯分子也特别多。毛泽东听罢无言以对，只好大笑着认输。

也许是由于风闻毛泽东的这个高论，不少并非湖南、四川的人也以爱吃辣椒为荣。就有一位县长和一位女县委书记爱吃辣椒，竟被当地人视为一绝。甚至在接待上层机关的来人时，也要单备上一盘辣椒。

晚年时，由于患有多种疾病，特别是脑神经病，毛泽东吞咽困难，因而不能随心所欲地大吃辣椒了。这时他吃辣椒，只是在小盘子里蘸一点点，然后用嘴一抿，高兴地说："好香啊，一直辣到脚尖了！"

爱吃红烧肉

毛泽东对饮食没有过高的奢求。在他看来，追求个人的吃喝享乐，那是格调很低、很庸俗的事。用吃喝等福利标准去描述未来社会的理想目标，则属"放屁"。1964年，赫鲁晓夫在一次演说中说"福利共产主义"是"一盘土豆烧牛肉的好菜"。毛泽东得知后，颇不以为然。他在1965年秋天写下了《念奴娇·鸟儿问答》：

第四章
伟人本色——生活中的毛泽东

鲲鹏展翅,九万里,翻动扶摇羊角。背负青天朝下看,都是人间城郭。炮火连天,弹痕遍地,吓倒蓬间雀。怎么得了,哎呀我要飞跃。 借问君去何方?雀儿答道:有仙山琼阁。不见前年秋月朗,订了三家条约,还有吃的,土豆烧熟了,再加牛肉。不须放屁,试看天地翻覆。

毛泽东的饮食太简单、生活太艰苦了。但是,他有时特别喜爱吃红烧肉。在他看来,能有红烧肉吃就是大补了。毛泽东爱吃红烧肉是出了名的。围绕着他吃红烧肉,还发生了许多有趣的故事。

沙家店战役结束后,毛泽东对李银桥说:"银桥,你想想办法,帮我搞碗红烧肉来好不好?要肥的。"

李银桥回答说:"打了这么大的胜仗,吃碗红烧肉还不应该?我马上去搞。"

已经三天两夜没有合眼的毛泽东疲倦地摇摇头说:"不是那个意思。这段时间用脑子太多,你给我吃点肥肉对我脑子有好处。"

于是,李银桥告诉厨师高经文烧了一碗红烧肉。毛泽东先用鼻子深深地吸着香气,两眼一眯,情不自禁地赞叹道:"啊,真香!"然后,他抓起筷子,三下五除二,转眼就吃了个碗底朝天。

毛泽东放下碗,忽然发现李银桥目瞪口呆地站在旁边,有点不好意思地笑了:"有点馋了……打胜仗了,我的要求不高吧?"

俘敌6000余人,他只要求一碗红烧肉。李银桥的眼圈一下子红了,用力摇摇头说:"不高,不高,主席要求得太少了、太低了!"

毛泽东说:"不低了。战士们冲锋陷阵也没吃上红烧肉,只能杀马当粮食吃。"

从此,李银桥知道毛泽东爱吃红烧肉。按毛泽东自己的说法,吃红烧肉是为了补脑子。

此后，每逢大战或者毛泽东连续工作几昼夜，李银桥就要千方百计地替毛泽东搞一碗红烧肉来。可是，战争年代，有时连粮食都没有一粒，大家常常吃黑豆，到哪里去找红烧肉？李银桥每每有些为难。真是应了那句古话：巧妇难为无米之炊。

有一次，正当李银桥为找不到肉而犯难的时候，贺龙给毛泽东捎来一块腊肉。腊肉虽不好烧成红烧肉，但炒一小碟吃吃也可以补补脑子。

令李银桥意想不到的是，腊肉端上桌，毛泽东却叫撤走。

毛泽东说："你们想叫我吃得好一些，可是我怎能吃得下去呢？"

李银桥忍不住叫了起来："这是为了工作，为了补脑，可不是为了享受！"

毛泽东朝椅背上一靠，说："脑子是要补的，可是也要讲条件。条件不同，补的方法也不同。银桥啊，你给我篦篦头吧。"

李银桥给毛泽东篦头。毛泽东开始给李银桥讲黑豆的营养价值，说它的蛋白质足够脑子使用了，又讲篦头的好处，说它能促进头部血液循环，把有限的营养首先满足大脑。

李银桥听着听着就掉眼泪了。补补也要讲条件，毛泽东的说法显得那么朴实。对于饮食从不刻意追求，这就是毛泽东对饮食的基本态度。

毛泽东说补脑子要讲条件，可是后来到了西柏坡，特别是中华人民共和国成立后，条件好了，毛泽东仍然保持爱吃红烧肉这个习惯，一切山珍海味他都不追求。

1948年9月，中共中央在西柏坡召开政治局会议。毛泽东工作十分紧张，会议开到第三天，毛泽东已连续工作了三昼夜。这三天三夜，毛泽东每天只吃两餐麦片粥或素面。麦片粥是用搪瓷茶缸在电炉上煮的，毛泽东就着腐乳，喝一茶缸麦片粥，就算是吃一顿饭了。

这天，毛泽东对卫士长李银桥说："馋了，来碗红烧肉吧！肥点的，补补脑子。"

江青知道后，皱起眉头说："真是改不了的农民习气！"她告诉李银桥：

第四章
伟人本色——生活中的毛泽东

"你们不要弄红烧肉了,贺老总不是送来腊肉和鱼了吗?给老板做得有滋味些。什么不比那碗红烧肉强?"

吃饭时,毛泽东发现没有红烧肉,发了脾气:"怎么回事?交代了的事情为什么不办?是办不了还是不想办啊?"

江青不吱声。李银桥委屈得流下了泪。

事后,毛泽东得知原委后,拍了桌子:"我就是农民的生活习惯,我本来就是农民的儿子!我吃饭不要她管!今后我吃我的,她吃她的,就这么办了!"

李银桥还是给毛泽东端来了红烧肉。

毛泽东用筷子夹起一块大肥肉放进嘴里,吃得很香,边吃边说:"好,很好。"一碗红烧肉很快便被他吃光了。

其实,江青不让毛泽东吃红烧肉,尤其是肥肉,也是出于好意、关心。因为肥肉吃多了,胆固醇增高,会影响身体健康。可是,毛泽东爱吃红烧肉,尤其是经过了一连几天的劳累和素食之后,更想改善一下生活。

9月会议开了6天,卫士给毛泽东做了两次红烧肉。为了变变花样,警卫排的同志曾出去打斑鸠给毛泽东吃。毛泽东说:"你们不要为我吃的东西费力气,一个星期给我吃两次肥肉,那就足矣。"

此后,卫士们都按照毛泽东的吩咐,每星期保证让他吃一两顿红烧肉。

济南解放了。胜利的消息传来,毛泽东非常高兴,手里挥动着攻克济南的电报告诉了卫士们。一个卫士调皮地把它与红烧肉联系起来,说:"主席吃了红烧肉,指挥打仗没有不赢的。"后来,进北京后,医生多次劝说毛泽东,让他最好不要吃肥肉。可毛泽东总是摇着头说:你们医生的话,不可不听,也不可全听。我这几十年的生活习惯了,你们不要强迫我。

进城后十几年,毛泽东都未改变爱吃肥肉的习惯。

作为领袖人物,毛泽东的英雄本色既表现在变幻复杂的政治风云中,也表现在日常生活中。有时,这两者还紧密地联系在一起,更显其英雄本色。

中苏关系破裂时，国内正逢大灾，毛泽东怀着一股"顶"的斗志，带领中国人民开始自力更生。与此同时，毛泽东还带头号召不吃肉，在生活上提倡艰苦朴素，渡过难关。

1959年9月30日，这天晚上毛泽东吃过两次安眠药，仍然不能入睡。他起来了，坐在沙发里，一杯接一杯地喝茶，一支接一支地抽烟。桌上，堆满了文件和电报，饥荒的阴影已经笼罩着全国。安徽、山东、河南等地发来饿死人的绝密电，这些内容只有中央政治局常委和中央政治局委员才能看到。晚上，毛泽东等中方领导人在颐年堂同来访的赫鲁晓夫等苏联领导人开始会谈，会议不欢而散。第二天国庆游行时，赫鲁晓夫在天安门城楼上通知毛泽东，中止帮助中国搞原子弹的协定。

毛泽东和李银桥在一起（历史图片）

国庆节之后，毛泽东立刻南下视察。专列开入山东时，毛泽东看到沿途土地龟裂，到处是白花花的盐碱地。进入安徽后，情况更糟糕，大田里看不到丰收的庄稼，却插着一堆堆的红旗。毛泽东长嘘了一口气，喃喃道："天灾人祸啊！"他说的天灾，有多少成分是指苏联中断合作，对中国造成的损失？不得而知。

毛泽东向身边的工作人员讲了历史上几次有名的大灾荒，接着又讲了有人趁火打劫，想逼我们屈服。他说："没骨气的国家是不敢顶的。你们敢顶不敢顶?"工作人员知道毛泽东指的是赫鲁晓夫,回答说:"敢顶!"

"他越压我们越要顶!"毛泽东将手拍在桌子上,斜挺出右肩和胸膛,仿佛要挑起泰山一般。

回到北京,毛泽东郑重宣布两条:自力更生和艰苦奋斗。他对工作人员说:"全国人民都在定量,我也应该定量,是不是肉不吃了?你们愿意不愿意和我一起带这个头啊?"

工作人员都回答说:"愿意!"

毛泽东庄严宣布:"那好。我们就实行三不:不吃肉,不吃蛋,吃粮不超定量!"

毛泽东历来是"交代了的事情就要照办"的。毛泽东不喜欢吃牛羊肉,只喜欢吃猪肉。但是,在国家最困难的日子里,他曾经7个月没吃过一口猪肉,有时工作一天只吃一盘马齿苋或炒菠菜。宋庆龄曾关切地由上海赶到北京,送给毛泽东一兜螃蟹,叫毛泽东吃。周恩来多次劝说毛泽东吃口猪肉,毛泽东总是摇头说:"你不是也不吃吗?大家都不吃。"

菜谱的"秘密"

毛泽东在日常生活中的基本特点可以概括为四个字:简单朴素。在饮食方面,这一特点表现得尤为突出。我们可以从毛泽东的一些菜谱中了解毛泽东的饮食之道。

毛泽东的菜谱由保健人员、卫士、生活管理员、厨师共同制订。毛泽东菜谱从1956年6月记起,一直记到1976年9月8日,基本上保持了连续性。

虽然有菜谱,但毛泽东不愿按照菜谱吃饭,而是随心所欲,顺其自然,因为他有自己的饮食习惯和个人喜好。对毛泽东常常不按菜谱吃饭，工作人员尤其是保健人员颇有意见。有一次，保健医生徐涛跟毛泽东"说理"，毛泽东听罢说："你的话不听不行，全听全信我也要完蛋！照你那么多讲究，

1957年4月，毛主席和保健医生徐涛在杭州郊区茶园合影（历史图片）

中国几亿农民就别活了。人生识字糊涂始，你懂吗？"

还有一次，徐涛又跟毛泽东讲营养平衡。毛泽东听得厌烦起来，说："我已经习惯了。凡事都讲一个平衡。我有我的平衡，你有你的平衡，你非要搞乱我的平衡不可，不是搞破坏吗？"

毛泽东还常常对保健人员说："你讲我吃的没道理，实践检验真理，我身体不好吗？你搞的那一套也许有你的道理，但你到了我这个年纪未必就有我这个身体！"

从毛泽东的菜谱来看，毛泽东无疑深具中国传统农民的饮食习惯和特点。他依据生理需要吃饭，吃饭无时间规律，全凭饥饿感而定。有时，他两三天不吃一顿"正经饭"，中间仅以麦片、玉米、芋头充饥。他一生都未曾一日三餐，一般一日两餐或两日三餐，而且吃饭时间日夜不定，完全可以说哪个时辰都吃过饭，哪个时辰都睡过觉。饮食极无规律，对于一般人来说肯定会受不了，但毛泽东却一直什么事也没有，而且能以83岁高龄辞世，这不能不令人惊奇万分！

从毛泽东的菜谱中可以看出，毛泽东的饮食偏素，但他对一些荤菜情有独钟。辣椒、苦瓜、腐乳、绿叶蔬菜、红烧肉等，他都爱吃。

第四章
伟人本色——生活中的毛泽东

毛泽东推崇中国菜，终生喜欢中国菜，但这并不是说他反对西餐，拒绝西餐。

20世纪60年代初，毛泽东在吃过几种西菜后，突然对西餐中的几种菜肴感起兴趣来。工作人员得知这一情况后，开始为毛泽东物色精通中西菜肴制作工艺的厨师。当时，毛泽东聘请的一位姓陈的厨师擅做西餐，毛泽东对他的手艺常常赞不绝口。江青很欣赏西餐，一次在吃过陈师傅做的几样西菜后，称羡不已。毛泽东就说："如果你想要，就把陈师傅调到你那边去好了！"江青闻言大喜过望，后来真的毫不客气地将陈师傅调过去了。

1961年4月26日，几位工作人员会同厨师为毛泽东精心制订了一份西菜、西菜汤菜谱。从保存下来的西餐菜谱来看，内容尽管谈不上十分丰富，但已比较周到地照顾到了毛泽东的饮食爱好。这份菜谱包括七大西菜系列，即鱼虾类、鸡类、鸭类、猪肉类、羊肉类、牛肉类、汤类。

毛泽东对于用西餐方法制作出来的鱼虾感到十分新鲜惊奇。他常常在吃上一段时间中餐方法制作的鱼虾后再吃上一次西菜鱼，以此换换口味。

毛泽东对西菜中鸡的做法很是推崇。20世纪60年代初，工作人员制订西餐菜谱时，在鸡类上列出了这些一般人闻所未闻的西菜名称：黄油鸡卷、软煎鸡排、大王鸡肉饼、鸡肉丝、罐焖鸡、红焖鸡、葱头焖鸡、青菜焖鸡、纸包鸡、鸡丁敏士、椰子鸡、奶油鸡，等等。毛泽东对上述西菜鸡并非样样都喜欢，但偶尔吃上一顿也觉得别有风味。

毛泽东不大喜欢牛羊肉。他在诸多肉类中独独喜爱猪肉，如前所述，他喜爱吃红烧肉，倘若一段时间未吃红烧肉，他往往主动提出来"打打牙祭"。20世纪60年代初工作人员制订西餐菜谱时，考虑到毛泽东这一特点，特别在西餐菜谱中安排了小乳猪，这样便能做到肥瘦适中，面面兼顾。

西餐中汤类品种丰富，各具特色。毛泽东喜欢喝汤，几乎每顿饭菜中都有一小碗汤。

毛泽东60年代对西菜感兴趣，但他很少正儿八经地吃上一顿纯粹意义上的"西餐"。在毛泽东看来，无论是口味，还是营养，中国菜都远远超过西菜。当然，西菜中也有不少值得中菜借鉴学习的地方。但是，如果让毛泽东每日吃西餐，他绝不愿意。因此，毛泽东在吃西菜时一般是与中菜合在一起吃，就是说，他每天的饮食还是以中菜为主，其中也夹杂几个西菜，或是西菜肉类，或是西菜汤类。

毛泽东经常吃马齿苋这种野菜。

1959年6月，毛泽东视察至武汉。24日，毛泽东听取湖北省委第一书记王任重汇报工作。汇报中间适逢开饭，毛泽东便留下王任重共进晚餐。当时厨师制作了这样的七道菜：炒鳝片、烧萝卜、炒马齿苋、炒鸡蛋、肉片汤、铁板里脊、炒海带。据说，毛泽东席间还为王任重夹了一大筷子马齿苋，并说："不要小看这道菜，它还是一味很好的中药，可以清热除湿呢。"

毛泽东对于马齿苋的偏爱自然抵不过辣椒和霉豆腐，但他却常常主动提出要吃。在1967年5月13日中南海《对农场种植计划的要求》中，工作人员将"马齿苋"列于"重点保证供应的蔬菜"一栏的首位，要求平均日产1斤，"常年供应，肥嫩，没有子"。这样，毛泽东便能天天吃上肥嫩的马齿苋了。

毛泽东不仅本人乐于吃马齿苋，还劝别人也吃。他说："马齿苋既可做菜，又可入药，对身体大有好处呢。"有一次，毛泽东特意吩咐工作人员采集了不少野菜，开了一个"山珍会"，请子女、工作人员共餐。众多的"山珍"中就有一大盘马齿苋，毛泽东带头大口大口地吃着。

毛泽东吃马齿苋的独特习惯令保健人员不安，生怕这种植物对他的身体有害。于是他们采了一些马齿苋请有关部门化验，并查询各种中草药书籍。结果正如毛泽东所言，马齿苋不愧为一剂良药。毛泽东有便秘的毛病，而且还易感风寒，哮喘咳嗽。既然马齿苋在药理上可以去燥湿，清淤解毒，不像霉豆腐，工作人员便放心大胆地让毛泽东吃，有时还主动为毛泽东炒上一盘马齿苋。

第四章
伟人本色——生活中的毛泽东

毛泽东生前的一些生日菜谱与平时的菜谱一样，并无多大差别。

1953年12月26日，毛泽东60岁生辰。他只是在家里摆了一桌酒席，请工作人员陪他吃饭。1959年12月26日是毛泽东66岁生日。这一年，国内经济形势十分紧张，各地传来粮荒死人的消息。毛泽东从大清早起床后便愁眉不展，心事重重。卫士封耀松问："主席，给您煮一缸麦片粥吧？"毛泽东摇摇头，然后坐到沙发上不断地吸烟。突然，毛泽东对小封说："你去把银桥、高智、敬光、林克和东兴叫来，今天在我这里吃饭。"小封一听，顿时高兴起来，心想：主席今年又要请生日饭了。

客人到齐了，厨房也送来了饭菜。这天的主食是红豆米饭，一共有六道菜，即奶油鱼头、扒羊肉、干煸豆角、炒瓢儿菜、小干鱼、炒腌芥菜。菜不是很丰盛，但在当时看来已是很不错了。

开饭时，大家没有像往常那样在欢声笑语中祝贺毛泽东生日，因为整个饭局气氛都是很沉闷的。毛泽东不断地讲全国形势，并要求大家下乡调查。

三年困难时期，毛泽东过了三年生日。从现在保存下来的菜谱看，这三个生日都过得很简单，与平时没有多少区别。三个生日宴上，没有酒，没有寿糕，也看不出丝毫喜庆氛围。1962年12月26日是毛泽东69岁生日，他只吃了早餐，晚上仅吃了一缸麦片粥。

1969年，毛主席与生活管理员吴连登合影（历史图片）

早餐时,毛泽东请身边工作人员一起吃,菜谱上记载着这样几道菜:干烧冬笋、油爆虾、白汁鲤鱼、鸡油冬瓜球、炒生菜。

"抽百家烟"

和离不了辣椒一样,毛泽东离不了烟。

毛泽东写作、思考问题时,手中必燃一支烟。卫士们为了限制他吸烟的量,曾把一支烟折为两节,使他每次吸完后有些间隔。

毛泽东是从何时起开始学会吸烟的,这个问题至今尚无考证,他本人也不曾公开讲过。但可以肯定的是,毛泽东在井冈山时期,烟瘾就已相当大了。战争年代,香烟并无保障。那时,香烟的一大来源还是从国民党军队中收缴来的"战利品"。因此,毛泽东所吸香烟的牌子是形形色色多种多样的。毛泽东曾戏称为"吃百家饭,抽百家烟"。

在生活条件极度艰难的情况下,毛泽东时常也吸吸当地农民自种自晒的"旱烟"。尤其是当他下乡与农民开会、交谈时,抽当地产的旱烟不失为一种接近群众的方式。这种旱烟劲大油重,但毛泽东仍抽得津津有味。

毛泽东吸烟,真的做到了四个字:随意、潇洒。一般人吸烟,只是作为一种习惯,而毛泽东吸烟,却赋予它一定的思想情绪。透过飘浮的烟雾,人们领略到的是一代伟人的洒脱。

在紧张的行军中,毛泽东将吸烟作为化解情绪的一种办法。在转战陕北的一次行军途中,部队遭到刘戡四个半旅的追击,担任后卫的警卫部队连续打退了敌人三次密集的冲锋,使得敌人寸步未进。天黑下来,部队在雨中继续出发。队伍刚爬上一道山梁,蓦然发现左边山沟里一片火光,看不见尾,

第四章
伟人本色——生活中的毛泽东

火堆一个接着一个。那是追兵，就在山脚下！

毛泽东站在雨地里，站在冷气逼人的光秃秃的山梁上，时而仰望天空，时而俯瞰火光映红的山沟。敌人在沟里，我方在山上。前边传来命令：不许吸烟，不许咳嗽，更不许大声喧哗。

大家的心几乎都提到嗓子眼了，一齐把目光投向毛泽东。毛泽东习惯地吮吮下唇，开口了。可他说的完全是另一回事："这场雨下得好，再过半个月，就该收麦子了！"这声音不仅镇定，而且说得上闲适。大家立刻感到很轻松。是啊，有主席在，担心和焦虑实在是没有必要。

1947年8月，刘戡率领7个旅，朝中共中央机关几百人的队伍紧紧追来，一直追到黄河边上。那几天连下暴雨，黄河水猛涨，十几里外就能听到咆哮声。

毛泽东的心情很不好。原因还不在于背后有数十倍于我的追兵，而在于队伍里有一种议论，说要过黄河了。

毛泽东曾说过："不打败胡宗南决不过黄河。"当时还没有打败胡宗南，7个旅的追兵穷追不舍。在这种情况下过黄河，毛泽东是决不答应的。何况"毛主席还在陕北"已成为全国军民同国民党军队殊死搏斗的精神支柱。

周恩来指出，前面是葭芦河，过葭芦河不是过黄河。因为葭芦河在这里入黄河，老百姓叫它"黄河汊"。

最后还是决定过葭芦河。此时，河水猛涨，巨浪铺天盖地而来。前有大水，后有追兵，如此严峻的形势，不免令人焦急万分。

"给我拿支烟来！"毛泽东突然伸出两根指头要烟抽。他的声音不大，却像雷声一般传遍了整个队伍。

"烟，德胜同志要吸烟！"

"德胜同志要烟抽！"

"有烟吗？快找烟！"

转战陕北期间，毛泽东化名李德胜。听说毛泽东前段时间闹肺炎，已经戒烟，卫士们就没有准备烟，现在又碰上连下大雨，人人像从水里捞出来一样，去哪儿找烟？

毛泽东有点焦躁了："烟呢？给我一支烟！"

全军的注意力都集中到毛泽东抽烟上！

抽烟这个普通的日常行为，此时却将整个部队的注意力都凝聚在一起，大家的心也胶合在一起。

值得庆幸的是，队伍里终于找到了能抽的纸烟。马夫老侯用油布包藏着的纸烟，在关键时刻派上了用场。

"举起来，不要举得太高，朝东南斜点，好！"周恩来指挥卫士们打开背包，用一条薄棉被遮护在毛泽东头上，并扯起被子的一角为毛泽东遮蔽风雨。

毛泽东的卫士钻到被子底下，把一支烟插到毛泽东右手的指间。"嚓！""嚓！"一连划了几根火柴，火光却只一闪便被风吹熄了。毛泽东几次把嘴凑过去都没有点燃，有点生气了。

周恩来又叫另一名卫士，才把烟点着了。

毛泽东深深地吸了一口烟，紧接着狠狠地连吸了几口，烟灰向下跌落着。

蓦然，毛泽东把烟头奋力摁在地下，用脚踩灭，嘴里还迸出一声："不过黄河！放心跟我走，老子不怕邪！"

毛泽东从这次开了烟戒，一直到80岁才又戒烟。

到了晚年，毛泽东患气管炎，按道理，应该绝对禁止吸烟。可是，他戒不掉，以致发展为肺气肿。他的办公室里经常是烟雾缭绕，他的牙发黄也许是烟熏的。人们从彩色照片中看到的白牙，那是拍照片后处理过的。

在毛泽东的一生中，只有一次控制住了烟瘾。那是在重庆谈判时，因为蒋介石不抽烟，而且讨厌闻烟味，毛泽东控制住了，在重庆谈判时始终未抽烟。这一点曾使很多人感到钦佩，钦佩他的毅力和意志。

中华人民共和国成立后，毛泽东吸烟更多了。这一方面是因为生活条件改善了，香烟来源稳定；另一方面是毛泽东的工作更加繁忙，需要以香烟来

第四章
伟人本色——生活中的毛泽东

作为调节手段，以使精神有所放松。

毛泽东吸烟并不讲究牌子，只注重香烟是否劲大、味重。他好吸味重的烟。美国产的"三五"牌香烟劲大，毛泽东却很喜欢。继抽"三五"牌香烟之后，毛泽东抽"熊猫""中华"。这两种国产烟在当时都很有名，毛泽东抽过后也觉得很满意。毛泽东非常节俭，很怕花钱，更怕浪费，但对抽烟的支出却很大方。"熊猫""中华"在当时算是价高位尊的，一般人还真负担不起。毛泽东有时也感到吸烟花的钱太多，但上了瘾，一时是戒不了的。

有一次，毛泽东去武汉，听武汉一位同志说湖北生产一种"珞珈山"牌香烟，烟味很好，价钱却很便宜。毛泽东便托人买了几条"珞珈山"烟，试抽后觉得的确名副其实，于是多买了几条带在身边。1959年6月，毛泽东回韶山时，随身带的就是"珞珈山"牌香烟。

每次毛泽东外出时，工作人员都要帮毛泽东带上足够的香烟。毛泽东登山、游历、访问时，香烟或放在自己口袋里，或由随行人员装入一个公文包内。有时，毛泽东鼓捣着摸出烟来，发现烟盒挤瘪了，工作人员见了就很是不安。后来，工作人员找来天津卷烟厂生产的"双猫"牌金属烟盒，将烟卷一支支装进去，这样便不用再担心烟卷瘪了。冬天气候干燥，烟卷水分挥发快，吸起来淡而无味。有一次，毛泽东抽烟时对工作人员说："在我们南方，冬天切烟丝时要喷上几口水，要不然就不好抽。"还说："你们帮我想想办法，看能不能把卷烟弄湿一点。"工作人员想了好久，终于从老烟民处得到一个办法，即在烟盒中放上些新鲜菜叶，再上盖下垫，以保证烟丝不干。毛泽东抽了用这种方法保存的烟后很高兴。

1968年，毛泽东患了一次重感冒。病中，毛泽东依然想抽烟，但一抽便咳嗽不止。他感叹道："人病了，烟都没味。"工作人员劝他就此戒烟，但他毕竟烟瘾太大，无法戒掉。此事被李先念知道了，他建议毛泽东抽一种特制的"雪茄"烟，说："这种烟既可以解瘾，又不会咳嗽。"毛泽东听罢将信将疑，于是要机要秘书徐业夫试抽。徐业夫有气管病，且相当厉害，烟瘾却并不比毛泽东小。徐业夫试抽了一段时间，感到确如李先念所言，于是便在毛泽东面前"吹"。毛泽东便说："拿个烟来，先试一试！"不试不知道，一试吓一跳，这种雪茄烟倒真是特适合患有气管病的烟民抽。从此，毛泽东便开始抽特制雪茄烟。这种雪茄烟本来产于四川，当毛泽东等喜欢上该烟，有关部门便在北京南长街81号开了一个分厂，烟叶和技术人员都是从四川过来的，卷烟的封口设备则来自越南。该烟包装普通，外观仅为白纸制成，毫无装饰，但有一个与众不同的特点，即20秒不吸便可自动熄灭。

毛泽东晚年抽上特制雪茄后，工作人员又多了一项烤烟的工作。因为雪茄烟在春季和初夏时极易受潮。有一年夏天，毛泽东在庐山视察。庐山气候温和凉爽，自然风光美不胜收，但是多云多雾，非常潮湿。因此，毛泽东携带的特制雪茄香烟大都受了潮。于是，工作人员每天在煤火上、白炽灯下烘烤香烟。

有一次，毛泽东在北戴河时，由于空气湿度较大，吸了受潮的香烟。他感慨地说："烟有些受潮了，吸不动，你们想想办法。"工作人员便在白炽灯下烤。然而，烤烟是一项很精细的活儿，稍不小心，便会烤糊。一天，有位工作人员在白炽灯上烤烟时突然受到启发："白炽灯可以烤烟，为何不做一个木箱呢？这样白炽灯的热量不是更加集中吗？"于是，他便试着制作了一个小木箱，中间用铁丝做隔层，下面安装白炽灯，受潮的香烟则放在铁丝栏栅上。做好后，工作人员试烤了几次，发现效果很好，很省事。从此，毛泽东便有了独特的烤烟箱。

毛泽东原来抽烟不用烟嘴，只是后来保健人员认为他抽烟太多，对身体危害很大，才弄了一些烟嘴给他，并说："主席，你以后还是用烟嘴吧，这样可以过滤一些尼古丁。"毛泽东听后尽管不很乐意，但还是采纳了，并且慢慢习惯了。1961年，工作人员打听到国外有种烟嘴可过滤药物，大大减少尼古丁等有害物质的吸入，于是便委托外交部购买了两打。以后，毛泽东吸烟就用这种烟嘴。工作人员还制作了一个小木箱，专门用来放烟嘴、过滤药物以及为烟嘴清洗消毒的酒精、镊子、棉球等工具。

毛泽东抽了一辈子烟，可他从没有使用过打火机。他习惯用火柴。有一次，一位新到的工作人员在收拾毛泽东的东西时，不知毛泽东有保留火柴盒的习惯，随手将一个空火柴盒扔进了垃圾桶。毛泽东发现后叫他将火柴盒捡回来。这位工作人员不解地问："主席，空盒子还要啊？"毛泽东说："凡是还可以用的，都不能丢掉！"事后，这位工作人员闲聊时说起丢火柴盒的事时说："一盒火柴一分钱，空盒子留下来干什么？扔了就扔了呗！"这话刚好让毛泽东听到了。他很生气，叫来这位工作人员谈话，说："你这么说是错误的。我们国家还很穷，凡事都要讲节约，浪费不起哟。火柴盒确实不值钱，但它是木材做的，丢掉它不就是丢掉木材吗？"经毛泽东这么一解释，工作人员明白了。他们十分细心地将毛泽东用完的火柴盒保留下来，然后去北京火柴厂买回大量火柴棍，重新装上再使用。一只空火柴盒往往要使用多次，直到完全不能使用时为止。

伏罗希洛夫发现毛泽东的两个最大的不良生活习惯就是熬夜和吸烟。

有一次，伏罗希洛夫问毛泽东每天吸几支烟。毛泽东回答说："不多，有时把烟拿在手里不抽，或者是燃着了不吸，看着它冒烟，在精神上也好像是吸了。"

喝酒趣闻

毛泽东不善饮酒，即使喝一杯葡萄酒也会脸红，所以极少喝酒。但是有两个例外：一种情况是安眠药用完的时候，他为了睡觉，要喝一杯。喝一杯就会晕，喝三杯肯定躺倒。另一种情况就是打仗或写作，连续几天不睡觉，也需要喝点酒，以刺激神经使之兴奋。酒对于毛泽东来说好像既能提神又可以安眠，关键是掌握好用量。

沙家店战役期间，为了制订歼灭钟松的第36师的作战计划，毛泽东经常通宵达旦地工作。可是，这段时间恰好缺少安眠药，把李银桥急得没有办法。他只好为毛泽东准备了酒。这天，毛泽东问李银桥要酒。李银桥连忙说："要什么酒，白酒行不行？"

毛泽东想了想，摇摇头，风趣地说："不要白酒。钟松没有那么辣。"

"那就拿葡萄酒？"

毛泽东想了想，又摇头说："这一次敌人有十几万，我们又是侧水侧敌，仗也没有那么好打……嗯，有白兰地吧？"

"有！还是外国货呢。"

"我看就是白兰地吧！"毛泽东的手指头敲在地图上，敲在被红色箭头（表示人民解放军）包围的蓝圈（表示国民党军），敲在钟松的"脑壳"上。看来，毛泽东把钟松划入白兰地的水平：没有白酒辣，也不像葡萄酒那么柔和。

李银桥拿来白兰地，放在地图旁。酒瓶旁边放着一盒烟、一盒火柴，酒瓶另一边按顺序摆开油灯和蜡烛。锅台旁摆一张帆布躺椅。

战役打响后，毛泽东便守在电话机旁，一边和前线联系，一边查看地图。前线无大事，他就看解放区各战区来的电报，或回到锅台旁写电文。电话铃一响，他就放下笔去接电话，做出各种指示，下达各项命令。

工作如此繁忙，毛泽东自然舍不得休息。他绝不出屋，也不上炕，累到极点就在帆布躺椅上闭目养神几分钟，眼皮一掀又接着工作。当脑子疲劳时，毛泽东就呷点白兰地刺激刺激。烟是一支接一支地抽，茶水更是一杯一杯地泡。泡过的茶叶用手指头一抠便进了嘴，他嚼一嚼就咽了下去。头一天是一包茶叶冲三次水后才吃掉茶叶，到第三天已经是冲一次茶，喝完水就吃掉茶叶。

第四章
伟人本色——生活中的毛泽东

司令部里最热闹的是电台。从收到的敌台得知，钟松惊恐万状，急于突围。胡宗南在无线电上，指名道姓地骂钟松，命令他"固守待援"。沙家店战役序幕一揭开，敌人便乱成一团，溃不成军。敌军完全是照着毛泽东为他们安排的步骤一步步地走的。

沙家店战役打了三天两夜。毛泽东三天两夜没出屋，吸掉五包烟，喝掉几十杯茶。这一战役的胜利，标志着西北野战军反攻的开始和国民党军对陕甘宁解放区"重点进攻"的彻底破产。

毛泽东很是兴奋，挥毫以新华社记者的名义写了《新华社记者评西北之捷》的评论文章。

写罢，毛泽东把笔一掷，抓起剩下的大半瓶白兰地，晃一晃，说："拿错酒了。"

李银桥说："什么敌人遇见主席，白酒也得变成葡萄酒，想辣也辣不起来。"

毛泽东终生不善饮酒，这在党内外不算是秘密，甚至许多平民百姓都知晓。在党内，周恩来的酒量是不错的，对此毛泽东真是佩服至极。因为他本人太不能喝酒了，只要喝酒便会脸红——从脸上一直红到脖子上。

然而作为领袖，毛泽东总有应酬。因此，毛泽东在各种应酬场合便不得不随大溜，喝上几杯。

1945年8月，毛泽东去重庆谈判，经常出席各种宴会。有一次，毛泽东去知名人士鲜英家私访。鲜英很好酒，特意取出封存多年的自制枣子酒招待毛泽东。毛泽东认为不能拒绝主人的一片盛情，于是便和鲜英一杯接一杯地对饮起来。他们一边饮酒，一边对诗。当然，不善饮酒的毛泽东这次尽管借着酒兴尽情地潇洒了一回，但他却平生第一次大醉而归。后来，谈判结束前蒋介石也举办了一个招待会。宴会上，蒋介石举杯向毛泽东敬酒，但毛泽东却不领他的情，只是礼貌性地与蒋介石碰了杯，未喝一口酒。也许，这也是毛泽东的一种性格，一种"不逢知己酒不香"的性格。

中华人民共和国成立后，毛泽东很少喝白酒。1949年10月1日，是毛泽东最高兴的一天。这天，他站在高高的天安门城楼上，宣告了一个新时代的来临。晚上，中国共产党举行盛大庆祝宴会，招待来自苏联等国家和地区的代表团。宴会前，中共中央办公厅的同志很担心有的中央领导会喝醉，因为苏联人很能喝酒。于是，中共中央办公厅指示保健医生、首长贴身卫士用茅台酒瓶装了白开水为我方人员斟酒。宴会上，毛泽东喝的是红葡萄酒，工作人员便以红茶水代替葡萄酒给毛泽东斟了一杯又一杯。毛泽东对此很满意，因为他已喝过几杯真正的葡萄酒了，如果再不玩点名堂，结果难以预料。当然，苏联人并不知道这一内幕，他们在酒意朦胧中只觉得眼前的中共领导人一个个都很善饮，个个都是"海量"。

跟一般人一样，毛泽东在高兴或痛苦的时候也能喝些酒。在庐山期间，毛泽东心情不好，苦闷中他曾约请周小舟、田家英等喝过一次茅台酒。当时，毛泽东想听他们谈谈对形势的看法。这些同志与毛泽东关系密切，交谈时便毫无顾忌，许多观点与毛泽东大相径庭。毛泽东本意是带了耳朵来听的，但听着听着心里就越来越难受。畅谈中，毛泽东突然吩咐服务人员："来，我们喝点茅台酒以助谈兴。"服务人员马上提了一壶茅台酒来，给每人都斟了一杯。毛泽东拿起杯子，说："我们边喝边谈。"说完便一饮而尽。说话结束时，毛泽东已喝了好几杯酒。这位很少沾白酒的伟人，这次却喝了好几杯茅台酒。但奇怪的是他却没醉。

1959年8月29日，李敏结婚。这天，毛泽东非常高兴。他吩咐工作人员在熙年堂准备了三桌酒席，圈定了许多来宾。女儿婚宴上，毛泽东满面春风，心情甚好。他与蔡畅、邓颖超、王季范、王海容、孔从洲等同坐一桌，一杯接一杯地向这些亲朋故友敬酒。当然，毛泽东喝的是红葡萄酒。他喝了好几杯，但丝毫没有不胜酒力的迹象。

20世纪70年代后，毛泽东的健康状况大不如前，睡眠也更加困难。他又不愿意吃"补品"，很让人担心。后来，工作人员为他用高丽参浸泡了两玻璃罐茅台酒，希望他能在睡前喝上一杯以滋补身体，帮助入睡。但毛泽东任凭怎么规劝就是不肯喝酒。结果，这两大玻璃罐人参浸制的茅台酒他一口也未喝过。

按月亮的规律办事

毛泽东的睡眠习惯与常人不同。一般人总是白天工作，晚上睡觉，偶尔破坏了这个规律，就会不习惯，感到很难受。而毛泽东为了干完一件事，常常是连续几天不睡觉。

毛泽东是一个伟大的军事家，他指挥了许多有名的战役。他的许多作战方案都是在熬夜时制定的。为了确保一场战役的胜利，毛泽东往往要熬上好几个昼夜。

在战争年代，为了指挥一个战役，毛泽东常常连屋子也不出，研究作战方案，听取前线战况，直到一个战役打完。1947年，国民党进攻延安时，毛泽东两天两夜没有睡觉，直至打败了胡宗南的部队，收复了蟠龙，歼敌7000多人。著名的沙家店战役打了三天两夜，毛泽东也就三天两夜没出屋子，不上床，不睡觉，直到这场战斗取得了胜利。

1938年，毛泽东写作《论持久战》，曾创造了七天不睡觉的奇迹。开始的几天，也许是思路特别畅通，毛泽东总是伏在桌子上不停地写，困了就用冷水擦脸，累了就走一走，或躺在椅子上养养神。到了第三天，警卫员走进毛泽东房间点蜡烛时，故意慢吞吞的，想让他多休息一会儿。但是，警卫员发现毛泽东仍在不停地奋笔疾书。

到了半夜，警卫员把准备好的饭菜端过去，说："主席，吃饭吧。您已经

1938年，毛泽东在延安窑洞撰写《论持久战》。这篇著作是指导全国抗战的纲领性文献（历史图片）

两天两夜没睡觉了。吃完饭，睡会儿吧。"

毛泽东头也不抬，他一边写，一边说："你先睡吧，我等会儿再睡。工作没有搞完，睡不着啊。"

的确，抗日战争到了关键的时候，理应是全民族共同抗战。可是，有人却提出了"速胜论"，认为抗日战争可以马上取得胜利；有人提出了"亡国论"，散布"再战必亡"的调子。毛泽东心忧如焚，思想必须尽快统一啊。他就开始酝酿《论持久战》的写作了。

过了很久，警卫员估计毛泽东早该吃完饭了，就推开门走了进去。可谁知推门一看，毛泽东还在聚精会神地写呢，而桌上的饭菜几乎动都没动。

就这样，毛泽东一直奋笔疾书，一直写到第七天晚上才熄了屋里的灯。警卫员见他已休息，很高兴。谁知第二天，毛泽东就病倒了，头疼，吃不下饭，睡不着觉。医生说他是劳累过度，可他只休息了一天，就又在桌子旁埋头写了起来。

毛泽东喜欢通宵地工作，上午睡觉，下午再工作。这是常态。稍遇大事，他的生活便没有规律可言，他不再注意时间，而是依大脑疲劳程度而定。

每逢大事，毛泽东常常是几天几夜不睡。他的精力固然旺盛，但是过度的紧张劳累后，疲劳的积累往往伴随着情绪的起伏。这样的时候，是卫士们精神上最紧张的时刻。因为一方面毛泽东废寝忘食，卫士们需要提醒、催促他吃饭和睡觉；另一方面，毛泽东是一个很固执的人，当他正在思考和工作的时候，工作人员若去打扰他，他是很容易发火的。

第四章
伟人本色——生活中的毛泽东

一次,毛泽东为了赶批文件,又是三天两夜没有睡觉。卫士封耀松焦虑万分,但又不敢去打扰毛泽东,只能在门口干着急。忽然,他看见毛泽东放下手中的笔,将头朝后仰去,张开嘴做了个深呼吸。机灵的小封立即抓住时机,小声劝道:"主席,您已经有很长时间没吃饭了。给您搞点来吧?"

毛泽东放下手,对小封说:"不用搞了,你给我烤几个芋头来就行了。"说完,他又低头工作起来。

小封赶紧到厨房烤了6个芋头,放在一个小碟子里给毛泽东端去。一进门,他就听见鼾声如雷,只见毛泽东左手拿着文件,右手抓着笔,斜靠在床上睡着了。小封不忍心叫醒毛泽东。他心里很明白,毛泽东虽然已经一天没吃东西了,但对已经两夜没有睡觉的人来说,睡眠的重要已经胜过了饮食。

十多分钟后,小封听见毛泽东的咳嗽声,便赶紧进屋,端起碟子,说:"主席,芋头烤好了。"

毛泽东放下笔和文件,双手搓搓脸,说:"想吃了,拿来吧。"说完,毛泽东走到办公桌前,拿起一个芋头开始剥皮,边剥边吃,边吃边吟:"东方欲晓,莫道君行早……"

又过了十多分钟,小封又隐隐约约听到呼噜声,便轻手轻脚地走进屋,只见碟子里只剩一个芋头了。毛泽东头歪在右肩一侧又睡着了。小封端起碟子正准备出去,忽然感觉到毛泽东的呼噜声很奇怪。仔细一看,原来毛泽

1962年4月19日,毛泽东与封耀松合影(历史图片)

243

东嘴里还塞着半个芋头。小封轻轻地走过去，把毛泽东嘴里的半个芋头抠了出来。

毛泽东被惊醒了。

当然，毛泽东除了注意以大脑的疲劳为调节睡眠时间的标准，还很注意服从人的睡眠规律，这是毛泽东调节睡眠的第二个准则。

睡眠对毛泽东来说，就如一碟小菜，可增可减，可有可无。但是，人总要睡眠，这是自然规律，毛泽东也不得不遵守这一自然规律。于是，毛泽东为了工作便把睡眠时间压缩到了最低的限度。他常常对身边工作人员开玩笑说："我欠了睡眠很多账，你们帮我记着。等有机会，连本带息一块还。不过，这笔账最好能赖掉，太麻烦了。"

通俗地说，毛泽东的睡眠习惯是：在工作了一定时间后，当疲劳积累到一定程度，为了不影响下一步的工作，毛泽东会有意识地向睡眠"还债"。

有时，当毛泽东一件工作告一段落时，他就从办公室走进起居室，急速地钻进被窝，说上一句"哎呀！不得了啦，讨债的来啦"！于是他就进入了准备睡觉的阶段。所谓准备睡觉的阶段，其实就是毛泽东的读书时间。在灯光下，毛泽东常常是一读就是几个小时。

正因为毛泽东轻描淡写地对待睡眠，再加上睡前有读书的习惯，因此一般情况下，毛泽东很难立刻入睡，有时甚至服了两次安眠药也无济于事。

毛泽东调节睡眠还有一个准则，用他自己的话来说就是：按月亮办事。这是毛泽东睡眠习惯的第三大准则。

夜间办公，是战争年代留下的习惯。1948年9月会议后，为了研究布置指挥三大战役，党中央的五位书记每天都集体办公，而且总是从晚上8点左右开始到毛泽东的办公室里开会办公，几乎每次都是通宵。

这种按月亮的规律行事的作息时间，首先把朱德总司令的生活规律打乱了。朱德有早睡早起的习惯，严格遵守一定的作息时间，一般晚上10点钟左右睡觉。在五大书记中，数朱德的年龄最大。连续通宵地开会办公，对朱德

第四章
伟人本色——生活中的毛泽东

河北省平山县西柏坡。党中央和毛主席在此指挥了震惊中外的三大战役，召开了具有伟大历史意义的七届二中全会（历史图片）

来说，实在是太疲劳了。有时，开会的过程中，他就打盹了。其他人也都不叫他，让他休息一会儿。等到要决定重大问题的时候，他也就醒了。

朱德醒后总是抱歉地说："哎呀，我睡着了。"

周恩来总是最理解人。他对朱德说："没关系，你休息一会儿，就能坚持到底了。"

"咱们这一段会议多，总司令在开会时稍微休息一会儿，精力更充沛，是一件好事嘛。"毛泽东的辩证法是用到家了。

在那段集体通宵办公时期，毛泽东、刘少奇、周恩来的身体都很好。周恩来尤其出色，他那时兼军委总参谋长，夜里不睡觉，白天还得开会布置工作，工作相当紧张，精力却非常充沛。

1950年，周世钊了解到毛泽东有夜间工作的习惯，就写信劝毛泽东把这个习惯改正过来。毛泽东在1950年12月29日复周世钊的信中说："晏睡的毛病正在改，实行了半个月，按照太阳办事，不按月亮办事了。但近日又翻过来，新年后当再改正。多休息和注意吃东西，也正在做。总之如你所论，将这看作大事，不看作小事，就有希望改正了。"

1957年4月16日，毛泽东和来访的苏联最高苏维埃主席团主席伏罗希洛夫在欢迎酒会上（新华社稿）

看来，毛泽东是知道熬夜的危害的，但是他的工作实在是太忙了。

后来，毛泽东在回答伏罗希洛夫的问题时曾说过要按太阳的规律办事。然而繁忙的工作使得毛泽东始终未能真正改正"按月亮办事"的作息习惯。

1957年5月6日，毛泽东给前来访问的伏罗希洛夫送行。毛泽东关切地问伏罗希洛夫："20天来你累了吧？节目可能紧了一些，你是不是没有休息好？"

伏罗希洛夫说："我最亲爱的朋友，毛泽东同志，我一点也没累，一切都好极了。偶尔由于太阳晒有些头昏，在广州吃了点蛇肉，也许肚子里展开了龙虎斗，刚回北京稍稍感到不舒适，很快就过去了……"

伏罗希洛夫接着说："我听说你每天熬夜，我真心痛啊！你无论如何也别熬夜了。过去我也曾通宵地工作，结果身体受了不少损失。希望你这样做：太阳一出来你就向它问好，太阳一落你就向它告别，去休息。"

毛泽东笑着说："好，要按太阳的规律办事。不要紧，我已经习惯了夜里工作……"

伏罗希洛夫对毛泽东说："我亲爱的毛泽东同志，你如果想休息，随时都可以到我们那儿去，你想到哪儿就到哪儿，如南俄的索契和黑海岸上的克里米亚等地……"

毛泽东说："我深深感谢你，你这是很好的意见……"

直到晚年患重病不能工作为止，毛泽东仍然是按月亮的规律办事，而不是按太阳的规律办事。

双清别墅·菊香书屋

双清别墅

1949年3月25日晚，毛泽东乘坐的吉普车开到了北平西郊的香山。

毛泽东坐在车子上问道："到我们住的地方了吧？"

"到了，前面这个院就是。"

"双清别墅"，院门上方的这四个大字已标明了这个处所的身份。

毛泽东带点玩笑的口吻说："这个院子很好呀，比我们在西柏坡住的大院子又大又漂亮呀！"

的确，双清别墅很漂亮，以幽静著称，是香山一景。它地处香山南面的半山坡上，西南叠石环抱。院内有许多古老的青松翠柏，枝叶茂盛。夏天，树荫之下凉爽，比城里的气温低五度左右；冬天，这里又背风。因此，这里是冬暖夏凉。院心有荷池，北角有小池，还有两股从岩石中潺潺流出的清泉汇集于此，"双清"便以这两个池子而得名。

双清别墅有两个门。卫士值班室设在北门里边，东门则是通往警卫班住

双清别墅（历史图片）

处。警卫班住在东门外的另一个小院里。那个院子里也是一排平房，房前还有一小块较平坦的空地。双清别墅的主房是一排坐北朝南的高大平房。由于采光面大，屋里光线很充足。从西头起，有卫生间、卧室、办公室，中间正厅是一个能容纳20来人的会客厅，东头是办公室、会客厅、小餐厅。小餐厅由一个走廊与厨房相连。毛泽东就住在主房里。他的家属和孩子们，则住在院子西头平台上的几间平房里。院内的房间，除了毛泽东使用的，余下的会客室、办公室供工作人员使用。

从西柏坡初迁来北平时，毛泽东住在香山的双清别墅里，中共中央机关也都分布在香山一带。当时，他们这批人对外称住在"劳动大学"。

朱德、刘少奇、周恩来、任弼时等中央领导人，都住在双清别墅北面的一个大院里。那个院里房子多，所以住得也比较集中。两院之间相距只有二三百米，由一条石头铺的路相连，各种车辆都可以通行。毛泽东外出时，就在双清别墅的北门口上小汽车。回来时，还要在慈幼院的后门换乘中吉普，才能开上来。毛泽东在双清别墅会见客人时，也是让客人在慈幼院后门换一次车。尽管工作人员每次都解释，有时还是会引起客人心中稍许的不愉快。客人总觉得这样是对他们的司机不信任。但每当客人乘坐吉普车走完这段又陡又弯的山路后，他们都会为自己刚才的多心而惭愧。

搬到香山双清别墅后不久，毛泽东便开始临时进城办公了。作为临时休息的地方，毛泽东、周恩来来到中南海的菊香书屋。

第四章
伟人本色——生活中的毛泽东

北平解放后，住进菊香书屋的第一位中共领导人是林伯渠。当时，林伯渠居住在北屋。毛泽东和周恩来临时休息的地方被分别安排在菊香书屋的东屋和南屋里。花匠在屋里摆了些花盆。

临时进城的主要目的是会见各民主党派和人民团体的负责人，召开一些小型座谈会，地点在颐年堂。座谈的中心仍旧是广泛听取各界对召开新政协的意见。

当时，毛泽东的时间表是这么安排的：下午进城，晚上在颐年堂吃饭，当晚8点多钟再返回香山住处。

为了减少路途上来往的时间，5月份，毛泽东从香山搬到中南海，住到丰泽园里面的菊香书屋院内。而林伯渠则从这座古老的四合院里搬出去了。

说不尽的丰泽园菊香书屋

人们一提起这个地名，一下子就会想到毛泽东。

在前面的章节里，我们曾介绍过菊香书屋，那是从毛泽东博览群书的角度来介绍毛泽东的书房。现在，让我们走进这个古老的四合院，从家庭居室的角度来了解一下毛泽东曾经生活过的住所。

这是一个四方形的四合院，四面各有5间房。北房5间，正中1间是门厅。毛泽东住东头两间，江青住在西头两间屋里。北房高大，跨度很大，很宽敞。在毛泽东住的那两间房里，放一张大木板床，一套沙发，一张书桌和一些书架。这两间屋里后来虽有一些调整，但基本格局变化不大。现在中南海毛泽东故居保持了原样，只是西头两间屋后来改做藏书室了。

菊香书屋的东房5间，中间1间是门厅，毛泽东在这里吃饭，也是他全家的餐厅。毛泽东及来宾的衣服也挂在这里。靠北头的两间是办公室，书记处的五大书记经常在这里开会。靠南头的两间，是毛泽东的会客室。

南房 5 间，正中是穿堂，其余是家属住的地方。

西房 5 间，正中 1 间是穿堂过道，也是当时从菊香书屋院里外出的主要通道。西房的南头两间，是值班室和工作人员办公的地方。北头两间，是毛泽东放书的地方。

菊香书屋四面房子形成一个封闭的小院。院内南北、东西两条小路交叉成十字形，把草坪对称分开，整个草坪成一个"田"字形。百年老树，又使院里平添几分幽雅。

因为毛泽东要来住，花匠在院里摆了许多盆鲜花。北方的 5 月，正是百花争艳的仲春季节。菊香书屋本来环境就很幽静，有了这些鲜花的装扮，一下子变成了一个小花园。

有一天，从外面回来，看着一盆盆鲜花，毛泽东发话了："过去，这里是公共场所，由他们随便布置，我们不干涉。可现在我住在这里，就不要摆这么多的花了。少摆几盆花，再摆一点松柏树就可以了。你们知道，到我这里来的人很多，以后还会有工人、农民的代表来。他们来了，就是为了看看我，看看我住的地方。如果我这里摆了那么多漂亮的花，那他们也会上行下效，向我看齐，养成这种风气就不好了。"

花搬走了，院内的十字路口处换上两盆棕树，两盆无花果。凉台上，放了两盆绿草。

毛泽东看了新的布置挺满意："这不是很好吗！我不是不喜欢花，现在摆得太多了不大合适。"

菊香书屋院里没有厕所。上厕所难不仅给这里的主人添了麻烦，也给来开会或拜访的客人带来诸多不便。毛泽东上厕所，要走到后院里去。这段路，比现在北京四合院里的居民去公厕的路近不了多少。

如何解决这个难题呢？工作人员和修缮队研究出一个方案：在紧靠毛泽东办公室后窗的地方，按卫生间的要求盖一间平房，然后在办公室的墙打一个洞，与卫生间相通，一个整体的配套房间就这样改造出来了。由于在办公室墙上打开门是趁毛泽东睡觉时干的,毛泽东起床后发现办公室里的新变化,感到非常惊奇,也非常高兴。他问道:"你们谁想出的这个办法?"

工作人员回答说:"这是我们和修缮队一块研究的。"

菊香书屋——毛泽东同志故居(历史图片)

毛泽东连声道谢:"这样就方便了,你们多费心了,谢谢大家。"

这个因地制宜改造出来的卫生间不仅受到了毛泽东的赞扬,周恩来看后也称赞不已。

供暖设施对于北方的住房来说,是极其重要的。菊香书屋院里的房子,以前是烧地炉子取暖的。因年久失修,火道都不通了。卫士们提出要装锅炉和暖气片。

那么,锅炉房设在哪里呢?太远了工程太大,太近了又怕不安全。选来选去,最后还是选定了紧靠毛泽东办公室的一块空地,一个小锅炉房很快盖起来了。为了安全起见,选派责任心强的卫士负责烧锅炉。

以前,毛泽东每次洗澡,都是卫士们用脸盆端水,待他洗完了澡,卫士们再把水一盆盆地端出去倒掉。现在,通过这么维修、改造,终于把喝水、洗澡难的问题解决了。打开热水龙头,毛泽东就可以在澡盆里洗上热水澡了。毛泽东颇为开心地说:"现在可好了,已经是自动化了。"

毛泽东的卧室在北房,办公室在东房,从卧室到办公室去,必须经过院中心。晴天倒挺好,走几步路就当活动活动了,一到刮风下雨,尤其是冰冻路滑,就显得不太方便了。如果有走廊相通,就最好不过了。卫士们又提出建一个走廊。

尽管添个走廊很实用，不像摆花盆那样可有可无，毛泽东还是不同意。他认为，花好多钱搞个走廊，与艰苦奋斗的精神不相符。

吃饭、睡觉、工作，可谓人生三大事。毛泽东在生活起居方面以简单随便著称，但是，他对床铺却有着与众不同的"讲究"。

毛泽东对床有独到的要求，他不睡诸如沙发床、席梦思之类的软床，而是喜欢睡木板床。

转战陕北时，陕北的老百姓睡火炕，毛泽东睡不惯，走到哪儿都是临时借用老乡的门板。毛泽东住在河底村时，房东的门卸不下来，他只好睡在火炕上，结果睡得不好。房东的孩子在县里当干部，回家听说了这事，立刻将门轴锯了，把门取了下来。毛泽东晚上回来听说了，批评那个干部"乱弹琴"。随后，毛泽东检查了那两扇门，看到再安上后使用不受影响，才不生气了。这天夜里，他睡在门板上，比前天晚上睡得好。

夏天，天热了，毛泽东要求木板床上尽量少铺东西。他在用白布包起来的荞麦枕头上垫上几张旧报纸，汗水时常把报纸浸湿弄破。

毛泽东第一次走进双清别墅自己的卧室时，便对身边工作人员发了一通脾气。原来，毛泽东对卧室那张弹簧床极不满意。其实，这间卧室内唯一显得豪华气派的家具就是这张弹簧床。警卫员还是头一次见到这种床，坐在上面就像是坐在沙发上一样。他们觉得这个床要比毛泽东在农村时睡的任何一张床都要高级，于是将这张床摆好。可是，毛泽东并不这么想，他看到这张床，声音很高地对工作人员说："为什么要给我买这样的床？这床比木板床得多花多少钱？为什么昨天能睡木板床，今天就不能睡了？我睡木板床已经习惯了，觉得睡木板床就很好，我不喜欢这个床。"他指示卫士们赶忙撤走弹簧床，并说："我还是睡木板床舒服。"

毛泽东发火引起了许多恐慌，因为双清别墅没有木板床，而毛泽东以前睡的木板床又没有带来。这可怎么办？大家思来想去，决定还是劝毛泽东暂时在弹簧床上睡一觉，第二天再想办法。

正在伏案工作的毛泽东听了这种安排，头也不抬地说："弄了木板床来后我再睡。"显然，毛泽东牛脾气来了。如果不能弄到木板床，他是不肯睡觉休息的。

于是，管理科的同志们赶紧请木匠为毛泽东赶做了一张大木板床。毛泽东见了这张床，很满意，于是便上床休息。

后来，这张木板床随着毛泽东搬进了菊香书屋。不久，工作人员又对毛泽东的木板床进行了改造，使它变大，足有5尺宽。为什么要把木板床加宽呢？因为毛泽东有躺在床上看书、看报、办公的习惯，床的一半是用来放书的。平时，毛泽东床上的书堆得足有一尺多高。毛泽东自己说过："人生几乎有一半时间是在床上度过的，至于我更是比一般人在床上度过的时间要多。因此，我的床一定要舒服一些。"

改进后的木板床有三个特点：一是普通，毫无刻意雕饰，与一般人家的木板床并无区别；二是宽大，可以放很多书；三是外高里低，其中高的那边睡人，低的那边放书。

毛泽东大为满意。此后，他一直睡这种木板床，再未曾改变过。

在家尽睡木板床，那么外出时怎么办呢？

1949年年底，毛泽东第一次访问苏联，苏方为了表达对毛泽东的尊敬，特意安排了豪华别墅。毛泽东伸手按了按卧室中的高级弹簧床，皱着眉头说："我睡不了这种床，把我用的东西和书拿来。"卫士说："主席，我们把垫子掀了，铺上块木板就行了。"毛泽东听罢连连点头，但又说："不能去麻烦人家。我们自己想办法。"卫士说："可以请大使馆的同志帮忙解决。"毛泽东表示同意。傍晚，大使馆派人送来一块新做的木板。于是，大家一起将苏方准备的被褥、弹簧床垫撤掉，换上了木板和毛泽东自带的旧褥子等东西。苏方服务员看到了，以为自己招待不周，很是难过。后来，翻译师哲费了一番口舌才使她们消除了误会。

1957年，毛泽东第二次访苏时，苏方特地为毛泽东准备了一张木板床，毛泽东对苏联同志的悉心照料深为感谢。

20世纪五六十年代，毛泽东频频外出，足迹几乎遍布祖国大江南北，万水千山。每每新到一地，毛泽东几乎都碰到过"床铺问题"。因为地方上开始并不知晓毛泽东有睡木板床的习惯，往往竭尽所能地为他提供他们认为高级、豪华、舒适的床铺。有一年，毛泽东参加广州会议后到武汉，湖北省委在东湖安排了当时能找到的一张最高级的弹簧床。毛泽东住下后一声不响，卫士们也感到颇为奇怪。第二天，人们推开房门，吓了一大跳，原来毛泽东竟然通宵睡在地板上！

毛泽东对卧具的要求实际上简单得不能再简单了。他只要一张既能睡人又能放书的大木板床。他不要地方为他提供被褥、枕头、床单之类的东西。每次外出视察，他都是自带卧具，除了木板床不能自带，其余一切卧具，他都随身带着。地方同志见到这一情景，都感动得要落泪。毛泽东毕竟是领袖呀，如果连毛泽东需要一张木板床的要求都不能满足，那还像话吗？于是，凡是毛泽东常去的地方，人们都依照毛泽东中南海那张大木板床的样式，为他做一张木板床。

当时，丰泽园的大门外面的门柱油漆脱落了不少，有的柱角连里边的麻皮都露出来了。工人们搭起脚手架，准备重新油漆一遍。

毛泽东制止了修缮工作。他说："告诉行政部门，这里不需要刷油漆，过几年再修理吧。我住的地方不要和公共场所一样花去那么多钱，搞那么漂亮……"

丰泽园内，连毛泽东经常开会和会客的颐年堂，也只彻底清扫了一下，就继续使用了。

毛泽东始终铭记着他临进北平时的那句话：我们进北京，可不是李自成进北京。

他身体力行，始终注意保持艰苦朴素的生活作风和艰苦奋斗的光荣传统。

/ 第五章 /

另一面——不一样的红色政治家

◎毛泽东是一位伟大的政治家、军事家,同时还是一位卓有成就的诗人、文学家。军事家与诗人的双重角色,使得毛泽东的诗词别具一格。

◎游到武汉关前的江心时,毛泽东问他们:离汉口有多远,现在游到哪里了?正谈话时,一个浪头扑来,越过头顶,毛泽东从容地吐了口水,风趣地说:"长江的水好甜呀!"

诗人毛泽东

1957年1月,《诗刊》创刊。这在中华人民共和国诗歌史上是件大事,更为引人注目的是《诗刊》第一次公开发表了毛泽东的18首旧体诗词。这些诗词写于1925年到1956年夏天,其中14首是写于战争年代。

毛泽东的诗词一经问世,立即像夏天的一声炸雷,在国内外引起了巨大震撼。人们为他雄健恢宏的壮丽诗篇所吸引,书店门前排起一条条长龙,人们争相抢购,每个人都想先睹为快。

各大出版社相继出版了毛泽东诗作,各种版本相继问世:

1958年,文物出版社刻印出版大字本《毛主席诗词十九首》;1964年,又出版了《毛主席诗词三十七首》。

1958年,中国青年出版社出版了《毛主席诗词讲解》。

1963年,人民文学出版社出版了《毛主席诗词》;1976年再版时,加了两首。

1986年,人民文学出版社又出版了《毛泽东诗词选》,正副两编,收进毛泽东的诗词共50首。

据不完全统计,仅文物出版社1964年的版本就印了651000册;人民文学出版社1963年出版的平装本印了500000册,线装本印了30000册。

与此同时,苏联、波兰、保加利亚、罗马尼亚、西班牙、智利、阿根廷、美国、英国等,相继翻译了毛泽东的诗词,并有不少评论和介绍文章。

从此,毛泽东诗人的声誉家传户诵,海内外知名。

人们赞美毛泽东的诗词天赋,赞美毛泽东的诗词造诣。但毛泽东是如何刻苦学习、批判继承和发展中国古典诗词的事迹，如何创作、推敲自己的诗作，如何评诗论诗，这一切在毛泽东生前，鲜为人知。只是在毛泽东逝世之后，打开了他的书房大门，人们才惊奇地发现，他在中国古典诗词领域涉猎是如此之广，他对许多诗人及作品写下的批注、论断是如此之多，他对中国诗词的追求和探索是如此执着。

吟游诗人

　　毛泽东是一位伟大的政治家、军事家，同时还是一位卓有成就的诗人、文学家。军事家与诗人的双重角色，使得毛泽东的诗词别具一格。他是一位马背诗人，许多诗词都是写于行军途中。这些诗词既是一幅幅绚丽的风景画、一首首优美的抒情诗，同时又是一曲曲高昂的进军歌。他是一位笔耕不辍的吟游诗人：走到哪里，就写到哪里。今天我们读他的诗，好像是在重温红军走过的道路，跟随毛泽东转战南北，思绪仿佛回到了那战火纷飞的岁月……

　　1929年，毛泽东被迫离开了红四军的领导岗位，抱病深入上杭等地的农村基层，开展广泛的调查研究。1929年10月11日，适逢农历重阳节。节前，毛泽东躺在担架上，重返上杭县城。沿途漫山遍野的菊花盛开，一片金黄，芳香扑鼻。

　　面对大自然如此美好的景色，毛泽东不禁陶醉在扑鼻而来的花香之中，病痛和委屈顿时烟消云散。他思索着：在这金秋时节，作为一个革命者，应该如何面对转瞬即逝的流水年华呢？正是在这种思考中，毛泽东即兴吟出了一首《采桑子·重阳》：

　　　　人生易老天难老，岁岁重阳。今又重阳，战地黄花分外香。

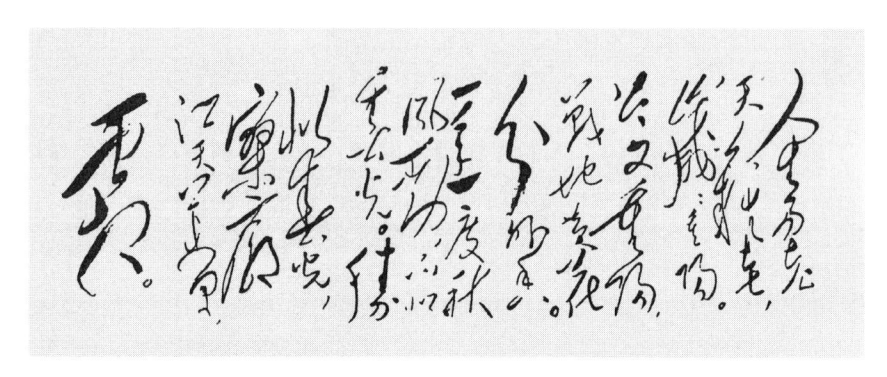

毛泽东手书《采桑子·重阳》

一年一度秋风劲，不似春光。胜似春光，寥廓江天万里霜。

在这首词里，毛泽东通过重阳节述怀的形式，热情地讴歌了革命根据地独特的自然景色，同时他又将描写自然景色与抒发革命者的人生观融为一体。全词寓情于景，托景言情，使高超的艺术手法与深刻的思想内涵完美地结合在一起。

词刚吟罢，毛泽东便接到了振奋人心的好消息。1929年10月，红四军前委领导找到了毛泽东，向他传达了周恩来代表党中央起草的给红四军前委的指示信，信中要求红四军前委要维护朱德、毛泽东的领导，毛泽东"应仍为前委书记"。毛泽东听罢传达，脸上露出了微笑。1929年12月，在红四军第九次党代表会上，毛泽东当选为前委书记，重新回到了领导岗位。

红军将士在毛泽东、朱德的领导之下，斗志空前高涨。面对敌军几万人马对闽西苏区的"围剿"，红四军兵分两路，一部由朱德率领，向连城地区进发；一部由毛泽东率领，阻击敌人。在毛泽东的率领下，红军将士灵活作战，给敌人以有力的打击。然后经归化、清流和宁化地区，翻越武夷山，到江西与朱德率领的部队会合。

当毛泽东率领部队从福建进入江西时，正值隆冬时节，天阴雨泻，寒风凛冽。在这种严酷的自然条件下，红四军战士表现出大无畏的英雄气概，身

负重装,跨涧涉河,向武夷山挺进。毛泽东骑在马背上,吟成一阕《如梦令·元旦》:

  宁化、清流、归化,路隘林深苔滑。 今日向何方,直指武夷山下。山下山下,风展红旗如画。

起伏的崇山峻岭,蜿蜒行进的队伍,崎岖的山间小路,溜滑的绿苔,迎风招展的红四军军旗,一一尽在毛泽东的笔下。读这首词,我们仿佛是在观看一幅红军部队的行军图!

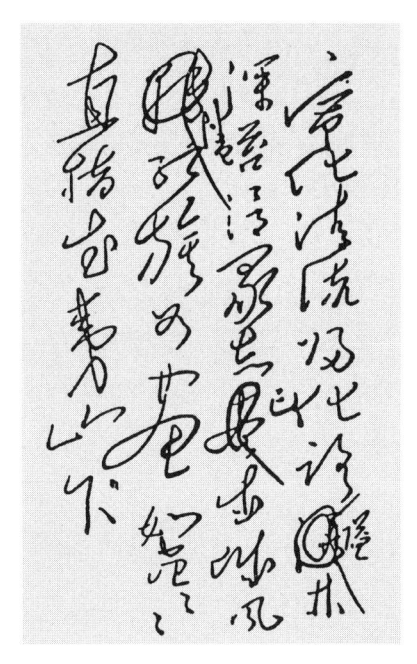

毛泽东手书《如梦令·元旦》

1930年2月,毛泽东率领红四军由江西省广昌县马不停蹄地向吉安进发。红军战士身着单衣,在纷纷扬扬的大雪中行进。当部队在翻越高山险峰时,呼啸而来的狂风,几乎要把战士们刮到山涧。然而,英勇的战士们顶着寒风,肩扛红旗,顽强地越过了险峰。皑皑白雪,巍巍高山,殷殷红旗,交相辉映。诗人的心情又被此情此景所深深震撼,他为我们写下了一首气势雄壮的《减字木兰花·广昌路上》:

  漫天皆白,雪里行军情更迫。头上高山,风卷红旗过大关。 此行何去?赣江风雪迷漫处。命令昨颁,十万工农下吉安。

这又是一曲红军战士勇敢顽强的颂歌!

1930年7月,毛泽东根据党中央的指示,率领部队从福建的汀州向长沙进军。行军途中,毛泽东在马背上又吟成一首《蝶恋花·从汀州向长沙》:

六月天兵征腐恶，万丈长缨要把鲲鹏缚。赣水那边红一角，偏师借重黄公略。　百万工农齐踊跃，席卷江西直捣湘和鄂。国际悲歌歌一曲，狂飙为我从天落。

1929年2月，毛泽东和朱德率部经过大柏地时，遭到驻守江西的国民党军队尾随追击。红四军采用"诱敌深入"的战术，把追到瑞金的敌人重新引诱到大柏地，然后发起猛烈进攻，一举歼敌近两个团，俘获敌军800余人。1933年夏，毛泽东回到大柏地昔日的战场。夏日的一场骤雨，把群山洗得面目苍翠。雨后，一道彩虹横贯天空。夕阳下，田间村庄、河流山川显得那么清新明净，到处是鸟语花香。置身于此情此景之中的毛泽东，心潮澎湃。他怀着浓厚的兴趣，走过当年与敌军激战过的杏坑村，看到村庄的断垣残壁上，依然清晰地留着斑斑弹痕。他不禁思绪万千……

当毛泽东跨上战马，恋恋不舍地回首望着渐渐远去的山村时，一首《菩萨蛮·大柏地》已经一气呵成：

赤橙黄绿青蓝紫，谁持彩练当空舞？雨后复斜阳，关山阵阵苍。当年鏖战急，弹洞前村壁。装点此关山，今朝更好看。

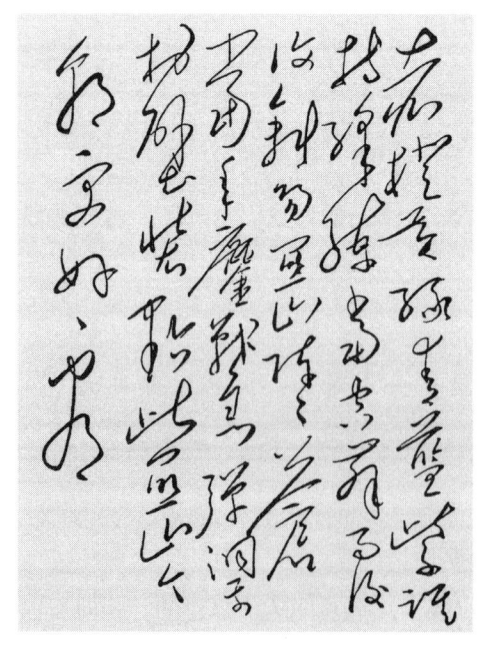

毛泽东手书《菩萨蛮·大柏地》

1934年7月23日清晨，毛泽东率领粤赣省委干部和警卫人员，渡过绵水，登上会昌。站在会昌山巅，毛泽东遥望着绵延起伏的群山和山下阡陌纵横的苏区土地，心潮起伏。他写下了《清平乐·会昌》：

> 东方欲晓，莫道君行早。踏遍青山人未老，风景这边独好。　　会昌城外高峰，颠连直接东溟。战士指看南粤，更加郁郁葱葱。

马背上所经历的生死之战，马背上所目睹的一切，包括南国的崇山峻岭，江河激流，晨曦夕阳，无不深深地印在诗人的脑海里，便酝酿出气势磅礴的豪迈诗篇。

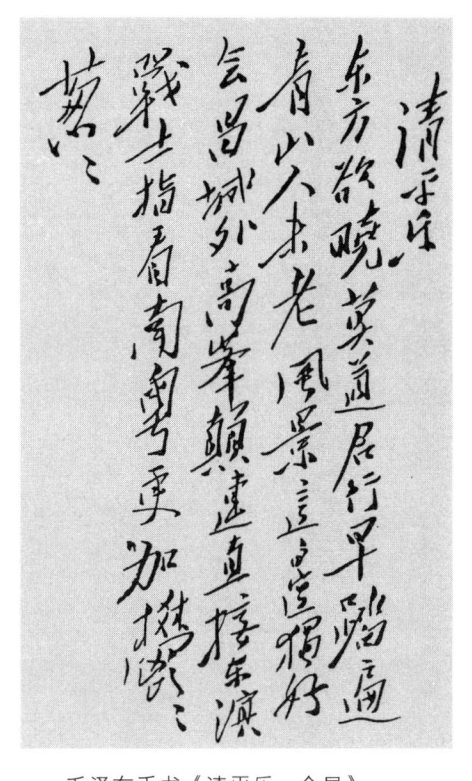

毛泽东手书《清平乐·会昌》

1935年2月，红军在贵州天险娄山关与黔军展开了激烈的战斗。经过整整一天的拉锯战，红军终于在黄昏时分夺取了娄山关关口，然后接连打退了敌军的猖狂反扑，并乘胜追击，夺回了遵义城。这次战役，共歼敌2个师又8个团，俘虏近3000人，是遵义会议以后红军第一次打的胜仗，士气大振。娄山关战役的胜负，是对刚刚重返最高决策层的毛泽东的严峻考验。这次战役的胜利表明，毛泽东没有辜负党和红军将士的信任。同时，这场战斗也是毛泽东革命生涯中最为之自豪、最富纪念意义的重大事件。获胜后的毛泽东感慨万千，时常浮现在脑海中的战斗情景与长年征战中观察自然景观的印象重叠相加，酝酿成了极为精彩传神的《忆秦娥·娄山关》：

> 西风烈，长空雁叫霜晨月。霜晨月，马蹄声碎，喇叭声

咽。雄关漫道真如铁，而今迈步从头越。从头越，苍山如海，残阳如血。

1935年10月，当毛泽东率领部队奋勇登上千年积雪、耸入云端的岷山山巅时，他被如此神奇的自然景观震撼了：漫天皆白、无边无际的连绵群山是那样的壮美、那样的绚丽。毛泽东从这壮观的高山景色，联想到长征的胜利前景，心情豁然开朗。长征以来的种种艰难险阻，在《七律·长征》中，化为了轻松明快的笔调：

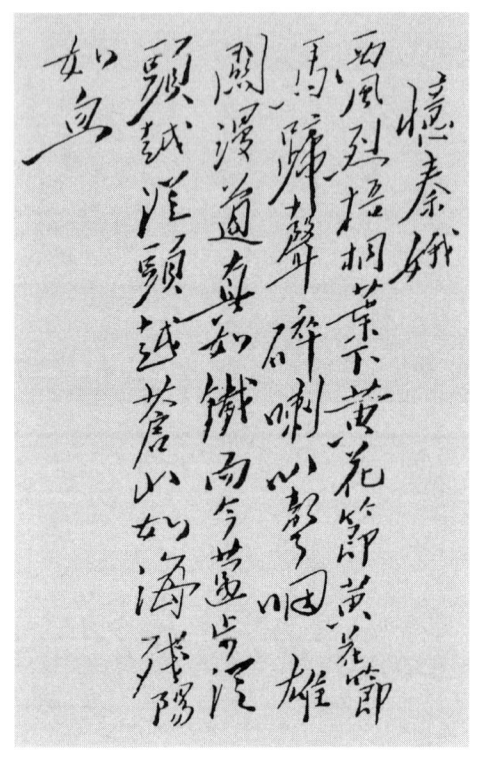

毛泽东手书《忆秦娥·娄山关》

> 红军不怕远征难，万水千山只等闲。
> 五岭逶迤腾细浪，乌蒙磅礴走泥丸。
> 金沙水拍云崖暖，大渡桥横铁索寒。
> 更喜岷山千里雪，三军过后尽开颜。

这首诗，将回顾长征途中最为艰险、最具代表性的片段连缀成一幅惊天动地的历史诗篇。

五十六字囊括二万五千里！

长征，创造了人类历史上的奇迹。而率领红军长征取得胜利的毛泽东，用自己的诗词，再现了人类历史上惊天动地的这一段悲壮历史。

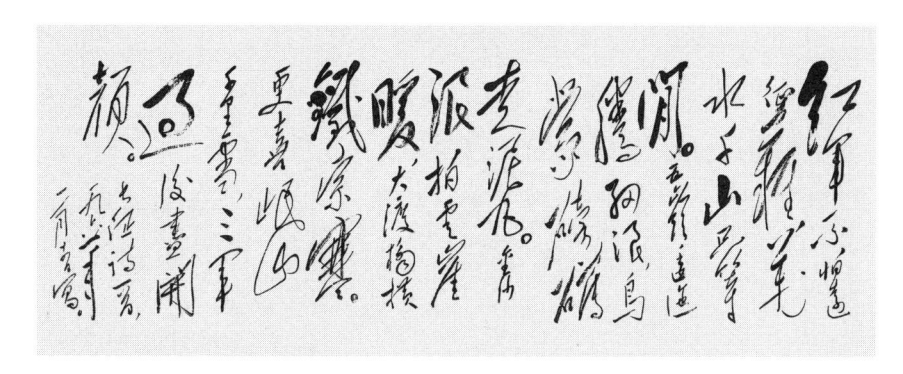

毛泽东手书《七律·长征》

诗最爱三李　词最爱稼轩

在唐代诗人中，毛泽东曾说自己最喜欢"三李"，即李白、李贺、李商隐。他们的诗是我国浪漫主义诗歌的典范。

李白自古有"诗仙"之称，毛泽东曾对李白有过一个总评价："文采奇异，气势磅礴，有脱俗之气。"在一本《注释唐诗三百首》中，毛泽东在李白《将进酒》一诗上画有很多的圈点，并在天头批注："好诗！"他还在《蜀道难》一篇上批注："此篇有意思。"他还对身边人员说："《蜀道难》写得很好，艺术性很高，对祖国壮丽的山川写得淋漓尽致，把人们带进神奇优美的神话世界，使人仿佛到了'难于上青天'的蜀道上面。"

1959年，毛泽东在给子女的一封信中说："登高壮观天地间，大江茫茫去不还。黄云万里动风色，白波九道流雪山。这是李白的几句诗。你愁闷时可以看点古典文学，可起消愁破闷的作用。"

李白的《梁父吟》写于他被排挤出长安之后。诗中用大量的历史故事、神话传说来比拟自己的怀才不遇，而通篇又流露出为实现自己的抱负而不甘气馁的乐观主义精神。意味深长的是，毛泽东在晚年视力极为衰弱的情况下，叫人用寸楷抄录了李白的《梁父吟》，放在身边经常阅读。他还在一本

20世纪70年代出版的大字本《唐诗别裁集》中对这首诗大量圈点。当时全国上下正处于个人崇拜的最高潮，而毛泽东内心却处于身体衰弱而又渴望战斗的激烈矛盾之中。他从李白的这首《梁父吟》中找到了共鸣。

李贺是唐代中期的著名诗人，被人们称为"诗鬼"。他虽然只活了27岁，但却留下了240余首诗。毛泽东在一长篇批注中，把中国历史上"英俊天才"而"惜乎死得太早"的人列了一个名单，其中就有李贺。李贺的诗歌继承了屈原辞赋的浪漫主义精神，想象力十分丰富，激情奔放。毛泽东喜爱的正是李贺诗歌的这一特点。

毛泽东藏有数本李贺的诗集，如《李长吉歌诗集》《李长吉集》《李昌谷诗集》《李昌谷诗注》等，并且在每本书中都作了大量的圈画。毛泽东圈画得最多的是《南园十三首》和《马诗二十三首》。毛泽东在创作诗词时，常有点化李贺诗句的句了。比如，1949年4月，毛泽东在作《七律·人民解放军占领南京》一诗时，就直接将李贺《金铜仙人辞汉歌》中"衰兰送客咸阳道，天若有情天亦老"，改写为："天若有情天亦老，人间正道是沧桑。"毛泽东1950年写的《浣溪沙·和柳亚子先生》中的"一唱雄鸡天下白"一句，即出自李贺《致酒行》中"我有迷魂招不得，雄鸡一声天下白"。

毛泽东不仅自己熟知李贺的诗，还向别人推荐李贺的诗。1965年，毛泽东在写给陈毅的一封信中说："李贺除有很少几首五言律外，七言律他一首也不写。李贺诗很值得一读，不知你有兴趣否？"真是好诗一起读，乐与人分享。

李商隐是晚唐诗人，他的许多咏史诗，笔触含蓄，寓意深刻。毛泽东十分喜欢李商隐的《贾生》《北齐二道》《隋宫》《朝碑》等诗。《锦瑟》《无题》诗，很多学者都做过专门研究。毛泽东早年写给杨开慧的《贺新郎·别友》可以说与李商隐的《锦瑟》诗有异曲同工之妙。毛泽东十分喜欢李商隐诗中含义隽永的名句，如"相见时难别亦难""身无彩凤双飞翼，心有灵犀一点通"等句，并作过大量圈画。20世纪60年代初，有一次毛泽东在与刘大杰谈诗时说："《无题》诗要一分为二，不要一概而论。"当谈到李商隐的《贾生》时，毛泽东问："能背得出吗？"当刘大杰背完后，毛泽东连连说："写得好哇！写得好！"

1976年2月，毛泽东在与刘大杰的一次通信中，又认为："李义山无题诗现在难下断语，暂时存疑可也。"此时，是他逝世前的几个月，可他仍在谈论李商隐的诗，可见他对李商隐诗作的喜爱！

1963年2月，在一次中央工作会议上，有的同志提道：轻音乐是抒情的，重音乐是战斗的。毛泽东插话说："那战士就没有抒情？诗、词也是一样。在同一朝代，如宋朝，有柳永、李清照一派，也有辛弃疾、苏东坡、陆游一派。"毛泽东的这种分析，无疑是在对宋词相当熟悉的基础上做出的论断。在宋词中，毛泽东圈画得最多的是辛弃疾的词。1959年，中华书局影印出版了《稼轩长短句》，共4册。每册封面上，毛泽东都用粗重的红铅笔画着读过的圈记。书中的名篇，布满了圈点、曲线等标记。

辛弃疾是南宋著名爱国诗人，早年参加过抗金义军，后遭主和派打击，长期不得志。他的词，大多抒发了对往昔战斗生活的追忆和壮志未酬的苦闷。辛词长存悲壮慷慨之气，将一腔爱国热血与赤心抒发得淋漓尽致。《永遇乐·京口北固亭怀古》和《南乡子·登京口北固亭有怀》等词，是辛弃疾充满爱国主义诗篇的代表作，毛泽东对这两首词非常喜欢，多次圈画。

毛泽东读辛词是相当用心的。在他经常翻阅的《词综》里，毛泽东发现《水调歌头·舟次扬州，和杨济翁、周显先韵》中印错了一句："列槛耸层楼"。他仔细地将"槛"改为"舰"。1964年8月24日，毛泽东在与周培源、于光远等人谈哲学科学问题时说："宋朝辛弃疾写的一首词里说，当月亮从我们这里落下去的时候，它照亮着别的地方。晋朝的张华在他的一首诗里也写到'太仪斡运，天回地游'。"毛泽东认为，这些诗词里面都包含着地圆的思想。后来，毛泽东让秘书查找辛弃疾的这首词给他。这首词就是《木兰花慢》，其中有这么一句："可怜今夕月，向何处、去悠悠？是别有人间，那边才见，光影东头？"毛泽东在这首词的标题前连画了三个大圈，对小序中的每句话加了圈点，在词中的每个疑问句后都画了一个大大的问号。可以想见，如果不是认真地读了这首词，毛泽东怎么会认为生活在700多年前的辛弃疾就能有关于地球运动的见解和对宇宙人生的辩证认识？

自注诗词

毛泽东是一位颇有造诣的诗人，同时又是一位有着独到见解的诗词评论家。他不仅对诗词创作提出了许多见解，还对自己的很多诗词都作了"自解"。

历史上有很多人写诗词，也有很多人评论别人的诗词。但是，善于评论自己诗词、客观地看待自己诗词的人是不多的。毛泽东做到了这一点。

毛泽东为什么要自注诗词呢？也许我们可以从他的一段批注中找到答案。毛泽东故居藏书中有一本文物出版社出版的线装本《毛主席诗词十九首》。在这本诗词集的第一页《沁园春·长沙》的天头、地脚及标题间的空隙处，填满了毛泽东的评语："我的几首歪诗，发表以后，注家蜂起，全是好心。一部分说对了，一部分说得不对，我有说明的责任……谢注家，兼谢读者……"由作者自己评说自己的诗，当然是最客观也最权威了。当然，从读者这方面而言，我们可以从他的自注中，更加理解毛泽东写诗词时的背景、意境和胸臆，更加明了他当时的所思、所想。

毛泽东1927年写有一首《菩萨蛮·黄鹤楼》：

茫茫九派流中国，沉沉一线穿南北。烟雨莽苍苍，龟蛇锁大江。　黄鹤知何去？剩有游人处。把酒酹滔滔，心潮逐浪高！

第五章
另一面——不一样的红色政治家

毛泽东对词中"心潮"二字自注道:"1927年,大革命失败的前夕,心情苍凉,一时不知如何是好,这是那年的春季。夏季,8月7号,党的紧急会议,决定武装反抗,从此找到了出路。"

现在,让我们简要地回顾一下当时的历史。正当北伐战争取得节节胜利之际,蒋介石公然叛变革命,于1927年发动了"四一二"反革命政变。而此时,共产党内以陈独秀为首的右倾机会主义路线占据领导地位。4月27日至5月9日,中国共产党召开了第五次全国代表大会,毛泽东不仅被拒于大会领导之外,甚至被剥夺了表决权。"茫茫……""沉沉……""苍苍……",这就是那一时期毛泽东"苍凉"心境的底色。然而,毛泽东毕竟是一位伟大的革命家,即便身处逆境,仍能保持着革命的乐观主义精神。"把酒酹滔滔,心潮逐浪高",这就表明毛泽东仍然心绪高涨,对前途充满了乐观,绝非情绪消沉、悲观失望。"苍凉"然而却不"愁苦",愈挫而愈奋进,这就是坚忍不拔、一往无前的毛泽东!就是靠着这种"逐浪高"的心潮,毛泽东终于开辟了中国革命的新道路,点燃了中国革命的星星之火,并使之呈现燎原之势。

毛泽东在《清平乐·会昌》一词中"踏遍青山人未老"处注道:"1934年,形势危急,准备长征,心情又是郁闷的。这一首《清平乐》,如前面那首《菩萨蛮》一样,表露了同一的心境。"当时又是一个什么情况呢?自1932年宁都会议以后,毛泽东被撤销了党和军队的领导职务,只任中央苏维埃政府主席。他曾对第五次反"围剿"提出过许多关键性建议,都未被采纳。由于错误路线的指导,第五次反"围剿"失败了。眼看着革命事业遭受损失却又无能为力,毛泽东的心情如何不"郁闷"?然而,恰恰是在这种"郁闷"的心情下,他却写出"踏遍青山人未老,风景这边独好"这样对革命事业没有丝毫动摇的自信与决心。诗人对革命理想矢志不渝的情怀,经过文学提炼,表现为"战士指看南粤,更加郁郁葱葱"的豪情壮志。

1936年2月,毛泽东写下了《沁园春·雪》。写这首词的时候,用毛泽东自己的话说:"……过了岷山,豁然开朗……柳暗花明又一村了……"长征经历过的艰难险阻是不可言说的，甚至是不可想象的。但是，正因为它是如此艰难，也就被赋予了崇高的意义，更加令人难以忘怀！在陕北清涧县袁家沟的一座窑洞里，毛泽东填写此词时，那种"苍凉""郁闷""沉郁"的心情已荡然无存，取而代之的是一腔气吞山河的激情与壮志。

1958年12月21日，毛泽东针对人们对《沁园春·雪》原作含义的种种误解，在文物出版社刻印的大字本《毛主席诗词十九首》的《沁园春·雪》处批注道："雪：反封建主义，批判二千年封建主义的一个反动侧面。文采、风骚、大雕，只能如是，须知这是写诗啊！难道可以谩骂这一些人们吗？别的解释是错的。末三句，是指无产阶级。"

"半字之师"

战争年代戎马倥偬中的有感而发，即兴吟写，有时难免会有值得推敲之处。因此，中华人民共和国成立后，毛泽东对自己的诗词进行了反复推敲、斟酌，并虚心地向诗友和专家学者们请教，征求他们的意见。

1957年，应《诗刊》编辑部的要求，毛泽东同意公开发表他创作的诗词。为此，毛泽东特给《诗刊》主编、诗人臧克家写了一封信，信中谦虚地表示："……这些东西，我历来不愿意正式发表，因为是旧体，怕谬种流传，遗（贻）误青年；再则诗味不多，没有什么特色。既然你们以为可以刊载，又可为已经传抄的几首改正错字，那末，就照你们的意见办吧……"

根据毛泽东的意见，在这些诗词公开发表前，先出了征求意见本，并召开了一次中央负责同志和有关专家参加的座谈会。毛泽东还特地用粗铅笔写了张条子说："请同志们一议。"座谈会上，大家对毛泽东的诗词进行了认真的讨论。一些著名诗人为此还专门写了书面修改意见，其中一半以上意见为毛泽东所采纳。在这些意见中，有关于标点符号，有关于个别字眼儿，也有涉

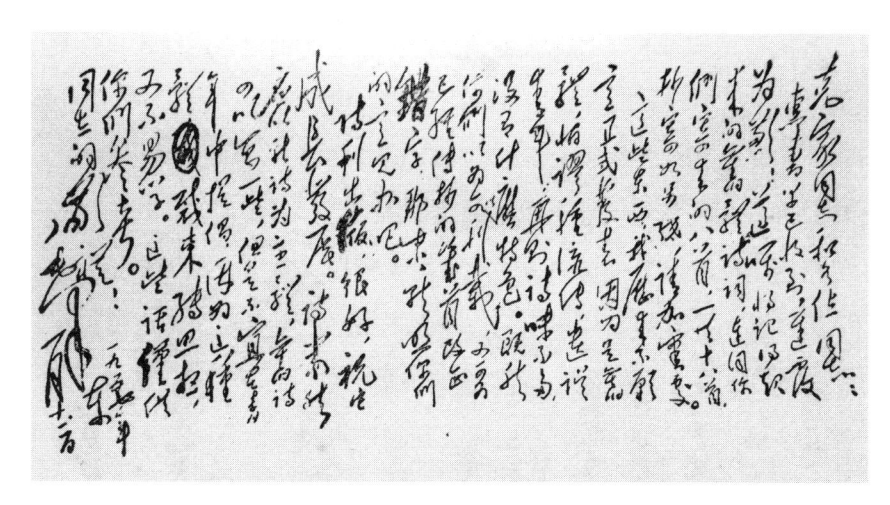

第五章
另一面——不一样的红色政治家

毛泽东写给臧克家的信

及注释中的字句，还有整个句子的调换。毛泽东根据这些意见，一一斟酌修改。当臧克家看到毛泽东修改后的诗词时，内心非常感动，更增添了对毛泽东的敬佩之情。

毛泽东以人为师的故事很多。1959年，毛泽东创作了《七律·到韶山》《七律·登庐山》后，请胡乔木转送郭沫若，请这位诗友看有什么毛病没有，加以笔削，并认为这样做至为重要。郭沫若看后给毛泽东写了两封信，提出了修改意见。毛泽东阅后感到很受启发，对这两首诗作了修改。随后，他再次委托胡乔木转给郭沫若再提意见，又根据郭沫若的意见作了进一步的修改。

下面一件事是毛泽东自己称梅白为"半字之师"的趣事。

1959年，在庐山，毛泽东就他的《七律·到韶山》一诗征求梅白的意见。梅白当即指出："'别梦依稀哭逝川'一句中应改半个字——改'哭'为'咒'。"毛泽东对这半字之改大为叫好，称梅白为"半字之师"。

从这个故事中，我们可以看出毛泽东的谦虚精神。实际上，毛泽东永远保持着谦逊的胸怀。无论他写的哪首诗，只要别人提出了合理的修改意见，他都能马上接受。这样的例子不胜枚举。

1952年1月，毛泽东收到一封陌生人的信，信上说："……'金沙浪拍悬崖暖'(《七律·长征》)一句中,'浪'与上句'腾细浪'的'浪'重复,建议改为'水';'悬崖'的'悬'字缺乏诗意,建议改为'云'……"毛泽东欣然接受了这些建议,将原句修改为我们今天看到的"金沙水拍云崖暖"。

1962年,中南海机关业余中学的几个语文老师在备课时,对毛泽东《减字木兰花·广昌路上》一词中头一句"漫天皆白,雪里行军无翠柏"的"无翠柏"解释不一。有的老师指出,这"无翠柏"三字是实指"雪里行军"的寒意呢,还是虚写"无翠柏",而实指"雪里行军"的"翠柏"精神?

这几个语文老师争执不下,一起去请教田家英。田家英表示一定将他们的意见转告毛泽东。

第二年,新版《毛主席诗词》出版时,此句已改为"漫天皆白,雪里行军情更迫"。

1964年元旦,《毛主席诗词》正式出版前,毛泽东亲笔开列名单,召开座谈会,请大家给他的诗词提意见。会上,臧克家提出:"《沁园春·雪》中的'原驰腊象'中的'腊象'是否可改为'蜡象'?'蜡'字一表示白色,二又可与上句'山舞银蛇'中的'银蛇'映对。"毛泽东听后,点头称道:"好,你就替我改过来吧。"

《七律·送瘟神二首》公开发表后,有的读者指出,第一首诗中"千村薜苈人遗矢"中的"薜""苈"两字连用,不太妥当。毛泽东根据胡乔木查阅有关典籍后提出的建议,改为"薜荔",用以形容村落萧败、田地荒芜的景象。

"推敲"出好诗

"两句三年得,一吟双泪流。"的确,诗词的一字一句,无不凝结着作者的心血。有时为了一字一词的改动,往往要思考好久,反复推敲。古人为我们留下了很多推敲出好诗的故事。毛泽东创作诗词的态度是极为严肃的,他的诗经常是反复推敲仔细琢磨而成。

1963年1月,毛泽东填《满江红·和郭沫若同志》。据毛泽东身边的卫士们讲:"那天晚上,他在屋子里踱来踱去,口中低声吟哦,坐下来写几句,不满意,把纸揉成一团,扔进纸篓;又站起来踱步,吟哦,再坐下去写……第二天,我们倒掉了大半纸篓的废稿纸。"从中我们可以看出毛泽东的写作态度之认真。

"诗不厌改。"诗词创作要达到完美的境界,需要反复修改,锤炼加工。

毛泽东对他写于1923年的《贺新郎》上下两阕都做过重要修改。原词上半阕末两句为"重感慨,泪如雨",后改为"人有病,天知否"。同样是描写夫妻惜别时的惆怅,意境却相去甚远。一个表面,一个内在;一个直露,一个含蓄。用"人有病,天知否?"的设问,使上阕走向感情的高潮,增加了词的感染力。下阕最后四句原词为"我自欲为江海客,更不为昵昵儿女情。山欲堕,云横翥"。发表时改为"要似昆仑崩绝壁,又恰像台风扫寰宇。重比翼,和云翥"。修改后的词,在气势上远远胜过原词,表达了作者济世救民的崇高理想,以及与爱妻在未来的革命风暴中共同奋斗的美好心愿。

《西江月·秋收起义》中的"匡庐",原先写作时用的是"修铜";词中的"潇湘"原为"平浏"。毛泽东为何要作这种改动呢?原来,原作中的"修铜"和"平浏"均为地名,入词显得平直,改为"匡庐""潇湘",以当地的名山秀川代称,较于原作更富诗情画意。

《蝶恋花·答李淑一》的标题,在毛泽东书赠李淑一时,写作《蝶恋花·游仙》,取全篇备述"杨柳轻扬直上重霄九"之意。公开发表时,毛泽东改写成《蝶恋花·游仙(赠李淑一)》。收入1963年《毛泽东诗词》时,又删去"游仙"二字,并且将"赠"改为"答"。这种仔细的推敲和改动,显示了毛泽东认真的态度,同时也把毛泽东的性格表现得淋漓尽致——他是一个注重感情的诗人!

《七律·送瘟神二首》其二中,"红雨随心翻作浪,青山着意化为桥"

两句,"随心"原为"无心","着意"原为"有意",各一字之改,使"红雨""青山"拟人化,起到了妙笔生花的作用。

《七律·冬云》中,原作有一句是"高天滚滚寒流泄,大地微微暖气吹"。毛泽东后来将"泄"字改为"急"字。一字之改,既使"急"与"吹"相对仗,同时大大增加了整首诗的节奏感和力度。

经毛泽东修改的诗词很多。这一字一词一句的修改,凝结着毛泽东的心血,体现了他在诗词艺术上孜孜不倦的追求。

恋旧体诗,倡新体诗

毛泽东热爱自己民族的传统文化,对中国古典诗词这份文化遗产珍爱不已。但是,毛泽东并没有因个人的爱好而忽视旧体诗的局限。他自己写的是旧体诗,但他却提倡世人写新体诗。

从根本上说,毛泽东在中国古典诗词创作领域所取得的成就,来源于他对中国古典诗词的酷爱。1939年,萧三将自己写有新旧两体新作的手抄本送给毛泽东。毛泽东看了几首后就明确表示,自己喜欢旧体诗,而对萧三创作的新体诗不加任何评说。

毛泽东直截了当地表明自己的爱好,是一次在他与梅白谈及中国古典诗词的未来时。他说:"旧体诗词源远流长,不仅像我们这样的老年人喜欢,而且像你们这样的中年人也喜欢。我冒叫一声,旧体诗词要发展,要改革,一万年也打不倒。因为这种东西,最能反映中华民族和中国人民的特性和风尚,可以兴观群怨嘛!怨而不伤,温柔敦厚嘛……"的确,中国古典诗词作为传统文化的精华,具有长久的生命力。毛泽东的这种论断,已被历史证明是正确的。直至今日，中华民族还是用中国古典诗词作为培养后代、陶冶情操的重要手段。

毛泽东毫不隐讳地表明，自己对旧体诗词怀有浓厚的兴趣与独特的爱好。但是，毛泽东也看出了旧体诗词的局限性。1957年，他在应《诗刊》社之约交付自己诗稿的同时，特意附上一信，说："诗当然应以新诗为主体，旧诗可以写一些，但是不宜在青年中提倡，因为这种体裁束缚思想，又不易学。"甚至出于这一原因，最初他连自己的诗词都不愿公开发表，"因为是旧体诗，怕谬种流传，遗（贻）误青年"。

毛泽东也预见到新诗的发展必须经过一个艰苦的历程。他曾说过："新诗的改革最难，至少需要50年。找到一条大家认为可行的主要形式，确是难事。"关于新诗的出路，毛泽东对于民歌和古典诗词寄予很大希望。1958年成都中央工作会议上，毛泽东说："中国诗的出路，第一条是民歌，第二条是古典，在这个基础上产出新诗来，形式是民族的，内容应该是现实主义与浪漫主义的对立统一，太现实了就不能写诗了。"关于新诗的形式，毛泽东说："中国的诗歌，从《诗经》的四言，后来发展到五言、七言，到现在的民歌，大都是七个字，四拍子，这是时代的需要。""新诗的发展，要顺应时代的要求，一方面要继承优良诗歌的传统，包括古典诗歌和五四以来革命诗歌的传统；另一方面要重视民歌。新诗的形式，应该是比较精炼，句子大体整齐，押大致相同的韵，也就是说具有民歌的风格。"

毛泽东经常鼓励他的诗友写新诗。他对陈毅说过："你还可以写写新诗"，"你会写自由诗"。他对袁水拍说："你的《摇头》写得好，你应该多写些。"有一次，毛泽东和臧克家等人谈新诗创作问题之后，特地把他们送到中南海勤政殿正门，并遥呼："把你们的作品送一份给我啊。"这里面寄托着毛泽东对新诗创作的殷切希望。

毛泽东自己也尝试写新诗。下面是他1963年写的《杂言诗·八连颂》：

好八连，天下传。为什么？意志坚。为人民，几十年。
拒腐蚀，永不沾。因此叫，好八连。解放军，要学习。
全军民，要自立。不怕压，不怕迫。不怕刀，不怕戟。
不怕鬼，不怕魅。不怕帝，不怕贼。奇儿女，如松柏。
上参天，傲霜雪。纪律好，如坚壁。军事好，如霹雳。
政治好，称第一。思想好，能分析。分析好，大有益。
益在哪？团结力。军民团结如一人，试看天下谁能敌。

毛泽东在批判地继承和发展中国古典诗词的基础上，勤奋地从事诗词创作，对新诗发展方向寄予很大的希望。他以身作则，在他不断熟悉的新诗创作领域里进行了极为可贵的尝试。

《沁园春·长沙》设天问

第一次国共合作后，毛泽东既是中共中央局秘书，同时又以国民党中央候补执行委员的身份兼任国民党上海执行部委员。毛泽东在上海繁忙地工作着，但国民党右派把上海执行部搞得一团糟。此时，作为中共中央局秘书的毛泽东又与陈独秀的右倾机会主义思想产生了分歧。另外，加上日夜劳累，睡眠不佳，毛泽东只得于1925年春离开上海回湖南养病了。

在韶山养病期间，毛泽东一面继续发愤读书，一面开展革命活动。毛泽东在家乡的革命活动引起了敌人的注意，湖南军阀赵恒惕下令通缉毛泽东，甚至赌咒说："湖南若有毛泽东，便无我赵恒惕。"他派出重兵到韶山搜捕毛泽东。6月28日，在韶山党组织和人民群众的掩护下，毛泽东摆脱了敌人的追捕，回到长沙，准备去广州参加国民党"二大"。在长沙的一个月里，毛泽东曾到湘江边上漫游，登上岳麓山巅眺望万山红遍的枫林。这一壮丽的景色使毛泽东触景生情，浮想联翩：当年的莘莘学子相聚在一起，谈笑风生，跋山涉水，多么浪漫；同学们抒怀寄志，又是何等的豪情满怀。美好的回忆，迅速发展的革命形势，在毛泽东的头脑中编织出一幅壮观的画卷。毛泽东心潮滚滚，思绪万千，写下了《沁园春·长沙》：

独立寒秋，湘江北去，橘子洲头。看万山红遍，层林尽染；漫江碧透，百舸争流。鹰击长空，鱼翔浅底，万类霜天竞自由。怅寥廓，问苍茫大地，谁主沉浮？ 携来百侣曾游。忆往昔峥嵘岁月稠。恰同学少年，风华正茂；书生意气，挥斥方遒。指点江山，激扬文字，粪土当年万户侯。曾记否，到中流击水，浪遏飞舟？

这首词立意高远，融写景、叙事、抒情于一体。短短百字，结构严谨，如行云流水，顺畅通达。全篇从眺望湘江秋色起笔，尽情地抒发了对宇宙万物的无限感慨，表现了对自由的向往。词的上阕，用设问的方式，提出了"问苍茫大地，谁主沉浮"这一气势磅礴的问题。作者问的对象是"苍茫大地"，可见此时作者的心胸是何其宽广；作者问的问题是"谁主沉浮"，可见作者高远之志。

词的下阕通过对峥嵘岁月的回忆，巧妙而含蓄地回答了上阕的设问。全词以"到中流击水，浪遏飞舟"作为向战友与同伴发出的号召，寓意深刻，余韵不绝，意境进一步升华。

《沁园春·雪》独领风骚

1945年8月28日，毛泽东、周恩来飞赴重庆，开始与国民党谈判。中共高层领导人毛泽东来到重庆，成为重庆的一大政治新闻。各界人士对这次和谈都寄予了很高的期望。以忧国忧民著称的文化人更是奔走相告，跃跃欲试。毛泽东的一些老朋友及一些社会名流纷纷前往住地拜访。当时，柳亚子正在选编《民国诗选》，想把流传中的毛泽东诗《长征》收录其中。就在毛泽东抵达重庆的第三天，他拜访了毛泽东。柳亚子首先面呈一诗，称颂毛泽东亲临龙潭虎穴的"弥天大勇"。同时，他提出索要毛泽东的诗稿。10月7日，毛泽东在红岩村，坐在藤椅上思索：写什么诗给柳亚子呢？长沙写的，是旧作。井冈山写的，也不行，国共在谈判，不必旧事重提。抗战期间又几乎没有写诗。有了！他坐到书桌旁，从笔筒里抽出一支中楷狼毫，在砚台上稍稍蘸墨，拿过一页"第十八集团军重庆办事处"红界线信笺纸，落笔挥毫，写道：

> 北国风光，千里冰封，万里雪飘。望长城内外，惟余莽莽；大河上下，顿失滔滔。山舞银蛇，原驰蜡象，欲与天公试比高。须晴日，看红装素裹，分外妖娆。　江山如此多娇，引无数英雄竞折腰。惜秦皇汉武，略输文采；唐宗宋祖，稍逊风骚。一代天骄，成吉思汗，只识弯弓射大雕。俱往矣，数风流人物，还看今朝。

"初到陕北看见大雪时，填过一首词，似与先生诗格略近，录呈审正。"

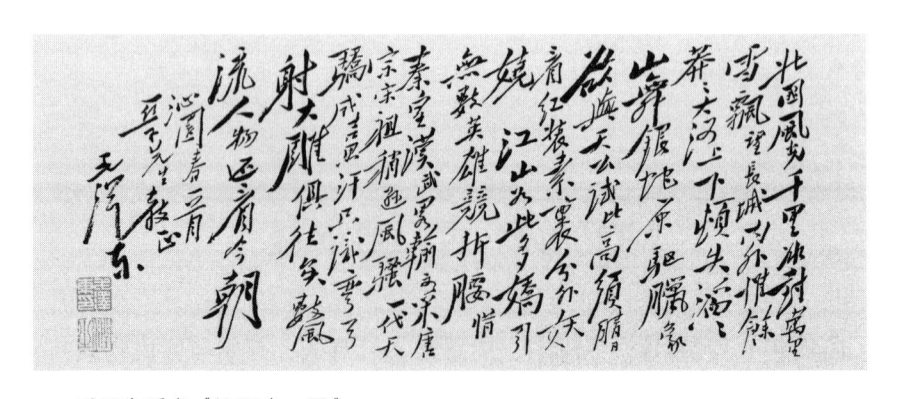

毛泽东手书《沁园春·雪》

第五章
另一面——不一样的红色政治家

柳亚子读着毛泽东派人送来的短柬，连忙翻开那页《沁园春·雪》词稿。啊，好大的气魄！他禁不住高声吟诵起来："……数风流人物，还看今朝。"

柳亚子得到毛泽东的词稿之后，自己也诗兴大发，步原韵和了一阕：

> 廿载重逢，一阕新词，意共云飘。叹青梅酒滞，余意惘惘；黄河流浊，举世滔滔。邻笛山阳，伯仁由我，拔剑难平块垒高。伤心甚，痛无双国士，绝代妖娆。　　才华信美多娇，看千古词人共折腰。算黄州太守，犹输气概；稼轩居士，只解牢骚。可笑胡儿，纳兰容若，艳想秾情着意雕。君与我，要上天下地，把握今朝。

热心的柳亚子把毛泽东书赠的《沁园春·雪》与自己的和作传扬了出去。几经传抄，1945年11月14日，重庆《新民报晚刊》把这两词一起发表了。该报编辑吴祖光还在词文下面写了一段按语："毛润之先生能诗词，似鲜为人知。客有抄得其《沁园春·雪》一词者，风调独绝，文情并茂。而气魄之大乃不可及……"两天后，重庆《大公报》又把这两首词转载在新闻版上。由此，《沁园春·雪》不但轰动了山城重庆，而且轰动了全国，唱和之词不绝。当时重庆《扫荡报》首先刊出了署名易君左的一阕和作。继柳亚子、易君左的和作刊出后，步毛泽东《沁园春·雪》原韵填《沁园春》一时成为时髦。重庆各报上，排日刊载，热闹非常。这就使得尖锐的政治斗争在文化领域表现出风雅化。此后，国民党政府从重庆迁往南京后，南京、上海的文人诗家不分左中右派，还在继续发表和作或著文品评毛泽东的《沁园春·雪》。当时的著名诗人、文豪如郭沫若等，都曾填过《沁园春》。

《沁园春·雪》真的在当时的文化界领了风骚。

《沁园春》风靡文化界，引起了社会服务行业的注意。当时成都一家颇有文化眼光的酒店老板，竟挂出了《沁园春》的招牌，并在酒店内的墙壁上书写《沁园春》百阕，一时传为佳话。

当然,《沁园春·雪》也引来了国民党反动派御用文人的一些攻讦。当时,王若飞的舅舅黄齐生也写了一首和词寄给毛泽东。毛泽东于1945年12月29日写信给黄齐生,一方面感谢他的唱和盛意,另一方面对那些"国民党骂人之作"斥之为"鸦鸣蝉噪,可以喷饭"。

1946年,著名历史学家范文澜写了《〈沁园春·雪〉译文》,文章说:"气魄的雄健奇伟,辞句的深切精妙,不止是苏辛低头,定评为词中第一首",这是"因为毛泽东的气魄,表现了中国五千年历史的精华,四万万人民的力量"。

离别情诗《贺新郎》

1923年6月,毛泽东到广州参加中国共产党第三次全国代表大会,并当选为中央执行委员会委员、中央局委员、中央局秘书。同年9月,毛泽东返回长沙,领导湘南的革命斗争。毛泽东和杨开慧短暂欢聚了3个月,这给独自承担抚育子女重担的杨开慧以莫大的安慰。1923年年底,毛泽东接到党中央通知,离开长沙赴上海,准备参加国民党第一次全国代表大会。毛泽东将要惜别爱妻杨开慧了,他内心百感交集。

夜,已经很深了,杨开慧还在忙着给毛泽东收拾行装。天,快亮了,淡淡的月光下,遍地寒霜更显得凄清。分别是不可避免的,因为他们都已选择了革命道路。此时的毛泽东感到虽有千言万语,亦难诉衷肠。如何能表达这刻骨铭心的爱呢?毛泽东挥毫填写了《贺新郎》一词:

挥手从兹去,更那堪凄然相向,惨然无绪。眼角眉梢都似恨,热泪欲零还住。知误会前番书语。过眼滔滔云共雾,算人间知己吾和汝。曾不记:倚楼处? 今朝霜重东门路,照横塘半天残月,凄清如许。汽笛一声肠已断，从此天涯孤旅。凭割断愁丝恨缕。我自精禽填恨海，愿君为翠鸟剿珠树。重感慨，泪如雨！

这首词填于1923年，但它发表于1978年。

毛泽东的诗词豪放刚烈，石破天惊，这几乎已成为诗评家们的共识。然而，这首《贺新郎》展示在人们面前的却是依依惜别的儿女情。"眼角

毛泽东手书《贺新郎》

眉梢都似恨，热泪欲零还住。"如此难舍难分，为何还要"挥手从兹去"？事业是毛泽东人生的主旋律，为了中国人民的解放事业，他"凭割断愁丝恨缕"，"挥手从兹去"！

爱情诗篇《蝶恋花》

1976年9月9日，毛泽东逝世，震动了整个世界。在美国纽约的追悼大会上，著名华裔科学家、诺贝尔奖获得者杨振宁博士发表了题为《人类历史上的一位巨人》的演讲，充满激情地讲到《蝶恋花·答李淑一》这首词。他说："词的第一句用'骄杨'而不用'娇杨'，这是何等的气概！'忽报人间曾伏虎，泪飞顿作倾盆雨'，这又是何等的幻想！这首《蝶恋花》没有问题是世界文学史上感情最丰富的爱情诗篇。"

这首《蝶恋花·答李淑一》早已为人们所熟知和传诵。这首词是毛泽东在答李淑一信时所写，李淑一是杨开慧在长沙福湘女子中学时的同窗。1920年，热恋中的毛泽东给杨开慧写了一首《虞美人》。杨开慧读后，掩不住内心的激动欢欣，悄悄地给李淑一看了。李淑一的丈夫柳直荀是毛泽东早年的战友，1924年参加中国共产党，1932年英勇牺牲。中华人民共和国成立后，李淑一写信给毛泽东，打听丈夫的下落。毛泽东于1950年4月18日复信说："直荀牺牲，抚孤成立，艰苦备尝，极为佩慰。"1957年2月，长沙第十中学语文教员李淑一给毛泽东写信，寄上她在1933年所写的一首怀念柳直荀的《菩萨蛮》词，并提出请毛泽东把杨开慧曾和她说过的一首诗书赠。1957年5月11日，毛泽东在回信中说："惠书收到。过于谦让了。我们是一辈的人，不是前辈后辈关系……大作读毕，感慨系之。开慧所述那一首不好，不要写了吧。有《游仙》一首为赠。这种游仙，作者自己不在内，别于古之游仙诗。但词里有之，如咏七夕之类。"

信写到此，毛泽东便写下了：

我失骄杨君失柳，杨柳轻飏直上重霄九。问讯吴刚何所有，吴刚捧出桂花酒。　　寂寞嫦娥舒广袖，万里长空且为忠魂舞。忽报人间曾伏虎，泪飞顿作倾盆雨。

词句写完，信接着写下去："暑假或寒假你如有可能，请到板仓代我看一看开慧的墓……"

毛泽东的这首词用革命浪漫主义的手法，发挥丰富奇特的想象，表现自己对烈士的深切怀念，令人叹为观止。首句"我失骄杨"四字，更是字字血泪，流露出毛泽东对杨开慧烈士有增无减的绵绵衷情。

1962年9月1日，毛岸青和邵华请求毛泽东将这首词抄录给他们留作纪念。毛泽东饱蘸浓墨，若有所思。好一会儿，毛泽东缓缓地用手在宣纸上抚了两下，落笔写了第一行："我失杨花"4个字。毛岸青和邵华以为父亲下笔有误，就提醒说："爸爸，不是'骄杨'吗？"毛泽东停住笔，悬空着手，眼睛仍然凝视着宣纸上的一行墨迹，好像在思索着准备重写。邵华从毛岸青手里接过一张空白宣纸，递给父亲。毛泽东没有把纸接过去，而是缓缓地说："称'杨花'也很贴切。"毛岸青和邵华若有所悟：是啊，身为一个纤弱女子，能够大义凛然，为革命不惜抛头颅洒热血，怎不令人肃然起敬？一个纤弱女子，能够为革命奉献她的青春年华，怎么不可以称其为娇美的杨花？

1962年11月，杨开慧的母亲去世，毛泽东立即寄去500元钱，作为丧葬费，并致信杨开慧的哥哥杨开智，深情地写道："……葬仪，可以与杨开慧同志我的亲爱的夫人同穴。我们两家同是一家，是一家，不分彼此……"

"我的亲爱的夫人"，多么亲切而充满感情的称呼！这称呼出自已年近古稀之年的毛泽东之口，确实非同寻常。毛泽东对杨开慧深深的爱，在他的这首《蝶恋花·答李淑一》中得到了最深沉最完美的表达。

书法爱好者

"我写我的体"

少年毛泽东学习书法，是从欧体楷书起步，从此踏上攀登书法艺术殿堂之路。

毛泽东9岁在韶山冲开始学生生涯的同时，开始临写欧体楷书。在1910年夏之前，毛泽东先后在韶山关公桥、桥头湾、钟家湾、井湾里、乌龟井、东茅塘等处上了6年私塾。临摹字帖、学写楷书是这6年私塾学习的必修课。

那时，识字读书和学写楷书，对学童来说是紧密相连的。在铅笔和钢笔还很稀罕的年代里，毛笔是唯一可供绝大多数人选择的书写工具。少年毛泽东具有很高的艺术感悟能力。据当年塾师毛宇居回忆，毛泽东初学书法，不愿描红，喜欢对帖临写，比一般学生的描红字还要写得好。这反映了毛泽东从小就讨厌束缚、追求个性解放的特征。东台山顶绿树丛中有座贞元观，里面有湘乡县草书名家肖礼容和其他书法家的碑刻。毛泽东常邀同学登东台山，临摹碑刻。

走进韶山毛泽东故居陈列馆第二室，中墙镜框里挂放着一幅还书便笺。纸色已经发黄，还有点破损，但墨迹依然清晰。原文无标点，内容如下：

运昌先生：书十一本，内《盛世危言》失布匣、《新民丛报》损去首叶。抱歉之至，尚希原谅。

泽东敬白正月十一日

又国文教科二本，信一封。

这大概是毛泽东青少年时期留下的最早的手迹。这幅手迹行书4行，朗润的墨色略带苍褐，字形挺秀稍有侧势，布局均匀规矩，笔画清劲，运笔果断不拖沓，折笔多用方笔内收，棱角分明，透出一股锐气。

从《还书便笺》中，可以看出少年毛泽东对书法学习确实下过一番功夫，显露出他的艺术天分。

迄今为止发现的毛泽东最早的文章手稿，是他1912年6月写在"湖南全省高等中学校"作文纸上的《商鞅徙木立信论》。作文纸有竖格界格，首行作文题下写："普通一班毛泽东"。全文600字，工整谨严的小楷，结构略呈扁方势态，点画一丝不苟，撇画短促，勾画收敛，捺画远送，尽属王羲之楷书体貌，与王羲之小楷《黄庭经》相似。小楷比大楷难写，需要较强的指腕功夫，才能写出点画舒展而又小如蝇头的字迹。19岁的青年学生能达到这样的

第五章
另一面——不一样的红色政治家

程度，是难能可贵的。

《还书便笺》《商鞅徙木立信论》等墨迹，是毛泽东脱帖临书水平的反映，表明毛泽东已达到入帖的程度。

毛泽东在"一师"期间的笔记本是我们研究毛泽东早期书法的极宝贵的资料。笔记本前面是毛泽东手书的屈原《离骚》《九歌》，后面为《讲堂录》。《离骚》全部用工整小楷抄写，一丝不苟，既有欧体的长方形体貌，又有王羲之小楷的圆润笔画，章法宽博静穆，隐带流动的笔势，给人一种流畅静美的艺术感。

特别值得注意的是，毛泽东在《讲堂录》中写有这样一段话："文贵颠倒簸弄，故曰做；字宜振笔直书，故曰写。""字宜振笔直书，故曰写"，充分反映了毛泽东书法艺术的自觉意识。他提倡的是"振笔直书"的书法创作风格。

1917年前后，毛泽东从对欧阳询、王羲之书法风格的学习，扩展为对颜体、魏碑、李邕书法等的辐射式的博取。这与他由博而专的治学指导思想有关。他曾于1915年6月25日给湘生的信中写道："为学之道，先博而后约，先中而后西，先普通而后专门。"

尽管当时课业繁重，但毛泽东仍以极大的毅力临习碑帖。从现在仅存的他的一张明信片以及他当时在《伦理学原理》一书上用小楷批阅的12100多个字来看，他当时的用笔严谨，较有功力，受到魏晋唐楷书和魏碑的影响。

毛泽东和贺子珍结婚时，贺子珍亲手缝制了一个多用挎包，送给毛泽东。毛泽东高兴地说："我的家宝——'文房四宝'可以携带了。"这个挎包毛泽东走到哪里就带到哪里。在井冈山、中央苏区或转战赣南时，尽管战争环境险恶，工作异常繁忙，但只要有空，毛泽东就抓紧时间练习书法。转战陕北的时候，毛泽东还利用间隙时间研究和练习书法。当年跟随毛泽东转战到陕北的警卫人员张长明回忆说："毛泽东写文电从不用钢笔，都是用毛笔或比较软的铅笔。笔、墨、纸、砚随从人员一直携带着。毛泽东用毛笔除写文电，就是练书法。他很注意研究各种字帖，随从人员带有多种版本。"有一次，张长明问毛泽东侧重于练哪一种体。毛泽东回答说："中国的书法历史悠久，名家很多，我是想博采众长，广学多师。"

毛泽东书法艺术的最大特点是他能博采众长，熔百家于一炉。所以，他的书法能在中国传统的书法共性中见其个性，超出百家而自成一体。他曾说："各个体我都研究过，各个体都有缺点，我都不遵守，我写我的体。"

"我写我的体"，这是毛泽东书法追求的真实写照。毛泽东的书法在吸收唐代狂草特色的基础上，跳出窠臼，推陈出新，创造出自己热情奔放、开阔自如、不拘古板、酣畅流利的风格。他的书法，确有云水翻腾之势、风雷激荡之威，真可谓独树一帜。

对于毛泽东独具风格的书法，有的书法评论家称之为"毛体"。他早年尚楷书，后来多行书，晚年则以行书和草书为主。

毛泽东的书法在章法、结构、用笔上确有独到之处。他写的字昂首阔进，挥洒自如，很有气势。他写字从无定法，善于抓主笔、突出主笔，大胆夸张。毛泽东的书法章法气势磅礴，变化无穷，犹如大海的波涛奔腾向前。他的字从不雕琢，而是以势取胜，扣人心弦，给人以强烈的感染力和吸引力。毛泽东书法的笔法以圆为主，方圆并施。他的墨迹无论是提按、顿挫、粗细，还是轻重、强弱、徐疾、提笔、收笔，都极富艺术匠心。

古人用毛笔写字，所以人们一提起书法作品来，往往首先想到的书写工

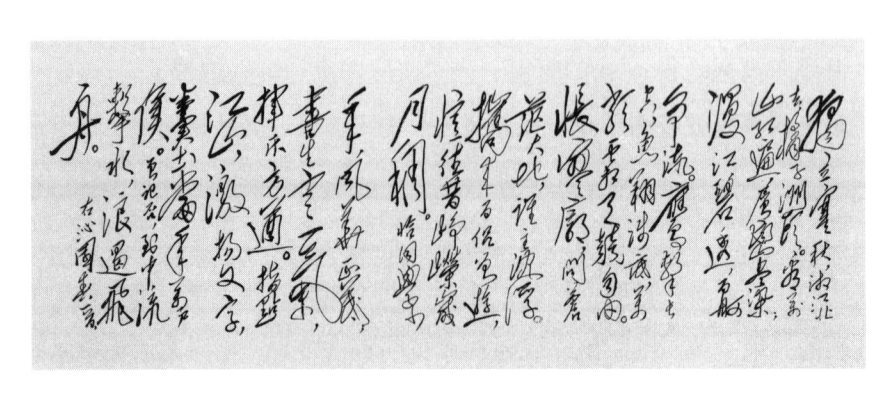

毛泽东手书《沁园春·长沙》

具是毛笔。其实在今天，各种书写工具创作的作品都可称为书法，如钢笔字就被称为"硬笔书法"。毛泽东除用毛笔书写，他起草文稿、批阅文件喜用铅笔，有时也用钢笔，其笔法于刚硬之中见圆转柔和，轻重有致，与毛笔所书有异曲同工之妙，都具运笔如风、点画精妙、刚健雄拔、流韵宏壮的特色。

毛泽东对身边工作人员徐涛曾详细讲解过怎样学书法。他说："第一要多看帖，第二要多练习，写多了就熟了。""记字跟记人一样"，"人有相貌、筋骨、精神，字也有相貌、筋骨、神韵"。看帖时要"记字的结构、造型、行笔、章法"。"字的结构有大小、疏密，笔画有长短、粗细、曲直、交叉，笔势上又有行与行间的关系、黑白之间的关系。你看，这一对对的矛盾都是对立面的统一啊！既有矛盾又有统一。中国的书法里充满统一辩证法呀！……"由此可以看出，毛泽东对书法艺术有着精深的理解。虽然毛泽东没有书法理论专著，但独特的"毛体"已形成了自己特有的笔法、结构、墨法和章法了。

毛泽东到了晚年，对书法的追求依然如故。1975年春，毛泽东在杭州住了两个多月。在汪庄他那间卧室兼书房里，桌上、床上、茶几上，摆满了碑帖。晚年的毛泽东不顾病痛折磨，仍在钻研书法艺术。这种一生热爱书法、勤学苦练、持之以恒的精神，的确令世人钦佩。

名副其实的"书癖家"

毛泽东酷爱书法，对名人字帖更是倍加珍惜，一旦发现，绝不放过临摹学习的机会。

开国大典前的一天，毛泽东在丰泽园散步时，看到朱德从颐年堂那边走来，旁边还有一个很面熟的中年男子。"你——，你是哪一个？"毛泽东用带着湘音的京剧念白调，高声冒出一句。

"我——，朱光是也。"朱德身旁的中年男子也用京调念白来回答。毛泽东身边的卫士听到二人如此称呼对答，禁不住笑出声来。

这时，朱德和朱光已走近毛泽东。毛泽东对朱德说："老总，你这个秘书可不认人哪。"

朱光笑着说："那你为何来看总司令，却不看我？把我忘了？"

"朱光正要过来向你辞行呢。"朱德也笑着说。

毛泽东接着说："辞行，好哇！给你抢走的书，带来了，该还我了吧？"

"这是早就讲妥的，每人分一半，哪有抢书的事。要说还欠什么，就只欠没给你演《奥赛罗》。"朱光说罢，毛泽东和朱德都哈哈大笑起来。

这次毛泽东和朱光见面，两人都提起了12年前争夺书帖的故事。

那是在1937年，平型关大捷后，一位青年作家从五台山奔赴延安。途中，他从被日军炸毁的废墟中拾得莎士比亚的《哈姆雷特》《奥赛罗》《李尔王》《仲夏夜之梦》4部名著和《石索》《三希堂残帖》各两卷，如获至宝。他将这些"宝贝"都带到了延安。

朱光，素有苏区、长征才子之称，与毛泽东交好相知，又和朱德同乡，常常走动于毛泽东与朱德两家。

一天，朱光带着那位青年作家来见毛泽东。毛泽东虽然并不熟悉这位青年作家，却竭诚欢迎他到延安来，两人一见如故交谈起来。青年作家看到毛泽东如此平易近人，一时激动不已，将一挎包辛苦背到延安的"宝贝"一股脑儿地掏出来，往桌上一放，说："我没有带什么东西，从五台山过来的路上捡到了几本书，就送给您吧。"

毛泽东喜出望外，连声说："好！好！我这里就缺书。太谢谢了！"边说边伸手去拿书。

不料一旁的朱光手疾眼快，一把将莎士比亚的4本书抢了过去。

"岂有此理！"毛泽东一立身，很快用手按住桌上还剩下的4本，面露

第五章
另一面——不一样的红色政治家

愠色。

"见面分一半。"朱光毫不退让，振振有词地说，"那4本字帖归你，这4本莎士比亚的剧本归我。"

"谁说应该归你？莎士比亚是一代戏剧大师。马克思喜欢读他的书。他的二女婿说马克思家中有一种真正的莎士比亚崇拜热，他的小女儿说莎士比亚是家里的'圣经'。我是马克思主义的党徒，对于莎士比亚作品的所有权问题，怎能与你朱光善罢甘休？"

朱光说："我是南国社元老，当然有权决定莎士比亚的剧本归谁。"

两人你一句我一句，各不相让。青年作家还从没有看到过这样的情景，一时不知如何是好。但一想，总不能为自己这几本书而伤了和气，连忙起身调停。结局是平分秋色，朱光强行夺走了《奥赛罗》《李尔王》《石索》碑帖，毛泽东得到了《哈姆雷特》《仲夏夜之梦》《三希堂残帖》。

朱光拿着夺到手的书问毛泽东："这样分配合理了吧？"

毛泽东愠色稍退，看了一眼比自己年少10多岁的朋友，无奈地点点头，说："你既然抢走了我的《奥赛罗》《李尔王》，那你得给大家演莎士比亚的话剧。"

朱光走到窑洞中间，随口念起了一段独白。毛泽东说："你的口音不够国语化，粤音太重。"

然后，毛泽东拿起《三希堂残帖》翻看了起来。

毛泽东这么一翻阅，从此就爱不释手了。1949年12月和1957年11月，毛泽东两次出访莫斯科，《三希堂残帖》都被他随身带到了苏联。

这次朱光来向毛泽东辞行，毛泽东为他题写了一幅《七律·长征》，接着又书赠言："到南方去同原在南方工作的同志团结在一起，将南方的工作做好，这是我的希望。朱光同志。毛泽东。"

朱光看着毛泽东写完这两幅字，不觉间自己的手也痒痒了。他不但当过话剧演员，而且书画俱佳。朱光还有一项绝活，能双手分执两支笔同时书写。

朱光接过毛泽东手中的毛笔，落笔赋诗一首：

  四载风云塞北行，肩钜跋涉愧才成；
  如今身是南归客，回首山川觉有情。

落款写道："朱光于1949年建国前夕古都中南海书法家之府。"

毛泽东看罢，接过毛笔，把"法"和"府"圈去，改为"书癖家之家"。

朱光说："主席，何必呢？！没几天，你就是一国之主了。况且我没有写'主席府'嘛！"

毛泽东认真地说："你这个朱光呀，咱们可不能忘本啊！多少年，咱们天地为家，马背为家，与山川江河同卧，何处是家？何处有家？时至今日，我们人民、我们党胜利了，有了一个安定的家。人生一世，保全一家，繁荣兴盛，足矣、足矣！不学闯王李自成和朱元璋，你我都得注意呢！胜利来之不易，家来之不易，多少烈士的鲜血洒遍大地。我们这些幸存者，怎能妄称？朱光同志啊！"

朱光听着毛泽东这些话，不由得百感交集。他抬头环顾，见四周皆是书籍，说："这里的书真多！"

毛泽东说："你朱光，还想夺哪几本书？"

"岂敢岂敢。"

两人又讨论起书法艺术来。

毛泽东把朱光给予的"书法家"头衔改为"书癖家"，是含义更广的自称。"书"的本来含义是指记录、写作和著述，当然也包含了记录、写作和著述的必备基础——写字，即书法。毛泽东酷爱读书，这是人所共知的，用"书癖家"来形容，恰如其分。毛泽东喜爱自己动笔写文章，许多重要的社论和通讯常常出自他的手笔，也是名副其实的"书癖家"。毛泽东一生不离毛笔，以读帖和书法为乐，直到去世前一年还在读明朝书法家董其昌的字帖，

第五章
另一面——不一样的红色政治家

真是名副其实的"书癖家"!

上面是毛泽东与朱光争帖的故事,下面我们再讲一个毛泽东向黄炎培借帖的故事,从中我们可以更为深切地感受到毛泽东对书法艺术的孜孜以求。

1959年,毛泽东辞去国家主席职务,退居二线。

虽然退居二线了,但毛泽东依然是那么繁忙,他的情趣爱好也没有改变,看书、学习、练字、作诗,一如从前。不过,与以前相比,时间毕竟宽裕了许多。他休息时便练练书法。

黄炎培有一本《王羲之真迹》字帖。有一次,毛泽东从黄炎培那里将王羲之的真迹借来看,说好借一个月。所谓真迹,大概是传世的唐人摹临墨迹,而王羲之的真迹全都遗失了。虽然不是真迹,但唐人摹临本也惟妙惟肖地传达了王羲之的书法风格。

那一个月,毛泽东工作一停便翻开对照练。他不是照着模仿,而是取其所长,取其神韵,消化吸收,变成自己的东西。练到兴头上,吃饭叫他也不应。

大约是真迹太珍贵,黄炎培很不放心,借出一星期便频频打电话询问。"丁零零……"毛泽东书桌上的红色电话机响了。黄炎培来电话了。

"不是讲好借一个月吗?我正在看呢。"毛泽东平和的语气显然使黄炎培有点尴尬了。

"对对对,对对对。"黄炎培连声说。

"主席,该吃饭了。"卫士尹荆山一边给毛泽东沏茶,一边轻轻地说。

毛泽东"嗯"了一声,头也没抬,仍然全神贯注地读着《王羲之真迹》,右手食指在桌上一上一下一左一右地比画着。

小尹看到毛泽东在字帖上比画来比画去,仍然没动筷子,就催着说:"饭菜快凉了,主席快吃吧。"

"好,就吃,就吃。"毛泽东答应着放下了字帖,举筷伸向菜盘,眼睛却仍旧盯着那翻开的字帖。

"主席，黄炎培那边又来了两次电话，问主席还在看字帖不。"卫士小声地报告。

"嗯？"毛泽东停下晃动的手指，转向卫士说，"怎么又来催呢？讲好一个月的，还有7天，我数着呢。"毛泽东露出了不悦的神色。

"也真是的，太小家子气了。"卫士嘀咕着，"跟主席讨债似的，没深浅。"

毛泽东摇摇头，点燃了烟，缓和着语气说："哎，不能这样说。任之先生不够朋友够英雄。一个月到时不还，我失信。不到一个月催讨，他失信。谁失信对谁都不好。"

一星期后，毛泽东小心翼翼地合好那本《王羲之真迹》，交给卫士说："送去吧，今天必须送还。"

卫士说："我已经给黄老打电话了。他说主席如果还在看，就尽管放在那里看，没关系的。"

毛泽东摆摆手说："讲好借一个月。有借有还，再借不难。零点必须送到。"

一本摹临本墨迹法帖，竟然在毛泽东身边发生了这样一段富有戏剧性的经历，真是"书癖"本性的真实写照。

毛泽东读帖相当广泛。刘少奇在一次讲话中谈到唐朝诗人贺知章的《回乡偶书》一诗，认为该诗说明古代官吏禁带眷属。毛泽东于1958年2月10日给刘少奇的信中说："自从听了那次你谈到此事以后，总觉不甚妥当。"经查阅考证，"唐朝未闻有官吏禁带眷属事，整个历史也未闻此事。所以不可以'少小离家'一诗便作为断定古代官吏禁带眷属的充分证明"。在提到贺知章时，毛泽东认为："他是诗人，又是书家（他的草书《孝经》，至今犹存）。"

多么敏感的书癖家！一般人只知道贺知章是唐朝诗人，作为书法家的贺知章是不被人们所熟知的。更何况，这封信是讨论对一首诗的理解问题，无关书法一事。但毛泽东书癖家的本色，就在这一评论中得以充分体现。可见，贺知章的草书《孝经》，他是读过的。

第五章
另一面——不一样的红色政治家

翰墨东渡传佳话

1961年10月的北京，天安门广场上红旗招展，花团锦簇，人们还沉浸在国庆12周年的欢乐气氛里。7日上午10时，毛泽东在中南海勤政殿接见了以黑田寿男为团长的日中友好协会祝贺国庆节代表团的10名成员，以三岛一为团长的民间教育代表团的10名成员，以安斋治为团长的日本翻译《毛泽东选集》协商代表团的3名成员，以及日本著名人士西园寺公一，共24位日本客人。

会见过程中，毛泽东拿起一听烟，给24位客人每人递上一支，说："欢迎朋友们，热烈欢迎！"

接着，毛泽东站起来讲话。他从"敌人是谁，朋友是谁""中日两国人民为什么要团结起来""国际统一战线应当怎样发展壮大"等问题讲起，讲到中国革命的经验。最后，毛泽东对着日本客人们轻轻一挥手，说："大家有什么问题请提出来，光我一个人说，不民主。"

黑田寿男站起来代表日本客人讲话。

毛泽东伸手向前按了按，示意着说："请坐着说吧！"

黑田寿男向毛泽东弯了弯腰说："因为毛主席是站着说的，所以我也站着说。"

"是吗？！"毛泽东笑起来，以幽默的口气明知故问。

黑田寿男讲了当时日本的形势和开展的日中友好活动。毛泽东不时插话说："对，对。"

当黑田寿男结束讲话时，毛泽东深深地点着头说："好！"然后他站起来，从上衣口袋里拿出一张叠成四折的纸。

毛泽东深情地说："中国过去处于黑暗的时代时，中国伟大的革命战士、文学战线的领导人鲁迅先生写了这样一首诗。诗的意思是说在黑暗的统治下看见光明。大家这次来到中国，我们表示感谢。我也没有什么好赠送的，就写下了鲁迅先生的诗，把它赠送给大家。诗由四句话组成。"

黑田寿男迅速站起来，恭恭敬敬地向毛泽东鞠了个90度的躬，然后伸出双手接过了这一真诚的礼物。

这时，所有的人都激动地站起来，以惊喜的目光注视着黑田寿男。黑田寿男小心翼翼地展开毛泽东的手迹，并向四周展举，一行行遒劲的书法扑入人们的眼帘：

万家墨面没蒿莱，敢有歌吟动地哀。
心事浩茫连广宇，于无声处听惊雷。

毛泽东在落款处写道："鲁迅诗一首。毛泽东，一九六一年十月七日，书赠日本访华的朋友们。"

全场报以热烈的掌声，以表示由衷的感谢。

会见结束后，毛泽东向日本客人一一握手道别，说："向日本人民表示衷心的问候！"

这件毛泽东的书法就这样带着他的衷心祝愿，来到了一衣带水的日本。

毛泽东这件书法作品，是竖式书写行草，共14行，鲁迅原诗《无题》和长长的落款各占7行，浑然一体地书写在一页纸上。这在毛泽东书法中是极为罕见的。毛泽东的书法大多数是用毛笔书写的，而这件翰墨完整地呈现在一页纸上，整体艺术感更加突出。最后三个字"朋友们"写得特别大，"朋友"两字一笔连绵环转而书，有荡气回肠之感。"们"字独占一行，以纵笔一气呵成，在全幅布局中起到了"重镇"的作用。

毛泽东以鲁迅诗书赠日本朋友，不仅是因为这首诗是鲁迅去世前不久写赠给一位日本社会评论家新居格的，也因为毛泽东特别推崇鲁迅，经常书写鲁迅诗句。

有段时间,毛泽东每次练习书法,差不多都要书写鲁迅的诗句,说书写鲁迅的诗句,既可以进一步理解诗的内容,又可以进一步了解鲁迅。"横眉冷对千夫指,俯首甘为孺子牛",是毛泽东最爱书写的。1945年10月,毛泽东以近似楷书的字体写了一次,两行诗句写得稳健峻拔。1958年八届六中全会期间,毛泽东应著名粤剧演员红线女之请,用3行行书书写了鲁迅的这两句名诗。在落款处,毛泽东一反陈规旧习,在前面写了一段长长的上款:"1958年,在武昌,红线女同志对我说,写几个字给我,我希望。我说:好吧。因写如右。"最后写:"毛泽东 1958年12月1日"。

1962年9月18日,毛泽东用颜筋柳骨般的笔力兼带宋朝书法家黄庭坚的大刀长矛般的点画,为日本工人朋友们题写了一件书法作品。这件书法长达近百字,带标点符号,分写在8页宣纸上。前5页写:"只要认真做到马克思列宁主义的普遍真理与日本革命的具体实践相结合,日本革命的胜利就是毫无疑义的。"落款长达3页,写的是:"应日本工人学习积极分子访华代表团各位朋友之命,书赠日本工人朋友们。毛泽东 一九六二年九月十八日"。文笔雄强豁达,以劲直之笔为主,略带圆转之笔,纵势结体挺拔傲岸。

1963年10月7日,毛泽东书赠日本友人石桥湛山一首曹操的《龟虽寿》诗。首行写:"曹操诗一首"。落款写:"应石桥湛山先生之嘱为书,毛泽东,1963年10月7日。"这件作品,点画雄浑,似用羊毫软笔所书,走笔奔放酣畅,给人以浑厚老成的感觉。

从1961年到1963年,毛泽东有3件翰墨东渡日本。而中华人民共和国成立后,最早传入日本的一件毛泽东书迹是在20世纪50年代中期。日中友好军人会干事代表远藤三郎曾两次见到毛泽东,并送给毛泽东一把祖上传下来的日本刀。毛泽东以一件自己的翰墨和一幅齐白石的水墨画作为回礼。

这4件书迹,作为"书法"被日本人士视为无价之宝。1917年,年仅24岁的毛泽东的一件书迹也被日本友人保存至今,可以说是一段佳话。

那是 1916 年 10 月，著名的辛亥革命领导人黄兴在上海病逝。当黄兴的灵柩于 1917 年 2 月归葬长沙时，日本友人宫崎寅藏专程从日本赶来长沙，参加葬礼。宫崎寅藏自号"白浪滔天"，积极帮助和支持孙中山的革命活动，与黄兴结下了深厚的友谊。

正在长沙"一师"读书的毛泽东得知白浪滔天来到长沙的消息，便与萧三联名，由他执笔写了一封信，要求面见请教。

39 年过去了……

1956 年年底，宫崎寅藏的儿子宫崎龙介应邀来华访问，并出席"五一"观礼。4 月 30 日晚，周恩来举行了盛大的宴会。31 日上午，在天安门城楼上，周恩来把宫崎龙介介绍给毛泽东。

毛泽东握着宫崎龙介的手，说：还是学生的时候，我曾给滔天先生写过一封信。

宫崎龙介被毛泽东的这番话说得既兴奋又不知所措，他心想：怎么从没听父亲讲过这件事啊。但毛泽东这么讲了，肯定确有其事。

天安门广场上盛大的欢庆场面，对宫崎龙介来说似乎并不存在。此时的宫崎龙介人尚未回到日本，心却早已回到了东京。他想尽快知道毛泽东提到的这封信是否被父亲保存下来。

宫崎龙介回到东京，立即翻箱倒柜，在父亲的遗物中寻找，终于在一箱书信旧物中发现了这封用毛笔写的信：

　　白浪滔天先生阁下：久钦高谊，觌面无缘，远道闻风，令人兴起。

　　先生之于黄公，生以精神助之，死以涕泪吊之，今将葬矣，波涛万里，又复临穴送棺。高谊贯于日月，精诚动乎鬼神，此天下所希闻，古今所未有也。植蕃、泽东，湘之学生，尝读诗书，颇立志气，今者愿一望见

丰采，聆取

宏教，唯

先生实赐容接，幸甚，幸甚！

湖南省立第一师范学校学生萧植蕃、毛泽东上

萧植蕃即是萧三。这件书迹确实出自毛泽东之手。原信没注日期。白浪滔天参加黄兴的安葬仪式后，还出席了长沙学生界欢迎他的集会。

毛泽东虽然没能与白浪滔天面谈，但此信却被白浪滔天保存下来。

一位当时名不见经传的青年学生的信，居然被德高望重的日本名人遗留给了儿子，这正是中日友好史上的佳话，也是毛泽东书法艺术生涯中的一件奇迹。

毛泽东《致白浪滔天》信是最早流入日本也是最早流入海外的毛泽东手迹。1967年7月3日，这件毛泽东早年的手迹首次刊发在日本《朝日新闻》上。原件至今还保存在日本。

毛泽东的书法，成了中国人民与世界人民友好往来的桥梁。

蒙哥马利"三五"香烟换手迹

1961年9月23日中午，英国元帅蒙哥马利在李达上将的陪同下，从北京飞赴武汉。毛泽东准备再次接见他。蒙哥马利早在一年前就访问过中国，受到毛泽东、周恩来、陈毅的接见。那一次行程只有5天，他感到太短，提出一年后的9月再次访华。在蒙哥马利第二次访华时，在武昌的毛泽东决定会见他。

23日晚上6时半，蒙哥马利来到东湖。

毛泽东一见面就幽默地说："你知道我在同一个侵略者谈话吗？"

蒙哥马利没有想到毛泽东会用这样一句话作为开场白,连忙送上一盒"三五"牌香烟,转换话题。

蒙哥马利提出了许多问题,包括中华人民共和国成立后最令人头痛的是些什么问题,现在又在考虑哪些问题;"枪杆子里面出政权"是否是毛泽东提出来的,现在还适用吗;社会主义和共产主义有何区别,等等。

毛泽东一一回答,突然问:"元帅今年多大岁数?"

"74岁了。主席您呢?"

毛泽东悠悠地吸着烟:"哦,68了。我还有五六年就也到这个岁数了。中国有句俗话,73、84,阎王不叫自己去。我只有一个五年计划,到时候就去见我的上帝,我的上帝是马克思。"

"马克思那里可以等一等。这里更需要你。"

共进晚餐后的谈话,已过去两个小时了。晚9时30分,蒙哥马利起身向毛泽东告辞,说:"我想主席一定很忙,还有别的事情要做。我能否明晚再来

1961年9月23日,毛泽东接见英国蒙哥马利元帅(历史图片)

第五章
另一面——不一样的红色政治家

谈谈？"

"明晚我到别处去了。"毛泽东回答说。

蒙哥马利回到汉口胜利饭店后，准备打道回府。可是，24日上午，他突然接到通知，说毛泽东改变了预先安排的行程，决定当天下午再与蒙哥马利会谈一次。这一消息，使蒙哥马利感到非常兴奋。

下午2时30分，蒙哥马利再次来到东湖，与毛泽东会谈。下午5时，毛泽东邀请蒙哥马利去游长江。浩浩江水，滚滚东流，蒙哥马利站在甲板上，看着毛泽东跃入长江，舒开臂膀，劈波斩浪，一会儿仰泳，一会儿侧泳。他目睹了有别于西方的中国气魄和风格。毛泽东游了近一个小时，上船把蒙哥马利送到汉口胜利饭店。毛泽东对蒙哥马利说："你下次访问中国，我们做横渡长江的比赛，好吗？"

蒙哥马利看着毛泽东挑战的目光说："好，我们做横渡比赛。"

"你什么时候再来呢？"

"1964年吧。"

"好，一言为定。"

"那将成为轰动世界的大新闻。"

他们相视而笑。

毛泽东说："为你送行，送给你一件礼物。"毛泽东从口袋里掏出一张折叠的宣纸。

蒙哥马利展开一看，是毛泽东的手迹，虽然一个字也不认得，却知道此物非同寻常。翻译在旁对他说："这是主席1956年写的一首词，叫《水调歌头·游泳》，是当年第一次畅游长江后写的。主席亲笔写下自己的诗词，送给外国客人，是极为罕见的。这是今天早晨4点钟起床后写的。主席不但署了名，而且还写了'赠蒙哥马利元帅'。"

蒙哥马利似乎被还飘着墨香的书法陶醉了，惊喜地握着毛泽东的手久久不放，连声说："谢谢，谢谢！"

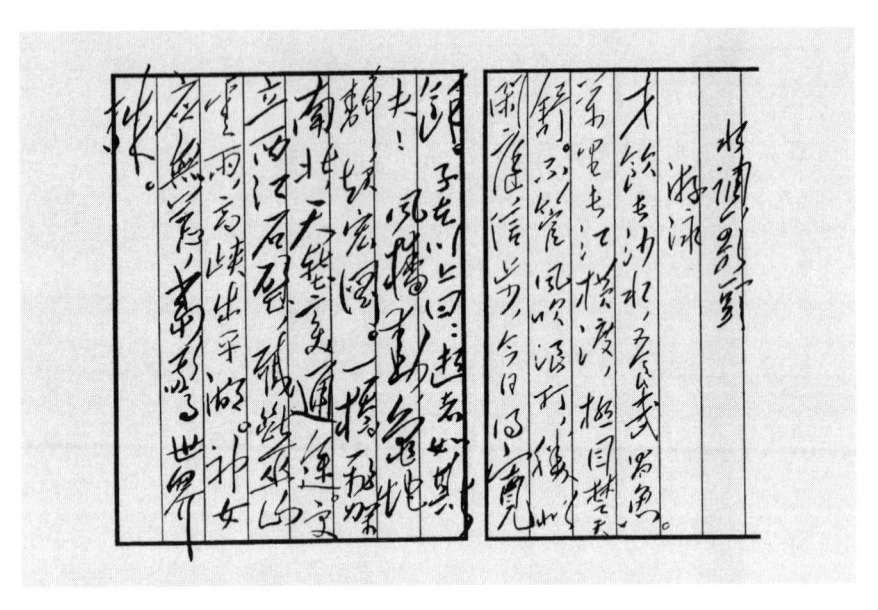

毛泽东手书《水调歌头·游泳》

毛泽东书赠给蒙哥马利的《水调歌头·游泳》手迹，也许是英国迄今为止唯一的一件毛泽东书法。

与故宫的翰墨交往

故宫是中华文化的宝库，珍藏着丰富的历代书画名作。中华人民共和国成立前有相当数量的书画名作已被移往台湾岛，藏于台北。但中华人民共和国成立以后经过收集、捐赠，北京故宫的古代书画藏品仍是首屈一指的。书法爱好者或者有志于书法艺术的书法家，无不以一睹故宫珍藏的书法作品为快事。直面书法真迹，与读影印本、拓本字帖，那种感觉是不一样的，真迹带给人的微妙感觉远胜于影印本和拓本。

爱好书法的毛泽东与故宫所藏的书法珍品结下了不解之缘。

逄先知在《毛泽东和他的秘书田家英》一书中说："除了买字帖供毛泽东

观赏,我们有时还到故宫借一些名书法家的真迹给他看。1959年10月,田家英和陈秉忱向故宫借了20件字画,其中8件是明代大书法家写的草书,包括解缙、张弼、傅山、文徵明、董其昌等。"

从故宫借来的8件书法真迹都是明代书法家的。文徵明一生以诗书画著称艺坛,长期居住在苏州,是吴门书画艺术流派的首领,与唐伯虎、祝枝山等人交往甚深,是"吴门四家"之一。而吴门(苏州别称),是明代书画艺术最发达的地区,居全国之首,影响很广。董其昌是晚明松江人,他的书法与文徵明相似,也以传统帖学的继承为宗旨。解缙、张弼、傅山的书法风格与文、董绝然不同,是明代中、晚期富有个性特色的书法群体的代表。

解缙有一副对联:

> 墙上芦苇,头重脚轻根底浅;
> 山间竹笋,嘴尖皮厚腹中空。

这副对联被毛泽东引用在《改造我们的学习》一文中,从而广为人们传诵。

毛泽东在读解缙草书手卷的时候,不由自主地用铅笔在手书卷上作了断句,并说:我就喜欢这类字体,是行草又有一定内容的书法,这样又学又写,又读诗文,一举两得。

毛泽东既向故宫借阅古人书迹,又向故宫转赠过古人书迹。这可以说是毛泽东与故宫翰墨交往的一段佳话。

1951年12月3日,毛泽东给文化部文物局局长郑振铎写了一封信,随信送上一件明清之际思想家王夫之的《双鹤瑞舞赋》墨迹。信中说:"有姚虞琴先生经陈叔通先生转赠给我一件王船山手迹,据云此种手迹甚为稀有。今送至兄处,请为保存为盼!"

1956年7月,著名文物鉴藏家张伯驹向国家捐赠了一批古书画珍品,其中有相当一部分是稀世之宝，西晋陆机《平复帖》草书就是极典型的一件宝中之宝。在捐赠这批书画国宝时，张伯驹挑出一件唐朝诗人李白的《上阳台帖》送给毛泽东。他深知毛泽东喜爱李白的诗歌，又酷爱书法，是一定会笑纳的。

毛泽东深深感谢张伯驹的深情厚谊，嘱中共中央办公厅代写了一封感谢信，并附寄人民币1万元。但他认为如此国宝不宜归私，遂转送给故宫珍藏。

去故宫帮助毛泽东借阅明清书法真迹的陈秉忱和田家英，也是非常喜爱书法的。1950年《中苏友好互助同盟条约》的中文本是陈秉忱用楷书写的。《毛泽东选集》4卷本的第一版的封面隶书，也出自陈秉忱手笔。在毛泽东身边长期工作的"秀才"田家英，虽不善书，却酷爱书法，有很高的鉴赏能力，一生精心收集清人翰墨1500余件，涉及500余位学者、官吏、金石家、小说家、戏剧家、诗人、书画家的作品。毛泽东的书法，田家英视为"国宝"，说写得有气魄。毛泽东平时借以休息、换脑筋的练字书迹，题词题刊挑选后留下来的，田家英都很注意收藏。这些珍品现在都归中央档案馆收藏。

1964年春节前，田家英和历史学家刘大年发起了一个小集会，为著名历史学家范文澜70寿辰祝寿。参加的人有王冶秋、黎澍等七八人，每人掏5元钱，在四川饭店聚餐。席间，田家英说，他正在收集当代名人书信墨迹，不是指一般的书信，而是指用毛笔写给他的亲笔信。他说毛主席、朱总司令和其他一些领导人以及一些名人，写给他的毛笔尺牍都有了不少，但却没有范老的信，很想写信给范老讲些什么，然后得到范老的回信。

说者无意，听者有心，王冶秋对田家英说："家英啊！你可有福，不但收藏了那么多清人翰墨，而且还有毛主席的墨宝。我们故宫博物院至今未有一件毛主席的书法。"

田家英惊诧地说："什么？！国家博物馆就数你故宫最大，收藏最富，怎么能没有主席的手迹？主席的墨迹是国宝啊！故宫不是藏国宝的地方吗？"

"按故宫收藏的不成文法，故宫只珍藏清朝以前的文物，民国以后的就归中国革命历史博物馆收藏了。"

田家英说:"没这个道理,没这个道理!他们不给你珍藏,我给你一件。"

随后,田家英就把毛泽东手书白居易《琵琶行》墨迹送给了故宫博物院。这大概是至今唯一珍藏在故宫的一件毛泽东书法手迹。

笔·墨·纸·砚·印·帖

书法离不开文房四宝。

毛泽东是一位颇有造诣的书法家,他独具一格的书法艺术令无数人为之倾倒。那么,毛泽东用什么样的笔、墨?用什么样的纸、砚?

让我们把视线投向菊香书屋,看一看毛泽东书房内的文房四宝吧。

菊香书屋毛泽东卧室南窗下有一张大书桌和一把高靠背旧藤椅,这是毛泽东挥毫泼墨的地方。

在延安时期,人们知道毛泽东喜欢用毛笔书写,曾有人用古砖制成一个砚台送给他,可惜的是这个砚台在战乱中遗失了。现在,摆放在书桌上的是一方铲形池的端砚,装在紫檀木盒里。

书桌上摆着一小瓶"中华"牌墨汁,一小块完整的"龙门"墨锭放在一个小巧玲珑的木架座上。这两种墨都非常普通,随便在哪个文具店都能买得到。20世纪五六十年代的中小学生练习毛笔字,用的就是这种墨。

书桌上还有一只四方形的铜墨盒,揭开沉甸甸的盒盖,里面的棉絮还饱和着浓浓的墨汁。据李讷回忆,工作人员每天把墨磨好后,倒进这个铜墨盒里,供毛泽东使用。如果不够用,再把瓶装的"中华"牌墨汁掺进去。

毛泽东喜爱用毛笔,却对毛笔并不讲究。1935年10月,红军长征到达直罗镇,指挥员在战利品中挑出一支好钢笔、一只手表和几支毛笔送给毛泽东。但是,酷爱书法的毛泽东只留下毛笔,把钢笔和手表送给了别人。1937

年，何香凝从上海买了一套上好的狼毫湖笔，托人带到延安，还有她的一本画集和一本《双清词草》。湖笔、端砚、宣纸和徽墨，被人们称为文房四宝中的佳品。毛泽东收到这些贵重的礼物后，于6月25日写信给何香凝，说："承赠笔，承赠画集，及《双清词草》，都收到了，十分感谢。没有什么奉答先生，唯有多做点工作，作为答谢厚意之物……"1960年秋，周世钊、李达和乐天宇从九嶷山带回两支斑竹笔杆的毛笔，送给毛泽东。

现存放在毛泽东书桌上古红色笔筒里的几支大楷笔，全都套着铜质或铝质的笔套。为了便于保存和观看，整个笔筒已用透明塑料封起来了。毛泽东笔筒里的毛笔，没有什么提笔、斗笔之类的毛笔，更无用名贵材料如象牙、景泰蓝等做的毛笔。

毛泽东用毛笔很爱惜，每天用完要洗净套入笔套以防阳光的照射，使兽毫角质硬化断脱。这个习惯，到晚年都未改变。

毛泽东用什么样的纸？

最好的书写纸当然是宣纸了。可是，在延安时期，生活条件很艰苦，宣纸当然很少了。那时，毛泽东多用一种叫马兰纸的土纸书写，或者就在只适宜于硬笔书写的道林纸上书写，甚至还在白漂布上题书。各地到延安的青年常常要求毛泽东题词留念，毛泽东从不回绝。有一位抗大学员一时找不到好纸，就把四尺白漂布给毛泽东，请求题词以作纪念。几天之后，毛泽东果然写好了让人给那位抗大学员送去。1939年，习仲勋也用一尺长、五寸宽的白漂布，请毛泽东题词。毛泽东写道："党的利益在第一位"，上款："赠给习仲勋同志"，下署："毛泽东"。

1946年8月下旬，刘邓大军在6天之内歼敌4个旅，捷报传来，毛泽东兴奋不已，在马兰纸上挥毫疾书："庆祝大胜利！增强我信心！凡能歼敌有生力量者，均应奖励之！"字越写越大，欣喜之情在笔下一泻千里。

中华人民共和国成立后，毛泽东的书迹绝大多数写在宣纸上，也有一些是写在其他纸上的。如1966年8月写的"新北大"三字，就是写在来信的信

第五章
另一面——不一样的红色政治家

封背面。这更显示了毛泽东豪放、不拘一格的性格。

菊香书屋毛泽东书桌的左边角上放着一叠裁开成大 16 开的宣纸，洁白如玉。还有一叠大小信封。据陈秉忱回忆，毛泽东用的宣纸常是用 4 尺宣纸裁成 12 张。邵华回忆说，20 世纪 50 年代初中期，毛泽东常用带红界线的宣纸信笺，以后主要用裁开的白宣纸，使他的书写能更加无拘无束，没有了红界线的视觉干扰。

今天，在毛泽东的书桌上，看不到镇纸尺。从毛泽东伏案书写的几张照片来看，他总是用左手微微提起纸的左上角。用这种姿势书写，就用不着镇纸尺了。不过，毛泽东倒是有过一块"镇纸尺"。那是 1936 年夏秋之际，在保安，陈昌奉捡了几块国民党飞机轰炸后留下的弹片。毛泽东看到其中一块弹片比较光滑平整，就对陈昌奉说："这块给我当练习书法的镇纸尺好了。"

菊香书屋书桌上的日历翻在 1966 年 8 月 18 日这一天。另外，书桌上还有一架红色电话机，一只景泰蓝台灯，一只白瓷烟缸，用瓷盘托放着的一个青瓷茶杯以及五六支红、蓝、黑铅笔等。

在菊香书屋东房北屋，也有一张大书桌，大理石台面上放着台灯、订书机等物件。一只方铜墨盒比卧室书桌上的略小。白瓷圆笔筒里插着几支黑笔杆带笔套的大楷笔。

毛泽东的书桌上，没有圆珠笔和钢笔。这两种书写工具，毛泽东只是偶尔使用一下。毛泽东用的文房四宝，一切都很简朴。

制作印章是与书法艺术相伴而生的一种独特的艺术，也称

毛泽东用过的写字台。他在这里写了大量的文章、诗词，题过许多字（历史图片）

篆刻。中国的篆刻艺术源远流长，至今在台北故宫博物院里还珍藏着三枚商朝的印章。印章往往与书法、绘画创作相结合，历来受到书法家的重视。但是，毛泽东的书法基本上不盖印章，这是非常特别的。

至今所见盖有印章的毛泽东手迹，都是中华人民共和国成立前的，共有5件。

1929年2月13日，毛泽东与朱德联名签署的一张红四军公告上，盖有一方细篆朱文毛泽东名章；1929年4月10日，毛泽东与朱德共同签署的给长汀县赤卫队的命令书手迹上，也盖了这方印章；1936年7月15日，毛泽东在出具给汪锋、周小舟等同志去国统区开展统战工作的介绍信上，盖了一方篆体朱文名印；1937年7月13日，毛泽东在"关于对日作战方针的题词"上，盖有一方篆体朱文名印；1945年10月，毛泽东在重庆书赠柳亚子的《沁园春·雪》上，柳亚子用曹立庵刻的两方印章钤盖了。

毛泽东在中华人民共和国成立后所写的手迹上，包括书赠给外国人的书法作品中，都不用印章。

其实，毛泽东的印章并不算少。有很多篆刻家替他治过印，如吴朴堂、顿立夫、叶露渊、谢梅如、陈巨来、方介堪、沙孟海、钱君陶等。这些印章，曾由田家英保管。

毛泽东虽然不喜欢在书法上盖印章，但在自己的藏书上却常盖印章。两本1938年出版的《资本论》封面上，盖有仿毛泽东手书签名草体"毛泽东"三字的蓝色印章。在延安时期，毛泽东把《自然地理》一书送给新开办的气象训练班，书上有一方"毛泽东藏书"的篆文印。

毛泽东特别喜欢上海篆刻家吴朴堂替他刻的"毛氏藏书"朱文印。这封印用铁篆精心刻成，圆转秀润。"毛氏"二字与"藏书"二字，一简一繁，在方形石面上匀称地布排。毛泽东每当翻阅盖有此印的书时，总要先欣赏一下这方印章。

毛泽东对文房四宝的要求不拘一格，但他对字帖却要求广泛临摹。他派

第五章
另一面——不一样的红色政治家

人四处置帖，用以读、临。

自 1955 年始，毛泽东要田家英、陈秉忱、逄先知等人，用他的稿费广置碑帖。20 年间，在北京、上海、杭州等地，共购置了各种拓本、影印本碑帖 600 余种。现在，菊香书屋毛泽东的卧室依照原样摆放着。一张大木板床，头东脚西，摆在书桌左手的屏风背后南窗下，半面床铺上堆放着各种书籍，其中有几叠线装的字帖。

在毛泽东的床上，还有两套丛帖：《贞松堂藏历代名人法书》和《岳雪楼鉴真法帖》。

毛泽东有一套《玉虹鉴真帖》，至今还放在卧室外面的书橱里。此帖共 13 卷，清朝乾隆年间由孔继涑刻，内收晋到明人书法共 75 种，大多出自墨迹。毛泽东在读这套丛帖时，留有两处圈画。在一册有李贺诗的封面上，他写道："李长吉诗"，并用红笔画一条线和两个大圈。另一册有 19 首汉魏古诗，他用铅笔在封面上画了两个大圈。毛泽东就喜欢这样既读帖又读诗文，诗和书法两种艺术相伴同赏。

在《玉虹鉴真帖》的上面，还放着一套相当著名的刻帖：《秋碧堂法书》。

菊香书屋北房正厅的书橱里，还有两部刻帖《宝贤堂集古法帖》《谷园摹古帖》。毛泽东对这种刻帖书法，早在学生时代就已涉猎。长沙岳麓书院是他常去的地方，书院内刻有《岳麓书院法帖》一卷，镶在壁间。此帖刻有钟繇三帖、王羲之八帖、颜真卿一帖、唐人书《藏经》残字、司马光一帖、苏轼一帖等。毛泽东早年在长沙时的书迹，有的带有写经体的痕迹，很可能跟他看到此刻帖的唐人书《藏经》残字有关。

在毛泽东卧室靠房门边的西墙下方桌上和床上，还放着一套由文物出版社出版的唐宋名人法书帖影印本。这套书帖均以故宫收藏的真迹用宣纸影印，每帖线装成册，8 开本，包括真迹后面的题跋和前面的题署。这套书帖，既有以书法家著称的法书，又有文学家、哲学家等的著名手迹，如欧阳询《梦奠帖》《行书千字文》，欧阳修《诗文手稿》，朱熹《书翰文稿》，文彦博三帖，张即之《报本庵记》，文天祥《宏斋帖》《木鸡集序》，陆游的《自书诗》，等等。

这些至今还存放在菊香书屋北房卧室和客厅里的碑帖，应该说是毛泽东移居中南海游泳池前所阅读过的大量碑帖中的极少一部分。

题词中的历史足印

散见在全国各地大小报纸杂志上的刊头题名，构成了蔚为大观的毛泽东书法作品中的一个重要组成部分。看着这些毛泽东的题词，我们会重温许多历史事实……

毛泽东为报纸杂志题名时经常连书数遍，自己选定两三张后，再让使用单位选定刊用。这是他一贯的方式。1992年，联合国教科文组织公布了世界上影响最大、发行量最多的十种报纸，我国的《人民日报》也在其内。半个多世纪了，《人民日报》的报头一直沿用着人们熟悉的"毛体"书迹。

1946年，晋冀鲁豫中央局准备办一份机关报，取名叫"晋冀鲁豫日报"或"太行日报"，让薄一波请毛泽东题写报头。毛泽东听后说："为什么不叫《人民日报》？"薄一波说："好，就用主席的取名。"于是，毛泽东提笔蘸墨，一连写出五份横式的"人民日报"字样，并指其中的一幅嘱薄一波说："这个比较好，用这个！"

两年过去了，人民解放战争的形势出乎世人意料，晋察冀和晋冀鲁豫两大解放区可以连成一片了。党中央决定成立华北人民政府，《晋察冀日报》和晋冀鲁豫的《人民日报》也需要合并为一张报纸。为了表示改刊，薄一波第二次来找毛泽东题写报头。这次是在西柏坡，当时毛泽东的心情特别好，一笔便把"人"字写得很大，最后一个"报"字更写得气势不凡。他一边写，一边评论："'人民日报'这四个字啊，写成报头，中间两个字要小一点，两

第五章
另一面——不一样的红色政治家

边这两个字要大一点,这样就好看喽!"

1949年8月,《人民日报》由华北局机关报改为中共中央机关报,毛泽东第三次题写报头,一直沿用到今天。这一次的"人民日报"四个字比起前两次,当然更"好看"了!

1948年,当时在中央局宣传部负责出版工作的王子野正在筹办一份党内刊物《建设》,想让毛泽东题写刊名。王子野请田家英转达这个意思。不久,田家英交给王子野两张毛泽东的题书墨迹。田家英说:"毛主席近来情绪特别好,各解放区和战场的形势比预想的要好得多,写了'建设'两字后,又顺手写了'学习'两字,一起给你吧。"这两件书迹一直被王子野珍藏着。后来,人民出版社创办《学习》杂志时,王子野把毛泽东书写的"学习"题字献出,作为杂志的刊名。

1949年9月下旬,在全国政协第一次会议期间,《黑龙江日报》特派记者趁采访报道之便,见到了毛泽东,请求毛泽东为报纸题写报头。毛泽东微笑着说:"你是《黑龙江日报》的?好吧,我晚上写好,让人送给你。"开国大典前一天,秘书送来了毛泽东的墨迹,并转达了毛泽东的话:"报头写了几个,由报社任选一个。"

1955年6月9日,毛泽东题写了"人民英雄永垂不朽"8个行书大字。

1958年,党中央决定出版

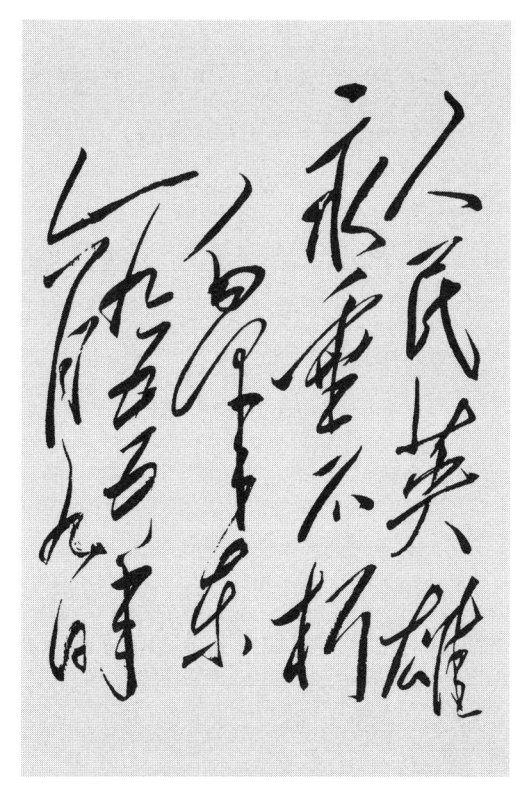

毛泽东为人民英雄纪念碑题词

一本对全国各项工作都有重大指导作用的宣传刊物，毛泽东对此十分重视，不但为刊物定名叫《红旗》，而且执笔题写了刊名。毛泽东为《红旗》题写刊头的墨稿是一页大16开宣纸，上面接连写了4个"红旗"字样。左上方"红旗"两字，旁注"此似可"，并加了3个圈。右上方"红旗"两字，旁注"比较从容"，也加了3个圈。左下方"红旗"两字未用圈注。右下方"红旗"两字，旁注"这种写法是从红绸舞来的，画红旗"也加了3个圈，但"旗"字用大圈画住。

毛泽东为《红旗》杂志题写刊名，留下了3句旁注，寓意深长，耐人寻味。"这种写法是从红绸舞来的，画红旗。"这是毛泽东力主意在笔先、艺术创作需要靠形象思维的最生动的写照。"红旗"两字的字义，触发了毛泽东丰富的想象。而欢快热烈的红绸舞、迎风招展的红旗，又使毛泽东的题词更具节奏感和运动感，从而给人以强烈的艺术震撼力。

毛泽东曾3次为《新华日报》题写报头。《新华日报》原报头是国民党元老、著名爱国人士于右任于1937年写的。1949年4月，南京一解放，党中央决定《新华日报》在南京复刊，毛泽东题写了报头。时隔4年，毛泽东又主动为《新华日报》换写报头，说原来写的太古老了，这表明毛泽东十分讲究一个"新"字，即要有新意，要有时代气息。1964年7月19日，毛泽东第三次为《新华日报》题写报名。这次他在一张宣纸上挥毫写下"新华日报"4个大字，然后把"新华"二字连续写了好几遍，并选定了其中的四个大字，特地在每个选定字的右上角圈了双圈。最后还在附信中说："如不可用，请你退回重写。"

毛泽东为全国性的大报刊题写报头，为各省委党报题写报头，似乎是他的分内之事。但他身为党和国家的领袖，却曾为一所中学的壁报题写了报头。那是1950年4月27日，毛泽东为上海南洋模范中学的壁报写下了"青锋"两个大字。

毛泽东为《新疆日报》题写报头最有戏剧性。1965年，毛泽东为《新疆日报》题写报头时，把"疆"字写成"畺"字，即"疆"字的右半边。同年第12期《新闻业务》上刊登了一幅速写，画的是《新疆日报》社职工争相观赏毛泽东新写的报头。不料，有人突然发现这幅画画错了，怎么把"疆"字写成了"畺"字？于是找来《新疆日报》一看，报头上赫然印着的是"畺"字，释然之余似仍有疑义。其实，毛泽东在这里是"古为今用"，"畺"字是"疆"的古写法，这种写法在许慎《说文解字》中有记载。

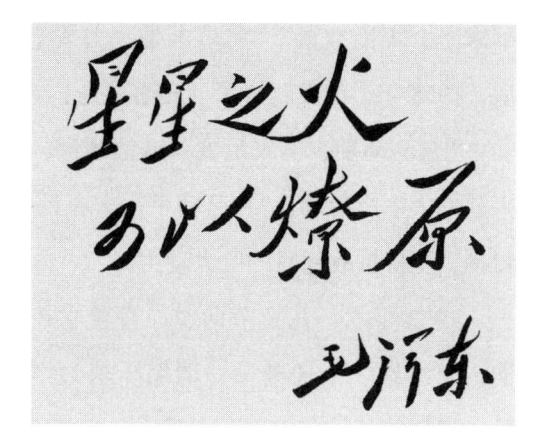

毛泽东题词

毛泽东最后一次为报刊题写刊名，可能是在1966年8月20日应蔡畅的要求题写了"中国妇女"。三天之前，他为北京大学校刊题写了"新北大"三字。

毛泽东为报纸杂志的题词，记录着这些报刊历史的变迁。而更为丰富的，则是毛泽东《墨迹选》中所反映出来的历史足印。

1983年，为纪念毛泽东90诞辰，中央档案馆、档案出版社、文物出版社和人民美术出版社联合出版了《毛泽东题词墨迹选》和《毛泽东手书古诗词》两部墨迹选。前一册收入了毛泽东1938年到1965年间的题词163幅。这不禁使人联想到毛泽东近60年的革命斗争实践，也从中一睹他日臻完善、绚丽多彩的笔墨艺术。一幅幅题词都是历史的见证，把人们带回到战火纷飞的战争年代、带回到蓬勃发展的社会主义建设时期。

"实事求是"这幅题词，是1941年冬毛泽东为中共中央党校题写的。这四个大字反映了延安整风的重大成果，闪耀着马克思列宁主义的思想光辉。毛泽东提倡"实事求是"的精神是不遗余力的。在延安时期，他还写了"实事求是，不尚空谈""实事求是，力戒空谈"等题词。中华人民共和国成立后，1955年，他又题写了"实事求是，努力工作"等。

"自己动手，丰衣足食"这幅题词，使人想起1943年前后在抗日根据地兴起的大生产运动。"自己动手，丰衣足食"的号召，成了边区军民战胜经济封锁、坚持抗战到底的巨大动力。

1952年六一儿童节前夕，育英学校的校长韩作黎找到在该校读书的李讷，交给她一个任务——请毛泽东为学校题词。星期六下午，李讷回到家里，把韩校长请父亲题词的事说了。毛泽东爽快地说："好！"随手从办公桌上拿了一张16开的白宣纸，用毛笔在纸的右边写了"好好学习"四个字。写完后，他似乎觉得字写得太小，不太满意，接着又在这张纸的左边，用浓墨写下了"好好学习"四个遒劲有力的大字。如今，毛泽东的这四个题字镌刻在育英学校校门迎面的影壁上。它像甘泉，像雨露，滋润着育英学校的师生

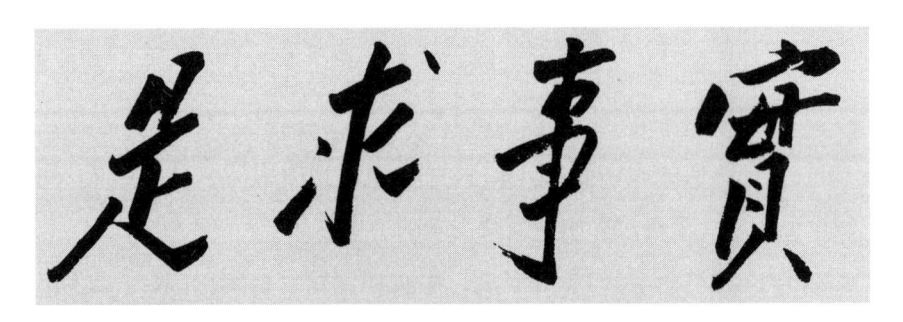

1941年冬，毛泽东为中共中央党校题词

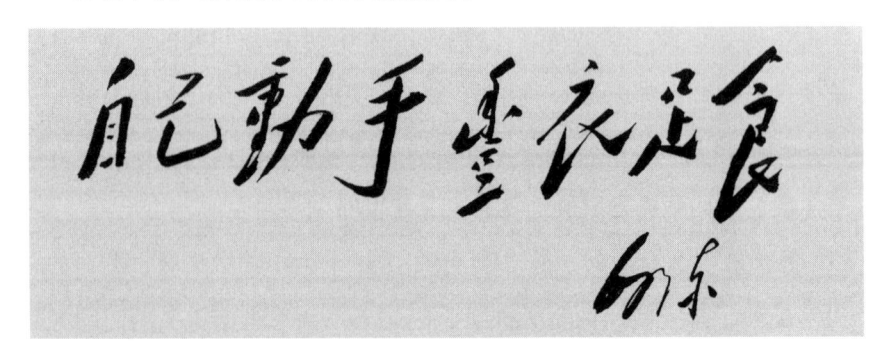

毛泽东为大生产运动题词

们，也滋润着全国少年儿童的心田。

1960年10月8日，毛泽东为中共中央办公厅工作人员题词："艰苦朴素"。这4个字，振笔直书，方折之笔多于圆转之笔，并带迅疾运笔时的苍劲飞白，顿挫较强，体势宽实，有刚劲之力，给人一种朴茂苍劲的感觉。"为全体军民服务""为民众服务""为人民而死，虽死犹荣"等，这是毛泽东几十年来谆谆告诫全体共产党人必须坚持和发扬光大的精神。

"一定要把淮河修好""庆祝官厅水库工程胜利完成""庆祝康藏青藏两公路的通车，巩固各民族人民的团结，建设祖国""一定要根治海河"等题词，给我们打开了一幅中华人民共和国成立初期社会主义建设的壮阔画卷。

毛泽东虽然日理万机，但他在纪念现代史上的重大革命事件、伟大人物，在促进民族团结、促进文学艺术的发展、促进国际和平进步事业上，是不惜笔墨的。他为人民英雄纪念碑、二七烈士纪念碑、淮海战役烈士纪念碑、遵义会议会址、爱晚亭、瑞金的光荣亭等名胜题词；为方志敏墓、鲁迅墓、刘志丹墓、刘胡兰、雷锋等题字、题词；为《人民日报》《人民画报》《中国青年》《中国少年》等数十种报刊题写报头、刊头；为西藏、新疆、广西等少数民族自治区题字；为日本友人，为其他国家的朋友们题字，数不胜数。

总之，毛泽东的题词和墨迹，真可以说是"笔歌墨舞"

毛泽东为治淮工程题字

地记录了中国共产党领导下的中国人民奋勇向前的历史进程，同时这些墨迹又鲜明地反映出毛泽东书法艺术的丰富性，给人以美的享受。

倡导体育运动

"游戏宜乎小学"

毛泽东是父母的第三个儿子。他的两个哥哥由于体弱多病，很小的时候就被疾病夺去了生命。毛泽东在儿童时代也害过大病，体质不好。毛泽东也和湖南乡村的大多数农家子弟一样，很小就要承担家务劳动。他喜欢与小伙伴上山放牛，同时还要割草、拾柴火等。小伙伴们劳动之余就尽兴游戏，充分发挥孩子们的天性。他们玩游戏的花样很多，如"打叉""摘野果"等。打叉，就是用三根木柴棍搭个架子来当靶子，拿另一根木柴棍站在远处朝靶子掷，谁打中靶子的次数多谁就是赢家。摘野果，就是跳着摸高，把采摘来的山楂、野栗子、蘑菇之类的野果野菜，吊到高矮不同的树枝上，轮流跳起来触摸，跳得高、摸得准的就算胜利者。劳动和游戏使原来身子弱的毛泽东逐步强壮起来。

由于儿时的经历，毛泽东很了解儿童的心理，对儿童的健康成长颇有心得。1917年，他在《体育之研究》中针对少年儿童时期生理、心理特点提出了"游戏宜乎小学"的主张，认为"小学之时，宜专注于身体之发育，而知识之增进、道德之养成次之"，对小学生"宜以养护为主，而以教授训练为辅"。

1920年，毛泽东担任湖南省立第一师范学校附小主事（校长）。在职期间，他全面贯彻自己的主张，对增强小学生的体质作了周详的考虑和妥善的安排，积极鼓励小学生大胆参加游戏。毛泽东的所作所为使看惯了循规蹈矩的乖孩子的老师们十分不安。他们生怕把孩子们惯坏了，误人子弟。一天，师范部的一个老师找到毛泽东说："你们附小的学生，课余时间喜欢追进追出，打打闹闹，搞得乱七八糟的，像什么读书人的样子！应该加以管束才是！"毛泽东听了以后，笑着回答说："要活动，要游戏，这本来就是儿童的天性，只要不伤人，不流血，就用不着大惊小怪，更没有严加禁止的必要。何必要搞得小学生都变成小老头的样子呢？"结果这些学生在毛泽东的"纵容"下，蹦跳得更欢实了。

在繁忙紧张的战争年代，毛泽东也十分关心儿童的体育锻炼。在瑞金，毛泽东观摩儿童团的红缨枪刺杀、投弹、打马刀比赛，并对随行人员说："今天的儿童是有希望的。"他勉励孩子们：要好好学习，练好本领，长大了更好地为革命出力。

有一次，毛泽东到中央苏区云集镇某地方的一个河潭里游泳，看见一群儿童在河边叽叽喳喳，想下水又不敢下水，几个胆大会游的小孩在水中逗着岸上的小孩。毛泽东于是邀孩子们下水，并自告奋勇地当了他们的临时"教头"。

长征到陕北后，毛泽东和徐特立常到新文化村补习班的操场散步。有时候也童心大发，和红小鬼们一块儿做"找朋友"等游戏，还对孩子们说："你们这些孩子，要多运动，将来才能长得结实，否则老是那么瘦小，机关枪也扛不动。"

"野蛮其体魄"之践行

毛泽东很欣赏孟子的一段话："天将降大任于斯人也，必先苦其心志，劳其筋骨，饿其体肤，空乏其身，行拂乱其所为，所以动心忍性，增益其所不能。"他认为，一个人不仅要有高尚的道德、丰富的知识，还要有强健的体魄，以便将来能担当起改造社会的重任。因此一个人应该"文明其精神，野蛮其体魄"。

进入湖南省立第一师范学校以后，毛泽东对自己的身体和意志的锻炼更加严格了。他常进行的活动有：冷水浴、日光浴、风浴、雨浴、游泳、爬山、体操、拳术和他自编的六段运动等。他善于利用各种自然条件进行锻炼，又习惯于把自己的各种活动与磨砺意志有机地结合起来。他在自己的日记本上写道："与天奋斗，其乐无穷；与地奋斗，其乐无穷；与人奋斗，其乐无穷。"他在体育中实践了这种思想。

烈日炎炎的夏天，午休和课余时间里，同学多喜欢在寝室、自修室或是树荫下面休息、谈天、看书，毛泽东却喜欢独自爬上学校后面的小山，光着膀子在太阳底下走来走去。平日他到橘子洲游泳，上岸后卧躺在沙滩上晒太阳。毛泽东称这是"日光浴"。

冬天，大雪纷飞，寒风刺骨，别人都往屋里跑，毛泽东却偏偏往外面跑。他脱掉棉衣，赤着上身，在风雪中跑步擦身，边跑边擦。他称此种运动为"雪浴""风浴"。

学校后山的操场，平日常有同学到那里运动、散步。一逢下雨，大家都不出来，操场上空无一人，四周雨雾茫茫。毛泽东却又蹦又跳，在大雨中淋个痛快。有一次，毛泽东在雨中淋了个透湿，回来时碰上了一个同学。这个同学惊奇地问他在干什么，毛泽东摆摆手说："没干什么，我在实行天雨浴。"

毛泽东还喜欢"冷水浴"。每天早晨，大地还在沉睡之中，全校同学还在梦乡，毛泽东就早早起床，进行他所称的"每天早上的第一课"——冷水浴。他拿一条罗布毛巾，来到靠近手工教室窗口的井边，用吊桶从井中吊上水来，一桶一桶地向身上淋，然后用浴巾洗擦全身，一直要洗上二三十分钟，直到全身发红发热为止。洗完冷水浴，他还要做几节简单的体操，运动

第五章
另一面——不一样的红色政治家

一下肢体，等到天色微明，才到自修室读书。

毛泽东最初试行冷水浴是在炎热的夏天，由夏到秋，由秋到冬。尽管天气一天一天地冷了下来，但他并没有停止冷水浴。起初和他同时洗冷水浴的还有好几个同学，井边很是热闹。大家来到井边，你淋我一桶，我泼你一身。后来，随着天气变冷，井边坚持冷水浴的人数也越来越少，最后只剩下毛泽东一个人了。毛泽东从没有因洗冷水浴而着过凉、生过病。有的同学见他执着地坚持冷水浴，佩服之余也不禁问他："冷水浴到底有些什么好处？"毛泽东回答说："冷水浴的好处，一是可以锻炼身体，能够促进血液的循环和增强皮肤抵抗力，有助于筋骨强健。二来可以练习勇猛和不畏。冬季天气严寒，清早起来就把冷水一桶一桶往身上淋，没有点勇气的人能做到吗？"

毛泽东在湖南省立第一师范学校养成的冷水浴习惯，数十年如一日地坚持了下来，就是在年迈时不能冷水浴，他也坚持不用热水而用温水洗澡。他说："冷水浴对锻炼身体的确有很好的效果。我虽然因年纪大，不能正式搞冷水浴，但每天洗澡不用热水，只在冷水中加一点热水，使水达到微温的程度。也不坐在浴盆中去洗，只用水淋到背，再用毛巾使力擦洗。我觉得这样洗澡比一般洗澡的办法好得多，一般洗澡的办法只有清洁的作用，我这样的洗澡的办法，除有清洁作用外，还有锻炼身体的作用。"

登山，是毛泽东的经常性运动项目。与湖南"一师"隔江相望的岳麓山，踏遍了毛泽东和他的朋友们的足迹。毛泽东有时循路上山，有时却专拣没路走的地方爬上山顶。有一次，毛泽东和张昆弟、蔡和森在黎明前登上岳麓山巅。不久，山风四起，空气清新，几个人在山顶脱下衣服，又喊又叫地做"空气浴""大风浴"，一直到11点多钟，几个人才尽兴而归。

和当时别的师范学校一样，湖南省立第一师范学校的体育课设有变通操、兵式操、国术等。表面看起来，学校也是注重体育的，但由于办学的人和教课的老师都不明白体育的任务和目的，因此尽管体育课程门类设得多，但却无益于学生的身体健康，徒然耗费学生的时间。

毛泽东不满意于学校的体育教学，决心独立研究有健身实效的体育运动方法。

他采取体操、拳术和军事操练中有锻炼身体作用的部分，加以变通、结合，分成几段，试行练习。几年中边研究边实践边改进，最后他独创了一种"六段运动"。这种运动包括手部运动、足部运动、躯干运动、头部运动、打击运动、调和运动，共六段二十七节。它的特点是：促进身体均衡发展，简单易行，不受场地限制，便于经常练习。

每天早上起来进行冷水浴后，毛泽东都在井边做上一套六段运动。晚自习后，别的同学匆忙回寝室，他却还要在外面练练拳术，做六段运动。后来，毛泽东在《体育之研究》一文中谈了他创造六段运动的经过。他说："愚既粗涉各种运动，以其皆系外铄，而无当于一己之心得，乃提挈各种运动之长，自成一种运动，得此运动之益颇为不少。"

《体育之研究》

1917年4月1日出版的《新青年》第三卷第二号，发表了一个署名为"二十八画生"的人的文章，题目是"体育之研究"。这篇文章，以古今中外的丰富事例和辩证观点，对体育的各个基本问题进行了精辟的分析和深入的研究。

这个"二十八画生"就是毛泽东。

这篇文章，集中地反映了这个时期毛泽东对体育理论研究的丰硕成果，而且从一个侧面较为集中、综合地体现了他当时的思想精华。在发表几十年后的今天，它仍然是对体育研究有指导意义的重要文献。这也是毛泽东第一次在报刊上发表的关于体育方面的文章。

当时毛泽东为什么会写出这样一篇文章？

第五章
另一面——不一样的红色政治家

他不是体育学校的学生,也没有做过体育方面的工作,仅仅是一名普通的师范学生。照一般人看来,他没有必要写这篇文章。只因客观环境的驱迫,在体育运动方面有太多的弊端,他不得不研究体育,不得不写下了这样的一篇文章。

当时社会上流行的有关体育、养生问题的小册子,有些是掺杂佛理的"因是子静坐法"一类的东西,有些是单纯讲运动技术的"八段锦"之类的东西。这些东西,良莠并存,有的缺乏科学的理论根据,对于青年体育运动的启发作用不大,有的甚至会把青年引入旁门左道,有害无益。

《体育之研究》是毛泽东在自己大量实践基础上得出来的研究成果,是有科学依据的。全文约7000字,前言和前7部分主要论述:体育的内涵、地位、作用,当前体育方面存在的问题及原因,体育运动的方法和应注意的事项。

文章开头就大声疾呼:"国力苶弱,武风不振,民族之体质日趋轻细,此甚可忧之现象也。"这表明毛泽东写这篇文章是为了唤起民众,以改善国民体质。毛泽东认为人体只能"以动养静","勤体育则强筋骨,强筋骨则体质可变,弱可转强,身心可以并完"。为了强调体育在教育中的地位,他指出:"体者,为知识之载而为道德之寓也,其载知识也如车,其寓道德也如舍。"阐明了体育对于我们"实占第一之位置"的思想。

文章论证了提倡体育的几个关系,诸如:德、智、体三育方面,主张"三育并重";在精神与身体方面,认定"身心可以并完";在体弱与体强方面,肯定"勤自锻炼弱可转强",倚强不锻炼,强可变弱;在锻炼与养护方面,主张二者应结合,锻炼是主要因素,生活要有节度,不赞成一味追求吃好、多睡、玩够和贪图安逸的养生观等。

毛泽东在这篇文章中表现了破除迷信、敢想敢说的风格。他批评古代一些才子不注意身体锻炼而致早亡;驳斥老子无为、佛教寂灭、陆子主静的不合理,破除对古人、宗教的迷信。他反对风行一时的"因是子静坐法",对素所崇敬的杨昌济老师推崇的静坐，他效法了一段，最终走向怀疑、反对。他明确提出他的看法："愚拙之见，天地盖唯有动而已。"他又指出体育的目的，不仅在于养身，还在于卫国；主张一个人应该德、智、体全面发展；认为锻炼身体不要怕丑，要有野蛮的精神。他还提出体育运动应注意的事项："运动所宜注意者三：有恒，一也；注全力，二也；蛮拙，三也。"在文章的最后一部分"运动一得之商榷"，毛泽东介绍了自己创造的体操"六段运动"。

在五四运动的前夜，提倡科学、提倡新文化的运动中，毛泽东对体育领域进行了全面、科学的阐述。《体育之研究》可以说是毛泽东献给新文化运动的一份厚礼。

由于毛泽东坚持刻苦顽强的锻炼，他的身体日益强健起来。1936年，毛泽东在陕北的窑洞里对斯诺回忆这段经历时说："我们也成了热心的体育锻炼者。寒假里，我们徒步穿过田野，上山下山，绕行城墙，渡过江河。碰到下雨，我们就脱掉衬衫让雨淋，说这是雨浴。烈日当空，我们脱掉衬衫，说是日光浴。春风吹来的时候，我们高声叫嚷，说这是一种叫作'风浴'的新体育项目。在已经下霜的日子里，我们露天睡觉，甚至于到十一月份，我们还在寒冷的河水里游泳。这一切都是在锻炼身体的名义下进行的。这对于增强我们的体质也许很有帮助，我后来在中国南方的多次行军中，以及从江西到西北的长征路上，特别需要这样的体质。"

1951年秋天的一个夜晚，毛泽东接见几位在北京的湖南教育界人士时，又谈到了自己当年在湖南"一师"时锻炼身体的好处，指出：你们办学校应该注意一个问题，就是要重视青年学生的体育锻炼。有志参加革命工作的人必须锻炼身体。身体强健，精力充沛，才能担负艰巨复杂的工作。大家不是读过《红楼梦》吗？《红楼梦》里有两位主角，一位是贾宝玉，一位是林黛玉。依我看来，这两位都不大高明。贾宝玉不能料理自己的生活，连吃饭、穿衣都要丫头服侍，这种不会劳动的公子哥儿，无论如何是不会革命的！林黛玉多愁善感，常常哭脸。她脆弱，她多病，只好住在潇湘馆，吐血、闹肺病，又怎么能够革命呢？我们不需要这样的青年！我们今天需要的是有活力，有热情，有干劲的革命青年。

到中流击水，浪遏飞舟

毛泽东喜爱的运动项目很多，但他对游泳表现出一种特殊的爱好。对于游泳这种体育运动，他一生坚持不懈。

少年时期，毛泽东很喜欢在自家门前的池塘里游泳。开始的时候，他只能在水塘边划来划去。通过勤学苦练，进步很快，他能从水塘头到水塘尾游上好几个来回。毛泽东胆子越来越大，有一次差点出事。他自己后来回忆起来，还颇带点得意和幽默。他说："我从小喜欢玩水，家门口有口水塘，就在这个塘里玩水，有一次差点出了危险。阎王老子向我招手，我就是不去，结果我就学会了。"这一次的危险并没有吓倒毛泽东，他反而游得一发而不可收。毛泽东一生酷爱游泳，逢水必游，几乎游遍了祖国的江河湖海。

湖南省立第一师范学校前面的湘江，江宽水深，是游泳的好地方。学校的体育课外活动原来并没有游泳项目，但每到夏季，一些爱好游泳的同学经常组织三五个人的小团体到郊外的池塘和湘江中游泳，学校也不禁止。

入校以前就有一定游泳技术的毛泽东，十分喜爱这项运动，经常和一些同学到粤汉铁路旁的南河港和湘江中的牛头洲游泳。南河港的优点是水清而流速缓，缺点是经常有木排靠江岸停泊。游泳的时候，要从木排上跳进离岸较远的江中。这一带江水很深，对初学游泳的人很不方便，就是游泳技术好的人也容易发生危险。毛泽东来这里游泳的时候，必定会叫上几个同学一道，以便相互有个照应。有一次，真的出了危险。毛泽东快游到对岸的时候，突然一个大浪袭来，他无法控制住身体，被大浪卷进木排底下。幸好一个同学看见了，一边招呼"救人"，一边急忙游过来，将木排推开，把毛泽东拖了出来。中华人民共和国成立后，毛泽东跟老同学聊起了这次历险，诙谐地说："那次如果不是这个同学搭救，我险些就'出了洋'。"

在湖南"一师"的游泳队伍中，毛泽东游得最好，蛙式、仰泳、侧泳都行，耐力也最强。他能在湘江水满时从东岸游到3里外的西岸，还能从猴子石游到相距近10里的牌楼口。毛泽东还能在别人穿棉衣的天气在江中游泳，而且一游就是三四十分钟。有一次，他和罗学瓒等几个同学不顾北风呼啸、天气寒冷，毅然去江中游泳。罗学瓒在日记中记下了这次经历："今日往水陆洲头（即橘子洲头——引者注）泅泳，人多言北风过大，天气太冷，余等竟行不顾，下水亦不觉冷，上岸亦不见病。坚固皮肤，增进血液，扩充肺腑，增加气力，不得不谓运动中之最有益者。"

毛泽东除了自己不断地练习游泳，还虚心向别人学习，听说谁游得好就跑去问人家，一起讨论游泳的技术。平时和同学在一起游泳，也互相学习，取长补短，共同进步。1918年3月，毛泽东协助学校请上海《教育》杂志主编李石岑来校讲演。李石岑是一名学者，又是一位游泳专家。李石岑在校讲演后，毛泽东马上上前去，请他到湘江边上现场教授游泳技术。那时正是清明时节，大家都穿着棉衣。毛泽东带着30多个同学，簇拥着李先生到橘子洲头练习游泳。李石岑先生下水作了示范，毛泽东他们也紧跟着脱了衣服，冒着寒风跳下水去，认真地学起来。

橘子洲一带成了青年毛泽东心爱的游泳池。1917年和1918年的两个暑假，毛泽

今日橘子洲头

东住在岳麓山下的湖南大学筹备处，除了到外县旅游，平时每天下午和蔡和森、张昆弟等同学至橘子洲头游泳。他们都喜欢游泳后躺在沙滩上，让日光晒，晒上二三十分钟后又跳入江中游泳，直到尽兴，然后再盘腿围坐在沙滩上，漫谈人生，纵论天下大事。夕阳西下时，才起身返回住处。一路上暮色迎人，凉风助语，人人都感到身心俱爽。他们把游泳作为每天必不可少的功课，也把游泳作为奔向人生大战场不可缺少的准备。

爱好游泳的习惯，毛泽东保持了一辈子。可以说他是走到哪里就游到哪里。但相对而言，他在湘江、橘子洲边游得最洒脱、最舒畅。这是由于他对青少年时期的那段生活有一种特别的眷恋和向往。

几年后，毛泽东独自站在秋风吹拂下的橘子洲头，回忆起当年的情景，不禁豪情满怀，写下了著名的诗篇《沁园春·长沙》。其中"到中流击水，浪遏飞舟"的名句广为人们所传诵。

毛泽东对游泳的特殊偏爱，不单是因为他认为游泳既能锻炼身体，又能增强勇气，是一项最好的体育运动，而且在于他把在江河湖海中游泳看作对大自然的挑战和对意志的磨炼。为了练就一种勇猛向前、奋发向上的进取精神，青年毛泽东曾经选择了许多种锻炼方式，最后坚持下来的就是游泳。他每游一条江河，都会体会到一种胜利者的喜悦，都会增强他战胜一切艰难险阻的信心。

万里长江横渡，极目楚天舒

万里长江，浩浩荡荡，一泻千里，气势磅礴。历史上多少军事家，视长江为不可逾越的天堑；有多少文人墨客，面对滚滚东去的波涛，慨然兴叹。

1956年夏，63岁的毛泽东满怀豪情，畅游长江。在游长江这件事上，毛泽东还经历了一点小小的曲折。

当时毛泽东到了广州。在南国炎热的气候下，毛泽东的思想特别活跃，常常冒出一些使人吃惊的念头。一天，他把卫士长李银桥找来，吩咐说："我们走，到长江上去，去游长江！"

李银桥一听，吓了一跳。他急匆匆地跑去找公安部部长罗瑞卿，把毛泽东要去长江游泳的事情说了。罗瑞卿同汪东兴、王任重商量了一下，大家一致反对。用毛泽东的话说：阻力很大。罗瑞卿赶忙去找毛泽东，劝他不要去游。毛泽东不听，坚持要去。罗瑞卿坚决不同意，说这不是主席个人的事，组织上也不会同意。毛泽东的倔劲也上来了，还发了火，大声说："无非你们就是怕我死在你那个地方么！你怎么知道我会淹死？"

罗瑞卿一听毛泽东说出这么重的话来，吓了一跳，他怎么敢想毛泽东被淹死？急忙解释说："主席，我不是那个意思。保护你的安全是党和人民交给我的任务，我是不同意你冒险，哪怕是一点风险也不许有。"

毛泽东正在气头上，听不进去。他冷笑说："哪里是一点风险也没有？坐在家里，房子还可能塌呢！"

罗瑞卿眼看自己劝说无效，就去搬救兵。汪东兴、王任重、保健医生轮番"上阵"。毛泽东见大家都不同意，便采取了策略。他命令一中队韩队长去实地考察：长江到底能不能游泳。韩队长也是反对毛泽东游长江的，他去长江边调查了一些人，这些人都说不能游，漩涡太大太多，容易出危险。韩队长有了证据，便赶回来向毛泽东汇报了。

毛泽东一听韩队长说不能游，很不合心意，沉下脸来问道："你下水了没有？"韩队长一怔，脸刷地红了，嗫嚅着说："我没有下水。"毛泽东气冲冲地问："没下水你怎么就知道不能游？！你别说了！"

毛泽东又派副卫士长孙勇去实地考察。孙勇水性极好，又是带着毛泽东的意图去调查的，自然一去就下了水。游了一趟回来，他向毛泽东报告："完全没有问题，可以游！"毛泽东高兴了："这就对了么。要知道梨子的滋味，就要亲口尝一尝。"他还故意大声说给那些"阻力"听："谁说长江不能游？孙

第五章
另一面——不一样的红色政治家

勇不是游了吗？"

毛泽东有了实证，罗瑞卿只好让步。王任重匆匆赶到武汉，组织游泳好手护泳，并且探水情，选地点。

毛泽东乘飞机从广州赶到长沙，游了湘江，算是准备活动吧。随后毛泽东乘专列赴武汉。专列启动前，湖南省公安厅的同志还特意送去几桶长沙白沙井里的井水。列车行驶五六个小时就可到达武昌，所以毛泽东有"才饮长沙水，又食武昌鱼"的诗句。

6月1日，骄阳格外耀眼，晴空格外湛蓝，汛期的长江格外宽阔。江面刮着二三级的东南风，波光闪闪，航船如织。正在施工的长江大桥，巍然屹立，雄伟壮观。一些游泳好手很早就守候在江边，当他们知道要跟随毛泽东主席游长江时，心情十分激动。

中午12时左右，毛泽东乘坐的"武康"号轮船，缓缓驶向江心，停在靠近武昌、正在修建的长江大桥的8号桥墩附近。毛泽东健步走向船舷，下到水面，先让江水浸了一下全身，然后便伸开双臂，泰然地畅游在宽阔的江面上。跟随毛泽东游泳的人也相继跃入水中，紧紧地游在毛泽东的周围。

在波涛滚滚的大江中，毛泽东游得十分轻松自如。他时而奋臂侧游，搏击风浪；时而踩水前进，信步于万顷波涛之上，浏览两岸的绚丽景色；时而仰卧水面，双手放在脑后，头枕波峰，凝望万里碧空；时而双手交叉放在胸前，安详地仰躺在水面休息。

毛泽东一边游泳，一边同周围的人谈笑风生。游到武汉关前的江心时，毛泽东问他们：离汉口有多远，现在游到哪里了？正谈话时，一个浪头扑来，越过头顶，毛泽东从容地吐了口水，风趣地说："长江的水好甜呀！"

这一次，毛泽东游了2小时4分钟，游程近28里。上船时他脸色还是那么红润，精神还是那么饱满，丝毫没有倦意。他笑着说："如果吃点东西，还可以坚持两小时。"他还幽默地说："罗部长不叫我游，我一游就是两小时。我明年还要游，把他也要拉下水。"果然，罗瑞卿也被毛泽东"拉下了水"——

为切实保卫毛泽东的安全，他以偌大年纪从头学起，学会了游泳，后来也陪同毛泽东游大江大海。

过一天，毛泽东又一次畅游长江。他特意提出：这次要从大桥上游下水，穿过桥墩，游过长江、汉水汇合处——龙王庙。当时，长江大桥正在全面施工，好几个桥墩已耸立江中，开始架设钢架。桥墩附近停有不少吊船、驳船，许多锚链沉在水中。桥墩之间，水流特别急，流速达每秒3米以上。龙王庙一带更是无风三尺

毛泽东在武汉准备畅游长江（钱嗣杰 摄）

浪，水急漩涡多。毛泽东不顾艰险，带领大家去战胜惊涛骇浪，渡过急流险滩，在大风大浪中前进。毛泽东这种无产阶级革命家的雄伟气魄，激励着一代人去战胜一切困难。

这天下午两点多钟，毛泽东乘坐的轮船开到了汉阳鹦鹉洲尾的河泊所附近江面上。他指着鹦鹉洲说：过去那些皇帝，说什么无宝不成洲，有洲必有宝，总想发财，其实江洲只有到了人民的手里，才能出宝。

这一天的气温比前天还低，风也较大，江面上波涛翻滚。毛泽东更衣下水，自由自在地游着。游到桥墩上游水域时，毛泽东改变了游泳姿势，一边踩水，一边观看正在紧张施工的长江大桥。临近桥墩时，湍急的江水一下子就把跟随的一只木划子冲开了。看着这滚滚咆哮的江水，大家心里十分紧

张,紧紧围在毛泽东身边。毛泽东沉着镇静,挥臂侧游,从大桥的2、3号桥墩之间一穿而过。毛泽东游到龙王庙附近的江面时,一个大浪迎面扑来,他顺势潜水前进,十几秒钟后才泰然自若地浮出水面。

毛泽东意犹未尽,过了一天,又提出去长江游泳。大家忍不住劝开了,希望他在市区的东湖里游一游就算了。毛泽东摆摆手,说:东湖是静水,搏击风浪的乐趣,只有到长江里才能享受。他环视了一眼又说:长江可是一个天然的最好的游泳池哟。这一次,毛泽东从汉阳下水,又一次穿越施工中的武汉长江大桥,直抵武昌。

上岸后,毛泽东欣然命笔,写下了气壮山河的诗篇《水调歌头·游泳》:

才饮长沙水,又食武昌鱼。万里长江横渡,极目楚天舒。不管风吹浪打,胜似闲庭信步,今日得宽余。子在川上曰:逝者如斯夫!　风樯动,龟蛇静,起宏图。一桥飞架南北,天堑变通途。更立西江石壁,截断巫山云雨,高峡出平湖。神女应无恙,当惊世界殊。

这首诗,抒发了毛泽东万里长江横渡的畅快心情和人定胜天的豪情壮志。

1957年9月5日,毛泽东第四次畅游长江。游了20分钟以后,江风吹得更紧。有的同志劝毛泽东出水休息。毛泽东说:没得关系啰,再游一会儿。半个小时后,大家游到了汉口四维路附近。一位护游的同志扶毛泽东上轮渡的梯子,一阵江风吹来,这位同志直打哆嗦,信口说:今天风大,吹在身上有些凉。毛泽东却意犹未尽地说:水里是被窝,温暖得很。毛泽东还说:长江,别人都说很大,其实大,并不可怕。美帝国主义不是很大吗?我们顶了它一下,也没有啥。所以,世界上有些大的东西,其实并不可怕。

1958年,毛泽东第八次畅游长江。游后,毛泽东问护游的运动员:你们知道吴传玉吗?现在是否有人赶上了他?毛泽东屈指算着:"55年、56年、57

年、58年，3年多啦，怎么还没有人赶上他呢？要学习吴传玉，超过吴传玉。"

吴传玉是著名的游泳运动员，他在第四届世界青年联欢节上，打破了一百米仰泳世界纪录，使五星红旗第一次高高升起在国际体坛上。

1961年9月和1962年9月，毛泽东又先后4次畅游长江。

1966年7月16日，毛泽东以73岁高龄再次畅游长江。

从1956年到1966年的10年间，毛泽东先后共18次畅游长江。他认为："长江又宽又深，是游泳的好地方。""长江水深流急，可以锻炼身体，可以锻炼意志。"

搏击风浪

游泳是毛泽东生活中不可缺少的部分，只要有机会，他都要下水畅游一番。他把游泳这项体育运动与人生真谛联系在一起，体力—审美—意志—人生，这就是毛泽东人格的全部内涵，也是他人格魅力的充分体现。他是领袖，但他更有着战士般的豪迈气魄；他虽然年事已高，但他与年轻人一样，有着朝气蓬勃的冲天干劲，有着敢与天地斗的雄心壮志。

1954年夏天，中共中央统一安排去北戴河办公。毛泽东住在北戴河中央疗养院一号平房。这座房子掩映在一片小叶杨树林中，环境很幽静。

一天，北戴河狂风呼啸，浊浪排空。毛泽东徒步来到海边，极目幽燕，缅怀魏武。此情此景，激起了毛泽东下海游泳的兴致。此时，黑压压的乌云迅速翻滚，狂风怒号。面对失去理智的大海，毛泽东豪情满怀，胸脯起伏，决心与愤怒的大海一搏高低。见毛泽东一声不响地脱衣服，卫士长李银桥忙劝道："风大浪大，还是不要游了吧？"

毛泽东身穿游泳衣，径直往大海走去，边走边豪迈地说："风浪越大越好，可以锻炼人的意志！"

第五章
另一面——不一样的红色政治家

看着大家的犹疑神色,毛泽东笑了,说:"不但我下水,我建议你们都下水,一个也不留!"

有人担心地说:"我们没在海里游过,会不会出危险?"

毛泽东回答说:"没有关系,都下海去吧,别怕!浪来的时候,将身体浮一浮;浪去时,舒展四肢,随波逐流。只有在这个时候,才能真正体会到与风浪搏斗的愉快和乐趣!"

拗不过毛泽东,大家只好跟毛泽东下海去游泳。

俗话说,海上无风三尺浪,更何况是个大风天。激烈翻滚的大海猛然间耸起了一堵水墙,朝毛泽东扑来。毛泽东像个孩子似的欢叫起来,迅速朝着那堵水墙冲去。咆哮的海浪一下子把毛泽东掀到浪峰上,一下子又把他跌入波谷。陪着游泳的警卫和河北省公安厅的人都吓坏了,大家都神情紧张地向毛泽东围拢来。毛泽东却不慌不忙,尽兴地畅游了一个多小时。跟随他多年的警卫员,又从毛泽东的脸上看到了那种独特的表情与神态,就像当年他与胡宗南、刘戡决一死战时脸上流露出的那种坚决、豪迈的挑战者的神态。

上了岸,毛泽东精神抖擞,毫无倦色。他面对滔滔大海,对身边的人说:"站在这里看看,会觉得现在下海很可怕,可是真正下去了,也就不觉得可怕了。干任何事情都是这样,只要有勇气去实践,困难也就没什么不可克服的!"

游完泳,毛泽东意犹未尽,挥毫写下了《浪淘沙·北戴河》,写下了"往事越千年""萧瑟秋风今又是,换了人间"的名句。

湘江,是毛泽东青少年时代曾经多次游泳

武汉长江大桥(历史图片)

的地方。毛泽东对湘江情有独钟，中华人民共和国成立后曾多次畅游湘江。1955年夏季的一天，毛泽东在长沙市南郊猴子石跃入长江，游了很长时间，在岳麓山下的牌楼口登岸。

1956年夏，毛泽东从广州乘飞机来到长沙，马上提出要到湘江游泳。

那天万里无云，雨后的太阳格外温暖。当时正值湘江春汛之际，江水浩荡，波浪汹涌，把岸边的不少树丛都淹没了。下午5点，毛泽东从橘子洲上游江岸下水，向橘子洲游去。虽说是晴天，但因为江水暴涨，水温很低，同游的年轻人都冻得有点受不了，毛泽东却坚持游了1个多小时。游到橘子洲附近，由于小岛将江流分开，江汉的水面狭窄，水流更急了，但毛泽东毫不在意，直向岛上游去。突然一个大浪从他身后直冲过来，眼看他就要碰上树桩，跟着保护的人一阵惊呼，急忙游过来。待醒过神一看，毛泽东已经敏捷地抓住树桩，登上小岛了。

毛泽东上岸后，披上用了多年、有好几处补丁的浴衣，向群众走去。正在地里干活的农民认出了这个穿浴衣的人正是毛泽东，大家奔走相告，呼啦啦全迎了过来。一个农民激动地请毛泽东上他家坐一坐，毛泽东爽快地答应了。

毛泽东坐在这个农民搬来的条凳上，用湘潭话与人们交谈，问他们生产丰收了没有，生活有没有困难，有没有夜校……大家七嘴八舌地抢着回答。直到晚霞映红了湘江，毛泽东才跟人们一一握手告别。

1957年的中秋节是个大好晴天，毛泽东来到长沙，又决定去游泳。这时的湘江由于干旱，江水大大减少，两岸河床露出几十米宽，有深达六七十厘米的淤泥地带。湖南省有关领导听说毛泽东要游泳，马上为他去安排，省公安厅厅长奉命安排船。毛泽东上了船，离开了江岸。船到江心，毛泽东脱衣下水，自由自在地游了起来。家乡的水抚弄着他的身体，也抚慰着他激荡的心灵。游了好一会儿，毛泽东才不慌不忙地上岸。陪同的人赶紧给他披上一件浴衣。毛泽东披着浴衣，踩着稀泥往前走。

第五章
另一面——不一样的红色政治家

毛泽东顺着一条田间小路，来到了一户人家的门前。这一家大人不在，只有几个小娃娃在门前嬉闹。毛泽东烟瘾上来了，对身边的人说："给我点支烟吸。"一名卫士给毛泽东点上一支烟，另一个卫士借来把凳子让毛泽东坐下歇歇。几个娃娃都扑闪着明亮的大眼睛，围着毛泽东看热闹。毛泽东逗着一个小娃娃。这个小娃娃手里不知拿了什么东西，毛泽东低下头问："给爷爷看好吗？"这个孩子鬼机灵，双手捂得紧紧的，往上一举："你猜不着！"

跟随毛泽东的摄影师侯波举起相机摄下了这感人的场景。画面上，毛泽东腿上糊满了泥巴，浴衣下摆也溅上了泥，周围几个娃娃在快乐地憨笑，毛泽东露着慈祥的微笑注视着天真可爱的孩子。真是一幅"农家乐"的景象。

1958年1月，毛泽东乘飞机到南宁，提出要下邕江游泳。当时正值冬季，北方已是冰天雪地，南宁虽然满眼葱绿，但也到了一年气温最低的时候。几个警卫跑到江边测了水温，才17度半，报告了毛泽东。毛泽东点点头，说："17度半还凉吗？没关系，勇敢些，能游的都去游。"

毛泽东游泳喜欢热闹，身边会游的工作人员自然都下水陪游。那天刮北风，邕江边上风刮得更大。大家脱了衣服，冷得浑身直起鸡

1957年，毛泽东和农家儿童逗趣（侯波 摄）

皮疙瘩,在岸上又蹦又跳。再看毛泽东,确实不怕冷,皮肤光洁,面色红润。

毛泽东活动几下就下水了,还笑着打招呼:"不要怕,越怕冷越哆嗦,下来一游就没事了!"工作人员一看毛泽东已经下水,一个个不甘落后,都冲到江水里,被凉水一激,真是冷,好一会儿才适应。毛泽东却全不在乎地说:"不过如此!"

一直游了三四十分钟,毛泽东才上船休息。陪游的人早就顶不住了,一上船就急急忙忙地穿衣服。有人见毛泽东坐在那儿晒太阳,就问:"主席,冷不冷?"毛泽东说:"下决心就不冷,不下决心就是20度也觉得冷。"接着又问卫士长李银桥带酒了没有,李银桥摇了摇头,进舱去找来热毛巾,要替毛泽东擦身。毛泽东示意李银桥不用擦,继续跟身边的人交谈起来。

其实,毛泽东的身上带水,被冷风一吹,皮肤已不那么光亮,不时起着小疙瘩,显然他已经有点冷。还是一个警卫注意到了,把热水倒在脸盆里,浸上毛巾,拧干后过来给毛泽东擦身。毛泽东看了他一眼,没有阻止。待全身擦得泛红,披上浴衣,他又与周围的人谈笑开了。

"我给你们表演一个新名堂"

1959年6月25日,毛泽东回到了阔别多年的故乡。"别梦依稀咒逝川,故园三十二年前。"看着熟悉的家乡,毛泽东心潮澎湃。

第二天清晨,毛泽东早早起床洗脸,踏着深深的茅草,径直来到后山上父母的坟前,恭恭敬敬地鞠了一躬,接过随从人员递来的一束翠绿的松枝,献在父母合葬墓前。

故乡的山山水水吸引着远方归来的游子。故乡的水是那么蓝,那么明澈,微风吹过,荡起一层层涟漪。少年时代与小伙伴们一起嬉水的情景仿佛历历在目,毛泽东不由自主地产生了一个强烈的欲望,他要在家乡的水中游

第五章
另一面——不一样的红色政治家

泳，重温少年时代的乐趣。

毛泽东决定到韶山水库游泳。水库的水清凉澄澈，毛泽东活动了一下身子，纵身跳入水中，自由自在地游了起来。

水库的石坝上挤满了围观的乡亲。毛泽东在水中抬起身子向乡亲们招呼："都下来游水呀！"乡亲们都笑了，却没人动，有人大声说："我们不会啊！"毛泽东也笑了："不会可以学呀！"坝上开始有人脱衣服，跳进水里。

看着陪游的人一招一式那么认真、规矩，毛泽东冲岸上大声说："他们都喜欢蛙式、蝴蝶式，我给你们表演一个新名堂！"

毛泽东果真在乡亲们面前"表演"起来。他身子一翻，双手双脚一摊，仰卧在水面上，这是"睡觉"；身子立起来，两脚弯曲，像坐在椅子上吸烟，这是"坐凳子"；身子直挺挺立在水中，不动，像在操场上搞队列训练一样，这是"立正稍息"。毛泽东一边"表演"，一边"解说"，岸上的乡亲们又是鼓掌又是欢呼，一个个高兴得合不拢嘴。领袖和故乡人的感情拉得更近了。

还有一次，参加全国供销工作会议的湖南供销干部毛继生、邹祖培、庞菊中在会议结束后，到北戴河看望毛泽东。看到来自故乡的人，毛泽东非常高兴，他热情地请他们三位一起吃了午饭。饭后，毛泽东走进他们的房间，乐呵呵地邀请他们到海里游泳。

到海里游泳，这使从小在湖南长大、第一次看到大海的毛继生、邹祖培和庞菊中感到很新鲜。他们很高兴地随同毛泽东来到了海边。

毛泽东脱下衣服，他们三个也跟着脱下衣服。毛泽东又教他们做了一会儿简易体操，自己带头跳进海里。在冰冷的海水里，毛泽东一会儿踩水，一会儿仰泳，一会儿潜水，怡然自乐。海水冰凉刺骨，很快，邹祖培、庞菊中受不住了，浑身颤抖起来。一会儿，毛继生也叫了起来："好冷呀！这水又苦又涩，真不好受！"

游兴正浓的毛泽东听见叫声赶紧游了过来。知道他们冷得受不了，毛泽

1960年,毛泽东在北戴河(历史图片)

东便将他们一一牵上了岸,并嘱咐他们赶紧穿上衣服。

过了许久,毛继生三人的身体渐渐暖和起来了,围坐在沙滩上,看着还在海里游泳的毛泽东,敬佩之情油然而生。他们当然不知道毛泽东为了革命事业,一直坚持洗冷水浴和冬泳。冰冷的海水对毛泽东来说,正好可以锻炼自己身体和意志。越是冰冷刺骨,毛泽东越有兴趣。

在几次畅游长江之后,毛泽东反复向周围的同志提出这样的问题:"全国的江河这样多,能不能都利用起来游泳呢?全国六亿人口,能不能有三亿人口都来游泳呢?"他在接见全国六大城市划船比赛的运动员时,又说:"全国人民如都像你们这样健康,帝国主义看到都害怕,谁还敢喊我们'东亚病夫'呀!"

毛泽东在游泳中体现出来的那种奋斗人格感染了广大群众。一时间,游泳成了中国最时髦的体育运动。于是海外纷传,毛泽东要指挥大军泅渡台湾海峡,解放台湾。这种传闻搞得蒋介石集团风声鹤唳。

1960年,毛泽东接见了美国友人斯诺,谈话间斯诺说起了游泳的事。

斯诺笑着说："记得那时掀起了一场群众性的游泳运动。在上海，由于参加渡江游泳的人极为踊跃，以至于外界又传起了大陆准备攻打台湾。"

坐在沙发上的毛泽东挥挥手说："那个报道也太夸张了嘛，我们也没落后到用游泳的力量去解放台湾。外国的舆论也真是不可信。"

确实，就当时中国的环境来说，毛泽东畅游长江或者别的什么地方，都会被放在报纸的新闻头版，成为中国政治生活中的重要事件。外国人对此难以理解，所以会做出各种不可思议的猜测。

毛泽东热爱游泳。正是在游泳中，毛泽东表现出了不怕艰难的强大意志力和坚忍不拔的毅力。82岁的他，在湖南省游泳馆5次奋臂搏击，每次达半个小时左右。毛泽东问为他护游的青年："在七级大风里，你们游过吗？一人高的浪里，你们游过吗？游泳是同大自然做斗争的一种运动，你们应该到大江大海去锻炼。""在江河游泳，有逆流，可以锻炼意志和勇敢！"

未能实现的心愿

毛泽东一生有两个心愿一直未能实现，一个是在长江三峡游泳，一个是搞一次黄河探源之行。

长江三峡风景秀丽迷人。1956年，毛泽东在武汉畅游长江，豪情满怀之际，在《水调歌头·游泳》一词中写下了"更立西江石壁，截断巫山云雨，高峡出平湖。神女应无恙，当惊世界殊"。神往之情，溢于言表。

1957年6月，毛泽东提出要去长江三峡游泳。为慎重起见，公安部部长罗瑞卿带了几个游泳好手赶赴三峡实地考察。他让这些游泳好手系上绳子，下水试游，沿江选择可以下水游泳的地点。遗憾的是，几乎每一处看起来相对平静、可以游渡的地方，都探出了不少暗流、漩涡。罗瑞卿仔细地在地图上标注了这些漩涡、暗礁，发现从重庆到宜宾的三峡地段被标注得密密麻

麻，根本不能游。罗瑞卿如实地向毛泽东反映了情况，毛泽东沉吟不语，又思索了很长一段时间，终于无奈地打消了去三峡游泳的念头。

毛泽东酷爱游泳，几乎是有水必下，逢河必游。他在渤海、黄海、长江、湘江等河海中都游过。但是，毛泽东却一次也没有游过黄河。

1953年2月，毛泽东在"长江"号舰上听取长江水利委员会主任林一山的汇报，提出兴建三峡大坝的远景设想（历史图片）

黄河是中华民族的母亲河，毛泽东对她有着特殊的感情。未游黄河，这不能不说是毛泽东一生的遗憾。

1948年3月，中共中央机关离开陕北，东渡黄河时，毛泽东萌发了游黄河的念头。那时正值凌汛时期，奔腾的黄河水夹杂着磨盘大小的冰块，汹涌咆哮着，冲撞着河岸，发出阵阵轰鸣。毛泽东坐在船上，望着渐渐远去的河岸和欢送的群众，百感交集，心潮澎湃。突然，他转身问身边的人员："你们谁敢游黄河？"

警卫人员热烈地议论起来。一向沉稳的孙勇瓮声瓮气地说："我在枯水季节游过黄河，还可以试一试！"

毛泽东马上说："那好呀！来，我们两个不用坐船，游过去吧！"

这一下子，大家都惊呆了。经过片刻的沉默，有人才小声嘀咕着说："今天可不行呀，现在正是凌汛期……"

孙勇也忙接上话头说："是呀，今天河里有大冰块，不能游了。"

毛泽东大笑："哈哈，不能游了？你们是不敢游啊！"他转而凝望像陕

第五章
另一面——不一样的红色政治家

北的小米粥一样浓稠的黄河水，望着那些泡沫飞卷的浪花和漩涡，陷入了沉思……他终于没有下水，只是长长嘘了口气，摇摇头说："你们可以藐视一切，但是不能藐视黄河。藐视黄河，就是藐视我们这个民族……"

上岸后，毛泽东回身望了一眼黄河，叹口气说："唉，遗憾！"

中华人民共和国成立后，毛泽东几乎游遍了全国的江河湖海。不管走到哪里，只要有水他就游，而且，总是带着挑战的神情下水，带着征服者的骄傲上岸。可是，他多次经过黄河，还专程去视察过黄河，却一次也没有游过黄河。他曾经说过：黄河是伟大的，是我们中华民族的起源。人说不到黄河心不死，我是到了黄河也不死心。

20世纪50年代，毛泽东多次视察黄河，研究治理措施。1952年，毛泽东在第一次出京巡视时就来到河南视察了柳园口、新乡的引黄胜利渠，在郑州看了黄河大铁桥，提出要尽快研究出一个建设新铁桥的方案来。随后，毛泽东登上了邙山岭远眺黄河全景，描绘治理黄河的蓝图，做出了"一定要把黄河的事办好"的指示。1953年到1954年，毛泽东四次听取了治黄汇报，为审定国务院制定的黄河规划进行调查研究。1959年秋，他在济南泺口再次视察了黄河。

毛泽东一直在寻找机会横渡黄河，可是黄河险象丛生，汹涌澎湃的黄河对游泳者是十分危险的。组织上当然不会同意毛泽东冒险游黄河，他身边的工作人员更是时时加以阻止。有一次在郑州开会，休息时，毛泽东一定要到黄河去游泳，遭到有关人员的阻挡。叶子龙还叫人用玻璃杯取了两杯黄河水给他看，还用手比画着说："河里尽是泥沙，一下去就陷到这儿（大腿根），根本没法游。"

虽然不能在黄河游泳，但毛泽东仍想作一次黄河探源之行，彻底考察一下黄河的地理状况。1961年3月召开的广州会议上，毛泽东在讲到大兴调查研究之风时，说他很想骑马跑两条大江（指长江、黄河）。同年6月，在庐山住处的林荫小道上，毛泽东又同随行人员谈起这个念头。1964年，71岁的毛泽东真的准备去实现这一愿望，骑马沿黄河而上，一路考察，直至黄河源头。他在北戴河练习了一段时间骑马，还准备组建一个智囊团随行，吸收一些天文、地理、地质科学家和历史学家参加。可是不久，由于国际国内形势出现了巨大变化，毛泽东不得不放弃这一打算，他觉得十分遗憾。不过，从这件事我们可以看出，毛泽东对黄河的感情之深，以及改造黄河、造福人民的赤诚之心。

跳　舞

跳舞，是一种能使人身心愉快的体育活动。毛泽东只要有时间，是很喜欢跳舞的。利用跳舞，他一方面可以达到锻炼身体的目的，松弛一下疲劳的神经，另一方面也可进行调查研究，了解更多的信息。

毛泽东最早学跳舞，还是从史沫特莱那里。有一次，史沫特莱请毛泽东去闲谈。饭后，史沫特莱打开留声机，放了一张《西波涅》的舞曲唱片，说："主席，跳舞吧，放松放松，这是最好的休息。"毛泽东摆摆手说："我不会跳，也不喜欢跳舞。"史沫特莱就和翻译跳了两圈，之后再次向毛泽东发出了邀请。她毕恭毕敬地向毛泽东鞠了一躬，伸出双手："主席，我教你跳舞。"

面对史沫特莱如此盛情，毛泽东感到再拒绝就不礼貌了。于是，毛泽东站起身来。第一次跳西洋交际舞，着实把毛泽东别扭得够呛。但所有的艺术，不论是中国的还是外国的，都有相通的神韵。几支曲子下来，毛泽东找到了这种运动的感觉，感到十分有趣。他学会了跳交际舞。

然后，史沫特莱又去教朱德跳舞。朱德也学会了跳交际舞。

一个周末的晚上，史沫特莱在延安举办了第一次舞会，引起了极大的轰动。贺龙来了，徐海东来了，左权来了，一大批红军高级领导人都笑容满面地来了。当毛泽东、周恩来、朱德出现在舞会门口时，乐队奏起了雄壮的

第五章
另一面——不一样的红色政治家

1937年，毛泽东、朱德和访问延安的美国进步作家、记者史沫特莱在一起（历史图片）

《义勇军进行曲》。一会儿，邓颖超、康克清、蔡畅等也来了。

乐队奏起了欢快的舞曲。毛泽东、朱德一再鼓励大家跳舞，跳舞的人越来越多。毛泽东和大家跳了一场又一场，一直跳了3个小时。

此后，延安就常常举办舞会。

著名女记者斯特朗于1946年冬天一个星期六的晚上，参加了杨家岭的舞会。她与毛泽东一起跳舞，深切地体会到毛泽东的舞步与处理问题风格的一致性。

斯特朗很仔细地观察毛泽东、周恩来及其他一些领导人的舞步。她发现，周恩来跳华尔兹是一流的，刘少奇有着数学般的准确性，朱德跳舞就像在长征，即使他的舞伴过分疲劳而想停步时，他也能带动舞伴继续长征。毛泽东则用更多的时间探讨舞步如何与鼓点一致，就像是他在敲鼓。然后，他又会完全照着自己的节奏跳起舞来，而且通常会准确合拍。

1948年，党中央迁到了西柏坡。毛泽东来到西柏坡没几天，卫士长便向毛泽东报告："我们来到了西柏坡，中央机关的工作人员已经会合了。为了对首长表示欢迎，庆祝这个大团圆，今天晚上要组织一个舞会，大家希望主席参加。"

毛泽东正忙着看文件，随口说："好嘛，我也想看看机关的同志们。"

舞场就选在毛泽东住处门口。夜幕降临了，大家都赶来了。毛泽东来到时，大家都抢上前去跟他握手，并热情地向他问候。坐下后，大家都争着和毛泽东说话，把跳舞的事情给忘了。

周恩来见此情景，忙提醒大家说："今天晚上是舞会，不要把这个舞会变成分片座谈会。你们看，主席那里那么多人，少奇同志那里、朱总司令那里、任弼时同志那里都有好些人，跳舞场里都空了，你们快请主席他们跳舞嘛。"

经周恩来这么一讲，勇敢的女青年们便一个个拉着首长，在音乐的伴奏下，欢快地跳起舞来。在悠扬的乐曲声中，毛泽东兴致勃勃地跳着。

舞会一直持续到晚上10点多钟才结束。从此，西柏坡中央机关的所在地，就经常在星期六晚上举办舞会。只要工作不忙，毛泽东就会去跳舞。毛泽东是喜欢跳舞的，而且每次跳舞之后，他都显得精神很愉快。

1948年，毛泽东在西柏坡（历史图片）

第五章
另一面——不一样的红色政治家

中共中央进入北平以后，中央办公厅每个星期六的晚上都要组织跳舞晚会，地点是春耦斋。之所以又叫晚会，是因为在跳舞的间隙，还穿插一些小节目，如独唱、京剧清唱、舞蹈表演等。这种且歌且舞的晚会，是中办机关的舞会特色，以前在延安的杨家岭时便是如此。

凡是听说星期六晚上要安排会议，中共中央办公厅主任杨尚昆和中办机要室主任叶子龙就到毛泽东那里游说："星期六小孩子们都回来了，应该休息休息，还是跳舞去吧。"

这种游说，有时还真起作用。只要会议不是太急，毛泽东就推迟一下，照顾周末晚会。

为把毛泽东请出来参加舞会，有时叶子龙让孩子们帮忙。娇娇、李讷，还有叶子龙自己的孩子燕燕、丽亚，经常到毛泽东的身边劝说。

一个星期六的晚上，叶子龙向几个"小兵"发布指示："主席吃了晚饭，你们先拉着他出去到水边散步，8点钟一定拉着他到春耦斋去跳舞。你们不要光叫主席给你们讲故事，还应该叫他去跳舞。"以富有幽默感而著称的叶子龙，一本正经地对孩子们说："主席如果不跳舞，就会长大肚子。肚子大了，就走不动路了。你们不是关心主席吗？你们要有具体行动。8点钟的时候，就看你们的行动了。"几个孩子当真了，都表示一定拉毛泽东去跳舞。

毛泽东吃完晚饭，几个孩子就拉着他去水边散步，然后回去休息了一下。快到晚上8点了，孩子们就拉着毛泽东往外走。

"干什么去呀？"毛泽东莫名其妙。

几个小孩都不回答，还是拉着他往外走。

毛泽东又接着问了几句，孩子们才说："叫你跳舞去。"

"那好，去跳舞也要换双鞋子呀！"

又是一阵忙乱，孩子们找出胶底皮鞋，上去给他脱布鞋，穿胶底鞋，一拥而上，七手八脚。

在路上，毛泽东问道："你们又不会跳舞，为什么要拉我去跳舞呀？"

娇娇说:"叶叔叔说啦,你不跳舞会长大肚子的。肚子长大了,就走不动啦。"

毛泽东一听,被逗笑了。

那时,经常到春耦斋跳舞的有毛泽东、朱德、刘少奇、罗瑞卿、李富春、蔡畅等人。除去节庆日,朱德一般是晚上7点半到舞场,9点左右离开。刘少奇来得稍晚,因为他经常要等毛主席来,以便汇报一些工作。毛泽东有夜间工作的习惯,经常是晚上10点以后才来,12点以后离开舞厅去办公。常常10点多钟,舞厅里正随乐起舞的对对身影忽然接二连三地停了下来,录音机也"啪"地停止了转动,整个春耦斋一下子显得十分安静。只听一阵脚步声从舞厅右侧的走廊传来,由远而近,毛泽东出现在舞厅门口。他冲一致向他鼓掌的人们摆摆手,然后走向沙发,坐了下来。旁边的人围起来和他交谈着。音乐一响,舞曲再起,是毛泽东最喜欢的《春江花月夜》。他侧首听了一下,找准拍子,带着舞伴跳了起来。

来参加跳舞的除中办机关的人员,还有中南海文工团的女战士们。跳舞

1957年12月,毛泽东与女文工队员合影。左起:郭芙美、蒋自重、陈鸿、毛泽东、胡敏贞、梁小芳、吴凤君、杨野萍(历史图片)

是毛泽东接触群众的方式之一。每次他到舞会去跳舞，都有不少青年男女跑到他身边，围着他说话。

毛泽东一边跳舞，一边询问舞伴的工作、学习和生活情况。

"咱们国家的建设，以后就要依靠你们年轻人了。你们从现在开始，要努力学习，学好本领，将来多为人民做贡献。"毛泽东勉励说，"你们年轻人穿得漂亮一些是可以的，高跟鞋和布拉吉（俄语'连衣裙'的译音）都可以穿，年轻人喜欢美嘛。但对你们来说，学习是最重要的，一定要好好学习。"

有一次舞会休息时，服务员给毛泽东及其他中央领导送上热毛巾，让他们擦擦脸，擦擦手。毛泽东半开玩笑地说："别人都没有擦脸的毛巾，专给我们，那不是太特殊了吗？"服务员回答说："今天没有准备那么多，以后多准备一些。"

光阴荏苒，10年过去了。中南海文工团的姑娘们长大了，中南海的领袖们也老了。到了20世纪60年代，经常陪中央首长跳舞的是空政文工团的女团员们。

1963年的一天，新来的王学文第一次到春耦斋伴舞，很幸运，恰好毛泽东这天也来跳舞了。

一支舞曲结束了，毛泽东坐回沙发。这时，一名服务员端着盘子走过来，盘子上放着毛巾。毛泽东拿起毛巾，他一侧身，看见坐在一旁的王学文。一位老同志向毛泽东介绍说："这是新来的小王，叫王学文。"毛泽东慈祥地望着她，诙谐地说："当兵了，不能学文不学武。"

乐曲响了，毛泽东起身邀请王学文跳舞。他发现王学文很紧张，便亲切地同她谈话。谈着谈着，小王忘记了紧张，脚步变得舒展灵活，并且越来越自然了。

跳着跳着，毛泽东的手忽然在小王的肩上一按，小王便身不由己地坐了下来。定定神，小王才发现乐曲已终，自己正好坐在原来的位置上。而毛泽东微笑着点点头，已经朝自己的座位走去。

毛泽东跳舞时有一个习惯，他很注意舞伴原来坐在哪里，曲终时会准时把舞伴送回原位，而后才回到自己的座位休息。

毛泽东喜欢在跳舞的时候听几段京剧。在听京剧的时候，毛泽东常常用手敲着板眼，逢上老生戏还跟着唱几句。因此，舞会有时也请一些名角来表演。

毛泽东不仅把舞场当作休息和娱乐的场所，而且把它当作了解民情民心的最佳场所。"文化大革命"开始后，那种"神化"的宣传越搞越厉害。有一次，女团员对毛泽东说："主席，您连续接见红卫兵多累呀，弄个高高的凳子坐在天安门上不就行了？"毛泽东笑了："那怎么行？真是孩子气。"有个团员接着说："有个小学生等您乘车检阅，等呀等，实在憋不住去上厕所了，才走您的车就开过去了。这孩子回来后没见上您，躺在地上就打滚，哭晕过去了。"毛泽东听后皱起了眉头，思索着什么，很久没有说话。

有一次，舞场天花板掉下一块一米见方的木板，板角把一名女团员砸伤了。毛泽东跑过去，焦急地问道："小赵，砸坏没有啊？砸哪儿了？"接着他便招呼工作人员："快，快帮助检查一下，要抓紧治。"

现场的人们都明白了，毛泽东不是神，他是一个感情相当丰富的人。

1966年8月，女团员们从云南、新疆演出回来，特别想念毛泽东、刘少奇和朱德等领导同志，好容易盼到星期六去中南海演出的任务，可是春耦斋的气氛已经全变了，变得冷清，变得沉闷了。毛泽东也很少来，即使来了也显得忧郁沉闷，总是带着思索的神情，有时显得很疲惫，有几次甚至连眼都睁不开，跳一圈就想离去休息。但是医生不允许，要求他必须达到一定的运动量才能离开。

女团员去中南海演出的次数越来越少。1968年，空政文工团员们从此告别春耦斋，全体演员都被下放到河北农村，接受贫下中农再教育。春耦斋的舞会上，响起的绝不仅仅是舒缓的舞曲。在"文化大革命"期间，毛泽东的心情是相当沉重的。

第五章
另一面——不一样的红色政治家

好戏百看不厌

现代京剧的顾问与观众

毛泽东不仅是一位伟大的政治家、军事家、文学家、书法家,而且还是一位品位高超的美学家。除了欣赏和评析,他还很投入,充分表现了一代伟人极其丰富、细腻的感情世界。

毛泽东的兴趣是相当广泛的,在戏曲领域也是如此。如果说有什么偏心的话,那京剧就是他最爱看、爱听的。碰上高兴时,他还会即兴哼上几句。

毛泽东对京剧的偏爱,不仅仅因为他爱听、爱看,而且因为他自己喜欢唱。

中央纵队转战陕北时,一次在葭芦河一带避开敌人的围追堵截后,便在原地休息。毛泽东就和警卫排的战士们坐在一块青石板上聊天。这时侦察员又来报告,说敌人怕中埋伏,已停止追击,就地宿营了。只见毛泽东微笑地点点头,并不觉得奇怪。他凝望山下,忽然把头一晃,唱出了两句京腔:"我正在城楼观山景,耳听得城外乱纷纷,旌旗招展空翻影,却原来是司马发来的兵……"

这是《空城计》里诸葛亮的一段唱词。毛泽东这一番轻松自如的唱戏足以说明了他对革命的必胜信心,而在战火纷飞的年代,这番唱也鼓舞了战士们的士气。

毛泽东喜爱看古装戏,喜欢听京剧唱片。

转战陕北时,毛泽东喜欢听《空城计》《草船借箭》,有时还唱几句《空城计》;在西柏坡指挥三大战役时,他休息放松的办法就是听京剧唱片,喜欢听高庆奎的《逍遥津》、言菊朋的《卧龙吊孝》、程砚秋的《荒山泪》,高兴时会哼上几句《群英会》;中华人民共和国成立前后,他特别喜欢看《霸王别姬》,多次看,并让中央其他领导同志都去看。看这出戏时,毛泽东有时会动情,眼睛里湿漉漉的。

毛泽东爱看、爱听、爱唱京剧,但他可不是只拿京戏当消遣,他非常关心现代京剧。

20世纪50年代排演京剧现代戏,毛泽东提了些很内行的意见,比如:京剧要有大段唱,老是散板、摇板,会把人的胃口唱倒的。当时反映抗日战争题材的现代京剧《芦荡火种》中,安排阿庆嫂的大段二黄板"风声紧雨意浓天低云暗",就是受了毛泽东的启发,才敢对传统的手法有这样大胆的创新。

后来,毛泽东看了《芦荡火种》,提了几点意见:

兵的音乐形象不饱满。

后面要正面打进去,现在后面是闹剧,戏是两截。

改起来不困难,不改,就这样演也可以,戏是好戏。

剧名可叫《沙家浜》,故事都发生在这里。

这些意见提得很有道理,"态度"又好,是商榷的语气,并不把自己的意见强加于人。

毛泽东读过《红灯记》《智取威虎山》等剧本后,也对这几出戏提出了修改意见。一天晚上8点,毛泽东在自己的书房里,半坐半躺在沙发上,与几位编剧人员讨论对剧本的修改问题。

毛泽东先对《红灯记》等提出了很重要的修改意见,又对《智取威虎山》的个别戏词提出修改意见。毛泽东说:"迎来春天换人间",我看,"春天"不如用"春色"好。"要逮住狐狸,必须比狐狸更狡猾"一句,是不是改成"狐狸再狡猾,也斗不过好猎手",你们看行不行啊?

编剧们感到毛泽东的见解独到,一致同意毛泽东的修改意见。

正因为毛泽东对现代京剧非常爱好和关注，所以他提的建议和意见也很有见地，不愧为现代京剧的顾问与观众。

重视地方戏曲

我们的祖国是一个多民族的国家，有着历史悠久的文化。在幅员辽阔的大地上，出现了许多种富有民族特色的戏剧形式。地方戏和民歌是中华民族古老文化的艺术渊源，许多剧目能够流传到今天并得以发展，与劳动人民的智慧是分不开的。

毛泽东看戏绝不仅局限于消遣，更多的是以领袖的风范和威望来保护和发扬中华民族的传统艺术。他虽然对京剧有特殊的感情，但他同样喜欢地方戏和民歌。凡是到武汉时，他总是要看看汉剧、楚戏，听听湖北民歌。

一次，毛泽东听了蒋桂英演唱的民歌，说有荆楚特色。他最喜欢有关小女婿的那一首，对"一丁点儿"这个词尤为感兴趣。他说如果翻译成北方话的"小不点儿"或者普通话的"一点点儿"，就没有荆楚特色了。毛泽东对现代歌剧《洪湖赤卫队》也有这样的看法：这个歌剧之所以受欢迎，而且流传开了，主要是歌剧的主旋律有荆楚特色，有"下里巴人"的特点，所以"国中属而和者数千人"。

豫剧四大名旦是常香玉、马金凤、崔兰田、陈淑真。其中，河南省洛阳市豫剧团团长马金凤被中国著名剧作家吴祖光命名为"洛阳牡丹"。她的代表剧目是"一挂两花"，即《穆桂英挂帅》《花枪缘》《花打朝》，深受群众喜爱。

1958年11月3日，毛泽东在河南省委负责同志的陪同下，在郑州河南军区礼堂观看了《穆桂英挂帅》。马金凤扮演的穆桂英刚柔相济，稳健豁达，英姿飒爽，俊逸英武，其唱念做打精湛感人。伴随着热烈的掌声，毛泽东与民同乐，大饱耳福、眼福。毛泽东看完了《穆桂英挂帅》，接着点名马金凤表演《破洪州》中的"小穆桂英"。马金凤在舞台上再展其独特风采。

毛泽东点戏，这对于当时只有36岁的豫剧演员马金凤来说，是绝无仅有的殊荣，也体现了领袖对人民艺术家的亲切关怀。

黄梅戏是中国有名的地方戏曲。对黄梅戏，毛泽东尤为喜欢。

湖北省的黄梅县是黄梅戏的发源地，这种传统剧目具有浓厚的乡土气息，唱做俱佳。但是，人们所熟知的黄梅戏却是安徽黄梅戏，发源地与流行地不是一个地方，这是一个有趣的文化现象。毛泽东对此十分关注，曾多次询问这方面的情况。毛泽东到湖北视察时，就曾在黄梅县里寻过"黄梅戏"。

1958年，毛泽东南下，住在武汉东湖客舍。一次，毛泽东问梅白："黄梅戏怎么到安徽去了？"梅白说："是大水冲去的。黄梅县地处长江、龙感湖之间，每次水灾，会唱黄梅戏的水乡人家，就流落到附近的安庆一带去卖唱。"

毛泽东长叹一声："是这样，严凤英演的天仙配的娘家是黄梅县。可是，我总想看看你们老家的黄梅戏——原始的黄梅戏。知其源嘛！这样就可以比较一下。有比较才有鉴别……"

梅白听后，知道毛泽东是想在黄梅戏的发源地看黄梅戏，领略黄梅戏的原始风格，并与后来流行的黄梅戏做比较。于是，梅白同剧团的人商量，把黄梅县黄梅戏剧团请到武汉来。该拿什么节目表演呢？有人说了新剧目，有人说有《张二女推车》这类传统节目，但又怕说是黄色的，是低级趣味。梅白如实向毛泽东汇报了这些情况。

毛泽东听后，哈哈大笑说："到底是什么色，看了才知道。我们这些人是红色的嘛。"梅白讲了于老四和张二女恋爱的情节和与此相关的几个传统剧目。毛泽东忽而变得严肃起来，说："不能把人民喜闻乐见的、土里土气的东西，斥之为低级趣味！"

当夜，毛泽东在洪山礼堂欣赏了"原始"的黄梅采茶戏。开始，他要梅白当"翻译"，后来便聚精会神地看着、听着，不时地点头微笑，完全沉浸到

第五章
另一面——不一样的红色政治家

戏中去了。他一边看，一边称赞说"有意思""有风格"。

尽管毛泽东对这出戏给予了很高的评价，但一些机关干部看了，说不该把这种东西拿出来"亵渎"主席。看来，在这出戏的评价问题上，还存在着争议，还有不同的看法。

隔天，毛泽东对梅白谈了他的看法。毛泽东说："文化要交流，国际之间要交流。黄梅采茶戏发展到现代黄梅戏，是一个进步和交流的结果。你们黄梅人还是演自己的土戏好。昨天夜晚的那几个节目的共同特点是乡土风味，很感人。起先，我要你翻译，以后，我也成了'黄梅佬'了。你们的采茶戏跟湖南的花鼓戏一样，使本地人有亲切感，喜闻乐见，是自然的。我这个湖南人，对你们黄梅的这个戏，也有亲切感。艺术也是从群众中来，到群众中去的。艺术要有民族特色、乡土气味……不能随便说什么'色'，我说只要是劳动人民的本色……"

1959年7月10日，梅白随王任重陪毛泽东从庐山到九江下水，游过了黄梅县的小池快到费家湾时，毛泽东上了登陆艇，问梅白："这里离你的家乡多远？"梅白说，还有15里。毛泽东又兴致勃勃地谈起黄梅戏，饶有风趣地说："于老四、张二女现在该行时了吧？"

毛泽东接着指出："这一对情人，以数字排行，留姓不留名，可见这是一对劳动者。要不张二女怎么'推车'呢？"

毛泽东这一番合情合理的分析，使在场的人都佩服不已。大家深深感到，"原始的"黄梅戏给毛泽东留下了多么深的印象啊！

在"大跃进"的年代里，毛泽东在张治中和罗瑞卿的陪同下第一次到安徽考察。一天，省委招待毛泽东一行看黄梅戏《打金枝》。严凤英在戏中扮演皇帝的女儿金枝。

这出戏讲的是唐朝名将郭子仪的儿子一身傲气，闯入宫中，打碎"禁灯"，又打金枝玉叶，闯下杀身之祸，急得郭子仪捆绑了自己和儿子，赴皇帝面前请罪。皇帝不仅没有问罪，反而十分宽容，还批评自己的女儿，又批评

347

皇后对女儿的偏心。毛泽东看得轻松愉快，十分惬意。看完演出后，毛泽东说："历代开国皇帝，从不杀有功之臣。"

接着，毛泽东又提起了他一直关心的黄梅戏的起源问题。他饶有兴致地问省委负责人："湖北有个黄梅县，为什么黄梅戏出在安徽？"省委的同志回答说："黄梅县与安徽宿松县交界，旧社会可能黄梅县灾民逃到安徽，他们既唱黄梅调，又吸收了安庆的地方民歌，形成了现在的风格，成了黄梅调。"

毛泽东又问："严凤英祖籍是湖北吗？"省委的同志介绍说："她是安庆桐城县人。"

毛泽东听后，一边频频点头，一边高度评价严凤英的做唱和地方戏曲。他说："我喜欢家乡湖南花鼓戏，黄梅戏更好听。严凤英是个出色的演员，她演的七仙女成了全国人人皆知的故事。你们要知道，全国老百姓谁不知道梅兰芳？"

载歌载舞的秧歌剧是陕北高原的老百姓喜闻乐见的艺术形式。为了使这一传统的艺术表现形式更具有时代特色，更具有号召力和感染力，延安鲁艺的文艺工作者们因地制宜，推陈出新，加入了"大生产"、抗日救国、团结奋起等内容，从而使秧歌剧这一传统剧目焕发出新的活力，深入老百姓中间，为广大群众所喜爱。在众多改编出来的剧目中，有一出《兄妹开荒》，无论形式还是内容，都堪称新编秧歌剧中的佳品，成为毛泽东《在延安文艺工作座谈会上的讲话》之后的硕果之一。

1944年春节后的一个晴朗的早晨，延安小砭沟总政干部休养所内阳光明媚，洋溢着欢歌笑语。一排大窑洞前面的平场地上，由十几条长板凳围成剧场，观众有30多人。身穿灰色棉大衣的毛泽东坐在西边的一条长凳上，正乐呵呵地观看演出。台上正演着反映边区人民热情投入劳动和自由愉快生活的秧歌剧《兄妹开荒》，唱得好，演得也十分生动，观众都很高兴。毛泽东和大家一起不时哈哈大笑。

《兄妹开荒》主演之一王大化，因在此剧中的成功表演，可谓誉满陕甘宁。1946年他不幸在一次车祸中丧生，以致引起各个解放区的震动、悲痛和哀悼。经毛泽东批示，王大化所在文工团及当时的辽北省人民政府主席阎宝航为他立碑建墓，首次正式授予他"人民艺术家"的最高荣誉称号，以纪念他为陕甘宁边区文艺事业做出的卓越贡献。

看戏投入　评戏理智

好戏百看不厌。

延安时期，人们问毛泽东，看过的戏为什么还去看。

毛泽东欣然回答："哪里这样喜欢看戏！同志们辛辛苦苦演出，要去鼓励鼓励！"

每有晚会，邀请毛泽东观看，他总是先到，坐在凳子上，吸着烟，沉思着什么。有一次，戏散了，观众也走得差不多了，毛泽东还留在那里。装汽灯的同志从梯子上对着下面说："同志，请你把汽灯接一下！"一看是毛泽东。他也许又因为思索着什么，忘记回去了，或者因为见还有同志留着，就也留着。

冼星海问："毛主席，《黄河大合唱》怎样？"

毛泽东回答说："百听不厌！"

毛泽东简明扼要的一句话，叫艺术家们高兴极了！

1943年冬天的一个晚上，陕甘宁边区秦腔剧团在杨家岭中央大礼堂内为中直机关演出《血泪仇》。这天晚上，毛泽东也来看戏。

当毛泽东来到大礼堂时，戏已开场一会儿了，许多同志站起来为他让座。毛泽东微笑着向大家摆手，示意大家赶快坐下。李富春拉着毛泽东的手，让他到前面就座。毛泽东轻声说："我来晚了，不要影响大家看戏，就在后面随便找个地方坐吧。"

这时候，毛泽东看到有个位子上坐着一个小孩，就把孩子抱起来，坐在孩子的位置上。孩子的家长和周围的同志都争着去抱孩子。毛泽东紧抱着孩子说："这个座位我坐了，抱着他看戏是理所应当的。"

毛泽东的一句话，引得大家哈哈大笑起来。

1963年7月30日晚，沈阳军区政治部话剧团在中南海演出自己创作的话剧《雷锋》。毛泽东、周恩来等中央领导同志观看了演出。

当时，天气很热，很多看戏的中央领导都解开衣扣摇动着扇子。而毛泽东穿着中山装，扣着风纪扣，端坐在大舞台前。他看戏看得很入迷，随着剧情的发展，时而开怀大笑，时而沉思，时而与周恩来交谈几句。

正当大家看得入神时，"雷锋班班长"说错了一句台词，误把"工会朱主席"说成了"工会毛主席"，台上的演员们立时心情紧张起来，而毛泽东充分理解演员，轻松地笑了。演员们的紧张感也随之消除，继续演出了。

第二天，首都各大报纸均以头版头条的显著位置刊登了"毛主席观看话剧《雷锋》"的新闻和毛泽东接见演员的大幅照片。从此，全国各地上演《雷锋》。

毛泽东评戏很理智。他在谈到《西厢记》时说："……孙飞虎围着普救寺，张生要找人送信请他的朋友白马将军来解围，可是无人肯去，于是开群众会议。这时，惠明挺身而出，把信送了去，搬了兵，解了围……惠明见义勇为，勇敢胆大，是个坚定之人，希望中国多出点惠明。"他还说："红娘是个有名的人物。她是个青年，是个奴隶，为了成全别人，自己受拷打，不屈服，反过来把老夫人责备了一顿。你们说，究竟是红娘学问好，还是老夫人学问好？"毛泽东还希望人们"不要小看地位低的年轻人"。

毛泽东看了古装戏《打金枝》后，从思想方法、工作方法的角度发表了评论："郭子仪的儿子同皇帝的女儿结亲以后，闹矛盾。郭子仪和皇帝各自批评了自己的孩子，解决得很好。""……郭子仪这个人很有政治头脑，当时有人告郭子仪有谋反之心，郭听后就把自己的门第敞开，任人参观。'门户洞开'这个典故就是从这里来的。"

在看了《打渔杀家》之后，毛泽东曾对一位起义的原国民党将领讲："……萧桂英一度动摇过，后来醒悟过来了，终于一起去复仇，这就好嘛！我把你比作萧桂英，萧桂英终于是革命了……"一席话，使那位起义的原国民党将领深受感动。

看最动感情的戏

看戏时，毛泽东很容易入戏，很爱动感情。正因为有这种全身心的投入，所以他能获得充分的享受。中华人民共和国成立前后，毛泽东爱看《霸王别姬》这出戏，他多次看过，并让其他中央领导都去看。毛泽东在看到楚霸王英雄气短、儿女情长，与虞姬生离死别时，眼睛里总是湿漉漉的，睫毛常抖个不停。他还曾用手指按住卫士胸前的纽扣，用沙哑的声音说："不要学楚霸王，我们都不要学。"

《白蛇传》是让毛泽东最动感情的戏。1953年到1954年，毛泽东连续看了几遍，每次看都流泪，鼻子呼呼地透不过气。最令人震惊和难忘的则是1958年毛泽东在上海看《白蛇传》时的动人情景。

1958年毛泽东来到上海后，上海市委负责同志为他准备文娱活动，征求他的意见。毛泽东想了想，说："还是看场《白蛇传》吧。"

于是，上海市委决定由一名姓李的演员领衔主演《白蛇传》。

晚上，毛泽东坐车来到上海干部俱乐部礼堂。观众们早已坐在那里等着开演，一见毛泽东走进来，大家都站起来鼓掌。毛泽东一边向观众们招手致意，一边由工作人员引导走向前排。当时在前排就座的是上海市委和市政府的领导干部。毛泽东对党内领导干部从来不讲客套，径直走到给自己安排的座位，再一次向后边的观众招一下手，便坐了下来。

演员们早已做好了准备。毛泽东一坐下，戏就开始了，锣鼓敲起来了。

毛泽东稳稳地坐在沙发里，静静地，一动不动，卫士们帮他点燃一支烟。毛泽东看戏是很容易进入角色的，一支烟还没吸完，便摁熄了。他目不转睛地盯着台上的演员。他的烟瘾那么大，可是在看戏过程中，他却不曾要烟抽。

毛泽东在听唱片时，会用手打拍子，有时还跟着唱几嗓子。看戏则不然，他手脚都不敲板眼，就那么睁大双眼，全神贯注地观看演员们的表演，全身一动不动，只有脸上的表情随着剧情的发展而不断地变化着。他的目光时而明亮照人，时而热情洋溢，时而情思悠悠。显然，毛泽东是进入了许仙和白娘子的角色了。他理解他们，赞赏他们自由的结合和对美好感情的追求。毛泽东特别欣赏热情勇敢、聪明伶俐的小青，他全身心地看着。

开始，毛泽东看得很高兴。唱得好的地方，毛泽东就鼓掌，大家也就跟着鼓掌。然而，这毕竟是一场悲剧。当金山寺老和尚法海一出场，毛泽东脸色立刻阴沉了下来，甚至浮现出一种紧张情绪，嘴唇微微张开，下唇时而轻轻抽动一下，齿间磨响几声，似乎切齿痛恨那个老和尚。

终于，许仙与白娘子开始了痛苦的生死别离。卫士有经验，忙轻轻咳了两声，想提醒毛泽东这是在演戏。可是这个时候提醒已失去了意义。

毛泽东已完全沉浸到剧情中去了，他的眼里只有戏，现实已不存在了。他的思绪进入了那个古老感人的故事中，鼻翼开始翕动，泪水在眼圈里悄悄地累积凝聚，变成大颗大颗的泪珠，转啊转，扑簌簌，顺脸颊滚落，砸在胸襟上。

随着剧情的进一步展开，毛泽东越来越难以控制自己的情绪了。他对戏中主人公的命运感同身受。毛泽东的动静越来越大，泪水已经不是一颗一颗往下落，而是一道一道往下淌。他的鼻子堵塞了，呼吸受阻，嘶嘶有声。毛泽东终于忘乎所以地哭出声来，并且不停地擦泪水、揩鼻涕。

当戏演到法海开始将白娘子镇压在雷峰塔下时，惊人之举发生了！只见毛泽东突然愤怒地拍案而起，大手拍在沙发扶手上，一下子立起身来，大声喊道："不革命行吗？不造反行吗？"

热烈的掌声把毛泽东从"戏"中唤醒，他也跟着鼓起掌来。在上海市委负责同志的陪同下，毛泽东走向舞台接见演员。他用双手握"青蛇"，单手握"许仙""白蛇"，对那个老和尚"法海"则不予理睬。

一个领袖如此钟情于这一美好的传说故事，如此投入，并如此大动感情，足见毛泽东性格中至亲至爱至纯的方面。毛泽东对发自内心的喜怒好恶丝毫不加掩饰。

看京剧大师们演戏

1949年上半年，中共中央迁到北平，暂居在北平西山。为了欢迎毛泽东及中央迁来北平，北平戏剧界专门组织了一场文娱晚会，晚会特意邀请了一些长期闭门不出的名流大师，其中就有观众久仰的京剧大师梅兰芳。毛泽东得知这一消息，就问卫士长："几点钟出发？"

卫士长回答说："路不好走，估计需要一个半小时。我们六点半出发，就可以按时到达。"

毛泽东踱着步子，若有所思地说："看戏也是工作啊！梅兰芳这位戏剧界的名人可不简单呀，日本帝国主义侵略中国以后，他就留须隐居，再也不演戏了。他不顾日本侵略者和国民党反动派的威逼利诱，罢歌罢舞。这位艺术家的这种民族气节是多么可贵啊！我们今天去看梅兰芳的演出，就是要提倡这种民族感、正义感，号召人们向他学习。"

对于那些来自农村没怎么看过京剧的警卫员来说，毛泽东的这番话对他们不只是一种政治觉悟上的启发，而且也是思想文化上的熏陶。因为他们对梅兰芳一无所知，甚至竟为"梅兰芳是男是女"进行了一场争论，大家谁都没有亲眼看过梅兰芳演的戏,结果谁也没有能够说服谁。汽车按计划出发了。在车上,卫士长把卫士们在来之前的争论情况告诉了毛泽东。毛泽东没有笑,倒是觉得可以理解。他说:过去,大家都生活在农村,不要说看不到梅兰芳的戏,就是能看到梅兰芳演戏,如果没有知情人介绍的话,认为梅兰芳是女的也不奇怪。因为在舞台上,他演的就是男扮女装的女角戏。如今我们已经进城了,今天咱们就要看他的演出了,再说他是女的,那就是大笑话了。想了想,毛泽东又解释说:梅兰芳是男的,唱的是旦角戏。男的演女的,比女的唱得还好,才出名的呀!

演出地点在长安大戏院。刘少奇、周恩来、朱德、任弼时等中央领导同志也都来了。毛泽东被安排在二楼正中间的一个包厢里。

观众们期待的由梅兰芳主演的《霸王别姬》终于开始了。梅兰芳一出场,全场便报以热烈的掌声。大家都全神贯注地盯着舞台,每一个人都希望一睹这位轰动海内外的戏剧大师的风采。55岁的梅兰芳先生演虞姬,刘连荣先生演霸王项羽。两人都是京剧界名流,唱做俱佳。他们精湛的表演赢得了观众的阵阵掌声。

演出结束时,梅兰芳和全体演员出来谢幕,全场响起了雷鸣般的掌声。毛泽东也使劲地鼓掌,显得很激动。他满怀信心地说:"是啊,这真是一次高水平的艺术表演!今后,这些人都是新中国的戏剧家,在政治上将要有地位了,将要受人尊敬了。""新中国成立后,肯定我国的戏剧能很好地发展起来,能够在新中国的建设中发挥更大的作用。"

毛泽东的这一番话,表明了他对新中国戏剧事业的关心,也体现了他对戏剧家们的尊敬和爱护。他对新中国的戏剧事业寄予了极大的希望。

回到双清别墅大院时,毛泽东依然很激动,好像还沉浸在剧情之中。他兴致勃勃地对卫士们说:我再告诉你们一个好消息,明天晚上还在长安大戏院,看程砚秋先生演戏。

大家刚刚看完梅兰芳的演出,情绪很高。现在一听毛泽东说明天还要去长安大戏院看戏,都十分高兴。

接着,毛泽东又把程砚秋介绍了一番。毛泽东告诉大家:程砚秋和梅兰芳先生一样都是京剧界名流,他也是在抗日战争中隐居农村,不给敌人演出。像这样有名望的艺人,我们不仅看艺术表演,更重要的是尊重他的民族气节和正义感,向他们学习。

第二天晚饭后,车又是6时30分准时从香山出发。

坐在车上,毛泽东高兴地说了一句:"看戏也是一项很重要的工作呀!"然后接着说:"他们专门为我们演出,如果我们因工作忙不能去,他们就不会理解,就可能误解我们对他们不重视。如果我们去看了,他们不但感到光荣,而且还会更加努力,为发展京剧艺术,做出更大的成绩。"

到了长安大戏院,毛泽东被安排在二楼正中的那个包厢里。

第一出演的是《法门寺》。剧中有这样一个情节:刘瑾接过状子后叫贾桂坐下。贾桂说:"我站惯了。"

看到这里,毛泽东便用手指着戏台上的贾桂说:"你看,他真是一副奴才相!人家叫他坐下,他说站惯了。"

程砚秋主演的《荒山泪》,作为重点戏放在晚会的最后。整个剧目的演出过程中,毛泽东一直特别高兴,甚至显得有些兴奋。他和观众一起,经常鼓掌,看到高兴处,也笑出声来。

程砚秋演出时,毛泽东还不时地夸赞着。

在返回香山的路途中,毛泽东依然兴致勃勃地谈论着剧情。他说:"你们看,今天晚上演得怎么样?"

卫士长回答说:"我看演得很好。"

毛泽东说:"这些都是名角,演得好这是肯定的。这几出戏的内容与现实结合得也都很好。特别是《荒山泪》,程砚秋演出很成功,内容和唱腔都很好。"

接着,毛泽东又评论了《法门寺》的剧情。他说:"《法门寺》里有两个人物很典型，一个是刘瑾，一个是贾桂。刘瑾从来没有办过一件好事，唯独在法门寺进香时，纠正了一件错案，这也算他为人民办了一件好事。贾桂在他上司的面前，一举一动、一言一行，都是十足的奴才相。我们反对这种奴才思想，要提倡独立思考，实事求是，要有自尊心。"

毛泽东本人有着极强的自尊心、自信心，独立思考也是他的一个重要品德。他希望把这种品德普遍化，希望人人都能如此。以后，毛泽东还多次提到贾桂这个人，借以批评那些现实生活中的奴才思想。

对相声有特殊感情

毛泽东喜欢听相声，对相声有特殊的感情。

著名相声艺术大师侯宝林 12 岁开始学艺。初学京剧，16 岁转学相声，之后长期从事相声创作和演出。1979 年告别舞台，他任北京大学兼职教授，曾任北京市曲艺工作团总团长、全国政协委员、中国文联委员、中国曲协副主席。

毛泽东不仅喜欢京剧、地方戏，而且非常喜欢相声。其实，对于中国传统的民族文艺，毛泽东都喜欢。在农村进行调查时，毛泽东曾光顾过庙会，看过大戏，听过山西梆子。毛泽东听京剧折子的过程中，几乎都要加进几段相声，常常是京戏与相声合璧联演。演京剧的常是梅兰芳、周信芳、马连良等名角，表演相声的必是侯宝林无疑。毛泽东对侯宝林十分赞赏。

1949 年的一天，叶剑英和彭真为中央领导人组织了一场文艺晚会。叶剑英和彭真告诉毛泽东，这次晚会内容丰富多彩，安排了许多小节目，除京剧、评剧段子，还有清唱、曲艺等，但晚会最有特色的主要还是侯宝林的相声。毛泽东听后，兴致勃勃地说："好，我去。侯宝林是个人才，我很想听听他的相声。"

第五章
另一面——不一样的红色政治家

晚会地点设在东交民巷的市委机关礼堂。在这次晚会上，毛泽东第一次听到了侯宝林说的相声。

侯宝林和郭启儒合说的相声《婚姻与迷信》是晚会最精彩的节目，放在最后。他们二人往台上一站，观众们就鼓起掌来。侯宝林的相声逗得全场哈哈大笑，毛泽东也是笑声不断，而且听得极其入神。毛泽东边看边称赞："侯宝林是个天才，是个语言研究家。"彭真接上说："侯宝林学艺很刻苦。他干好这一行，在这一方面很有研究，这真是行行出状元。他也是这一行的状元了。"毛泽东点头表示称赞，然后接着说："这一行很好，能促使人们欢乐，能促使人们从反面中吸取教训，能促使人们鼓起革命的精神，做好工作……"

演出结束后，在返回香山的路上，毛泽东还在对侯宝林的相声赞不绝口。他对身边的工作人员讲道："侯宝林对相声很有研究，他本人很有学问，他将来可以成为一个语言专家。"

侯宝林多次受到毛泽东的邀请，去中南海演出。有一次演出，剧场的座位都是木排椅，毛泽东和朱德坐在剧场中间特意安放的两把藤椅上。前边的节目演完了，毛泽东拿起雨衣挽在左臂上，一边鼓掌，一边站起来准备要走。一看还有节目，是侯宝林的相声，于是毛泽东便把雨衣放在旁边，又坐下来听，一直听完那个段子，并鼓掌致意。演员们又加演了一个小段子，直到演出结束，毛泽东才离开剧场。

毛泽东爱听相声，尤其爱听侯宝林的相声。他听过的侯宝林的相声有150多段，其中50多段是新创作的段子，100段左右是传统作品。侯宝林为了介绍过去的演出形式，曾和几个老演员一起特意挖掘出《字象》这个传统三人相声段子，并到毛泽东的住所演出。毛泽东很欣赏这个段子。《关公战秦琼》也是毛泽东最喜欢的相声节目之一。一般的相声节目，他很少听两遍，只有这个节目，他在一次演出后，让侯宝林等重演一遍。《关公战秦琼》原是过去的艺人根据民间笑话改编而成的，演员们在演出时又不断进行整理，加强了作品的思想性。毛泽东对于相声这一人民喜闻乐见的艺术形式的喜爱，并在百忙之中观看演员们的演出，绝不仅仅是为了艺术欣赏，也不仅仅是为了消遣，更多的则是体现了毛泽东对文艺工作的重视和对文艺工作者的关心和鼓舞，从而提高了相声和相声演员的社会地位，促进了相声艺术的革新和发展。中华人民共和国成立初期，侯宝林和几位相声演员发起成立了相声改进小组，在促进相声艺术和推动相声演员自我改造方面取得了一定的成就，这与毛泽东关心和重视相声艺术是分不开的。

毛泽东喜欢听相声，但难得纵情大笑。侯宝林说，他常常见毛泽东努力克制自己，不笑出声来，有时候竟憋得脸色发红。侯宝林记得20世纪50年代仅仅有一回毛泽东忘情地大笑了，而且笑得喘不过气来，一边笑一边摆手，意思是说实在忍不住了。这是在侯宝林说到一首七拼八凑的打油诗的时候。这是首什么"诗"呢？是这么四句："胆大包天不可欺，张飞喝断当阳桥，虽然不是好买卖，一日夫妻百日恩。"后来，大约在1960年的时候，毛泽东建议听听相声，于是侯宝林作为理所当然的首选相声演员又被毛泽东邀请进中南海表演。有次在说到"大裤衩子"那段相声的时候，毛泽东也笑得挺开心，可以说是前仰后合了。

毛泽东不仅听侯宝林的相声，而且对侯宝林本人也十分关心。1956年，侯宝林在《北京文艺》上发表了《相声的结构》《相声的语言》等几篇文章，毛泽东饶有兴致地看了。开全国政协会议时，毛泽东幽默地对侯宝林说："你写了很多东西，想当相声博士啊？"

20世纪60年代末至70年代初，侯宝林给毛泽东说相声的机会越来越少了，但是毛泽东并没有淡忘他。侯宝林也常常给毛泽东送几盘录音带去。毛泽东也常捎信来问：有没有什么新段子？毛泽东要求的相声，除了娱乐性，还很注重知识性，因此在选择上是很讲究的。1975年，毛泽东的身体状况不大好了。即使如此，他仍几次跟人说："我好久没见到侯宝林了。"但在那个非常时期，侯宝林虽然死里逃生，却无法获悉毛泽东想听相声的愿望，当然更无法前去献艺了。最令侯宝林难忘的是，在四届人大召开之前，毛泽东听说侯宝林受到冲击，很是关心，他提名侯宝林为人大代表。"那一次主席提了10个人名，其中有我一个。"每当侯宝林提到此事，神情总是那样的激动。

马季是新中国培养起来的第一代相声演员，20世纪五六十年代曾有幸到中南海为毛泽东、周恩来、朱德等老一辈革命家表演。

1959年至1963年，马季所在的广播说唱团每周至少两次去中南海演出。五年多时间，演出了100多个中小型相声段子。毛泽东最喜欢听的就是揭露江湖医生骗人的传统相声《拔牙》和张述今创作的《装小嘴儿》。

不管是传统相声，还是现代相声，只要是语言幽默、含蓄，咀嚼有回味的段子，毛泽东都喜欢。他不喜欢那些只要贫嘴、一味打闹、趣味低俗的段子。

毛泽东关心新相声的创作，赞成演员深入生活搞创作。1963年，马季被中宣部、文化部派到山东省文登县搞了7个月的文化调查工作。马季通过深入基层，搞"三同"，思想上收获很大，先后写了三个相声段子：一段是专门歌颂全国劳动模范张富贵的相声《画像》，一段是介绍农业科学普及知识的相声《黑斑病》，另一段是专门揭露农村一些巫婆、神汉装神弄鬼行骗的相声《跳大神》。回京不久，马季一行去中南海汇报演出。毛泽东听说年轻演员深入生活并写出了三个段子，很高兴，放下手里的书，说："那好，演一演，我听一听。"演出结束后，毛泽东高兴地和马季握手，说道："还是下去好！"

毛泽东这句话指明了相声艺术创作的方向，也是对所有文艺工作者的要求和勉励。几十年过去了，马季对毛泽东的话仍难以忘怀。

/第六章/

握手风云——伟人人际交往之道

◎毛泽东一向很注意团结党外人士,乐于倾听他们的意见。而民主人士被毛泽东的诚意所感动,经常提供建议。

◎当基辛格提到毛泽东的著作时,尼克松说:"主席的著作推动了一个民族,改变了整个世界。"毛泽东说:"我没有能够改变世界,只是改变了北京郊区的几个地方。"

碧海丹心——毛泽东与党外人士

"欢迎你来和我们一起筹建新中国的大业"
——与宋庆龄

宋庆龄早年即追随孙中山投身革命，曾任武汉国民政府委员。1932年，宋庆龄与蔡元培、鲁迅、杨杏佛等组织中国民权保障同盟。1948年，宋庆龄任中国国民党革命委员会名誉主席。中华人民共和国成立后，她历任中央人民政府副主席，全国人大常委会副委员长，中华人民共和国副主席、名誉主席。在长达半个多世纪的革命生涯中，她与中国共产党的许多高级领导人建立了深厚的友谊。

毛泽东与宋庆龄之间有着极为深厚诚挚的情谊。

在宋庆龄故居纪念馆里，陈列着一张珍贵的照片。照片上，坐在汽车里的宋庆龄挥手向毛泽东致意。这张照片摄于1945年，那时，抗战刚刚取得胜利。为了争取国内和平，毛泽东不顾个人安危，飞赴重庆与国民党当局谈判。宋庆龄当时正居住在重庆，获悉毛泽东抵达山城的消息后，深为毛泽东的精神所感动。她不顾国民党特务的盯梢，设法来到上清寺张治中的公馆桂园，拜访了阔别18年的毛泽东。毛泽东听说宋庆龄来访，十分高兴，走出客厅迎接。见面后，两人进行了亲切的交谈。当宋庆龄起身告辞时，毛泽东一直将她送到大门口。宋庆龄坐在汽车里向毛泽东频频挥手致意。当时在场的一位同志赶紧拍下了这一感人的情景。

伴随着解放战争的胜利进行，中国共产党和各民主党派、各人民团体及无党派人士积极筹备召开新的政治协商会议，成立民主联合政府。在这历史性的转折时刻，中国共产党人同以往一样，从来没有忘记一直支持我们党、始终在政治上与我党保持一致的宋庆龄。1949年1月19日，毛泽东、周恩来联名向宋庆龄发出了邀请信，信中写道：

> 新的政治协商会议将在华北召开，中国人民革命历尽艰辛，中山先生遗志迄今始告实现。至祈先生命驾北来，参加此一人民历史伟大的事业，并对于如何建设新中国予以指导。至于如何由沪北上，已告梦醒与汉年、仲华切商，总期以安全为第一。谨电致意，伫盼回音。

中共香港分局负责人方方、潘汉年等接到毛泽东、周恩来的来信，请廖梦醒译成英文并附信，专门派人于2月送到上海宋庆龄住所。

中国共产党人的亲切致意和盛情邀请，使宋庆龄极为感动。她当即用英文写了一封热情洋溢的复信。当时宋庆龄正患病，而且行动上也受到国民党反动派的监视，所以不能立即成行。因此，宋庆龄在信中说："亲爱的朋友们：请接受我对你们极友善的来信之深厚的感谢。我非常抱歉，由于有炎症及血压高，正在诊治中，不克即时成行。但我的精神是永远跟随着你们的事业。"

1949年5月23日，中国人民解放军解放了上海。6月15日，新政协会议筹备会在北平开幕。6月19日新政协筹备会结束后，党中央决定委托邓颖超，让其携带毛泽东给宋庆龄的亲笔信赶到上海，邀请宋庆龄到北平参加中国人民政治协商会议。毛泽东在信中满怀喜悦地写道：

> 庆龄先生：
> 　　重庆违教，忽近四年。仰望之诚，与日俱积。兹者全国革命胜利在即，建设大计，亟待商筹，特派邓颖超同志趋前致候，专诚

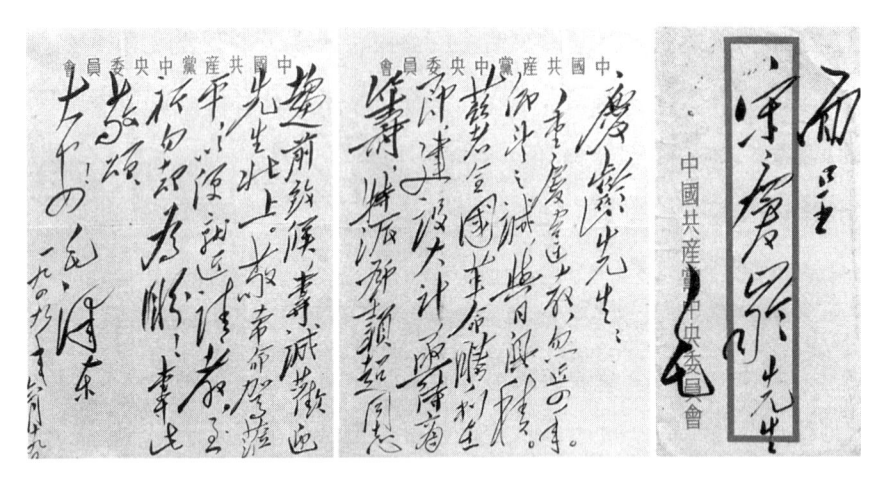

1949年6月19日，毛泽东邀请宋庆龄北上参加政治协商会议的亲笔信（历史图片）

欢迎先生北上。敬希命驾莅平，以便就近请教，至祈勿却为盼！专此。敬颂

   大安！

             毛泽东

           一九四九年六月十九日

这封信字里行间洋溢着对宋庆龄的信任和期待。宋庆龄对毛泽东的深情厚谊非常感激。她不顾身体不适，欣然决定北上。消息传到北平，毛泽东高兴地说："邓颖超这次上海之行，出色地完成了党中央交给她的任务。"毛泽东翻着日历，计算着宋庆龄到达北平的时间。中共中央为宋庆龄的北上做了周密的安排，中央领导同志还过问在北平为宋庆龄准备住所事宜。

1949年8月28日，毛泽东、刘少奇、朱德、周恩来等和民主党派人士齐集车站，热烈欢迎这位民主革命伟大战士的到来。下午4时15分，宋庆龄乘坐的专列抵达北平前门火车站。车刚刚停稳，毛泽东便走上车厢，欢迎宋庆龄下车。

毛泽东伸出双手，与宋庆龄握手，并说："欢迎你，欢迎你！一路上辛

第六章
握手风云——伟人人际交往之道

苦了!"

宋庆龄高兴地说:"谢谢你们的邀请,我向你们祝贺。"

毛泽东说:"欢迎你来和我们一起筹建新中国的大业。"

宋庆龄说:"祝贺中国共产党在你的领导下取得伟大胜利。"

1949年8月28日,毛泽东和周恩来、张治中在北平火车站等候迎接由上海北上的宋庆龄(历史图片)

宋庆龄在毛泽东陪同下走出车厢,只见她着黑色拷绸旗袍,系一条白色纱巾,步履轻盈,丰采依旧。欢迎队伍中爆发出热烈的掌声。

9月21日,中国人民政治协商会议第一届全体会议开幕。毛泽东庄严宣告:"占人类总数四分之一的中国人从此站立起来了。"宋庆龄在会上发表了令人欢欣鼓舞的讲话,她说:"让我们现在就着手工作,建立一个独立、民主、和平与富强的新中国,和全世界的人民联合起来,实现世界的持久和平。"由于宋庆龄对中国革命的卓越贡献和超人才华,她在这次会议上当选为中华人民共和国中央人民政府副主席。从此,她作为新中国的领导人,在国内和国际事务中发挥着重要的作用。

中华人民共和国成立以后,毛泽东和宋庆龄都在为党和国家大事日夜操劳,但他们依然保持着诚挚的友谊。毛泽东到上海视察时,曾到宋庆龄家里探望她。宋庆龄也非常关心毛泽东等领导同志的健康,每次从上海回到北京都要去问候,并送些礼品,每年还要寄去贺年片。1956年元旦,毛泽东收到了宋庆龄寄来的贺年片,十分高兴,提笔给宋庆龄写了一封生动有趣又热情洋溢的信。在信中,毛泽东亲切地称宋庆龄为"亲爱的大姐",对她送来贺年片深表感谢。毛泽东还以幽默的口吻,关心而风趣地写道:"你好吗?睡眠尚

1957年11月2日至21日，毛泽东率领中国党政代表团访问苏联。图为毛泽东、宋庆龄等中国领导人11月4日到克里姆林宫拜会布尔加宁（侯波 摄）

好吧。我仍如旧，十分能吃，七分能睡。最近几年大概还不至于要见上帝，然而甚矣吾衰矣，望你好生宝养身体。"短短数语，毛泽东革命的乐观主义精神和对战友的悉心关怀溢于言表。

1957年毛泽东率中共代表团访问莫斯科，宋庆龄是代表团的副团长。从莫斯科归国时，毛泽东与宋庆龄同坐一架飞机。毛泽东让宋庆龄坐头等舱，自己坐二等舱。

宋庆龄推辞说："你是主席，你坐头等舱。"

毛泽东说："你是国母，应当你坐。"

的确，毛泽东与宋庆龄的友谊非常深厚。宋庆龄非常佩服毛泽东，而毛泽东对宋庆龄始终保持着特殊的尊重，甚至可以说是表现出对其他任何人都不曾有过的尊重。

"且共欢此饮"
——与张澜

1945年8月28日下午3时30分，一架绿色军用飞机徐徐降落在重庆九龙坡机场。毛泽东、周恩来等相继走下飞机。机场上早已聚满了欢迎的人

第六章
握手风云——伟人人际交往之道

群。人群之中有一位年逾古稀的长者。他，就是中国民主同盟主席张澜。

毛泽东在人丛中发现了银髯飘拂的张澜，不待人介绍，就走过去一见如故地说："你是张表老？你好！"

张澜紧紧地握住毛泽东的手说："润之先生好！你奔走国事，欢迎你光临重庆！"

毛泽东说："大热天气，你还亲自到机场来，真是不敢当，不敢当！"

张澜从领导四川保路运动时起，就一直为中华民族的独立自主而奋斗。早在五四时期，张澜在北京就听少年中国学会的王光祈介绍过毛泽东的有关情况。所以，两人在此之前虽未曾谋面，但却是相互倾慕。这一天初次见面，两人大有一见如故之感，不约而同地说"神交已久"。寒暄之后，周恩来安排毛泽东同张澜、张治中、邵力子、郭沫若等人合影留念。

在重庆谈判期间，毛泽东一直很忙，每天除了和国民党的上层要员会晤，还挤时间会见许多新朋故友，共商和平建国大计。毛泽东在繁忙时刻，嘱咐周恩来亲赴特园，转告自己要拜访张澜先生。张澜喜出望外，由衷高兴。

张澜说："润之先生操心国事，极尽辛劳，应在他方便之时，我们去拜访他才是。"

周恩来恳切地说："都是一家人，不用客气了，主席的意思是要亲自来。"

陪同在张澜身边的鲜英也说："最好请主席和你们，都到舍下来休息休息。"

张澜，四川南充人，中国民主同盟创始人之一，曾任民盟中央执行委员会主席（历史图片）

中华人民共和国成立后，毛泽东和张澜交谈（历史图片）

周恩来很细心，指指特园毗邻的戴笠公馆说："为安全计，请不要在门口等候，会晤地点也不要在大客厅里，可在僻静的卧室内。"

下午3时，毛泽东由周恩来陪同来到特园，张澜和鲜英热情欢迎。他们步入花园，来到张澜的卧室促膝而谈。张澜为毛泽东的安危担心，提醒说："蒋介石在演鸿门宴，他哪里会顾得上一点信义！"

毛泽东风趣地说："民主也成了蒋介石的时髦货！他要演民主的假戏，我们就来他一个假戏真演，让全国人民当观众，看出真假，分出是非，这场戏也就大有价值了！"

这次见面，两人谈了很久。待到9月2日，张澜又以中国民主同盟的名义，在"民主之家"特园，设宴欢迎毛泽东、周恩来等中共领导人。沈钧儒、黄炎培、张申府、左舜生等做东招待。毛泽东一进特园，就高兴地说："这是'民主之家'，我也回到家里了。"这句话，使大家感到民主党派人士的心和中国共产党靠得更近了。

席间，特园的主人捧上家酿的枣子酒，献给毛泽东。张澜起身敬酒说："会须一饮三百杯！"

毛泽东举杯相邀："且共欢此饮！"

宴毕，张澜拿出纪念册请毛泽东题词留念。毛泽东笔走龙蛇，写下了"光明在望"四个大字。

第六章
握手风云——伟人人际交往之道

9月14日,张澜得知国共和谈出现阴影,就约请国共谈判代表来特园商谈。他竭力从中斡旋,并当面质问张群:"阎锡山为啥子不给蒋先生留一点面子?重庆在谈,山西在打,这不贻笑于天下吗?"

张群一惊,随即又装作镇静地解释说:"上党交战,纯是阎锡山的个人行动。"9月15日下午,毛泽东又来到特园,向张澜介绍了国共谈判的近况。张澜推心置腹地对毛泽东说:"在五四运动之后,为了摆脱北洋军阀的统治,使人民能够过问政事,我曾经同吴玉老(即吴玉章)在川北推行过地方自治,深知政权、军权对于人民的重要性。国民党丧尽民心,全国人民把希望寄托给你们。你们应当坚持的,一定要坚持,好为中国保存一些净土!"毛泽东连连点头。

接着,张澜又对毛泽东说:"现在,是你们同国民党双方关起门来谈判。已经谈拢了的,就应当把它公布出来,让大家知道,免得蒋介石今后不认账。"毛泽东欣然采纳,当即考虑对策。

张澜感到义不容辞,毅然表示:"你们如有不便,由我来给国共双方写一封公开信,把这些问题摊在全国人民面前,好受到全国人民的监督和推动。"

毛泽东高兴地说:谢谢张表老!并称赞张澜先生"老成谋国"。

10月10日,国共双方签订了会谈纪要。10月11日上午,毛泽东驱车来到九龙坡机场,张澜特地赶往机场

重庆谈判结束后,毛泽东和送行的张澜握手(历史图片)

369

话别。当时，一大群中外记者围住了毛泽东，国民党方面的记者借机提了一些难题。毛泽东豁达大度，应付自如。

当毛泽东看见张澜时，立刻推开记者，走了过去。

张澜兴高采烈地说："日后中国实现民主了，我还要去延安看望你哟！"

毛泽东连声说："欢迎！欢迎！"还表示"要用延安的川菜来招待"。

飞机在热烈的掌声中腾空而去。张澜遥望长空，他的心也乘风而去，飞向延安了。

"我们能跳出这周期率"
——与黄炎培

1945年7月，黄炎培等6位国民参政会参政员应毛泽东之邀，飞赴延安访问。当他们到达延安时，受到中共中央的热情接待。毛泽东握着黄炎培的手说："我们20多年不见了！"黄炎培愕然地说："我们这可是第一次见面呀！"毛泽东笑着说："1920年5月的一天，你在上海主持江苏省教育会欢迎杜威博士的会议，在演说中你说中国100个中学毕业生，升学的只有多少多少，失业的倒有多少多少。那一大群听众之中有一个毛泽东。你当然不知道我，可我却认识了

1945年7月，毛泽东等到机场迎接来延安访问的国民参政会参政员褚辅成、黄炎培等一行六人。右起：毛泽东、黄炎培、褚辅成、章伯钧、冷遹、傅斯年、左舜生、朱德、周恩来、王若飞（历史图片）

你!"黄炎培说:"你的记性真好,一晃20多年了,你还记得这样清楚。"后来黄炎培回到重庆,每次讲到延安之行,都津津乐道这个有趣的细节,十分自得地说:"想不到在大群听众之中,竟有这样一位盖世豪杰!"

第二天下午,黄炎培一行6人应约到杨家岭访问毛泽东。

这次,黄炎培发现了一件更令他惊奇的事:在毛泽东的会客室里,竟然挂着有他亲笔题款的一幅画。这幅画上画着一把酒壶,上写"茅台"二字,壶边有几只杯子。画是沈钧儒次子沈叔羊所作。沈叔羊画成后,请黄炎培题字。黄炎培看着这幅画上的酒壶,忽然想起传说的长征途中共产党人在茅台酒池里洗脚疗伤的故事。于是,黄炎培信笔写道:

喧传有客过茅台,酿酒池中洗脚来。

是真是假吾不管,天寒且饮三两杯。

想不到这幅画竟挂在中共领袖的客厅中!黄炎培激动不已,感到一股暖流涌遍全身,一种知遇之恩在他心中油然升起。在以后的3天中,黄炎培完全敞开了心扉,和毛泽东促膝长谈达10多个小时,既提建议,又受教益。后来,黄炎培称这次延安之行是对他晚年具有决定性影响的"留学",是他一生中的一个巨大转折。

7月4日下午,毛泽东邀请黄炎培等到他家里做客。在这次谈话中,毛泽东和黄炎培谈到了"历史周期率"的问题。

毛泽东问黄炎培:"来延安考察了几天有什么感想?"

黄炎培坦率地说:"我生60多年,耳闻的不说,所亲眼看到的,真所谓'其兴也浡焉'、'其亡也忽焉',一人、一家、一团体、一地方乃至一国,不少单位都没有跳出这周期率的支配力。大凡初期聚精会神,没有一事不用心,没有一人不卖力,也许那时艰难困苦,只有从万死中觅取一生。既而环境渐渐好转了,精神也渐渐放下了。有的因为历时长久,自然地惰性发作,由少数演为多数，到风气养成；虽有大力，无法扭转，并且无法补救。""一部历史，'政怠宦成'的也有，'人亡政息'的也有，'求荣取辱'的也有，总之没有能跳出这周期率。中共诸君从过去到现在，我略略了解的了，就是希望找出一条新路，来跳出这周期率的支配。"

黄炎培这一耿耿诤言，很有普遍性，表现了很多人的担心。共产党执政后会不会政怠宦成、人亡政息？毛泽东肯定地回答了黄炎培的问题。他说："我们已经找到新路，我们能跳出这周期率。这条新路，就是民主。只有让人民来监督政府，政府才不敢松懈。只有人人起来负责，才不会人亡政息。"

黄炎培点头称道："这话是对的，只有把大政方针决之于公众，个人功业欲才不会发生。只有把每一地方的事，公之于每一地方的人，才能使地地得人，人人得事。用民主来打破这周期率，怕是有效的。"

短短5天的访问，黄炎培和毛泽东建立起珍贵的友谊，开始了他们在政治上的愉快合作。一个多月以后，毛泽东飞赴重庆进行国共谈判。在留渝的日子里，他们又多次见面、交谈。1949年2月，黄炎培在地下党的帮助下，摆脱了国民党特务的严密监视，潜离上海经香港返回解放区。3月25日，黄炎培到达北平，开始了他人生中新的一页。

到达北平的当天下午，黄炎培就和沈钧儒等民主人士一起赴西郊机场迎接毛泽东等中共领导人进入北平。当晚，毛泽东设宴与民主

1949年3月25日，毛泽东等率中共中央机关和人民解放军总部进入北平。这是同前来迎接的民主党派负责人和其他民主人士在西苑机场的合影。左起：沈钧儒、朱德、董必武、李济深、陈其瑗、郭沫若、黄炎培、毛泽东、林伯渠、马叙伦（历史图片）

第六章
握手风云——伟人人际交往之道

人士会面欢叙。第二天晚上，毛泽东单独宴请黄炎培畅叙别情，纵谈时局。

当时，美国国务院发表了仇视中国革命胜利的"白皮书"。黄炎培立刻写了批驳的文章在《人民日报》和《展望》周刊上发表。文章发表的当天，黄炎培就收到了毛泽东的亲笔信，信中说："声明写得极好，这对于民族资产阶级的教育作用当是极大的。"黄炎培深深感谢毛泽东的这种知遇之情，立刻给毛泽东回信，表达了他的感激和兴奋："希望主席时时指教。"毛泽东接信后，隔天又第二次致书黄炎培，说："8月24日大示敬悉，很高兴……"

1949年10月1日，黄炎培随同毛泽东在天安门城楼上参加了中华人民共和国的开国大典。黄炎培的心情万分激动，即席赋诗一首《天安门》，并亲笔书写赠给毛泽东。

毛泽东一向很注意团结党外人士，乐于倾听他们的意见。而民主人士被毛泽东的诚意所感动，经常提供建议。黄炎培是民主人士的代表，所以他常常提出建议。当中共中央、中央军委做出抗美援朝的决定时，毛泽东、周恩来就出兵的名义问题听取了黄炎培的意见。

起初，毛泽东与周恩来研究，想用"支援军"的名义出兵朝鲜。毛泽东说："多征求民主人士的意见，他们阅历多，有许多经验，此类事情他们办法多。"果然，一征求意见，黄炎培就出来了，求见毛泽东。黄炎培诚恳而又关切地说："自古道，师出有名。名不正则言不顺，这个仗就不好打。"

周恩来解释说："我们叫'支援军'，支持朝鲜人民么。"

黄炎培摇摇头，说："这样叫是不是师出无名？需要考虑。"

"怎么是师出无名？"

"支援军那是派遣出去的。谁派出去支援？国家吗？我们是不是要跟美国宣战？"

毛泽东两眼一亮："噢，有道理！"他伸手从笔筒里抓起一支铅笔，将"支援"两字一划，改成两个大字："志愿"。然后高兴地说："这个意见好，我们改两个字。我们不是跟美国宣战，不是国与国宣战，我们是人民志愿军，这是民间的事儿，人民志愿去朝鲜帮助朝鲜人民，不是国与国的对立宣战。"

周恩来兴奋地做了一个手势："对，世界上有许多志愿军的先例，马德里保卫战就有各国来的志愿兵。"

黄炎培频频点头，笑道："师出有名，则战无不胜！"

中华人民共和国成立初期，一部分有土地的工商界人士到处告状，说："斗争过火了"，要求"和平土改"。黄炎培收到不少此类的告状信件，他怀着不安的心情向毛泽东转达了这些信件的内容。毛泽东并没有简单地对黄炎培加以批评和指责，而是多次亲笔写信给黄炎培，把各地的土改材料送给他参阅。当黄炎培初步了解了基层情况之后，主动要求下乡考察。毛泽东对他的想法十分支持，1951年1月特地写信给中共华东局负责人，关照他们说："黄炎培先生收到许多地主向他告状的信，我将华东局去年12月所发关于纠正肃反工作中缺点的指示及1月4日关于纠正土改工作中缺点的指示送给他看，他比较懂得了一些。黄先生准备于本月内赴苏南各地去巡视，我已嘱他和你们接洽，到时望将全面情况和他详谈。"临行前，毛泽东又邀黄炎培面谈，告诉他："苏南是已土改地区，可择好者、坏者各看一二考察之。"

1955年11月，中共中央通过了《中央关于资本主义工商业改造问题的决议》。当时，黄炎培正在住院动手术。他读此后，兴奋地在病榻上致信毛泽东："我准备这副老机器活动力完全恢复以后，将发挥新的精神，重新投入战斗部队，为光荣地执行主席又一次对工商业社会主义改造的珍贵指示而努力。"毛泽东立即回信说："从医院给我的信收到。尊恙全愈，极为高兴。尚望注意保养，恢复健康。工商界改造工作有进步，令人欣慰。"

1956年9月，黄炎培应邀参加中共"八大"，并在主席台就座。毛泽东在大会上提出中共和各民主党派"长期共存、互相监督"的八字方针。黄炎培听后，情不自禁地即席作七绝四首，题为《东方红遍环瀛》，来祝贺中国共产党的"八大"。

为感谢黄炎培历次赠诗的雅意，毛泽东手书了自己填的两首词《浪淘沙·北戴河》和《水调歌头·长沙》，附在一封信的末尾，寄给了黄炎培。这既是政治家之间的交往，又是两位文学大师的交流。

"先生的画，充满斗争之意"
——与何香凝

何香凝是廖仲恺的夫人。1940年，她与李济深等人成立中国国民党民主促进会。1948年，她又组织成立了中国国民党革命委员会。中华人民共和国成立后，她历任全国人民代表大会常务委员会副委员长、全国政协副主席、华侨事务委员会主席。她是一位著名的画家，曾任中国美术家协会主席。她还是中国妇女运动的先驱者和领导者之一，曾任全国妇联主席。

1937年，在延安窑洞里，毛泽东收到了一份来自上海的礼物：一套上好的狼毫湖笔，一本画集，一本《双清词草》。素喜书法的毛泽东大喜过望，忙命人去把廖承志找来。

不一会儿，廖承志就来到了毛泽东的窑洞。

廖承志问毛泽东："主席，找我有事？"

毛泽东笑着回答说："承志同志，来来来，看看你妈妈捎来的东西。"

"妈妈？"廖承志有些迷惘。然而当他看见父母合书的《双清词草》笔迹时，不禁泪眼模糊了，慈母之心温暖了他的心房。

"你母亲是个杰出的女性，就你这个独子却不溺爱，把自己最心爱的亲人献给了革命。"毛泽东的话中充满了对何香凝的深深敬意。

说着，毛泽东掏出烟盒，让廖承志取出一支，两人边抽烟边谈起来。毛泽东对廖承志说："有人马上去上海，我给令堂大人写封回信，你有什么话，也写封信带上，我让他们等你。"

廖承志感激地点了点头，但转而一想，写信无非是报个平安，可不能因私事耽误了去白区的安排，便说道："主席，你带上一笔比我写一百句都灵，家母信你的。"

毛泽东笑笑道："偷懒！好！我给你代笔，可得给润笔费呀！"说着，他拿起桌上一个信封，递给廖承志。

廖承志无拘无束地笑道："等发了饷，我请你吃花生米。"

"哈哈哈哈！"毛泽东爽朗地笑了。

毛泽东的书法，笔走龙蛇，遒劲有力，一会儿，一封信就写成了：

香凝先生：

　　承赠笔，承赠画集，及《双清词草》，都收到了，十分感谢。没有什么奉答先生，唯有多做点工作，作为答谢厚意之物。先生的画，充满斗争之意，我虽不知画，也觉得好。今日之事，唯有斗争乃能胜利。先生一流人继承孙先生传统，苦斗不屈，为中华民族树立模范，景仰奋兴者有全国民众，不独泽东等少数人而已。承志在此甚好，大家都觉得他好，望勿挂念。十年不见先生，知比较老了些，然心则更年青，这是大家觉得的。看了柳亚子先生题画，如见其人，便时乞为致意。像这样有骨气的旧文人，可惜太少，得一二个拿句老话说叫做人中麟凤，只不知他现时的政治意见如何？时事渐有转机，想先生亦为之慰，但光明之域，尚须作甚大努力方能达到。敬祝

健康！

　　　　　　　　　　　　　　　　　　　　毛泽东　上

　　　　　　　　　　　　　　　　　　　　六月二十五日

"还是让我们大家同饮吧"
——与冯玉祥

1941年11月14日是冯玉祥60岁的生日。这一天,重庆《新华日报》刊登了来自各方面的贺电、贺词。毛泽东等中共中央领导人从延安发去贺电,这使得冯玉祥深为感动。

为与国民党进行和平谈判,1945年8月28日毛泽东一行飞抵重庆。冯玉祥对毛泽东的到来由衷地表示欢迎,但鉴于当时的环境,他不便前往,特派夫人李德全代表他去机场迎接。毛泽东等到重庆后风尘未洗,立即去看望这位为抗日奔走呼号、为民主劳碌奔波的将军。

冯玉祥对毛泽东、周恩来仰慕已久,对于他们的来访尤为感动。30日下午,冯玉祥带着女儿颖达去毛泽东的临时驻地——桂园张治中公馆回访,不料毛泽东因事外出,但特地给冯玉祥留下自己的名片。毛泽东的名片是他自己用毛笔书写的。冯玉祥将这张名片视为至宝,他在名片背后写上"卅日下午四时往治中部长公馆",贴在当天的日记上,作为永久的纪念。冯玉祥决定为毛泽东洗尘,准备邀请毛泽东来家便宴。冯玉祥对副官说:"明天有五六个人吃饭,叫厨师把菜做得丰盛些,多弄几个湖南口味的菜。"

第二天,天气晴朗,冯玉祥和夫人一早就赶到了康庄办事处。下车后,冯玉祥先到厨房里了解、询问宴会准备的情况。当发现宴席上没备烟酒时,他感到有些歉意,当即派人买来了名贵烟酒,以示敬意。冯玉祥向来有一个规矩:不管宴会大小,招待的客人是谁,是从来不备烟的。这次破格招待的确是他平生第一次。不多时,他又像考虑到什么问题似的,叫来手枪营营长葛效生,当面指示:"我今天下午请客,你们站岗放哨要特别加强守卫,严格警戒,不得有半点疏忽!"

下午4时，毛泽东、周恩来、张治中等人到了。毛泽东与冯玉祥亲切握手，互致问候。宾主分别就座后，就开始了亲切的交谈。毛泽东首先转达了朱德对冯玉祥的问候。冯玉祥接着说："毛先生为了中华民族的统一和富强，不顾个人的辛劳与安危，飞抵重庆，奔走和平，实为玉祥所敬佩！"接着毛泽东详细地解释了8月25日中共中央《关于目前时局的宣言》。他说："宣言中提出了在日本帝国主义投降以后，我全民族面前的重大任务是：巩固国内团结，保证国内和平，实现民主，改善民生，建设独立、自由与富强的新中国。并提出了和平、民主、团结三大口号。"冯玉祥对毛泽东的一席话非常赞赏，并连声称道："很好，很对。这要看蒋介石的态度了。如果他能以国家大局为重，从人民利益出发，就该回心转意采纳施行，那就是全国人民之大幸啊！"

不久饭菜准备停当，冯玉祥把毛泽东、周恩来让到首位。毛泽东迟疑一下，没有就座。冯玉祥恳切地说："你们二位远道而来，首位当然要你们来坐。"因为周恩来是冯玉祥的熟客，毛泽东也就不再推辞了。

冯玉祥为毛泽东斟酒，说："毛先生为祖国和平远道而来，这第一杯先敬毛先生！"毛泽东谦虚地笑着，挡住冯玉祥的敬酒，然后说："还是让我们大家同饮吧！"宾主碰杯后，都一饮而尽。席间，毛泽东又介绍了延安各方面的情况，冯玉祥仔细地听着。

冯玉祥平时请客，负责席间招待工作的都是勤务人员。而今天，主动为客人端饭送菜、拿烟递酒，都是冯玉祥旁边的高级参谋和副官，这种异乎寻常的精心安排，显示出冯玉祥对毛泽东等人的尊敬。

散席后，冯玉祥陪同毛泽东一行回寓所，天黑路滑，不想毛泽东乘坐的汽车掉到路边的沟里卡住了。冯玉祥和随员、司机都帮着去推，却怎么也推不出来。看着毛泽东等人着急的样子，冯玉祥笑着说："好了，既然推不上来，你们就坐我的车一起走吧。"说着，他不由分说，把毛泽东等拉到了自己的车上，一直把他们送到桂园门口，才驱车回自己的住处。这时已是深夜11点多钟了。

第六章
握手风云——伟人人际交往之道

"你真是开明人士"
——与李鼎铭

李鼎铭先生是陕西米脂人。他是知名的民主人士，积极拥护中国共产党的主张，并为中国共产党提出了不少合理的建议。抗日战争时期，李鼎铭提出了"精兵简政"的建议，得到毛泽东的高度重视。

1941年11月，在陕甘宁边区第二届参议会上，李鼎铭作为参议员，根据陕甘宁边区老百姓负担重的情况，提出了一个"精兵简政"的提案，其主要内容是：为了更好地完成抗日救国大业，兵要精，政要简，行政机构要以质胜量，提高工作效能。

此前，有一些民主人士因对共产党能否采纳建议有怀疑，曾几次劝阻李鼎铭提建议。但当李鼎铭看到毛泽东等领导人参加大会、小会，找参议员谈话，仔细听取对政府的批评建议，深深感到共产党与党外人士合作是出于至诚。于是，在这次参议会上，李鼎铭大胆提出了自己的想法。

毛泽东对这个提案非常重视。延安隆冬的夜晚，西北风呼呼地刮着，在微弱的油灯光下，毛泽东反复翻看着这个提案，拿起红笔把重要的段落圈起来，又一字一句地抄在自己的本子上，旁边还加上一段批语：这个办法很好，恰恰是改进我们的机关主义、官僚主义、形

李鼎铭，早年致力于教育事业，兼行中医，是中国现代史上著名的爱国人士（历史图片）

式主义的对症药。

"精兵简政"的议案提交大会讨论时，李鼎铭刚发完言，毛泽东就站起来，一边鼓掌一边走到台前，极其深刻而又生动地阐述了实行精兵简政的必要性，对一些不正确的批评进行了反批评。毛泽东说：在抗战初期，采取精兵主义自然是不对的，但现在情况不同了，全面抗战已经四五年了，人民经济有很大困难，而我们的大机关和不精干的部队，又不适合今天的战争环境。教条主义就是不管环境变了，还是死啃不合时宜的条文。同时，毛泽东对党内同志的宗派主义情绪也进行了批评，严肃地指出：我们的党是为人民服务的。不论谁提出的意见，只要对人民有好处，我们就照办。

"精兵简政"提案终于在参议会上通过了。毛泽东还为《解放日报》写了《一个极其重要的政策》的社论。此后，不仅陕甘宁边区实行了精兵简政，而且党中央还把这项政策推广到党所领导的各抗日根据地。精兵简政的实施，对于解决"鱼大水少"的矛盾，减轻人民负担，度过抗日战争最艰苦的阶段，起了重大作用。

经毛泽东提议，李鼎铭在这次参议会上当选为陕甘宁边区政府副主席。不久，李鼎铭又从米脂搬家来到延安，并将全部家产献给了政府。

李鼎铭来延安不久，毛泽东就接见了他。那天黄昏，毛泽东派车将李鼎铭接到杨家岭，亲热地把他迎进窑洞，问他搬家的情况。李鼎铭告诉毛泽东，他已把全部家产献给了政府。毛泽东说，留一点吧。李鼎铭回答说，一点也不留。毛泽东哈哈大笑着说："你真是开明人士！"

毛泽东对李鼎铭非常关怀。李鼎铭每次来杨家岭，毛泽东工作再忙，也要接见他，给他讲国内外形势。毛泽东还经常去边区政府看望李鼎铭，并指示有关部门在生活上照顾他。

李鼎铭对毛泽东的生活也十分关心。当他得知毛泽东患有风湿性关节炎，发作时痛得连胳膊都抬不起来，就到杨家岭给毛泽东看病。李鼎铭精通中医，他给毛泽东切脉后说，吃四服中药就好了。那时，中西医矛盾尖锐，毛泽东身边的医生不同意毛泽东用中药。而毛泽东早在井冈山时期就提出中西医两法治病的主张，他是相信中医的，坚持把四服药吃了。吃完后，疼痛果然消失，胳膊活动自如了。

毛泽东十分佩服李鼎铭的医术。以后，毛泽东的胃病和风湿性关节炎同时发作，李鼎铭就用中药加按摩的方法给毛泽东治疗。李鼎铭说，在阳光下按摩效果最好。毛泽东欣然同意。这种按摩起初每天一次，后来隔一天一次，每次看病免不了要谈些中药的性能、治病的道理、战胜疾病的方法，有时还要讨论中国医学发展的道路。

有一次，毛泽东对李鼎铭说，现在延安西医看不起中医，你看边区的医学如何发展？李鼎铭说，中西医各有长处，只有团结才能求得进步。毛泽东说，你这个想法好，以后中西医一定要结合起来。

经过一段时间的治疗，毛泽东逐渐恢复了健康，同时也学到了许多中医保健知识。

毛泽东不仅自己相信中医，还介绍李鼎铭给周恩来、朱德、林伯渠、谢觉哉等人看病。他还经常谈到中医的好处，称赞李鼎铭医术高明。他要求人们尊重中医、扶持中医，西医要向中医学习。在毛泽东的号召下，陕甘宁边区成立了中医研究会、中西医协会、中医保健药社。李鼎铭曾兼任中西医训练班主任，推进了延安中医中药事业的发展。

"他是三到延安的好朋友"
——与张治中

张治中早年毕业于保定陆军军官学校，1926年参加北伐。抗日战争时期，他先后任国民党第九集团军总司令、湖南省主席。1949年曾任国民党政府和平谈判代表团首席代表，参加国共谈判。他在谈判过程中加深了对共产

党人的了解，从此与毛泽东等人建立了真挚的友谊。国民党政府拒绝在国内和平协定上签字后，他被挽留在北平。中华人民共和国成立后，他曾任全国人大常委会副委员长、国防委员会副主席。

毛泽东与张治中的交往，是从1945年秋毛泽东到重庆谈判开始的。此后两人来往频繁，直到1969年张治中因病去世。毛泽东与张治中的交往，可以说是"肝胆相照"，毛泽东对张治中是寄予厚望的，关怀无微不至。而张治中对毛泽东能做到知无不言，言无不尽。应该说，张治中既是毛泽东的密友，又是毛泽东的诤友。毛泽东曾对党内高级干部说过："不交几个党外朋友怎行？我的党外朋友很多，周谷城、张治中……"

1945年8月28日，为争取国内和平，毛泽东和周恩来、王若飞在赫尔利、张治中陪同下离开延安赴重庆谈判（历史图片）

张治中第一次到延安，是在1945年8月。他作为蒋介石的代表，同美国代表赫尔利一起飞赴延安，迎接毛泽东赴重庆谈判。

在重庆谈判过程中，张治中是国民党代表中最活跃的人物。他的种种真诚报国、力主和平、积极合作的行为，给毛泽东留下了很深的印象。《双十协定》签订的第二天，即10月11日，张治中乘专机伴随毛泽东回延安。当晚，中共中央为张治中举行了盛大的欢迎晚会。第二天，张治中离开延安时，毛泽东到机场送行。毛泽东笑着对张治中说："我在重庆，知道你是真正希望和平的人。"张治中问道："怎见得？"毛泽东说："有事实为证。第一，你把《扫荡报》改为《和平日报》。《扫荡报》是在江西围剿我们时办的，你要改名，

第六章
握手风云——伟人人际交往之道

1945年10月11日，毛泽东在张治中陪同下离开重庆飞返延安。这是在重庆机场为毛泽东送行，前排右二为陈诚（历史图片）

一定有些人很不赞成的。第二，你把康泽办的一个集中营撤销了，这可是做了一件好事。"

不久，张治中又参与了整军谈判，并到各地视察，第三次到了延安。毛泽东等中共领袖热烈欢迎他的到来。在欢迎晚会上，张治中说："我希望全国团结一致，共同为建设和平、民主、团结、统一的新中国而奋斗。"张治中最后说："你们将来写历史的时候，不要忘记写上张治中三到延安这一笔。"

1949年北平和谈时，张治中由南京飞到北平，毛泽东在香山双清别墅设宴招待。毛泽东一见面就爽朗地说："1945年到重庆时，承你热情接待，感激得很呢。""你在重庆时用上好的酒席招待我，可是你到延安时，我只能以小米招待你，抱歉得很呢！"毛泽东的话热情而自然，但又充满了关心，张治中听了很感动。

北平和谈破裂时，张治中发表了《对时局声明》，留居北平。毛泽东每次为张治中介绍新认识的朋友时总爱说："他是三到延安的好朋友！"使张治中心里感到暖烘烘的。是好朋友，不是一般的朋友。这话既是高度的评价，

383

又传达出无限的深情。

1949年6月，全国政协酝酿筹备，中央人民政府准备成立。有一天，毛泽东当着许多中共领导人的面，提出请张治中参加人民政府并担任职务。张治中说："过去的阶段，我是负责人之一；这一阶段已经过去了，我这个人当然也就成为过去了。"毛泽东恳切地说："过去的阶段等于过了年三十，今后还应从大年初一做起！"这话诚挚而又亲切，令张治中十分感动。话语期待之中又包含着要求与信任，张治中自此把这话作为自己的座右铭。

全国政协会议召开前，曾酝酿和讨论国家名称问题。毛泽东在中南海邀请一些党外人士座谈。毛泽东提出，中央意见拟采用"中华人民民主共和国"，大家有同意的，也有不同意的。张治中说，"共和"这个词本来就包含了"民主"的意思，何必重复？不如干脆就叫"中华人民共和国"。毛泽东觉得张治中的话有道理，建议大家采纳。在讨论国旗图案时，毛泽东手持两幅图案。其中一幅是红底，左上方一颗大五角星，中间三横杠，其寓意是：红底象征革命，五角星代表共产党的领导，三横杠代表长江、黄河、珠江。另一幅是五星红旗。征询大家意见时，多数人倾向三横杠的那一幅。张治中说出了自己的看法："（1）杠子向来不能代表河流，中间三横杠容易被认为分裂国家、分裂革命；（2）杠子在中国人的传统观念中是金箍棒，国旗当中摆上三根金箍棒干吗？因此不如用这一幅五星红旗。"毛泽东觉得张治中所言极是，建议采用五星红旗作为国旗图案。

1954年全国人大一届一次会议开幕前，张治中得知毛泽东不准备在会上讲话，就直接给毛泽东去信说："这次人大是中国历史上第一次真正的人民大会，您是国家主席，开幕时是主持人，怎能不讲话？"两人见面时，毛泽东对张治中说："就是你一个人希望我讲话。"张治中说："不，不是我一人，是全体代表，全国人民都希望听到您的讲话。"毛泽东还是不同意。但是到大会开幕时，毛泽东讲话了。会议休息时，毛泽东对张治中说："你胜利了。本来不准备讲话，只因开幕式我是主持人不能不说几句话，谁知一拿起笔来越写越

第六章
握手风云——伟人人际交往之道

多，就成了一篇讲话了。"

1958年，张治中应邀陪同毛泽东视察大江南北，两人无拘无束，十分融洽。那一年的8月，在北戴河，毛泽东请张治中全家到他的住处吃饭、看电影，并对张治中说：我想到外地视察去，你可愿意同行？张治中回答说：能够有这个机会，那太好了！9月10日，毛泽东、张治中分坐两架飞机由北京飞往武汉。一下飞机，张治中就关心地问毛泽东：您昨晚恐怕又是没睡觉吧？毛泽东回答：昨晚开了5个会，今天清晨又接见新疆参观团，没有睡。张治中劝毛泽东好好休息一下，毛泽东却说：不，天气这样热，我们马上到长江去。车到长江，又坐船到长江大桥附近，毛泽东从船上扶梯慢慢下水，先埋头水中三四次，让水浸泡全身，然后两手撒向后方，双脚一蹬，用仰泳的姿势出发。毛泽东游得非常自然轻松，一点倦意也没有，正如他在《水调歌头·游泳》中所写的"胜似闲庭信步""极目楚天舒"。在此后的视察途中，张治中一直十分关心毛泽东的身体，多次劝毛泽东注意休息。有一回，张治中和毛泽东的工作人员聊天，谈到毛泽东的睡眠问题。工作人员告诉张治中：主席经常彻夜工作，天亮上床是常事，往往到上午8点才睡，睡三四个小时就起来了。张治中说：这是不够的，长期下去，难以为继，你们应该劝他早点睡才好。

一天，专车正在行进中，张治中看到毛泽东正在聚精会神地看书，便问道："这是什么书？"毛泽东说："这是关于冶金工业的书。"张治中诧异地说："您也钻研科技的书？"毛泽东说："是呀，人的知识面要宽些。"

在安徽视察时，毛泽东一住下来就向当地借来好些书。张治中到毛泽东住处，看到这些书就问："这是从北京带来的吗？"毛泽东说："不，这是刚借来的。"毛泽东还指着一堆线装书说："这是你们安徽省志。"张治中是安徽巢县人，毛泽东的话体现了他对安徽人民的关心。毛泽东爱读《楚辞》，并搜集了不少版本。在合肥时，毛泽东问张治中："你读过《楚辞》吗？"张治中回答："未读过。"毛泽东说："那是好书，我介绍给你看看。"

尊重与爱护——毛泽东与专家学者

请郭沫若润色诗稿

毛泽东酷爱诗词,他曾多次请著名文学家、诗人郭沫若为他润色诗稿。

毛泽东和郭沫若的交往,最早可以追溯到1926年。那一年的3月23日,被广东大学聘为文科学长的郭沫若由上海乘船到达广州。当天,在林伯渠的书房里,郭沫若第一次见到了毛泽东。他们进行了亲切、诚挚的谈话。后来,郭沫若应毛泽东之邀,到广州农民运动讲习所作过演讲,还和毛泽东一道去东山青年会演讲。大革命失败后,郭沫若参加了南昌起义,并在革命处于危急关头加入了中国共产党。1928年2月,郭沫若在党的安排下东渡日本。1937年,郭沫若回到祖国,在周恩来的直接领导下,积极从事抗日救亡运动。他创作的《棠棣之花》《屈原》《虎符》等历史剧和大量诗文,深刻地揭露了国民党反动派的卖国投降政策,激励了广大人民的斗志。1944年1月9日,毛泽东在写给杨绍萱、齐燕铭的信中称赞:"郭沫若在历史话剧方面做了很好的工作。"同日,毛泽东在请董必武转给郭沫若的电报中说:"收到《虎符》,全篇读过,深为感动。你做了许多十分有益的革命的文化工作,我向你表示庆贺。"

1944年3月,郭沫若发表了《甲申三百年祭》,总结了明末李自成起义军胜利进入北京却于1645年陷入失败的惨痛教训。1944年11月21日,毛泽东写信给郭沫若,对该文给予了高度评价,其中写道:"你的《甲申三百年祭》,我们把它当作整风文件看待。"

第六章
握手风云——伟人人际交往之道

1945年8月，毛泽东飞赴重庆，参加国共两党谈判。郭沫若看到毛泽东没有手表，就摘下自己的手表送给毛泽东。毛泽东非常珍视这件礼物，他多次对身边工作人员谈起此事，并说这块表可不能丢了，不要叫别人拿去。

1949年7月6日，毛泽东和郭沫若（右一）、茅盾（右二）、周扬（右三）在中华全国文学艺术工作者代表大会主席台上（历史图片）

尽管这块表已经修过，表带也换过，但毛泽东生前一直戴着。这件事也体现了郭沫若和毛泽东的深厚友谊。

中华人民共和国成立后，郭沫若经常与毛泽东谈诗论词。毛泽东还请郭沫若为他润色诗稿。

1959年，毛泽东作了《七律·到韶山》《七律·登庐山》两首诗。9月7日，毛泽东写信给胡乔木，说："诗两首，请你送给郭沫若同志一阅，看有什么毛病没有？加以笔削，是为至要。"郭沫若于9月9日写信给胡乔木，直率地提出修改意见："主席诗《登庐山》第二句'欲上逶迤'4字，读起来似有踟躇不进之感。拟易为'坦道蜿蜒'，不知何如。"9月10日，郭沫若再次给胡乔木写信说："主席诗'热风吹雨洒南天'句，我也仔细反复吟味了多遍，觉得和上句'冷眼向洋观世界'不大谐协。如改为'热情挥雨洒山川'以表示大跃进，似较鲜明，不知如何。古有成语，曰'挥汗成雨'。"胡乔木将两信转呈毛泽东。毛泽东于9月13日又写信给胡乔木说："沫若同志两信都读，给了我启发。两诗又改了一点字句，请再送郭沫若一观，请他再予审改，以其意见告我为盼。"后来，毛泽东根据郭沫若等的意见，对《七律·登庐山》中的两句作了修改。

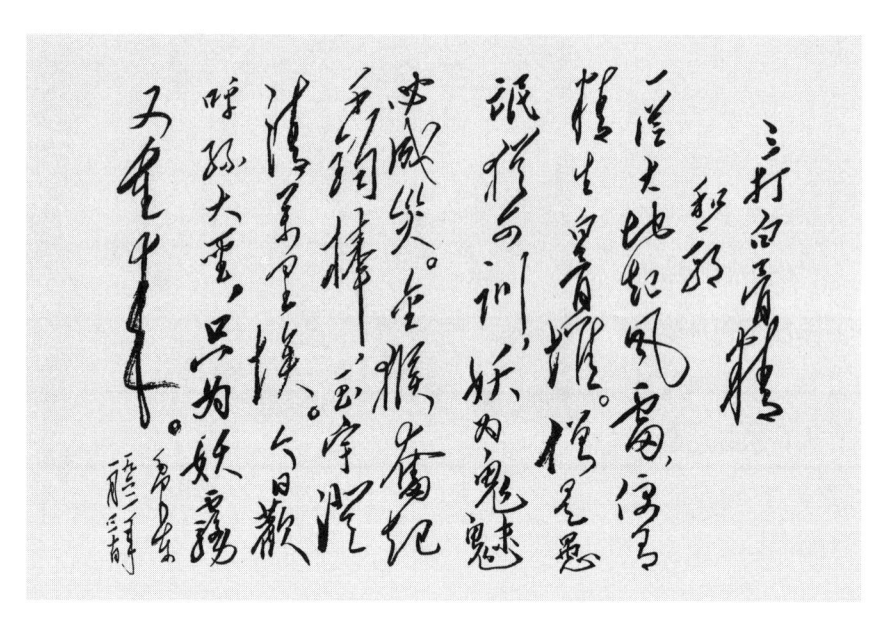

毛泽东手书《三打白骨精》(《七律·和郭沫若同志》)

1961年10月25日，郭沫若作七律《看〈孙悟空三打白骨精〉》。毛泽东看到后，于11月17日写了一首《七律·和郭沫若同志》。1962年1月6日，郭沫若在广州看到毛泽东的和诗，当天依韵和诗《再赞〈三打白骨精〉》。毛泽东看了郭沫若的这首和诗后，于1月12日高兴地写道："和诗好，不要千刀万剐唐僧肉了。对中间派采取了统一战线政策，这就好了。"毛泽东还将他1961年12月作的《卜算子·咏梅》送给郭沫若看。

1963年年初，毛泽东读过郭沫若的《满江红》，深为"沧海横流，方显英雄本色"的激情所感染，写出《满江红·和郭沫若》。据身边工作人员回忆，当晚毛泽东在屋里踱来踱去，时而凝眉沉思，时而昂首吟哦。忽然，他停住脚步，坐在桌前写上几句，又摇头，把纸揉成一团，扔进纸篓。在不断的吟哦、写作中，《满江红·和郭沫若》这首名篇诞生了。

郭沫若把毛泽东的诗词称为"古今的绝唱"。他发自内心地写道："我自己是特别喜欢诗词的人，而且是有点目空一切的，但是毛泽东同志所发表了的诗词使我五体投地。"

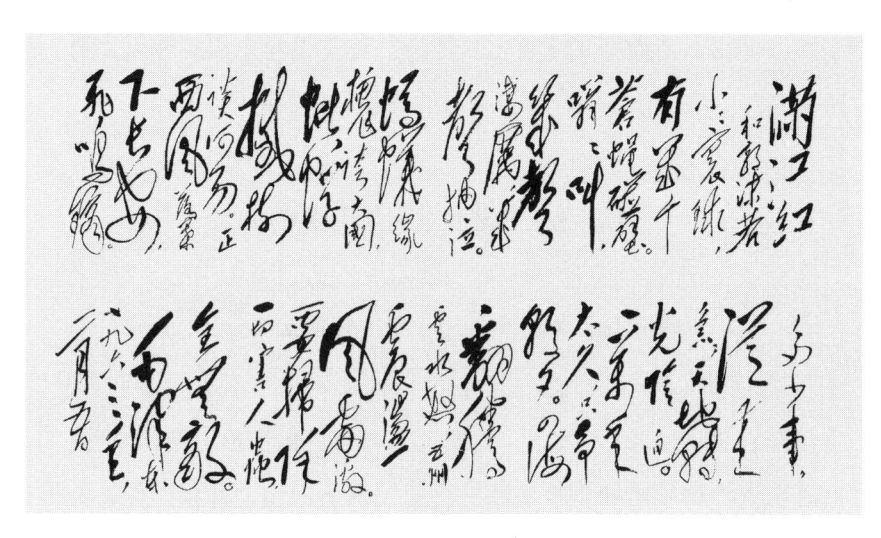

毛泽东手书《满江红·和郭沫若》

为柳亚子新居题词

柳亚子是国民党元老，也是共产党人的忠实朋友。他早年加入同盟会，1912年任南京临时政府大总统秘书。1927年蒋介石发动反革命政变后，柳亚子被通缉，逃往日本，次年回国。在抗日战争中，他积极从事抗日民主活动。

毛泽东和柳亚子相互赠诗的故事广为流传。

毛泽东与柳亚子初次相识是在广州。那是1926年，国民党第二届中央执行委员会第二次全体会议在广州召开。当时蒋介石提议取缔共产党人在国民党中的活动，会议通过了《整理党务案》。一向拥护孙中山先生"联俄、联共、扶助农工"三大政策的柳亚子对此极为气愤，托词祖母病重，不等会议结束即提前离开广州。虽然双方此次交谈不多，但柳亚子的正直给毛泽东留下了深刻的印象。

广州一别后，两人再次相见已是19年之后。1945年8月28日，毛泽东到重庆谈判。30日，毛泽东在曾家岩桂园住地会见了柳亚子。两人相见，格外高兴。柳亚子当即写了一首七言律诗，称赞毛泽东以"弥天大勇"的气概，亲临虎穴，与蒋介石展开针锋相对的斗争。他在诗中写道：

阔别羊城十九秋，重逢握手喜渝州。
……
中山卡尔双源合，一笑昆仑顶上头。

毛泽东在重庆的40多天中，他们二人时有诗信往返，晤谈欢畅。9月6日，毛泽东去沙坪坝南开学校南津村柳亚子寓所回访，并以旧作《沁园春·雪》相赠。毛泽东将《沁园春·雪》抄赠柳亚子时，一共写了两份。最初是写在"第十八集团军重庆办事处"的信笺上，没有签名，也没有盖章。后来写在柳亚子的纪念册上，写了上款"亚子先生教正"，下款署上"毛泽东"三字，并钤了两方印章：一为朱文"润之"，一为白文"毛泽东印"。说起这两方印章，还颇有一番来历。当初毛泽东将词抄赠柳亚子时，柳亚子请毛泽东盖章。毛泽东说："没有。"柳亚子当即说："我送你一枚吧！"柳亚子本人并不擅金石，他请了青年篆刻家曹立庵连夜为毛泽东刻了两方，后来盖在毛泽东题写的诗词上。这张无比珍贵的手迹，保存至今。

柳亚子得此词，异常高兴，步韵撰词奉和。毛泽东的咏雪词，和柳亚子的奉和在《新华日报》《新民报》上发表后，郭沫若、黄齐生等也纷纷写了《沁园春》词，均在有关报刊发表，备受推崇。重庆文化界形成一股《沁园春》热。

10月2日，毛泽东又约柳亚子到红岩嘴八路军办事处相谈。柳亚子感触颇深，归来后赋诗二首，其中一首写道："与君一席肺肝语，胜我十年萤雪功。"两天后，毛泽东致函柳亚子，说："前曾奉告二语，前途是光明的，道路是曲折的。"毛泽东还对柳亚子的诗作给予了很高的评价："先生诗慨当以慷，卑视陆游、陈亮，读之使人感发兴起。可惜我只能读，不能作。但是

第六章
握手风云——伟人人际交往之道

万千读者中多我一个读者,也不算辱没先生,我又引以自豪了。"

1946年柳亚子回到上海不久,参加了在玉佛寺举行的于再烈士追悼会,并在会上发表演讲。毛泽东得知后,致信称赞说:"阅报知先生已迁沪,在于再追悼会上慷慨陈词,快何如之!"

1949年年初,全国解放在望。柳亚子得毛泽东电召北行,十分欣喜,赋诗形容自己的心情:"六十三龄万里程,前途真喜向光明。"3月28日,柳亚子写了《感事呈毛主席》,语句之中流露出急流勇退的思想。毛泽东知道柳亚子还没有脱尽旧知识分子的诗人气质,作为柳亚子的诤友,于4月29日回赠他七律一首,婉言劝解他"牢骚太盛防肠断,风物长宜放眼量"。

不久,毛泽东约柳亚子同游颐和园。两人边走边谈,经过戏院的大门,来到谐趣园游览,然后爬坡到了益寿堂。这里是政治协商会议筹备处的接待室。在爬山坡的时候,柳亚子对毛泽东非常亲切,他右手搭在毛泽东的左肩上,两人慢慢往上爬。爬了一会儿,毛泽东就停下来和柳亚子握着手,并肩前进。在益寿堂休息喝茶时,两人继续交谈。

两人走过长廊,参观了小火轮和石舫之后,又上了游船,开始游览昆明湖。坐在船上,毛泽东对柳亚子开起了玩笑:"你现在可以赤膊上阵发表文章、讲话,现在与蒋介石时代不一样了,你的人身安全是有保证的,你的意见会受到尊重的。"柳亚子高兴地说:"我一定按照主席说的去做,我要尽力做一些对人民、对政府有利的工作。"

当游船绕过湖心岛龙王庙,通过精美而别致的十七孔桥时,湖东早已聚集了不少人向这里观望。当游船到达东岸时,许多人一下子把毛泽东围了起来。毛泽东一边和群众握手,一边照顾着柳亚子走出了大门。柳亚子上车时说:"我还是头一次看见这么多的群众对于领导人这种热情的精神。"在返回香山的路上,毛泽东说:"今天是咱们第一次游颐和园,也是第一次看到有这么多的群众游园。柳亚子先生高兴,我也非常高兴。"

后来,柳亚子追记诗一首,有句云:"名园真许长期借,金粉楼台胜渡江。"

1950年10月1日，柳亚子登上天安门检阅台，参加国庆节庆典。他特作诗一首，末两句写道："此是人民新国庆，秧歌声里万旗红。"3日，在怀仁堂观看西南各民族文工团、新疆文工团、吉林延边文工团、内蒙古文工团演出歌舞晚会时，毛泽东请柳亚子即席赋诗。柳亚子即赋《浣溪沙》一阕，描绘了民族大团结的盛况：

火树银花不夜天，弟兄姊妹舞翩跹。歌声唱彻月儿圆。　不是一人能领导，哪容百族共骈阗？良宵盛会喜空前！

毛泽东步其韵奉和：

长夜难明赤县天，百年魔怪舞翩跹，人民五亿不团圆。　一唱雄鸡天下白，万方乐奏有于阗，诗人兴会更无前。

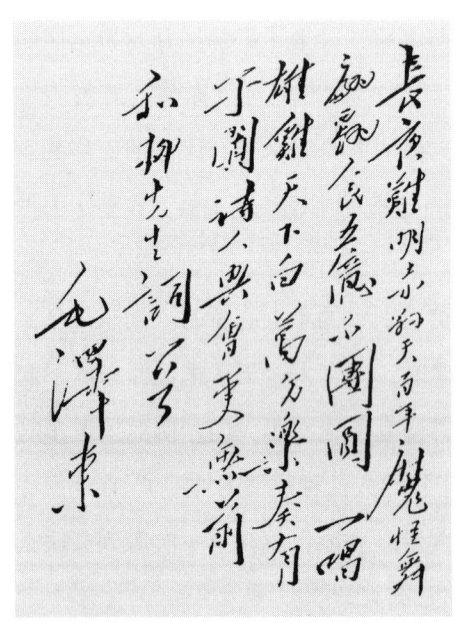

毛泽东手书《浣溪沙·和柳亚子先生》

1949年11月，因颐和园处于北京西郊，冬天天气太冷，柳亚子移寓北京饭店。1950年9月11日，迁到北长街89号。毛泽东为其居题"上天下地之庐"。这是从柳亚子和《沁园春·雪》的那首词中借用来的。

关于此新寓，柳亚子在9月11日的日记中写道："王侯宅第皆新主，居然朱门华梲矣。一笑。"他在家书中自云"精神变好，大非昔比了"。但从1951年2月起，柳亚子身体健康不佳。1958年6月21日，柳亚子因长期患脑动脉硬化症及支气管肺炎，病逝于北京医院。

为齐白石送寿礼

著名画家齐白石与毛泽东有很深的交情。

1949年1月，北平和平解放了。那时，齐白石老人刚好85岁，他感到从没有过的欢欣，因为新的艺术生命开始了。

1951年夏天，齐白石应毛泽东之邀，到中南海与毛泽东叙谈、赏花，并共进晚餐。因为他们俩都是湘潭人，口音一致，所以谈话中的每句都听得十分真切。毛泽东十分尊敬这位虽已高龄仍泼墨不已的丹青老人，为他夹菜敬酒。之后，齐白石为了感谢毛泽东的盛情款待，将自己用了半个世纪的石砚及自己最好的作品——一幅立轴《鹰》和一副题作"海为龙世界，云是鹤家乡"的对联，分别题款后送给毛泽东。迷恋书法艺术的毛泽东收到这两件珍品后，也以礼回谢。

1952年，齐白石老人和几位著名画家为表达对新中国的良好祝愿，携手创作了一幅闻名遐迩的国画《普天同庆》，送给毛泽东。毛泽东看到画作后，亲笔给齐白石写了一封感谢信：

白石先生：

　　承赠《普天同庆》绘画一轴，业已收到，甚为感谢！并向共同创作者徐石雪、于非闇、汪慎生、胡佩衡、溥毅斋、溥雪斋、关松房诸先生致谢意。

毛泽东
一九五二年十月五日

有一件事很能表现出齐白石老人对毛泽东的敬爱之情。20世纪50年代初期，齐白石常常应邀到荣宝斋作画。有一天，很多人围着正在作画的白石老人，问他见过毛泽东没有。齐白石回答说："见过，早上起床洗过脸，天天见到毛主席。"大家听后感到诧异。齐白石又补充一句："我家有毛主席的像嘛！"大家这才恍然大悟。

1953年，齐白石老人90岁（虚岁）大寿。此时，他被授予"人民艺术家"的光荣称号。毛泽东知道后，特意送上四件寿礼：一坛湖南特产茶油寒菌、一对湖南王开文笔铺特制长锋纯羊毫书画笔、一苗东北野参和一架鹿茸，祝老人家福寿康宁。齐白石很受感动，他对人说："毛主席太看得起我了，送这么重的礼物。古人讲蔗境弥甘，我如今可享这份清福了。"同年，齐白石还应曼顾同志嘱咐，书写了毛泽东的《沁园春·雪》。

1954年9月，齐白石怀着极其兴奋的心情，出席了第一届全国人大第一次会议。这次会议通过了《中华人民共和国宪法》。回家后，齐白石说："《诗经》上说'济济多士，文王以宁'，哪里能和这次大会比？立宪立宪，搞了几十年，如今真有人民的宪法了，这是五福临门的宪法。我可要把《诗经》上'文王以宁'改为'中国以宁'了。"说着，齐白石还亲笔书写了毛泽东在开幕词中提及的八个字："老老实实，勤勤恳恳。"

1957年，94岁的齐白石重病缠身，卧床不起。毛泽东得知他的病情后，劝他从心所欲，静屋休养，还派秘书多次探望。齐白石希望自己康复之后，能与毛泽东合拍一张相片以作纪念。他曾希望自己能活到120岁，以自己艺术上的辛勤耕耘来报答祖国和人民。但人的意志毕竟抵抗不过自然规律。弥留之际，齐白石留下遗言，将自己珍藏的字画、作品和用过的东西，献给毛泽东主席。

亲赋诗词赠丁玲

"我第一次见到毛主席、周副主席等领导同志，就是在一间大窑洞里举行的欢迎我的晚会上。这是我有生以来，也是一生中最幸福、最光荣的时刻吧。我是那么无所顾虑、欢乐满怀地第一次在那么多的领导同志面前讲话，就像从远方回到家里的一个孩子，在向父亲母亲那样亲昵的喋喋不休的学舌或饶舌。后来我又走进毛主席的窑洞……"这是丁玲最美好的回忆。

丁玲是中国现代文学史上很有影响的女作家，毛泽东对她早有耳闻，并十分关心她的文学创作。1936年11月在陕北保安，他们第一次见面了。这年夏天，被国民党囚禁三年的丁玲在地下党组织的精心安排下，逃离南京，秘密经上海、北平、西安进入陕北根据地，在保安受到中央领导同志和文化界、妇女界的热烈欢迎。在毛泽东的关怀下，中宣部特地为她举行了欢迎宴会。这在当时是破格的。

在这次宴会上，周恩来、张闻天等中央领导同志分别在各席就座，丁玲应邀坐在首席。许多领导同志都讲了话，丁玲也讲了自己的经历和向往，然后就是生动活泼、别具一格的文艺表演。就在全场气氛正热烈的时候，毛泽东走了进来。他披了一件棉大衣，脸刮得很干净。他的到来使全场气氛达到高潮，丁玲更是激动不已，连忙站起来向毛泽东问候。

毛泽东微笑着，向大家挥手致意，然后坐在首席空着的一个位子上。有人望着他，打趣说："主席今天漂亮啦。"

毛泽东风趣地说："欢迎我们的女作家么。不过，我还没理发呢。"

在晚会上，毛泽东没有讲话。他只是想在繁忙的工作之余，放松一下紧张的情绪。或许是受大家情绪的感染，这时，在毛泽东的脑海里，正酝酿着一首给丁玲的词。

宴会后，丁玲来到毛泽东的窑洞。毛泽东问她："你今后打算做什么？"

丁玲爽快地回答说："当兵，当红军。"

毛泽东很高兴："好呀！最近可能还有一仗打，正赶得上，就跟杨尚昆他们领导的前方总政治部到前线去吧！"

12天后，丁玲离开保安开赴前线。不久，她就读到了毛泽东在拍给陇东前线聂荣臻将军的电报中所附的《临江仙·给丁玲同志》：

壁上红旗飘落照，西风漫卷孤城。保安人物一时新。洞中开宴会，招待出牢人。　　纤笔一枝谁与似？三千毛瑟精兵。阵图开向陇山东。昨天文小姐，今日武将军。

丁玲读到词后，立即写信向毛泽东表达感谢，并请毛泽东手书这首词给她。毛泽东答应了她的要求。

第二年春天，丁玲陪同史沫特莱从前线回延安，会见了毛泽东。毛泽东想起他曾经的允诺，边说边在一张巴掌大的白色光纸上，用毛笔横书了这首词。当时未标明题目和词牌，也没有落款。这首词直到43年后的1980年才公之于世。这首词的上阕，描写丁玲从南京初到保安时受到热烈欢迎的情景，下阕则称赞丁玲从"文小姐"到"武将军"的变化，并且高度评价了丁玲的文艺创作。"纤笔一枝谁与似？三千毛瑟精兵。"不独文字优美，而且战斗性很强。

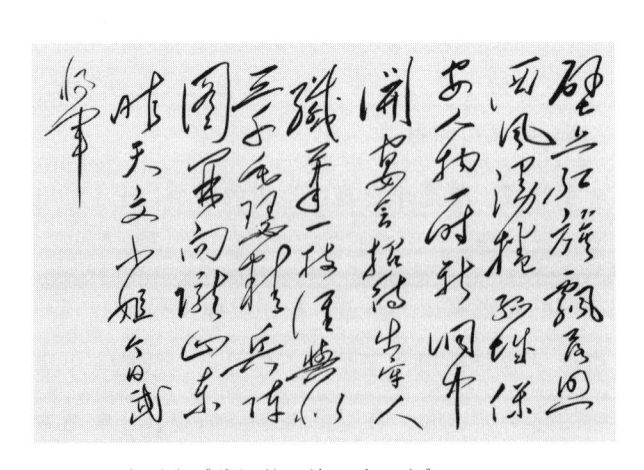

毛泽东手书《临江仙·给丁玲同志》

这首词给丁玲以

第六章 握手风云——伟人人际交往之道

极大的鼓舞。从那以后,丁玲便自觉地以一名革命战士的姿态出现在陕北苏区的文坛上。丁玲从前线回到延安后,担任中央警卫团政治部副主任。

"你开始做工作就是要认识人,一个一个去认识他们,了解他们。"毛泽东细心地启发丁玲。在《警卫团生活一斑》中,丁玲细心地记录了她一个一个去认识人的过程。

抗日战争全面爆发后,丁玲担任西北战地服务团团长。临赴前线和敌后之前,她向毛泽东请示工作。

"宣传要大众化,新瓶新酒也好,旧瓶旧酒也好,都应该短小精悍,适合战争环境,为老百姓所欢喜。要向群众、向友军宣传我党的抗日主张,宣传抗日救国十大纲领,扩大我们党和军队的政治影响。"

西北战地服务团出发前曾赶排了一些话剧、歌剧、大鼓、相声,还把秧歌剧改成《打倒日本升平舞》搬上舞台。汇报演出时,毛泽东和中央的一些领导都亲临观看。看完节目后,毛泽东极有兴趣地笑着鼓舞丁玲说:"节目可以,就这样搞下去。"

1944年6月,按照毛泽东《在延安文艺座谈会上的讲话》精神,丁玲下乡下厂下部队,体验工农兵火热的斗争生活。这时,恰巧召开边区合作社会议,丁玲在会上广泛接触了互助合作中的先进人物和模范事迹,写出了著名的报告文学《田保霖》,受到广大群众和中央领导的称赞。作品通过靖边县一个乡合作社主任田保霖的生活经历和思想发展历程,展开了陕北根据地近20年的历史变迁。7月1日清晨,毛泽东展读《田保霖》和欧阳山的《活在新社会里》,对作者倾注于作品的满腔热情和新鲜的创作风格给予极大的鼓励和赞扬。他为作家们的成长而高兴,欣然提笔,写了一封热情洋溢的信:

丁玲、欧阳山二同志:

快要天亮了,你们的文章引得我在洗澡后睡觉前一口气读完,我替中国人民庆祝,替你们两位的新写作作风庆祝!合作社会议要我讲一次话，毫无材料，不知从何讲起。除了谢谢你们的文章之外，我还想多知道一点，如果可能的话，今天下午或傍晚拟请你们来我处一叙，不知是否可以？

敬礼！

毛泽东

七月一日早

丁玲自己倒纳闷起来："这篇文章我一点也不觉得好，一点也不满意，可是却得到了最大的鼓舞。"因此，她心里"觉得非常惶恐"。

当天傍晚，丁玲与欧阳山如约来到毛泽东住处，毛泽东非常热情地迎接他们。他对丁玲说：我一口气读完了《田保霖》，很高兴。这是你写工农兵的开始，希望你继续写下去，为你走上新的文学道路而庆祝。当晚，在明丽的月光和徐徐夏风送来的枣花的阵阵余香中，毛泽东请他俩吃了晚饭，二人才策马离去。不久，在延安的一次干部会议上，毛泽东又提到丁玲："丁玲现在到工农兵当中去了，《田保霖》写得很好，作家到群众中去就能写好文章。"

1948年初夏，全国解放的形势已处在和国民党反动派决战的前夜。毛泽东在一次约胡乔木、萧三、艾思奇等同志散步时，发现他们几个人谈起了丁玲新写的小说《太阳照在桑干河上》。原来丁玲曾请他们几人给小说提意见。毛泽东没看过小说，不好发表意见。他边听边抽烟，最后说："丁玲是个好同志，就是少点基层锻炼，有机会当上几年县委书记，那就更好了。"

中华人民共和国成立后，丁玲也来到北京。她和陈明先住在颐和园的云松巢。1951年夏天，一个星期天的下午，一位警卫员跑来告诉丁玲："有一位首长要来看望您。"

过了一会儿，毛泽东在罗瑞卿的陪同下，缓步走上山来。陈明先赶紧跑下山，扶着毛泽东慢步上来。丁玲迎上去拉着毛泽东的手，在廊前的木椅上坐下，一边聊天，一边吃西瓜，互致问候，谈天说地，像家人团聚一样轻松愉快。

几年以后，丁玲受到错误批判，但她对毛泽东的关怀仍然念念不忘，常常回忆起过去的一幕幕情景……

为李苦禅排忧解难

在早年"留法勤工俭学会"时，画家李苦禅与毛泽东为同学。

1949年10月1日，中华人民共和国成立了，李苦禅激动得流下了幸福的热泪。他的朋友、学生兴奋地对他说："李先生，天高任鸟飞，您该画展翅飞翔的雄鹰啦！"是啊，李苦禅画了大半辈子鹰，但只画过一次展翅飞翔的鹰，那还是当年在光岳楼为王子平武师画的。

然而，就在这时，有人剥夺了李苦禅在中央美术学院讲课的权利，先是把专职教授改为兼任教授，规定李苦禅每星期只能讲两个小时，其余时间指派他到陶瓷工作间，在茶壶、茶碗上画画。从此，李苦禅开始了"半工半教"的生涯。后来，他又被调离教师队伍，分配到工会干起看门、卖戏票这一类与绘画艺术毫不相干的杂务。

这时的李苦禅，每月只能领取12元生活费，寒暑假分文不给。这是他万万没有想到的。他眼含热泪，仰望苍天，越想越苦闷，

现代书画家李苦禅

最后抄起床底下的酒瓶子，脖子一扬就咕噜咕噜地喝了起来。他喝了大半瓶白酒，顿觉头晕目眩。突然，他像发疯似的冲到画案前，铺好毛边纸，提笔蘸墨，龙飞凤舞地写了起来：

润之先生：余乃昔日勤工俭学会之李英杰也，尝与君同工同读。今有不平之事，激愤陈词于下……

写到此处，他一把抓起宣纸，扯个粉碎。他心里埋怨自己没出息，有什么说什么，套同学关系干什么？俺评的是理。

于是，李苦禅又抄起酒瓶子喝了一大口，定了定神，猛地提起毛笔一阵狂风般地写起了怀素大草。他那积压在心头的郁闷和怒火淋漓尽致地从笔端倾泻而出，转眼间五张宣纸落满墨痕。署名时没写李英杰，而依旧写李苦禅。

信写完，他用糨糊把五张毛边纸接到一起，叠起来，又用牛皮纸糊了个大信封装进去。他在信封上写了"中央人民政府，毛泽东先生收"几个字，贴上一张邮票。

李苦禅借着一股酒劲，拿上信，出了门，径直送到邮政局。

信发出去之后，李苦禅的酒也醒过来了。他心里直扑腾。一气之下，他也不知道都写了些什么，只隐约记得那封信写得很生硬，什么"余乃堂堂教授却被无理剥夺授课之权利"等诸如此类的话。

1950年8月26日，中央美术学院院长徐悲鸿收到了毛泽东的来信：

悲鸿先生：

有李苦禅先生来信，自称是美术学院教授，生活困难，有求助之意。此人情况如何？应如何处理？请考虑示知为盼。

顺颂

教祺

毛泽东

第六章
握手风云——伟人人际交往之道

徐悲鸿接到毛泽东来信几天后，毛泽东的秘书田家英在中央美术学院王朝闻教授的带领下，来到大哑巴胡同甲二号，会见了李苦禅。

李苦禅听说毛泽东派秘书来看自己，激动得久久说不出话来。田家英文质彬彬，下身穿一条灰布裤子，上身穿一件本色绸子短袖衣，一进门就亲切地说："李教授，毛主席派我来看你，他很关心你的问题。主席说刚刚建国，有许多事情等着我们去做，现在国家经济很困难，一时对美术工作者关心不够，欢迎你经常提出宝贵意见。"

李苦禅不安地说："毛主席工作很忙，还为俺操这么大心，真过意不去。"

李苦禅、田家英、王朝闻在一起谈了很久，眼瞅着快到吃午饭的时间了。李苦禅的夫人李慧文下班回来，听说毛主席派秘书来看李苦禅，不禁喜出望外，她连连说着感谢的话。李苦禅豪爽地说："老田，今天中午别走了，在俺家吃饭。"

田家英为人随和，又见李苦禅实心实意，于是微笑着说："既然李教授挽留，今天就在你家吃了！"

李慧文听了，偷偷向李苦禅打了个手势，指了指桌子底下的空口袋。李苦禅这才记起，今天早晨就把棒子面吃光了，这可如何是好？总不能再把人家赶跑吧？

此刻，李苦禅这一贯讲义气、重信用的山东大汉，急得额头上渗出了一层汗珠。

王朝闻很了解李苦禅的家境，又见他面带窘相，心里早已明白了八九分。他连忙解释说："苦禅，你就不用现做饭了，我家有现成的饺子，都到我那儿去吃吧！"李苦禅那颗七上八下的心这才平静下来。

田家英走后不久，李苦禅的教授职务恢复了，工资也由原来的12元一下子增到62元。中华人民共和国成立后将近一年，李苦禅才真正开始了新的艺术生涯。

与大科学家畅谈

1964年春节期间,毛泽东专门邀请了中国三大科学家到他家里去聊天。这三位科学家分别是农业专家竺可桢、地质学家李四光、力学专家钱学森。

第一个来到毛泽东住处的是竺可桢。他一走进毛泽东的卧室,感到最引人注目的便是毛泽东睡的那张大床。床的半边堆满了书,屋内的桌椅上也摆满了书。大床前已摆好了三张椅子,显然是给三位科学家坐的。

毛泽东满面笑容地握住竺可桢的手说:"欢迎,欢迎,大过年的把你们请来,家人没意见吧?"

竺可桢说:"看主席说到哪儿去了,主席你这是高抬我们啊!"

落座后,竺可桢正要给毛泽东说拜年之类的话,想不到毛泽东一下就切入了正题:"你那个论气候和粮食作物的文章我拜读了,写得很好嘛。"毛泽东非常风趣,从容随意地说道:"在'八字宪法'中再加上'光'和'气'两个字也是有道理的,不过就要改成'十字宪法','八字宪法'叫惯了不好改口呢。"

竺可桢立即答道:"我的建议只作参考。'八字宪法'是主席总结的,就叫'八字宪法'好了。"

毛泽东笑道:"你的文章中谈到了植物的光合作用,能进一步给我解释一下吗?"

竺可桢见毛泽东对自己研究的课题这么感兴趣,便尽可能地用通俗易懂的语言向毛泽东讲解了太阳是如何把水和二氧化碳合成碳水化合物的。

二人正在热烈交谈时,李四光和钱学森赶来了。

毛泽东热情地招呼他们入座,然后让竺可桢接着讲。等竺可桢讲完了,毛泽东风趣地说:"只知道辛辛苦苦种田,不讲科学,不利用大自然的能源,那不是太可惜了吗？"

接着，毛泽东点燃一支烟，对李四光和钱学森说："把你们三位请来，是想听听你们所搞工作的意见。二位未到之前，可桢教授给我谈了许多气象问题，获益匪浅啊！你们二位大驾光临，谁先谈呀？"

李四光先是向毛泽东谈了自己手头的工作，又和毛泽东讨论了地球的形成、动植物的进化、煤和石油的形成等问题。轮到钱学森汇报了。钱学森着实不知从哪里谈起才好。

想不到毛泽东先开口了："我们搞原子弹也有成绩呀。"

钱学森一下子接过话题："我有所闻。"

毛泽东说："怕不止于有所闻吧。"

钱学森说："原子弹实在只有所闻，我是搞运载工具的。"

毛泽东说："是的，你们搞了一千多公里的，将来再搞两千多公里的，也就差不多了。"

钱学森说："美国在东南亚新月形包围圈上的基地有两千八百公里的距离。"

后来，钱学森说："我们正在遵照主席的指示，先组织一个小型的科学技

1956年2月，毛泽东和物理学家钱学森在宴会上（吕厚民　摄）

术人员的小组，准备研究一下防弹道式导弹的方法、技术途径。看来第三个五年计划中由于技术条件不够，还不能开展设计工作。"

毛泽东说："有矛必有盾。搞少数人，专门研究这个问题，5年不行，10年，10年不行，15年，总要搞出来的。"

这次谈话涉及面很广，历时约两个小时，一直谈到下午3点多钟，才相互道别。毛泽东将三人送出门时又说："三位都是我的老师，你们有什么新的大作，可随时送给一份拜读。"

请科学家"上课"

1955年1月15日，李四光、钱三强、刘杰等按时来到中南海的一间会议室。他们没想到毛泽东等中央领导同志已在此等候多时了。

毛泽东十分高兴，开宗明义地说："今天，我们这些人当小学生，就原子能有关问题，请你们来上一课。"

地质部部长李四光汇报了我国铀矿资源的勘察情况，边讲边取出了黑褐色的铀矿石，大家兴奋地传看着。钱三强简要地讲述了核物理学的研究发展情况，讲了我国近几年的准备工作，然后取出射线探测器，当场演示。他把铀矿石放在衣袋里，当人走过探测器时，便发出"嘎、嘎、嘎"的响声。

政治家们很感兴趣，他们从现场演示中获得了生动的感性认识。大家好不快乐，毛泽东坐在一边抽烟，也高兴得笑了起来。

钱三强讲完后，刘杰也做了工作汇报。毛泽东又点燃一支烟，开始作总结性的讲话。他说："我们的国家，现在已经知道有铀矿。进一步勘探，一定会找出更多的铀矿来……现在到时候了，该抓了。只要排上日程，认真抓一下，一定可以起来。"

会议进行了两个多小时，大家以为毛泽东要宣布散会了，哪知毛泽东这

第六章
握手风云——伟人人际交往之道

时仍处在亢奋之中。他的目光突然转向钱三强，向钱三强提了一个大家意想不到的问题："原子核是由中子和质子组成的吗？"

这是一个以哲学家的视角向科学家提出的关于原子内部结构的问题。

1951年，毛泽东和物理学家钱三强在全国政协庆祝七一酒会上（历史图片）

钱三强感到毛泽东的提问有些突然，他随口答道："是这样。"

毛泽东又问："那质子、中子又是由什么东西组成的呢？"

钱三强根本没想到毛泽东会问这样的问题。他暗暗佩服毛泽东的博学多才。他回答说："这个问题正在探索中。根据现在研究的成果，质子、中子是构成原子的基本粒子。所谓基本粒子，就是最小的、不可再分的。"

毛泽东略加思索，微笑着说："我看不见得。从哲学的观点来看，物质是无限可分的。质子、中子、电子，也应该是可分的，一分为二，对立统一嘛！不过，现在实验条件不具备，将来会证明是可分的。你们信不信？你们不信，反正我信。"

钱三强对毛泽东的这一番见解深感佩服。他后来回忆说："毛主席那次会议上提出的预言，可真神了！事情就那么凑巧，就在同年晚些时候，美国科学家塞格勒、恰勃林等发表了他们的研究成果：用具有62亿电子伏能量的质子轰击铜靶，首先发现反质子；同时，发现一种不带电、自旋相反的中子，即反中子。这就证明了毛泽东所说的物质无限可分论。你说毛主席伟大不伟大？"

吃饭的时间到了，餐厅里摆了三桌。据刘杰回忆："那天的菜一共有6

1956年1月20日，毛泽东在中共中央召开的知识分子问题会议上讲话，号召全党努力学习科学知识，同党外知识分子团结一致，为迅速赶上世界科学先进水平而奋斗（历史图片）

样，有豆豉腊肉等，多是湖南风味。主食是大米饭和小米粥。毛主席平时不喝酒，但那天高兴，不知是他吩咐的还是总理交代的，每个餐桌都准备了红葡萄酒。"

毛泽东那一桌有李四光、钱三强、彭真等。席间，彭真向毛泽东提起了钱三强的父亲："三强的父亲钱玄同原是北大教授，主席那时也在北大，见过面没有？"

"知道，但是没有见过面。"毛泽东又对钱三强说，"最近我读过你父亲的一篇文章《〈新学伪经考〉序》。"

于是，毛泽东的话题由科学而进入了学术。他说："钱先生在他的文章里，批评了他的老师章太炎。《新学伪经考》是康有为的著作，他说许多古书都是经过后人篡改过的。章太炎对这本书有反对意见。钱先生为这本书作了长序，这篇文章代表他对经学今文、古文问题的成熟见解……钱先生反驳了他的老师章太炎，有了这种勇气，是很不容易的。"

菜上齐了，毛泽东端起酒杯，说道："为我国原子能事业的发展，大家共同干杯！"顿时，餐厅里的气氛活跃了起来，大家欢快地举起了酒杯。

多次接见李四光

李四光是我国著名的地质学家，新中国地质事业的开创者。毛泽东非常

第六章
握手风云——伟人人际交往之道

关心中国地质事业的发展，多次接见李四光，听取有关工作汇报，并作了许多重要指示。

1952年的一天，毛泽东在日理万机、操劳国事的百忙之中，在一次会议期间接见了李四光。

交谈中，毛泽东向李四光问道："'山字型构造'是怎么回事？你是不是给我讲一讲？"

李四光非常惊讶，想不到毛泽东能问出这么专业的问题来。于是，李四光向毛泽东讲了地质力学上关于"山字型构造"的内容。

回家后，李四光兴致勃勃地对家人谈起毛泽东接见他的情景。他说，毛泽东博学多才，他关心地质科学的发展，连地质力学中的"山字型构造"这样专业的概念都注意到了。

当第一个五年计划刚刚开始的时候，有一天，毛泽东在中南海的一个客厅里接见了李四光。当时，周恩来等人也在座。

谈话中间，毛泽东关切地问李四光，我国天然石油的远景怎么样。

其实，李四光早在1932年就开始注意这个问题了。以后，从1935年到1936年，他在英国讲学时，写过一本《中国地质学》，其中提到"东海、华北有经济价值的沉积物"，实际上指的就是石油。李四光根据数十年来地质力学的研究成果，从新华夏构造体系的观点出发，用乐观的、十分肯定的语气回答毛泽东说，我国天然石油的远景大有可为。在我国辽阔的领域内，天然石油资源的蕴藏量应当是非常丰富的。

周恩来笑着说："我们的地质部长很乐观啊！"

毛泽东也高兴地笑了，当即做出关于开展石油普查勘探的战略决策。从1955年起，地质部和其他有关部门一起，在全国范围内开展了大规模石油普查勘探工作，初步摸清了我国石油地质的基本特征，证实了我国有着丰富的天然石油资源。经过石油大会战，终于找到了大庆油田。

1959年，大庆油田出油了。事实表明：地质力学在找油实践中经受了检验。毛泽东把这件事一直记在心上。

1964年，在三届人大会议期间，一个服务员在人大代表行列中找到了李四光，请他去一下北京厅。当李四光走进北京厅时，见到厅中只有毛泽东一人坐在那里。

1964年12月，毛泽东会见地质学家李四光（历史图片）

李四光以为服务员说错了地点，连忙道歉说："主席，对不起，我走错门了。"

但是，毛泽东却健步走了过来，握住李四光的手说："没有走错，是我找你的。"

接着，毛泽东风趣地说："李四光，你的太极拳打得不错啊。"

李四光一时没理解，回答说："身体不好，刚学会一点。"

毛泽东笑着说："你那个地质力学的太极拳啊。"

这时，李四光才理解毛泽东的话是对他和广大石油工作者用新华夏构造体系找到石油的高度评价。

有一次，在怀仁堂开完一个会后，毛泽东邀请李四光一起观看在北京第一次演出的豫剧《朝阳沟》。毛泽东让李四光坐在他的身边，两人边看戏，边交谈。在谈到石油问题时，毛泽东对地质部和石油部在找油方面所做出的贡献给予了高度的评价。毛泽东说："你们两家都有功劳嘛！"演出结束后，毛泽东又拉着李四光一起登上舞台同演员合影留念。

1964年2月6日，毛泽东邀请竺可桢、钱学森、李四光到他中南海的住处，就天文、地质、尖端科学等许多重大科学问题交谈了两个多小时。李四光在谈到这次难忘的谈话时说："主席知识渊博，通晓古今中外许多科学的情况，对冰川、气候等科学问题，了解得透彻入微。在他的卧室里，甚至在他的床上，摆了许多经典著作和科学书籍，谈到哪儿就随手翻到哪儿，谈的范围很广，天南海北，海阔天空。"

1956年，毛泽东等会见参加全国科学规划委员会扩大会议的代表。这次会议讨论制定科学技术发展远景规划问题（历史图片）

1969年5月19日，毛泽东接见了在北京参加学习班的1万名代表。在京的中央委员都参加了会见，李四光也在其中。当毛泽东在主席台上看到李四光时，马上拉着李四光的手，亲热地叫"李四老"。两人距离那么近，然而因为会场里"毛主席万岁！"的口号声响成一片，对面说话都听不清楚，毛泽东只好靠近李四光的耳边，问他的身体好不好，工作情况怎么样。

接着，毛泽东请李四光到休息室，就天文、地质、天体起源等方面的科学问题畅谈了一个多小时。在谈到天体起源时，毛泽东说："我不大相信施密特，我看康德、拉普拉斯的观点还有点道理。"

毛泽东还要李四光写的书，还请李四光帮助自己收集一些国内外的科学资料。毛泽东说："我不懂英文，最好是中文的资料。"

李四光问道："主席想要读哪些方面的资料呢？"

毛泽东用手在面前画了一个大圈，说："我就要你研究范围里的资料。"

第二天，李四光就把《地质力学概论》一书和《地质工作者在科学战线上做了一些什么？》的文章送给毛泽东审阅。为了节省毛泽东的时间，李四光决定自己整理一份资料，把地质方面的重大问题力求都包括进去，多用图片，少写文字。

李四光用了将近一年的时间完成了这项工作，一共写了七本书。每写完一本，李四光就让秘书马上送到印刷厂，用大字排版，然后取回清样自己校对。这七本书印好之后，定名为《天文、地质、古生物资料摘要》，送给了毛泽东、周恩来和其他中央领导同志。

支持谈家桢搞遗传学研究

谈家桢是我国著名的遗传学家。他继承和发展了古典的遗传学，被称为"中国的摩尔根"。他和毛泽东的交往，体现了毛泽东对遗传学这一学科的关心和兴趣，也反映了毛泽东对自然科学家的亲切关怀。

20世纪50年代初期，在苏联围绕遗传学研究展开了一场争论，当时分为西方发展起来的现代遗传学和苏联人李森科的遗传学理论两派。苏联当局在处理这一争论时，错误地把学术问题与政治问题混为一谈，用行政命令的办法解决这两派的争端。他们把现代遗传学说成是"资产阶级遗传学"，把"基因学"说成是"资产阶级唯心主义的捏造"，而把李森科学说奉为"正宗"。这种用行政手段干预学术争论的做法对我国的遗传学界也产生了一定影响。

1956年夏天，在青岛召开了遗传学座谈会。会上，不同学派的遗传学者各抒己见，取长补短。谈家桢在会上也发表了自己的看法。

1957年3月，在全国宣传工作会议上，毛泽东作了重要讲话，提出了"百花齐放，百家争鸣"的"双百"方针。谈家桢听了很受鼓舞。

这次会议期间的一个晚上，谈家桢接到通知，与其他同志参加毛泽东的接见。走进客厅，只见毛泽东满面春风地站在那里，与先来的同志握手交谈。当谈家桢被介绍给毛泽东时，毛泽东不住地用力摇着谈家桢的手，亲切地说："哦，你就是遗传学家谈家桢先生啊！"谈家桢激动地直点头。

毛泽东又问道："你对贯彻党的'双百'方针和遗传学研究工作有什么意见？"

谈家桢向毛泽东简要汇报了青岛遗传学座谈会的情况，说那次会议就是按照"双百"方针，对遗传学研究工作中的一些问题进行了认真的讨论。

1956年5月2日，毛泽东在第七次最高国务会议上，重申"百花齐放，百家争鸣"的方针。图为毛泽东在第七次最高国务会议上讲话（历史图片）

毛泽东一边注意听，一边不住地点头说："应该取长补短。"并鼓励谈家桢说："一定要把遗传学研究工作搞起来，要坚持真理，不要怕。"又说："过去我们学习苏联，有些地方不很对头，现在大家搞嘛，可不要怕。"

此后，谈家桢思想得到解放，在复旦大学也重新开设了遗传学课程。

1957年7月，毛泽东在上海接见了一批民主党派负责人和各界代表，谈家桢又一次见到了毛泽东。

1958年年初，春节来临，到处是一派喜庆气氛。谈家桢在复旦大学的家里，刚吃过晚饭，突然接到上海市委的通知，要他马上到杭州去。同行的还有周谷城、赵超构。他们登上毛泽东派来的他本人的专机，直飞杭州。晚10时许，当他们换乘汽车来到毛泽东住处——西湖边的一个庭院时，毛泽东已站在门前迎候他们了。

当晚，皓月当空，毛泽东和他们三个相对而坐，畅叙别情，无拘无束。在谈到遗传学的情况时，谈家桢兴奋地说：在中国，遗传学之所以能够发展，很重要的一点就是有毛主席《实践论》《矛盾论》的指导。当年批判摩尔根的遗传学，这实际上是违反马列主义的。在遗传学中，DNA、基因、染色体、细胞核和核外遗传物质是遗传信息的载体，基因是生物体本身传下来的内在根据，而表现出来的性状，是在各种外部条件和生物体本身的"相互作用"中才实现的，这正是毛主席著作《矛盾论》中有关内因是根据，外因是条件，外因通过内因而起作用的精辟论述在遗传学中的具体体现。毛泽东听了这番话，鼓励谈家桢说，不要怕，要坚持真理。当他了解到遗传学研究还遇到许多阻碍时，便用坚定的口气说，有困难，我们一起解决。一定要把遗传学搞上去！

谈话进行到深夜，毛泽东邀请他们共进晚餐。餐后又继续谈下去，直到凌晨两点。毛泽东精神奕奕，兴致勃勃，侃侃而谈。后来，毛泽东看了看表，打住话头，说："已经两点了，你们太累，该休息了。我们明天再谈吧！"说着他起身把三位专家送到门口，直到他们走过一段几百米的小径，上了汽车才回去。

这次谈话给谈家桢留下了极为深刻的印象。因为周谷城、赵超构是搞社会科学的，谈家桢是搞自然科学的，因此毛泽东希望自然科学工作者和社会科学工作者团结起来，结成巩固的联盟，以推动哲学和自然科学的发展。毛泽东还反复勉励他们，无论办什么事，都要从6.5亿人民出发来考虑问题。在研究中，必须用马列主义指导科学研究，因为马列主义真理是从古往今来一切科学成果中总结出来的，是对历史发展过程中科学和文化知识的高度理论概括。

1961年五一节前夕，毛泽东又一次接见谈家桢。一见面，毛泽东就问："谈先生，你对遗传学问题还有什么顾虑吗？"

谈家桢说："没有什么顾虑了。"

当听到上海市委大力支持谈家桢的研究工作，并准备在复旦大学设立遗传学研究所时，毛泽东很高兴，频频点头说："这样才好啊，要大胆把遗传学搞上去。"

1974年，毛泽东已被疾病缠身，但仍然惦记着谈家桢的研究工作。他特意嘱托王震在路过上海时给谈家桢捎话："这几年为什么没见到你发表文章？你过去写文章，有些观点是正确的嘛！"并再次鼓励谈家桢用马列主义观点指导研究工作。

对于毛泽东的亲切关怀，谈家桢激动万分。后来，他多次动情地说："毛泽东对我的关怀正是对我国遗传学科的关怀。没有毛泽东的亲切关怀和热情支持，也就没有中国遗传学的今天。"

向诺贝尔奖获得者提问

1957年12月11日，这是一个令炎黄子孙无比激动和自豪的日子。两位年轻的华裔科学家——杨振宁和李政道，登上了斯德哥尔摩皇家科学院的诺贝尔奖领奖台。一时间，整个世界都在关注他们的巨大成就，都对华裔学者勤奋的治学精神敬佩不已。他们的成就，也是中华民族的骄傲。

在这两位科学家来华访问的时候，毛泽东接见了他们，并与他们纵论科学。

1973年夏天，杨振宁来北京访问，毛泽东接见了他。杨振宁说："当我去见毛主席的时候，我没有任何拟定的问题要问他，也一点不知道谈话大概会怎样进行。其实，这样倒也好，因为这是一次非常轻松和漫谈性的谈话，毛主席非常有办法使我不感到拘束。"

交谈中，毛泽东问杨振宁在物理学方面正做什么，杨振宁回答说："我们正在研究基本粒子的结构问题。"

毛泽东一下子就被这个话题吸引住了。他就像找到了知音一样，高兴地说："哦，这个问题我很感兴趣啊！我在50年代就和钱三强同志讨论过这个问

1973年7月,毛泽东在中南海会见杨振宁(杜修贤 摄)

题,以后又在多种场合讲了我对这个问题的看法。总之,我认为物质是无限可分的,它不可能停留在一个阶段上。博士先生,你认为如何呢?"

毛泽东的话使杨振宁感到惊奇,显然,毛泽东一直密切关注着当代高能物理学某些研究的进展情况,特别是基本粒子是否可分的问题。杨振宁告诉毛泽东说:"关于基本粒子是否可分的问题,目前世界上正在进行激烈的辩论,但迄今为止还没有一个明确的结论。"

毛泽东兴致勃勃地说:"有争论就好嘛。真理是越辩越明。中国的古人了不起呢。春秋时期的《老子》《墨子》,以及《淮南子·天文训》《俶真训》等书就探讨了宇宙的起源问题。《庄子·天下篇》这篇文,就记载了这样的话:'一尺之棰,日取其半,万世不竭',说出了物质是无限可分的思想。东汉的那个张衡,是个大科学家呢,他不仅发明了浑天仪,而且他还有宇宙演化的学说,他把宇宙演化的第三个阶段称为'太玄'。在他看来,宇宙不是一成不变的,它处于变化发展中,并说:'宇之表无极,宙之端无穷。'是个什么意思呢?就是说宇宙的时空是无限的,这是个天才的创见啊!那么,我们今天讲的基本粒子是不是终极的呢?我看也如同中国古代的哲学见解一样,照样是可分的。"

杨振宁对毛泽东的谈吐感到非常吃惊。他感叹一个80岁的老人还有那么好的记忆力,并且有着浓厚的兴趣和好奇心探讨哲学和科学问题。毛泽东谈话中引用的一些古典著作中的话,许多是杨振宁所不曾知道的。

谈话间,毛泽东又问道:"在你们的领域里对'理论'这个词和'思想'这个词是如何用的?"

杨振宁后来描述当时的谈话内容时说:"啊!我可未曾想过这两个词之间的区别,因此我不能不想一想。经过一番思考之后,我作了一个未能说清问题的答复。接着我们就讨论这两个词在日常中文和英文中的含义,以便同它们在物理学学术方面的含义作比较。这两个词的含义的区别是细微的,这次讨论没有得出任何具体的结论,但是却给我留下了深刻的印象。毛主席还同我讨论了不同程度的概念问题,并非常仔细地把他要用的每一个词句都用得确切。"

毛泽东的这次谈话和提问,给杨振宁留下了很深的印象。杨振宁后来说:"我认为毛主席是20世纪的伟人之一,他给我最深刻的印象是,既是一位领导人,又是一位高级学者。他对于思维过程,对于各领域的概念都感兴趣;然而他又是一位非常注重实际的人。通过把他的特殊的洞察力与品格相结合,他成了许许多多其他极有才能的人们的领袖。"

1974年,毛泽东会见了来访的李政道博士。

这次接见,李政道是唯一的客人。

毛泽东一上来就切入正题:"李博士,请你谈谈,为什么对称是重要的?"

李政道感到十分惊讶,没想到一个81岁高龄的老人,一个泱泱大国的领袖,还顾得过来研究物理学中的对称。李政道克制住自己的吃惊,说:"根据韦伯斯特辞典中的解释,对称的意思是'平衡的比例',或者说是'产生于平衡的比例的形式美'。它和中文里的含义是一样的。从本质上说,这是个静止

1974年5月，毛泽东在中南海会见美籍物理学家李政道（杜修贤　摄）

的概念。"

毛泽东没有立即答话，他沉吟了一下，谈了自己的看法："对称这个词恐怕用在社会学上不那么合适。我以为社会进化的基础在变革、动荡中前进。如果讲静态形式美，不就成了停滞不前了？我不明白对称学在物理学中有那么重要的位置。"

李政道为了将对称学给毛泽东说得更清楚一些，顺手把茶几上的铅笔拿起来放在笔记本上，又将笔尖对着毛泽东，然后再把笔尖转向自己。铅笔转过来又转过去，以此来说明运动过程中的对称性。

毛泽东很欣赏这个演示，笑着说："你这个演示很有意思，你们物理学家就是根据对称的原理来描述普遍的规律吗？"

李政道说："追溯远一点应该说是爱因斯坦的相对论给后人的启发，爱因斯坦曾讲过等价原理的对称。"

毛泽东说："看来对称学对于认识自然界的规律是重要的。"

停了一下，毛泽东又接着说："根据对称学说，那么粒子和反粒子也是一个过程了？"

李政道回答说:"是的,这种过程便是产生和湮灭的动力学过程。"

毛泽东又很感慨地说:"科学是我们认识世界的强大武器。看来神学是救不了世界的。只有科学和哲学才能帮助我们认识世界和改造世界。我很后悔自己一直没有多少时间来学习科学。记得我年轻时读过生物学家阿瑟·汤姆森的书,那是很受启发的,后来又读过关于火箭、人造卫星和宇宙飞船的书,我感到了科学奥秘的乐趣。"

李政道被毛泽东所讲的感动了,说:"主席,您年事已高,还这么潜心学问,实属不易啊!"

毛泽东笑着说:"我过去打过比方,没有学问,就像在暗沟里走路,摸索不着,那是苦杀人的。哎,现在我老了,读的书不多,想起来尽是些遗憾啊!"

敞开红色中国大门——毛泽东与外国政要

"你对中国人民的贡献很大"
——与斯大林

毛泽东和斯大林作为中苏两党的高级领导人,曾因意见分歧有过不少次的交锋,也曾有过友好的会面和交往。

1927年大革命失败后,毛泽东领导了秋收起义,创建了第一个红色根据地。但是,临时中央进入苏区后,一味照搬苏联经验、不顾中国国情的"左"倾教条主义者撤掉了毛泽东在红军和党内的领导职务,极力推行"左"倾盲动政策,导致根据地一天天缩小,红军损失惨重。毛泽东与"左"倾机会主义者的错误做法进行了坚决的斗争,最明显表现在1935年1月的遵义会议上。在这次会议上，毛泽东据理力争，并争取了王稼祥等人的支持，终于纠正了"左"倾军事错误，并做了组织上的调整，从而确立了毛泽东在党内和军内的领导地位。到1936年，共产国际同中国共产党的联系得到恢复，斯大林默许了毛泽东未经他同意而获得的领导权。此后，在以毛泽东为首的党中央的领导下，中国共产党日益走向成熟。1937年，斯大林明确指示要维护毛泽东在中国共产党的领导地位。同年12月，中共六届六中全会批判并纠正了王明回国后所犯的右倾错误，斯大林表示同意。毛泽东还撰写了一系列理论著作，全面阐述了在半殖民地半封建社会的中国进行革命的策略和方针，从而统一了全党思想，确立了毛泽东思想为中国共产党指导思想的地位。

此后，毛泽东同斯大林的联系非常密切。当解放战争接近最后胜利的时候，毛泽东感到有更多的问题需要同斯大林商讨。1948年5月，毛泽东曾打算访问苏联，并组织了一个精干的代表团。但当电询斯大林的意见时，斯大林复电讲：中国革命战争正处于决定性关头，毛泽东作为统帅，不宜离开岗位，如有重大问题需要商谈，他将派一位政治局委员作为全权代表听取毛泽东的意见，望毛泽东考虑。毛泽东接受了斯大林的建议。1949年1月，斯大林派苏共中央政治局委员米高扬秘密来华。毛泽东向米高扬详细地介绍了中国革命的形势和中国共产党解放全中国的决心。

1949年1月31日，毛泽东在西柏坡接见苏共代表米高扬（历史图片）

中华人民共和国一成立，毛泽东就开始做访苏的准备。1949年12月21日是斯大林七十寿辰。毛泽东率领中共代表团前往祝寿，并就两党所关心的问题

第六章
握手风云——伟人人际交往之道

交换意见，商谈和签订有关条约和协定。

12月16日，毛泽东率领的中共代表团所乘的火车抵达莫斯科车站。下午，斯大林与毛泽东在克里姆林宫见面了。斯大林紧握毛泽东的手，注视端详了一阵，说："你还很年轻嘛！很健康嘛！"随后，斯大林又将莫洛托夫等人一一介绍给毛泽东。斯大林对毛泽东赞不绝口，说："伟大，真伟大！你对中国人民的贡献很大，你是中国人民的好儿子！我们祝愿你健康。"毛泽东回答说："我是长期受打击排挤的人，有话无处说……"毛泽东言犹未尽，斯大林却把话接了过去："胜利者是不受谴责的。不能谴责胜利者，这是一般的公理。"

1949年12月至1950年2月，毛泽东首次访问苏联。在抵达莫斯科车站时，受到苏联党政领导人布尔加宁（右一）、莫洛托夫（右二）等的热烈欢迎。前左二为王稼祥（历史图片）

1949年1月米高扬秘密来华时，在一次吃饭时指着红烧鱼问：这是新捞的活鱼吗？在得到肯定的答复后才吃。毛泽东对苏联人在饭桌上的行为有些看不惯。这次，毛泽东出访苏联，向随行的中餐厨师严格命令：你只能给我做活鱼吃。他们要是送来死鱼，就给他们扔回去。

果然，苏联人送鱼来了，是特别警卫队的一名上校带人送来的。鱼是死鱼。厨师遵照毛泽东的命令，拒绝接受死鱼。那位上校慌了，找来翻译一问，才知毛泽东要活鱼，不收死鱼。上校向中国客人保证，马上抓活鱼送来。

于是，克里姆林宫里的大小人物都知道，毛泽东吃鱼很讲究，不是活鱼不吃。其实，他们不知道毛泽东拒绝吃死鱼的真正原因是去年米高扬西柏坡之行在饭桌上的表现，更不知道毛泽东在国内时，死鱼剩鱼都吃，从不讲究。毛泽东只是讲究给苏联人看。到1957年毛泽东第二次访苏时，苏联方面

419

早早就准备好了活鲤鱼。

12月21日,斯大林七十大寿,莫斯科大剧院举行了盛大的庆祝大会。斯大林和兄弟党的代表都在主席台就座。毛泽东挨着斯大林。毛泽东在祝词中高度评价了斯大林对国际共产主义运动的贡献。大会以后,斯大林和毛泽东坐在一个包厢观看文艺演出。演出结束后,观众全都回过头来欢呼:"斯大林!毛泽东!""毛泽东!斯大林!"毛泽东举手向群众致意。

在莫斯科期间,毛泽东观看了几十部俄国和欧洲的历史人物传记影片,如《彼得大帝》《拿破仑》《库图佐夫》等。斯大林得知后说:毛泽东真聪明,有空就看人物传记,这是了解历史的最简捷的办法。

不久,周恩来来到了莫斯科,就签订有关条约和协定的事宜与苏方进行谈判。

在拟定条约和协定的过程中,毛泽东和周恩来一同到克里姆林宫拜访斯大林。斯大林提出,为了总结中国革命的经验,建议毛泽东把自己写的文章、文件等编辑出版。毛泽东说他也有此意。毛泽东还提出希望斯大林派一位理论水平高的同志帮助。斯大林当即答应派尤金来华。后来尤金参加了《毛泽东选集》第一卷、第二卷的编辑工作。在编辑过程中,随时译成俄文,寄给斯大林阅读。《实践论》和《矛盾论》是单独抽出提前编译的。斯大林阅后指示在苏联《布尔什维克》杂志上发表。

1950年2月14日,《中苏友好同盟条约》签字仪式举行。周恩来代表中国政府、苏联外长维辛斯基代表苏联政府分别在协定上签字。斯大林和毛泽东出

毛泽东出席斯大林七十寿辰庆祝大会(历史图片)

席签字仪式。合影时斯大林跟毛泽东站在一起，他比毛泽东矮些。临照时，斯大林向前挪了一步，这样，在照片上斯大林和毛泽东就显得一样高了。

条约签字后，毛泽东准备举行一个告别宴会。毛泽东还提出，宴会不在克里姆林宫举行，在另外的地方举行。

斯大林诧异地问："为什么不在克里姆林宫？"

毛泽东解释说："斯大林同志，您要明白，克里姆林宫是苏联政府举行国宴的地方。对于我们这个主权国家来说不完全合适……"

斯大林想了想，说："是的，可是我从来没出席过在饭店或是外国使馆举行的宴会，从来没有……"

毛泽东坚持说："斯大林同志，我们的宴会要是没有您出席……这简直是不可想象的。我们请您，殷切地请您务必同意。"

谈话停顿下来。斯大林没有急于做出答复，他好像在考虑。毛泽东诚恳地等待着斯大林的回答，目不转睛地望着斯大林。

斯大林终于说："好吧，毛泽东同志，如果您希望这样，那我去参加。"

中国大使馆租了克里姆林宫附近的米特勒保尔大旅社，在那里举办宴会。下午6时，来宾约500人，陆续都来了。虽然这里洋溢着隆重的气氛，可是许多人的脸上表现出忧虑，甚至是不安的表情：斯大林是否能践约出席呢？不少人预言说情况不妙，另一部分人则充满乐观。大家都焦急地望着大门口。

1949年访苏期间的毛泽东（历史图片）

6时半，有人在毛泽东身边耳语几句，毛泽东和周围人来到门口迎接，斯大林率苏共中央政治局全体委员来了。

所有的客人都惊呆了，接着便是热烈的掌声。大家都欢天喜地，一片狂欢的景象。

毛泽东和斯大林彼此问候，相互握手寒暄。席间，毛泽东举杯祝斯大林健康，并祝中苏友好万岁。斯大林也数次举杯，祝毛泽东身体健康。宴会持续到午夜，尽兴而散。

3天后，毛泽东启程回国。莫洛托夫到车站送行，对毛泽东说：斯大林再三让我告诉你，要保重身体，在路上，到国内，都要保重。

此次苏联之行是毛泽东有生以来第一次出国，也是他同斯大林唯一一次会晤。此后，他们常有书信、电文往来，直到1953年3月斯大林病逝。3月9日，毛泽东在天安门主持50万人参加的追悼会，并发表了题为《最伟大的友谊》的讲话。

"主席的著作推动了一个民族，改变了整个世界"
——与尼克松

1972年2月17日，尼克松总统在同国会的领袖们进行简短的告别会见后，来到停在白宫草坪上的直升机前面。尼克松开始了他的访华旅行。2月21日，尼克松乘坐的"空军一号"专机飞到北京上空，稳稳地降落在首都机场。舱门开了，尼克松走了出来，向站在舷梯前的周恩来走去。当两人的手紧紧地相握时，一个时代结束了，另一个时代开始了。

周恩来与尼克松紧握的手轻轻地摇晃着，足有一分多钟。周恩来说："总统先生，你把手伸过了世界最辽阔的海洋来和我握手。25年没有交往了啊！"

尼克松一行下榻在钓鱼台国宾馆。午宴结束后，尼克松一行人回各自的

第六章
握手风云——伟人人际交往之道

住房休息。不一会儿，周恩来找到基辛格，直截了当地说："毛泽东想会见总统，请你也一同去。"基辛格没有料到安排得这么快，自然十分高兴。基辛格想到周恩来没有提到请罗杰斯国务卿一同去，也就不打算问原因，想到自己能干的助手洛德，便问："我能否带助手洛德去作记录？"周恩来点头同意了，急切地说："主席已经请了总统，主席想很快就和总统见面。"

尼克松与基辛格在周恩来陪同下走进了毛泽东的书房。

毛泽东站起来，微笑着望着尼克松，眼光锐利，但他说话已经有点困难。毛泽东说："我说话不利索了。"

毛泽东向尼克松伸出手，尼克松也把手伸向毛泽东。

来自两个大国的领袖紧紧地握手，四只手相叠在一起握了好一会儿，大大超过了正常礼节的握手时间。他俩可能都想把二十多年由于敌视而失去的握手机会弥补回来吧。

为了把毛泽东和尼克松第一次的会晤记录下来，几名中国摄影记者提前进了房间。毛泽东和尼克松都坐在位于长方形房间的一头围成半圆的软沙发上。当摄影记者还在忙碌的时候，毛泽东和尼克松已开始进行着轻松的交谈。

当基辛格提到毛泽东的著作时，尼克松说："主席的著作推动了一个民族，改变了整个世界。"

毛泽东说："我没有能够改变世界，只是改变了北京郊区的几个地方。"

"我们共同的老朋友蒋介石委员长可不喜

1972年2月21日，毛泽东在中南海会见美国总统尼克松。2月28日，中美双方在上海发表联合公报，决定实现两国关系正常化（杜修贤　摄）

欢这个。"毛泽东挥动了一下手，继续说，"他叫我们'共匪'。最近他有一个讲话，你看过没有？"

尼克松说："蒋介石称主席为'匪'，不知道主席叫他什么？"

当尼克松提的问题翻译出来时，毛泽东笑了，周恩来回答："一般地说，我们叫他们'蒋帮'，有时在报上我们叫他'匪'，他反过来也叫我们'匪'。总之，我们对骂。"

毛泽东说："其实，我们同他的交情比你们同他的交情长得多。"

谈话中，毛泽东说到基辛格巧妙地把他的第一次北京之行严守秘密的事。"他不像一个特工人员。"尼克松说，"但只有他能够在行动不自由的情况下去巴黎十二次，来北京一次，而没人知道——也许除了两三个漂亮的姑娘。"

基辛格插话说："她们不知道，我是利用她们做掩护的。"

毛泽东说："在巴黎吗？"

尼克松说："凡是能用漂亮的姑娘做掩护的，一定是有史以来最伟大的外交家。"

"这么说，你们常常利用你们的姑娘啰？"

尼克松回答："他的姑娘，不是我的。如果我用姑娘做掩护，麻烦可就大了。"

"特别是在大选的时候。"周恩来说。这时毛泽东同尼克松一起哈哈大笑起来。

在谈到美国的总统竞选时，毛泽东对尼克松说："必须老实告诉你，如果民主党人获胜，中国人就会同他们打交道。"

"这个我懂的。"尼克松接着说，"我们希望我们不会使你们遇到这个问题。"

毛泽东开怀大笑，对尼克松说："上次选举时，我投了你一票。"

尼克松说："那您一定是在两害相权取其轻吧。"

毛泽东高兴地回答说:"我喜欢右派。人们说你们共和党是右派,说希思首相也是右派。"

尼克松随便说出了戴高乐的名字。毛泽东表示异议,说:"戴高乐另当别论。""人家还说西德的基督教民主党也是右的。这些右派当权,我比较高兴。"

这次具有重大意义的会见,原定会晤 15 分钟,但毛泽东完全被讨论吸引住了,因而延长到一个小时。

尼克松离开北京后,周恩来走到毛泽东的床边汇报说:"尼克松很高兴地走了。他说这一周改变了世界。"

"哦?!是他改变了世界?哈哈。"毛泽东伸手拿起一支雪茄,深深地吸了一口,幽默地说,"我看还是世界改变了他。要不,他隔海骂了我们好多年,为什么又要飞到北京来?"周恩来又说:"尼克松临走时还一再表示,希望能在美国与我们再次相见。他们国务院提出了一个邀请我们访美的名单。"

毛泽东说:"……公报是发表了,路还长哪!……"

的确,中美关系是复杂的,两国人民的友好往来还有许多工作要做。但是,中美关系毕竟解冻了。新的时代开始了。

"毛泽东这个人真不简单"
——与基辛格

在中美建交的谈判过程中,有一个至关重要的人物,他就是当时美国总统的特使基辛格博士。在中美建交期间,他先后三次访华。1971 年 7 月,基辛格第一次来华。他秘密访问北京是为了探询尼克松访华的可能性。1971 年 10 月,基辛格第二次秘密来华,尼克松授权他与中方谈判访华公报及议定尼克松访华日期。第三次是在 1972 年 2 月,他随同尼克松总统访华,经过谈判发表了震惊中外的《中美联合公报》，打开了尘封二十多年的中美关系的大门。

周恩来在发给基辛格的邀请信中写道："……在研究了尼克松总统的三次口信后，毛泽东主席表示，他欢迎尼克松访华，并期待着届时与总统阁下直接对话。周恩来总理欢迎基辛格博士先行来访，进行秘密会谈，为尼克松总统访华进行准备，并做必要的安排……周恩来总理热烈地期待着在不久的将来在中国同基辛格博士会晤。"

当基辛格接到周恩来邀请他先行访华的信时，他马上将这一消息告诉了尼克松。基辛格对尼克松说："我看这是第二次世界大战以后美国总统所收到的最重要的信件。"

深夜，尼克松和基辛格还在兴奋地交谈着。

尼克松指着毛泽东和斯诺在天安门城楼上的合影照片，说："毛泽东请一个美国人上天安门站在他身边，这就是一个象征，是传达给我的信息。我怎么没想到？"

基辛格羡慕地说："中国人太精细微妙了，到底经历了几千年文明的熏陶。"

尼克松慨叹："我们真是太粗疏！人家毛泽东早在去年就讲了，我'作为总统去也行，作为旅游者去也行'……博士，他为什么又讲'双方谈得成也行，谈不成也行'呢？"

基辛格托着腮陷入沉思。夜更深了，四周静寂无声。尼克松纳闷地问："如果谈不成，我去北京又有什么用？"

基辛格很快就思路大开，脸上露出喜悦的表情，好像小孩考了一个满分："我悟出来了！毛泽东这个人真不简单！他用他的语言讲出中美两国接触这件事本身的意义：它会改变世界的格局。就是'谈不成'也是有意义的。"

基辛格的这种解释令尼克松茅塞顿开。白宫的主人为即将会见大洋彼岸那个文明古国的领袖而兴奋不已。

第六章
握手风云——伟人人际交往之道

不久，基辛格随同尼克松访华，并见到了毛泽东。

尼克松与基辛格在周恩来的陪同下来到丰泽园，进入毛泽东的书房。基辛格在他的回忆录中，极为细致地描绘了毛泽东书房："这是一间中等大小的房间。四周墙边的书架

1973年2月17日，毛泽东、周恩来会见美国总统国家安全事务助理基辛格。基辛格1971年7月曾秘密访华，为尼克松访问中国做了准备（杜修贤　摄）

上摆满了文稿，桌上、地下也堆着书，这房间看上去更像是一位学者的隐居处，而不像是世界上人口最多的国家的全能领导人的会客室。房间的一个角落里摆有一张简易的木床。我们第一眼看见的是一排摆成半圆形的沙发，都有棕色的布套，犹如一个俭省的中产阶级家庭因为家具太贵、更换不起而着意加以保护一样。"

毛泽东在会见尼克松的时候，两个人握了很长时间的手。接着，毛泽东和基辛格握手，上下打量着基辛格，点了点头说："哦，你就是那个有名的博士基辛格。"

基辛格笑着说："我很高兴见到主席。"

这时，基辛格感觉到，除了戴高乐，从来没有遇到过一个人像毛泽东这样具有如此高度集中、不加掩饰的意志力。他成了整个房间的中心人物，而这不是靠多数国家里那种用排场使领导人显出几分威严的办法，而是因为毛泽东身上散发出一种几乎可以感觉得到的压倒一切的魄力。这个身旁有一名女护士协助他站稳的高大魁梧的人，他的存在本身就是意志、力量和权力的巨大作用的见证。

毛泽东的谈话很随意。他对尼克松说："你认为我是可以同你谈哲学的人吗？哲学可是个难题呀。"毛泽东开玩笑地摆了摆手，然后把脸转向基辛格："对这个难题，我没有什么有意思的话可讲，可能应该请基辛格博士谈一谈。"

谈话中，基辛格提到，他在哈佛大学教书时曾经指定他班上的学生研读毛泽东的著作。毛泽东用典型的谦虚口吻说："我写的这些东西算不了什么，没有什么可学的。"

1975年10月19日，基辛格抵达北京，旨在为福特总统年底访华铺平道路。

当时，毛泽东82岁高龄，他决定于10月21日晚6时30分在书房接见基辛格和布什。布什是1974年9月来到中国担任美国驻中国联络处主任的。

10月21日这天，布什陪同基辛格来到毛泽东住处。毛泽东在接见基辛格和布什时，坐在扶椅上。两位女服务员搀扶着他站起来。毛泽东用不太清晰的声音对他们说："欢迎。"

基辛格问毛泽东的身体如何，毛泽东用手指指自己的头，说："这个部分还灵。我能吃能睡。"他拍拍大腿："这些部位运转不行了。我走路时感觉无力，肺也有点毛病。"

毛泽东停顿了一下，又说："总之，我感到不行了。"然后，他笑着说："我是供来访者观看的展览品。"接着，毛泽东用一种坦然的语气说："我不久要归天了，我已经接到了上帝的请柬。"

基辛格听了毛泽东泰然自若的幽默语言，笑着对毛泽东说："别接受得那么早呀。"布什后来说，听到世界上最大的共产党国家的领袖说出这种话，真使人大吃一惊。

毛泽东听了基辛格的话，由于不能连贯说话，只好吃力地在一本便笺上写道："我服从Doctor的命令。"

在英语中，Doctor既指医生，又指博士。毛泽东巧妙地利用了双关语，表达了他对中美关系的良好愿望。

基辛格点了点头："我非常重视我们之间的关系。"

这时，毛泽东举起一个拳头，又伸出另一只手的拇指，指着拳头说："你们是这个。"又竖起拇指说："我们是这个。"

毛泽东还说："你们有原子弹，而我们没有。"其实中国早在10多年前就已经有了原子弹。这里毛泽东是说美国的军事力量比中国强大。

基辛格说："但是中国方面说军事力量不是决定因素，我们有共同的对手。"

毛泽东笑了，他对基辛格的回答很满意。他在一张纸上用英文写了个"Yes"，让人拿给基辛格看。

随着会见的继续和深入，毛泽东似乎越来越机警，越来越有劲了。他的头转来转去，不停地打着手势。在这次会见中，毛泽东和基辛格还就台湾问题交换了意见。

基辛格是一位卓有建树的外交活动家，他谈吐幽默，才思敏捷，知识渊博。可是，毛泽东的外交才能深深地折服了他。

"老天保佑你，我们又见面了"
——与斯诺

1936年7月的一天，在陕北高原上出现了两个年轻的美国人，其中就有美国记者埃德加·斯诺。他是通过宋庆龄的介绍和共产党地下组织的安排，冲破国民党军队的重重封锁，冒着生命危险，来到当时被西方世界视作"未知世界"的延安进行采访的。

斯诺到延安的第二天，也就是1936年7月16日，毛泽东接见了这位从太平洋彼岸来的客人。

当斯诺怀着激动的心情，走到毛泽东的窑洞前时，毛泽东已经在门口迎接了。毛泽东面带微笑，用有力的大手握着这位美国青年的手，高兴地说："欢迎！欢迎！"

斯诺看着毛泽东高大的身躯，坚定的神情，炯炯有神的眼睛，热情好客、和蔼可亲的举动，顿时在想："这哪里是国民党宣传的鲁莽、无智的匪首形象？"

坐下后，毛泽东笑着说："蒋介石封锁得很厉害，你能到我们这里真是不容易呀！"

通过翻译，斯诺听懂毛泽东的意思，他激动地站起来说："我一进入红区，就发现这是一个崭新的天地，给我带来了极大的喜悦，使我忘记了旅途的疲劳。红区的新气象，已经证明蒋介石的宣传是骗人的、荒谬的！"

毛泽东吸了一口烟，看着斯诺说："周恩来同志在电报上说，你是一位对中国人民友好的记者，相信你会如实报道我们的情况。任何一个新闻记者来我们根据地采访，我们都欢迎。不许新闻记者到我们这里来的，是国民党反动派。你可以到根据地任何一个地方去拜访，你看到的都可以报道，不限制你的采访活动，而且要尽可能给你方便和帮助。"

斯诺听了毛泽东的这一番话，既惊奇又高兴，他激动地站起来说："我会公正地、如实地向全世界报道你们的情况的！"

毛泽东也高兴地说："好的，希望你能如实报道！"接着又幽默地说："不过你的报道，蒋委员长看到要大发脾气的！"

斯诺哈哈大笑起来。

接着，毛泽东回答了斯诺提出的一些问题。谈话进行到深夜，毛泽东的谈兴正浓，毫无倦意。斯诺看着毛泽东炯

斯诺在延安（历史图片）

第六章
握手风云——伟人人际交往之道

炯有神的目光和不知疲倦的神色，问道："主席，听说你每天都要工作十三四个小时，经常工作到深夜，有时到天明才休息，难道不疲倦吗？"

毛泽东笑着回答说："这是少年时代经常参加田里劳动，学生时代坚持长跑、爬山、游泳等活动锻炼出来的。"

后来，毛泽东又一次接待了斯诺。毛泽东生动有趣的语言、浓重的湖南口音、精辟的论断，使斯诺非常钦佩并为之折服。毛泽东一边吸烟，一边来回踱步，看着这个同情中国革命的美国青年，突然问道："你为什么要漂洋过海到中国来？"

斯诺闪动着一双蓝宝石似的眼睛，笑着回答说："我开始是盲目地到中国来'撞大运'的，想写一本畅销世界的书，成为一个作家。"

毛泽东幽默地说："我看你到我们红区里来，是撞上大运啦，保准能写出一本畅销世界的书。"

斯诺高兴地点点头。

晚饭的时候，斯诺看着桌上的一碟西红柿炒辣椒，惊奇地问道："啊，保安还有西红柿？"

警卫员说："保安没有西红柿，这是周副主席从东线指挥部给主席捎回来的。今晚为了招待客人，主席让炒了一点。"

斯诺了解到毛泽东、周恩来之间的革命友情非常深厚。

毛泽东把小米饭盛在碗里递给斯诺，对他说："你要习惯吃小米，不习惯吃小米，就不懂得红军，就不懂得

毛泽东和美国记者埃德加·斯诺、龚澎在重庆（历史图片）

我们共产党人为什么能以小米加步枪，对付国民党的飞机加大炮，还要打败有优良装备的日本侵略者。"

斯诺说："我已经习惯了吃小米。"

毛泽东夹了几块西红柿，放进斯诺的碗里，说："这西红柿在我们这里来说，是非常新鲜的蔬菜，是不容易买到的东西。你应该多吃一些。"

接着，毛泽东滔滔不绝地给斯诺讲起了西红柿的来历，讲西红柿当初被称为"狼桃"，谁也不敢吃，第一个吃西红柿的人是一位法国画家，他穿好了入殓的衣服，吃下了西红柿后就等着死神的召唤，此后西红柿的食用之谜才被人们揭开，并风靡了全世界。

毛泽东的知识如此丰富，斯诺再次感到吃惊。他明白了毛泽东巧妙的寓意，更加钦佩毛泽东的才能和智慧，不由得笑着说："主席，我准备到红区来的时候，也是下了和那个品尝西红柿的法国画家一样的决心。"

毛泽东笑笑，诙谐地说："你也是下定了死的决心来我们红区，准备'品尝'我们共产党领导的中国革命啰。"

斯诺说："我准备到红区来的时候，白区流行着许多谣言，说红区是一片焦土，草木不生，红军杀人放火，'共产共妻'……"

毛泽东听了哈哈大笑，然后风趣地说："蒋介石老兄，把我们说得比'狼桃'还可怕呀！"

斯诺被毛泽东风趣的话逗得直笑，说："我那时候确实是冒着掉脑袋的危险来红区的。因为当时没有一个非共产党的观察家，能够准确、真实地讲清红区的情况。红区是一块'未知之地'，是一个最大的谜。为了探明这块'未知之地'的真实情况，难道不值得我冒一次生命危险吗！"

毛泽东高兴地说："你这个'险'冒得好！你将会和那个法国画家一样，成为世界上传奇式的人物。"

斯诺激动地说："红区的一切都是新闻，都是世界上的头号新闻。这些新闻报道出去以后，一定会和西红柿一样风靡世界。"

斯诺从与毛泽东的交谈中，发现毛泽东对于当前世界政治十分熟悉。毛泽东熟读世界历史，对于欧洲社会和政治情形也有所了解。通过谈话，斯诺对毛泽东的认识逐渐加深。

在斯诺的再三争取下，毛泽东终于第一次向一个外国记者讲述了自己的生平梗概。

斯诺在访问陕北根据地的4个月中，除了7月下旬和9月中旬去前线采访，毛泽东几乎每天都和斯诺会面。斯诺从毛泽东身上感受到了中国共产党人那种一往无前的革命精神。

1970年10月1日，天安门广场举行盛大的国庆节庆祝活动。

周恩来总理早已到了。当埃德加·斯诺和夫人洛易斯·惠勒·斯诺走出刚刚升上城楼的电梯时，周恩来快步迎了上去，热情地说："斯诺先生，欢迎您。""毛泽东让我请您来。您是中国人民真诚的老朋友。"

斯诺激动地讲出了肺腑之言："34年前我穿过封锁线去找红军，遇见的第一个共产党领导人就是您。您当时用英语同我讲话，我很吃惊。"

周恩来说："我还记得我替您草拟了92天旅程，还找了一匹马让您骑去保安找毛主席。"

斯诺当年闯到陕北写了《西行漫记》，将红军介绍到全世界，是独家新闻。可是，斯诺此时还并未完全意识到周恩来请他上天安门的重要含义。

不一会儿，毛泽东来了。

周恩来将斯诺夫妇领到毛泽东面前说："主席，您看，谁来了？"

毛泽东一看到斯诺，十分高兴，和斯诺夫妇亲热地握手，说："斯诺先生，老天保佑你，我们又见面了。"

摄影记者拍下了斯诺与毛泽东并肩站在天安门城楼上的镜头。不久，《人民日报》发表了斯诺同毛泽东在天安门城楼上的照片，并把斯诺夫妇说成是"美国友好人士"。毛泽东和一个美国人站在天安门城楼上，这一消息迅速传遍了全世界。后来，美国国务卿基辛格专门对着这张照片分析，终于明白：

中国人是利用斯诺上天安门这一具有象征意义的事件，向美国人传递了一个微妙的信息。

1970年12月18日上午，在中南海丰泽园，毛泽东一边和斯诺交谈，一边吸烟。他烟抽得很厉害，偶尔有一两声咳嗽。

"主席已经吸了几十年烟了。"斯诺关切地说。

毛泽东端起茶杯，喝了一口水，说："医生劝我戒烟。我戒过，戒不掉。"

斯诺接着说："我这次旧地重游，还去了保安一趟。"

毛泽东十分坦诚地说："我们是老朋友了，我对你不讲假话，我看你也不讲假话的。"

"是啊，我第一次到保安，还担心村里的农民要'共我的产'，分掉我带去的东西。当我离开的时候，感觉不是回家，而是离家了。"斯诺也说得十分真诚。

毛泽东笑了："怪不得麦卡锡把你当作'赤匪'。"

斯诺说："我给儿子起了个名字叫'西安'，表示对红军的祝愿和怀念，就更像'赤匪'了。"

毛泽东和斯诺天南地北地畅谈，谈锋甚健。不觉已到午饭时分，两人便在北屋中间的起居室里共进午餐。茅台酒的芳香和湘菜的辣味，使谈话更加热烈。在这次会谈中，毛泽东还提到了中美关系问题。斯诺发现，毛泽东对中美关系似乎做了

1970年10月1日，毛泽东和斯诺及夫人在天安门城楼上。同年12月，在和斯诺的谈话中，毛泽东表示欢迎美国总统尼克松访问中国，改善中美两国关系（历史图片）

考虑和安排。

毛泽东说:"中美会谈,15年谈了136次。"

斯诺说:"名副其实的马拉松会谈。"

毛泽东说:"我不感兴趣了。尼克松也不感兴趣了。要当面谈。"

斯诺问:"主席愿意见他吗?"

毛泽东爽快地说:"目前中美两国之间的问题,要跟尼克松解决。我愿意跟他谈,谈得成也行,谈不成也行。吵架也行,不吵架也行。"

"我看吵架难免,也不要紧。"

毛泽东伸出一个指头,幽默地对斯诺说:"他如果想到北京来,你就捎个信,叫他悄悄地,不要公开,坐上一架飞机就可以来嘛。当旅行者来也行,当作总统来也行。我看我不会吵架。批评还是要批评他的。"

这次谈话持续了5个小时,直至午后1点钟。这几乎是毛泽东晚年与人交谈时间最长的一次。

"老虎并不是吓唬乌鸦的"
——与斯特朗

1946年8月的一天,已忙碌了整整一个上午的毛泽东,在中午临睡前告诉卫士阎长林,下午要会见一位美国女记者,到时候让卫士们去门口迎接,并准时叫醒他。

下午3时,美国女记者来了。她叫安娜·路易斯·斯特朗,是坐卡车来的。

车在山坡停下,她在宣传部部长陆定一的陪同下,沿着玉蜀黍和西红柿掩映的山坡,来到毛泽东的窑洞前。斯特朗40岁左右,高高的个头,穿着蓝色的裙子,薄纱上衣外面套一件线衣,显得大方而又稳重。

毛泽东听到卫士们的报告后，走出窑洞来到院子里欢迎斯特朗女士。为了表示对客人的礼貌，他特意穿了一套稍好的蓝布制服。毛泽东热情地跟斯特朗握手，通过翻译向她问好。毛泽东对她能真实地把中国共产党所领导的解放区政府和军队的情况介绍给美国和世界人民表示钦佩，赞赏她对中国共产党的看法和态度。

说着，他们就在窑洞前的一棵树下坐了下来。树下有一张石桌，桌上摆着茶壶、茶杯，毛泽东、陆定一、斯特朗女士和翻译围桌而坐。

谈话开始后，斯特朗提出问题，毛泽东逐一回答。两人无拘无束，如同谈家常一样，说到有趣的地方还会响起一阵笑声。

当斯特朗提出关于会不会发生美苏战争的问题时，毛泽东不时摆弄着桌上的茶杯说明他的观点。毛泽东把茶壶摆在一个地方代表苏联，指着一只大杯子说是美国反动派，大杯子周围的小杯子代表美国人民。然后又用杯子和火柴盒摆成一条弯弯曲曲的线，并具体说明哪一样代表哪个国家，引得斯特朗不时笑出声来。

毛泽东把话锋一转，非常坚定地说："我以为，美国人民和一切受到美国侵略威胁的国家的人民，应当团结起来，反对美国及其在各国的走狗的进攻。只有这个斗争胜利了，第三次世界大战才可以

1946年8月6日，毛泽东会见美国进步作家、记者斯特朗，提出"一切反动派都是纸老虎"的著名论断。这是会见的地点和刊载这次谈话的《美亚》杂志（历史图片）

避免，否则是不能避免的。"说着，毛泽东把那些小杯子和火柴盒都收起来，那个代表着美国的大杯子，就孤零零地放在那里，好像束手无策的样子。

太阳落山之后，毛泽东让斯特朗进到西边的第二个窑洞里。

窑洞中间摆着一个茶几和茶壶、茶杯，两边摆着沙发。卫士重新沏了茶，他们一边喝一边谈，谈话的内容越来越广泛。

当斯特朗提出如果美国使用原子弹的问题时，毛泽东笑着说：原子弹是美国反动派用来吓人的一只纸老虎，看样子可怕，实际并不可怕。当然，原子弹是一种大规模杀伤武器，但是决定战争胜败的是人民，不是那件新式武器。接着，毛泽东又说：一切反动派都是纸老虎。看起来，反动派的样子是可怕的，但是实际上没有什么了不起的力量。从长远的观点看问题，真正强大的力量不是属于反动派，而是属于人民。

翻译把毛泽东的话用英语译给斯特朗听时，把纸老虎译成了"Scare-crow"。毛泽东立即打断谈话，问斯特朗："'Scare-crow'是什么东西？"

斯特朗回答说："是纸做的人形，农民把它竖在田里可吓唬乌鸦。"

毛泽东说："这样译不够好，这不是我的意思。'纸老虎'并不是吓唬乌鸦的死东西。它是用来吓唬孩子的，看起来像可怕的老虎，但实际上是纸板做成的，一受潮就会发软，一阵大雨就会把它冲掉。"说罢，毛泽东自己用英语说了"纸老虎"这个词儿。

谈话一直进行到深夜。毛泽东仍毫无倦意，他举出沙皇俄国、希特勒和日本帝国主义的例子，说他们都是纸老虎。

谈话结束后，毛泽东用马灯照亮，把斯特朗送到卡车旁。

毛泽东与斯特朗这次谈话的影响是深远的。世界人民随后都知道了毛泽东的一个著名论断——一切反动派都是纸老虎。

1959年3月，斯特朗与杜波依斯及其夫人一起和毛泽东谈话，这是时间最长，涉及内容最多，也是最重要的一次。这是毛泽东离开延安10多年来，答应与美国人的第一次会见。

3月13日,是斯特朗到达武汉的第三天。她在早餐时被告知:"主席将在10点钟接见你们。"

会见的时间到了。斯特朗被带到一所别墅前,看见毛泽东从台阶上走下来。当斯特朗走上台阶时,毛泽东提醒说:"自从我们在延安的最后一次谈话,已有很长时间了。"当他开始计算时间时,斯特朗说:"12年了。"毛泽东回答说:"很对。"接着他说:"10月份我收到了你的来信,本想回复,但却没有时间。"斯特朗说:"这是自延安我们的谈话之后,你答应给予美国人的第一次会见。"略微停顿之后,毛泽东承认确实如此。

随后,他们开始了热烈的谈话。

午饭时,斯特朗提出问题:为什么西方人,不管是反动的还是进步的,都害怕第三次世界大战?科学家们说,已经有了足可以毁灭全人类的原子弹,而中国好像一点也不受这种威胁的困扰。

毛泽东回答说:如果西方人对世界大战的恐惧使他们力求阻止帝国主义者发动战争,那么这种恐惧是一种很好的事情。中国无人想发动战争。他自己已不相信会有第三次世界大战,尽管战争可能会继续存在多年,而且在有些战争中可能使用核武器。毛泽东总结说:"……因此,不应该害怕。害怕帝国主义者,只会促使他们行动。必须反对他们,要认真。"

毛泽东接着说:"我已经66岁了,我可能死于疾病或飞机失事,也可能会被蒋的特务杀死。但我仍然认为,我是有可能活着看见帝国主义的末日。那正是我所欲求和希望的。"

斯特朗与毛泽东的第二次长谈,来得十分突然。

1964年1月18日午饭后,她被告知:"主席下午要见你。"下午4点到5点之间,斯特朗在古老水榭中的一个房间里见到了毛泽东。毛泽东肤色黝黑,身体强壮,神态轻松,语气缓慢,根本看不出他是71岁的人。

在这次谈话中,毛泽东在说到战争中要集中优势兵力各个歼灭敌人的道理时,举了一个很幽默的例子:1个人10个手指想捉10个跳蚤,1个手指捉

1个跳蚤。先试试，发现用那种方法1个跳蚤也捉不着。毛泽东认为，捉跳蚤的办法，是用10个手指捉1个跳蚤，一次捉1个连续地捉。毛泽东还说，在有些国家，还有许多正在进行革命战争

1964年1月18日，毛泽东会见外国友人李敦白（左一）、爱泼斯坦（左二）、斯特朗（右一）（新华社稿）

的同志不懂集中优势兵力各个歼灭敌人的原则。他们将从自己的经验中学会这一点。

当谈到一个革命党应该怎样发展它的队伍、纠正错误和壮大自己的力量这个问题时，毛泽东根据自己的经历作了回答。他说："我自己是湖南省的一个小学教师。我根本不懂马克思主义，也从未听说过共产党，更没想到我会成为一个战士，并组织一个部队去战斗。我是被迫这样做的。反动派杀人太多。"接着，毛泽东用《水浒传》解释了他的观点。他说："每次起义都是被逼上梁山的。他并不想去，但是压迫者使他无路可走。"

当谈到组织起义后开进山区的情况，毛泽东接着说，他们仍然不得不学习打仗。"只有在经过相当多的战斗之后，我们才明白了战争的三大原则：人必须吃，人必须走，子弹杀人。"说到这里，毛泽东和斯特朗都笑了。毛泽东继续说："你们以为我开玩笑？一点也不！这些都是严肃的事情。正是在我们党内，有一些忽视它们的干部。"毛泽东接着说："……结果我们失掉了江西的中央根据地，不得不进行长征。长征结束时，我们走了25000里。"

这次谈话的范围很广，他们还谈了许多共同关心的话题。

斯特朗与毛泽东的第三次谈话，是在她80岁生日——1965年11月24日进行的。事前，她一点也不知道她的中国朋友会为她举行什么形式的庆贺，

甚至不知道他们是否注意到自己的生日。

在生日的前两天,她忽然被告知毛泽东想在她的生日那天会见她,因此她感到非常的惊讶和激动。

他们在上海进行了会见。

第二天,这次会见成了中国的头号新闻,好像毛泽东与斯特朗的谈话成了最重要的世界性事件。斯特朗有点困惑,思考了一个星期,不理解中方为什么这样特别报道她与毛泽东的这次会见。后来,她注意到了,在11月的同一周中,美国的战争贩子麦克马洪作了他的第7次西贡之行,以策划越南战争的更大升级。同时,美国和平力量也正在向华盛顿进行示威。那一周,中国的报纸4次在头版报道了美国民众的示威。

因此,斯特朗敏感地想到,毛泽东在她的生日邀她吃饭,而这样多美国朋友的参与和公开报道,正是向7亿中国人民及其他任何听众传达这样的信息:"现在,当华盛顿的战争贩子进行战争升级并对我们进行原子弹威胁的时候,请注意:帝国主义战争贩子与美国人民是不同的。对美国人民,我们是必须与之为友的。"

与斯特朗的这一次会面,毛泽东与大家进行了将近两小时的谈话。